JAPAN

G. B. Sansom

〔英〕乔治·贝利·桑瑟姆 / 著
郭玉红 / 译

Japan: A Short Cultural History, by George Sansom, published in English by Stanford University Press.
Copyright © 1954 by the Board of Trustees of the Leland Stanford Junior University, © renewed 1970 by Michael Gordon. All rights reserved. This translation is published by arrangement with Stanford University Press, www.sup.org.

A Short Cultural History

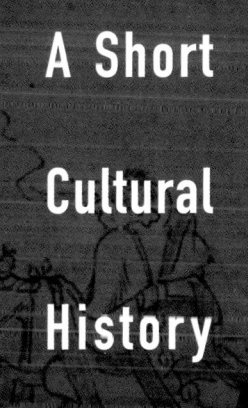

从起源到江户时代

日本文化简史

社会科学文献出版社
SOCIAL SCIENCES ACADEMIC PRESS (CHINA)

THORN BIRD
荆·鸟
忘掉地平线
Beyond
the horizon

英文版出版者按

1931年,《日本文化简史》首次由克雷塞特出版社(Cresset Press)和出版商丹尼尔·阿普尔顿(D. Appleton)分别在伦敦和纽约出版。1943年在纽约发行了修订版,修订版删除了原有的插图并在前言中说明了修订之处,1977年该修订版在美国绝版。1946年在英国发行了一版,与初版基本相同,保留了插图。1952年作者又做了几处细微的修改。

现在的斯坦福版本是在美国发行的第一个平装本,该版本是对英国版本的忠实再版,有两个细节例外,一是再版舍弃了英国版本中原有的八幅插图,并由玛格丽特·凯斯(Margaret Kays)重新绘制了其中的地图;二是在重新绘制地图的过程中保留了作者的用词、正字法,并根据更新的学术研究标明了这些用词和正字法是在何时被舍弃或者被替代的。

前言

　　该书在 1931 年首次出版。修订版于战时筹备并在 1946 年出版，只做了几处修改。修订版纠正了几处明显的错误，重写了第一章，并在大多数章节的末尾加了注释，方便学生理解。

　　不过仍有几处我希望能够修改的遗漏和几个我希望可以扩展的主题。这样一来，虽然我着重讲述了造型艺术，但是没有足够清晰地表明审美感知在丰富日本人的生活中扮演的重要角色。日本各阶层都有本能的对美的感知，这似乎是对在西方人看来贫瘠、惨淡的物质生活水准的补偿。他们在普通事物中寻找快乐的习惯、对形状和颜色的灵敏捕捉、对简雅的感知都是令我们这些将快乐过分建立在所有物的数量和感官的复杂性之上的人艳羡的天赋。这样乐观的性情、不把俭省和满足视为对立面，大概是日本文化史中最别具一格的特征。这些性情因与现代工业社会格格不入，所以可能会消失；不过这种生活艺术是值得留意、值得学习的，即便我们只能从一个族群的历史中去了解。这个族群曾经爱好文雅和艺术品，在艺术和工艺上取得了极高的成就。

　　该版本的另一个不足或许更情有可原。我尝试标明日本历史上主要的知识流派，但是恐怕我未能成功地表明日本人对道德和哲学问题的典型态度——他们本能的、感性的方式以及对逻辑和分析的不信任。我的失败或许是情有可原的，因为据说日本人思想的本质可追溯到禅宗佛教或者其他哲学体系，这些哲学体系的信条是无法用书面文字表达，只能通过内在启示得知的。这是一种无法描述、只能记录的事物状态。这些信仰是多个·宗教和政治信仰的源起，在西方人看来是没有理性基础的，却是行为举止的但是要充分论及这些主题以及其他被忽略的主题，势必会影响本就不那么轻快、流畅的叙述，甚至需要完全重写。这是我无法接受的，所以我决定只做细微的改动。该版本与20多年前的第一版基本相同。

一位细心的评论者在阅读第一版时说，我在处理日本历史时省略了12世纪的封建战争，这样一来就忽略了那些浪漫主义的、戏剧性的元素，这些元素会为它添加"一场盛会才有的色彩和音乐"。我对这种观点有些许认同，因为我对王朝的争端、政治攻击、叛国、阴谋、暗算、斗争、谋杀以及其他或公开或隐秘的投机和犯罪活动有兴趣。尽管这些活动几十年前就不再流行，但是我认为它们和经济论述与文化趋势的描述一样，都是历史的真正内容。但是，一旦你描述了羽饰并指出了惯用的杀戮方式，那一场封建战争和另一场就没什么大的差别了，传奇事件也开始变得乏味。而且，我不像那位评论者朋友那样，把历史看成一场盛会，而是把它看作一个混杂的、步履不一的、不知去向何方的行进的过程，其中既有荣耀的高光时刻，也有昏暗的低谷之日。

有几位读者向我指出最后一章悬而未决，戛然而止，没有解释日本从闭关锁国进入现代世界的经过。因此，我在一本新书中相当详细地描述了这一阶段（也收录在"克雷塞特历史系列"中），这本书名为《西方世界和日本》(*The Western World and Japan*)，在某种程度上是现在这本篇幅多达数百页的作品的扩展和延续。

感谢哥伦比亚大学的同事们以及我的朋友在修订本筹备出版过程中对我的帮助，尤其感谢哈罗德·G.亨德森（Harold G. Henderson）先生、R.角田（R.Tsunoda）先生和艾略特·萨拉索恩（Eliot Sarasohn）先生，后者大方地承担了索引的汇编工作。再次感谢 G. 塞利格曼（G.Seligman）教授，1940 年他的逝世对学界及其好友而言都是一个损失。

乔治·贝利·桑瑟姆
哥伦比亚大学
纽约，1952

日本历史时期划分

日本历史学家常用的时期划分非常清楚，而且与政治和文化的发展阶段对应得足够好。当然，这种划分是主观的，但是大多数日本学者都认同，并且从便宜的角度讲这种划分也站得住脚。

至于艺术史的时期划分，各位专家的观点不那么统一，因此在本书中我对每个政治时期的艺术发展做了一般处理。不过我想借着这个机会介绍一下下述划分，这是东京艺术研究院及其他权威机构一直在用的。

艺术时期

飞鸟时期	552~646
奈良早期	646~710
奈良晚期	710~794
弘仁时期	794~897
藤原中期	897 1086
藤原晚期	1086~1185
镰仓早期	1185~1249
镰仓晚期	1249~1392
足利时期	1392~1568
桃山时期	1568~1615
德川时期	1615~1867

第一篇　早期历史

第一章　起源 / *003*
第二章　早期神话和编年史 / *021*
第三章　本土的宗教信仰 / *044*
第四章　中国文化的传入 / *062*
第五章　日本与中国的文化往来和大化改新 / *080*

第二篇　奈良时代

第六章　儒家文化和佛教 / *107*
第七章　艺术和文学 / *136*
第八章　法律和行政 / *158*
第九章　奈良时代政治事件综述 / *175*

第三篇　平安时代

第十章　新都与令制国 / *187*
第十一章　中国的制度在日本的发展 / *205*
第十二章　宗教和艺术 / *222*
第十三章　平安时代政治事件概要 / *259*

第四篇　镰仓时代

第十四章　封建制度的发展 / *277*
第十五章　北条执权 / *304*
第十六章　宗教、艺术和文学 / *336*

第五篇　室町时代

第十七章　足利氏的将军们 / *361*
第十八章　宗教和艺术 / *384*

第六篇　战国时代

第十九章　处于战火之中的国家 / *421*
第二十章　安土桃山时代 / *447*

第七篇　江户时代

第二十一章　德川幕府 / *465*
第二十二章　元禄时代 / *496*
第二十三章　封建制度的瓦解 / *522*

索引 / *557*

地图

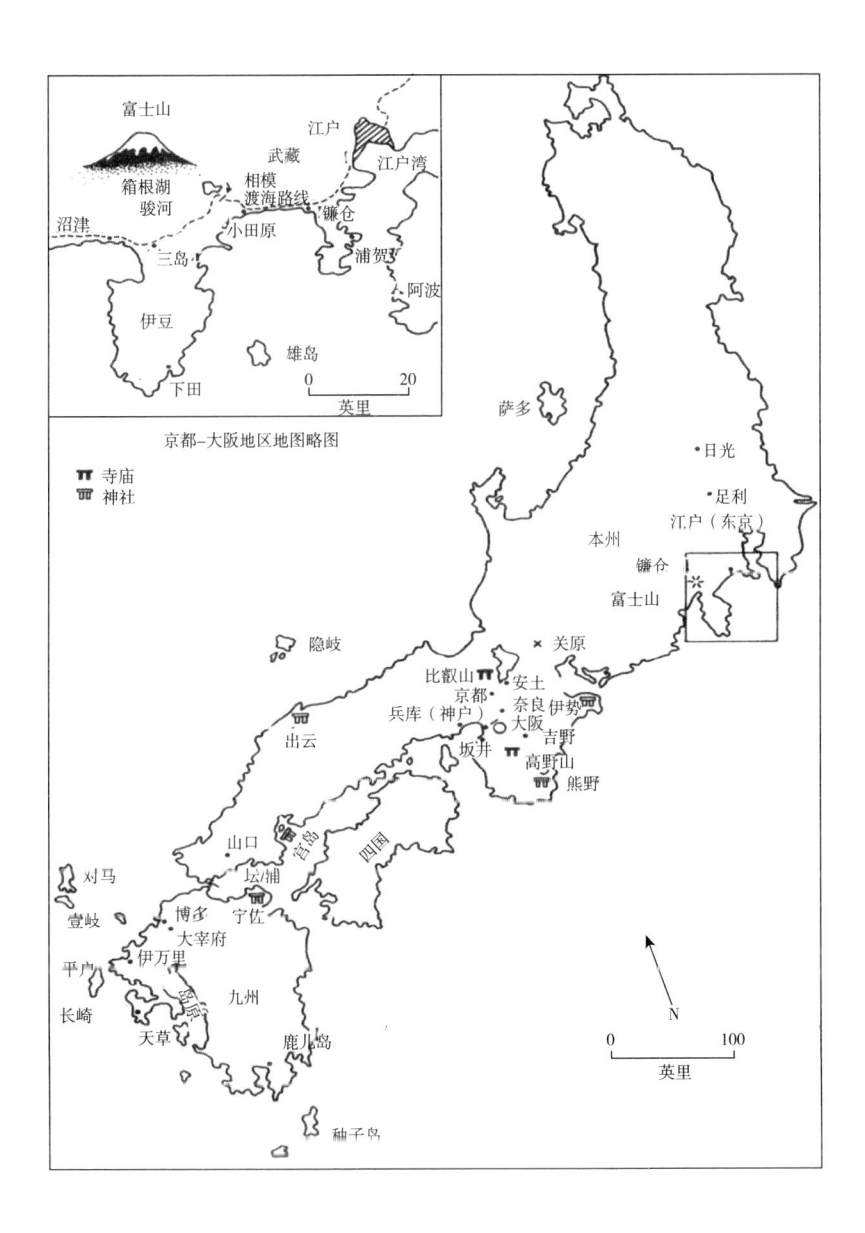

京都-大阪地区地图略图

插图标注：
- 富士山
- 箱根湖
- 骏河
- 沼津
- 武藏
- 江户
- 江户湾
- 相模
- 渡海路线
- 镰仓
- 小田原
- 浦贺
- 三岛
- 伊豆
- 阿波
- 雄岛
- 下田
- 0　20 英里

图例：
- 寺庙
- 神社

主图标注：
- 萨多
- 日光
- 足利
- 江户（东京）
- 本州
- 镰仓
- 富士山
- 隐岐
- 关原
- 比叡山
- 安土
- 京都
- 奈良
- 伊势
- 兵库（神户）
- 大阪
- 吉野
- 坂井
- 高野山
- 出云
- 熊野
- 山口
- 四国
- 对马
- 坛浦
- 壹岐
- 博多
- 宁佐
- 平户
- 大宰府
- 伊万里
- 长崎
- 九州
- 天草
- 鹿儿岛
- 种子岛

N　0　100 英里

第一篇

早期历史

第一章 起源

日本人的起源尚存争议，不过基于已知地理事实和历史的先验推理得出这样一个结论，即日本民族是史前时期来自亚洲大陆①不同地方族群的组合。我们无法确切地言明这些族群到达的先后顺序和他们的占比。日本群岛沿着亚洲东北部海岸呈曲线分布，几乎绵延至海岸两端。从日本群岛的位置来看，在其北部定居的是一个虽不占支配地位但强大的族群，而在其邻近大陆的地区定居的是新石器时代经由朝鲜到此的蒙古人种，同时我们也有理由认为早期日本文明的一些特点，尤其是湿法种植水稻的文化，源自中国南方。此外，那种认为日本民族包括来自中国南方的族群的观点并不荒谬。至于阿伊努人，它是一个现今居住在日本北部岛屿（北海道）的族群，语言学和其他证据表明他们一度遍布整个群岛。关于他们的起源，存在一些分歧，但是现代人类学家认为他们属于早期的高加索人种。

目前收集的考古证据，虽然提供了一幅日本史前文化的图景，但是没有为种族起源问题提供直接的线索，不过值得简要回顾，因为它赋予某些看似合理的关于日本岛屿定居情况的推测以可信度。

日本尚未发现旧石器时代文化的痕迹，但是两种主要的新石器时代文化引人注目。一种是绳纹（Jōmon，"绳-纹"）文化，因为它的代表性陶器是盘绕而成的，或者有一个绳纹作为传统装饰。另一种是弥生（Yayoi）文化，因为一些典型的陶器最初是

---

① 下文简称"大陆"。——译者注（本书除特别标注为译者注外，未特别标注的均为作者注）

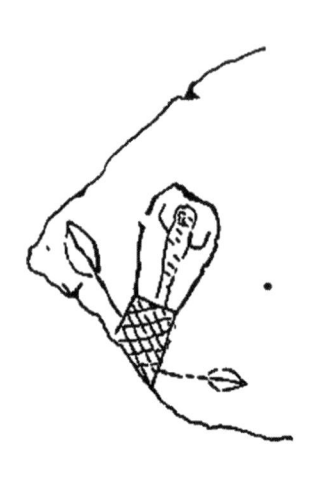

在一个名为弥生的地方的新石器遗址中发现的。

于日本发现的弥生时代新石器陶器上雕刻的图片,描绘的是站在船上的人

于大和发现的弥生时代新石器陶器上雕刻的图片,描绘的是鹿

在全日本的新石器遗址中都发现了这两种文化,但是绳纹陶器多出现在北部和东部,而这里的弥生陶器相对稀少。在它们一起出现的地方,绳纹陶器通常在弥生陶器的下面,因而被认为更古老一些。绳纹陶器工艺上较弥生陶器差,但是艺术性更高,显示出更大的设计自由和更多的式样。而且,与绳纹陶器同期出现的石制工艺品整体上比与弥生陶器同期出现的石制工艺品要更先进。依据这些数据,我们可以推断新石器文化的代表是绳纹陶器,它在独立发展很长一段时间后逐渐被后者,即在日本南部和西部出现的(弥生)文化取代,并且在东部和北部达到顶峰。此外,在两种文化相遇的时候,弥生文化作为一种新石器文化或许已经衰退并且即将进入金属时代,很多遗址中出现的青铜器物和

弥生陶器有关。

　　上面列举的考古证据仅与日本史前文化的性质有关。它并没有告诉我们它的组合族群源自何处，更没有告诉我们新石器时代居住在日本的人来自哪里。不过一个岛国的新石器文化不可能是土生土长的，因此我们可以认为早期（绳纹）和晚期（弥生）新石器文化都源自大陆。绳纹文化扩展到琉球群岛，但没有到台湾地区，它们属于包括中国南部和中南半岛在内的另一个新石器文化群。因此，可以合理地推测绳纹文化源自北方；而且，如果真是如此，我们可以期待在亚洲大陆北部新石器的某些遗址中发现与日本新石器时代遗址的相似之处。事实上，这种相似之处在朝鲜半岛发掘出的某些残留的新石器陶器上有所显示。但是，这种相似是和早期弥生陶器相似而不是和绳纹陶器相似，所以我们还不能说陶器或其他工艺品为日本早期新石器文化的起源提供了线索。只能说，通过类比论证，如果弥生文化是经由朝鲜半岛从亚洲大陆北部传来的（很可能就是这样传来的），那么从地理根据看，较早的绳纹文化可能有相同的出处和迁移路线。

　　对日本新石器遗址人类遗骨的研究，虽然没有给出正面证据，至少给出了关于绳纹人起源的线索，因为它表明绳纹人的体格与现代阿伊努人相同，与弥生人不同。这种观点确实遭到多名有声望的学者的抨击，不过甚至它的反对者似乎都准备好承认艾诺伊德人（Ainoid people）的存在。艾诺伊德人在其他一个或多个人种带来弥生文化之前将绳纹文化传遍日本，因此我们可以推测日本族群的基础是在新石器时代由一个源自早期高加索人种的族群建立的，这些早期高加索人种遍布北欧和亚洲，故土尚未确认。在现代世界，他们的后裔是北海道和库页岛的阿伊努人以及血缘关系薄弱的像叙利亚东部吉尔亚克人

（Gilyaks）那样的人。

如我们所见，他们在日本发展出的新石器文化达到了非常高的水平。一些日本学者坚称，从武器和工具制造技术以及陶器设计与装饰的原创性看，这种文化是世界新石器时代众文化中最先进的。这种观点在某种程度上得到了欧洲专家——N.G.芒罗（N.G.Munro）博士的证实，他在《史前日本》（*Prehistoric Japan*）一书中提到早期陶器时说："它游弋在丰富的关于形状和装饰的构思中，是任何一个地方或任何一个时代无法比拟的。"他又补充了一个观点，认为"后来日本的艺术天赋根植于其史前历史中"。

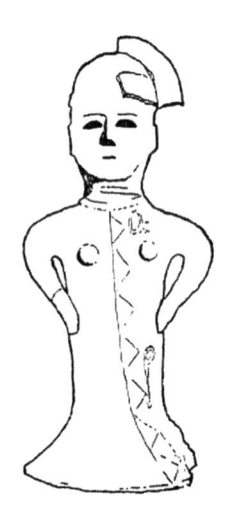

埴轮（女性雕塑），原件面部和颈部
有一个朱红色的图案

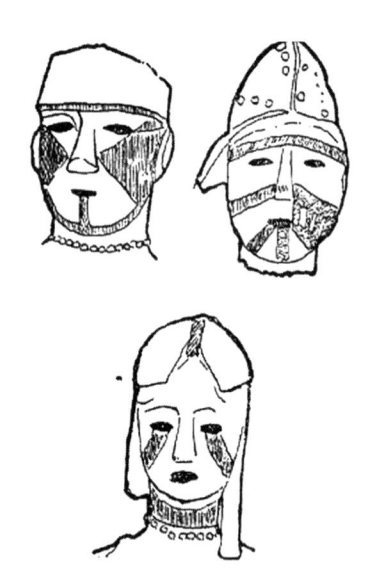

埴轮的头部，可以看到面部的
（红色）图案

在日本，这种早期文化要达到如此完美的程度，一定经历了非常漫长的发展过程，而且在其发展过程中肯定有不止一批从大陆来的移民，他们要么来自朝鲜半岛，要么来自今天的西伯利亚和堪察加半岛的沿海地区。确实，不能排除这种反向迁徙的可能性。但是这都是对模糊的过去的推测，直到公元前不久我们才找到了更多日本与亚洲大陆之间联系的可靠证据。

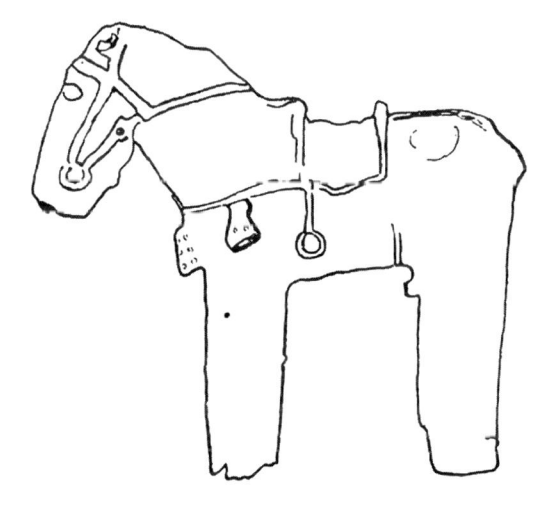

埴轮：早现的是一匹马

当我们探究日本后来（弥生时代）的新石器文化时，朝鲜半岛考古学研究成果提供了几个确凿但足够的证据，在那里发现了几处新石器遗址，相当清楚地表明了不同的文化阶段，每一个阶段都可以在日本的弥生文化中找到对应的阶段。这里我们没有必要详细探究这一问题，只要注意到该证据表明中国东北、朝鲜和沿海区域都有早期新石器文化，而这种早期新石器文化对应的是最早期的弥生文化。因此，朝鲜看似不断受到外来新文化的影响，但这些影响反过来又被传播到日本——毫无疑问是因为朝鲜移民的作用。在日本，弥生人的整体文化水平得到提高，进而取代或者说同化了绳纹人，他们的工艺进步在一些弥生时代的人工制品中得到体现。

埴轮，持有武器的男性，大和石冢坟时期。东京国立博物馆藏

中国北魏石碑的细节。比较石碑中的人物与持有武器的男性埴轮的衣饰

朝鲜半岛新石器遗址展现的不同文化阶段以三类陶器为特征，一些日本学者认为这三类陶器分别与在以下三类地方——西伯利亚、俄罗斯北部、芬兰和瑞典；中国西部、东北和内蒙古；中国南部——发现的新石器陶器相对应。不过，值得注意的是，虽然这种观点就日本后期新石器文化的起源提出假设，但是这一观点本身并不是对弥生人的来源进行任何武断猜测的正当理由。我们只能说石器时代日本群岛的族群包括蒙古人种。由民间传统和其他残存物再现的日本早期文化的很多特征都表明了其与蒙古

人种的密切关系。

因此，举例来说，日本最早的宗教和东北亚的萨满教有很多相同之处：远古日本的兵器与东北亚的类似，与大洋岛的兵器则不同；占支配地位的日本人体型与蒙古人相似，以至于他们颅骨宽大，下颌有些突出，黄皮肤，直头发，眼睑有典型的"蒙古褶"，日本婴孩的身上也多见"蒙古斑"。

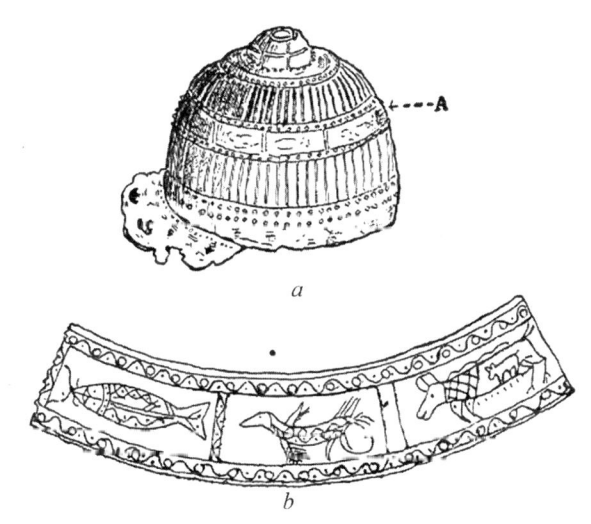

a

b

（a）头盔的一部分——铁、铜、镀金，出土于东日本，年代推测约为公元400年。
（b）A 处雕刻的图案

日本族群中有非北方人存在，这一点几乎没有异议，但是我们不知道他们是从何处而来的。如果像现代人类学家所说的那样，蒙古人有原始马来人的血统，那么日本人的南方血统可能源于此。那些由印度尼西亚、马来西亚或者波利尼西亚直接移民日本的假想几乎是没有任何证据支撑的。这更有可能是亚洲大陆一个共有中心的扩散，这一扩散在使南方各岛有了住民的同时，也

/ 第一章 起源 /

为日本的族群和文化提供了南方血统。目前已经收集到的很多证据倾向于表明这个中心位于中国南部或者中南半岛。但是，这些都是推断。

来自坟冢的勾玉，实际大小

考古证据仅能证明公元前日本有一个相对统一的文明。使日本民族得以诞生的种族融合可以追溯至更遥远的、不为我们所知的古代，我们最多可以说石器时代末以来日本人展现出很多种族的特征。历史学家应该拒绝做简单的类比，但是把位于欧洲西部边缘的不列颠群岛与绵延于亚洲东岸的日本列岛相比较也无伤大雅。两者背靠居住着各种族群的广阔的大陆，面朝无边的海洋。两者都是一小块区域，移民或迫于饥饿和恐惧，或被单纯想要改变的愿望驱使在这里聚集，因为他们无法走得更远，所以必须融合，不然就会被毁灭。①

大多数学者认为日本的石器时代一直持续到公元初。当然我们无法得知具体的时间，但是有证据表明 1 世纪日本西部的新石

---

① 自本章首次写成以来，日本考古取得了很大的进展，尤其是在 20 世纪前二十年。在学者们看来，很多地方还存有争议，对这一专题感兴趣的读者可查阅以下两本英文著作：Richard K.Beardsley, *Japan before History* in the Far Eastern Quarterly, 1955; J.E.Kidder, *Japan before Buddhism*, "Ancient Peoples and Places" series,vol.10,1959。这两本书都是在美国出版。

器文化已经没落，而日本中部的新石器文化又延续了2~3个世纪；而在最北部的偏远地区，直到公元后第一个千禧年末新石器文化还没有完全消失。新石器文化时期的结束受到中国青铜文化的影响，这种文化首先影响了朝鲜，然后由朝鲜影响到日本。

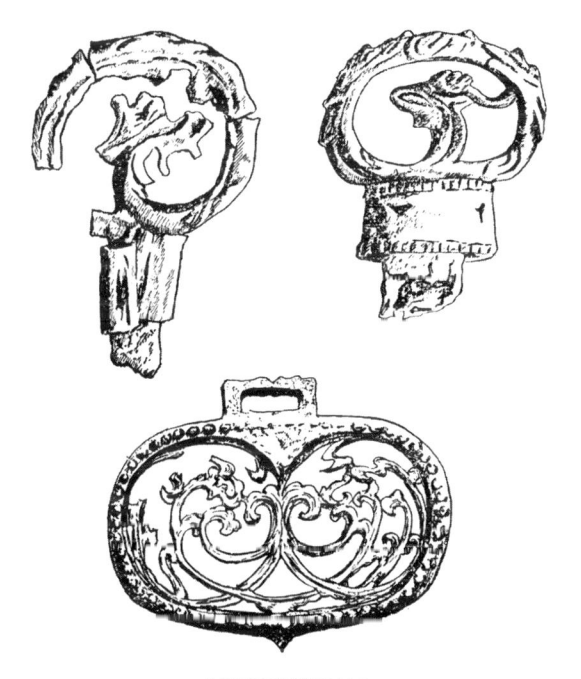

古坟时期铜剑的柄头

中国的青铜文化在周朝最鼎盛的时候传到中国东北南部地区，并沿着朝鲜半岛海岸传到半岛的最南端，在这些地区新石器遗址中发现的于周朝末期或者秦朝初期，即约公元前300年铸造的钱币（比如名为"刀币"的金属代币）可以证实这一点。首先，传到朝鲜的青铜文化可能并不只源于中国，因为有充分的证据证明在朝鲜发现的一些青铜器物与斯基泰人的器物有联系。有可能是中国北方的青铜文化包含了斯基泰-西伯利亚的元素，这些元素在青铜时代早期阶段被传到朝鲜。这一点值得注意，因为它有助于解释远东历史的一个重要现象：尽管中国先进的汉文化地理上邻近且有很大的影响力，但是朝鲜文化仍旧保留了鲜明的独特性。这主要是因为朝鲜不只是汉文化由中国传到日本的通道，还是来自多处的文化元素在得到传播之前会先进行融合的地带，而日本文化从一开始就呈现出这样一个显著的特质。

汉朝时中国进入铁器时代，显然这一新的影响同样很快扩散到上述地区，因为在中国东北地区南部和朝鲜的新石器遗址中，同青铜器、铁器和石器一起被发现的还有中国在公元1~10年铸造的钱币。目前在日本没有发现可以追溯到周朝晚期的器物，但是东汉的铸币并不罕见，而它们的出现表明，我们从地理因素上应当认为中国青铜文化借道朝鲜传到日本的时候经历了几十年或者可能一个世纪的延迟。当然，公元初中国的青铜文化就已经开始影响日本，但是在它还没有取代日本新石器文化的时候就被铁器文化取代，因此普遍认为日本没有真正的青铜时代。

日本古坟时期紧接着贝丘时期，或者可能与之重叠，贝丘是日本新石器遗址中主要的墓室。贝丘是简单的坟堆，覆盖在石制或者陶制棺材上，不过这一时期的典型坟墓是其上有堆的石制墓穴。统治者的坟墓叫作"御陵"，可称得上巨大，统治者仁德（Nitoku）天皇（约公元400年逝世）的坟墓长1200英尺，高90英尺，加上壕沟，占地约80英亩。这样的坟墓主要出现在日本西部和中部。这些石制墓穴中发现的花瓶在形状和装饰上与弥生时代的花瓶一致，但是技艺更先进、更复杂，而且总是和珠宝、镜子、武器和其他青铜器物或者铁制器物一起铸造在有轮子的车上。坟墓外围发现有陶俑,又称为"埴轮"(haniwa),它们与坟墓是一体的。新石器时代的陶俑是丑陋的、怪异的,可能是为了吓退恶灵。稍晚一些的墓葬陶俑有时候是动物(尤其是马,目前仅有一座墓葬中的陶俑是牛),但是通常是椭圆脸、容貌端正的男人和女人,他们穿着带袖子的袍子,戴有颈饰和耳坠,梳着精美的发型或者戴有头巾或帽子。他们的脸按照一定的样式涂上了色彩,通常是红色。"埴轮"通常是一个柱状半身像,因而不常展现全套的衣饰。不过他们的着装给人的普遍印象是:他们是北亚人,而不是来自热带地区的人。他们的武器大多是大陆的样式,蒙古式或者中国式的。虽然有些人认为有一些刀具与马来人的波状刃短剑相似,但同样可以把它们和在东北亚发现的武器联系起来。名为"发声－镝矢"(narı-kaburaya)的箭,也是一种会发出嗡嗡声的球状物,是典型的古坟时期的武器,绝对不是来自大洋。盔甲、头盔和铁制或青铜马饰,毋庸置疑是受到中国或者蒙古而不是其他南方文化的影响。很多铜镜无疑是在中国制造的,可能是在汉代。

墓中的石制器物不是新石器文化特有的工具和武器,而是仪式用的装饰品或器物。其中最引人注目的是"曲玉",即勾玉(magatama)。有证据显示这些勾玉外形源于动物的爪和獠牙。勾玉发现于新石器遗址中,有些是骨制的,有些是角制的,有些是石制的。无疑,这些勾玉被认为有神奇的功能,确实,直到近代,在朝鲜和东西伯利亚,虎爪都被视为拥有极大法力的驱邪物。墓中的勾玉做工精良,由各种各样的材料制成,如玛瑙、碧玉、蛇纹石、石英、玻璃、玉、软玉、绿玉髓等。值得注意的是,在日本甚至在中国均没有发现上述最后二种材质的勾玉,尽管它们在贝加尔湖和乌拉尔山脉地区很常见。

这就是考古研究描述的史前日本故事的简单轮廓。由此我们可以在一定程度上确定，到新石器时代末期，在日本定居的族群是人种学者或者语言学者熟知的乌拉尔－阿尔泰人，其中包括芬兰人、萨莫耶德人、匈奴人、通古斯人和蒙古人；我们也可以得知日本和朝鲜之间有往来，来自东北亚的持续不断的移民可能就是通过朝鲜小规模移入的（我们还可以得知，随着时间的推移，移民中有人在原居住地或者在移民过程中受到青铜文化和铁文化的影响）。几乎可以确认上述影响主要来自中国人，而且可以确定是来自越来越多的汉朝鼎盛时期的中国人。乌拉尔－阿尔泰元素在日本人种族特性中的显著程度是难以估计的，因为这与他们承袭的物质文化不同。早期传奇故事中披露的以及现在我们观察到的他们的许多特性、许多思想和行为与中国人很不相同。尽管他们在知识甚至精神上接连受到汉朝、唐朝、宋朝和明朝的影响。学习日本历史的学生都会对这一特征留有印象。这种外来文化的威力和声望看似可以征服并改变日本，但是总有一个坚固的、无法被同化的、核心的个性，它抵挡并反过来作用于外来影响。有趣的是对这种独特的个性的来源进行推测，无疑要从种族混合的一些特殊元素中寻找。在日本生活的他国人都会感觉到他们的性情中有热情的南方的元素。的确，考古证据指向与北方的密切联系，但是不能忽视心理印象。某些风俗特性，尤其是语言、居住和饮食的特性，也可以予以佐证。这些加上本土的神话，即便它们无法提供有效的证据，所提供的资料与任何一种假定日本人独有北方血统的理论也都不一致。

传奇故事中有一些证据，只有少数在历史中有记载，可以将考古发现勾勒的日本文明的图景补充完整。早期中国的记载①，尽管在阅读时需要恭敬地加以质疑，却给我们提供了一些有意思的细节。第一次对日本的真正提及可能是《山海经》中的一个篇章，里面提到倭隶属于燕国。倭人就是日本人，或者至少是在约公元前265年以前居住在日本的一些人。中国人用来表达倭的象形文字形似矮人，因此公元前3世纪日本人和中国人之间可能有某种关系（不一定是隶属关系），并且中国人眼中的日本人是身材矮小的一类人。《山海经》中的记述和燕国统治者铸造的钱币在朝鲜南部和北部的坟墓中出现，可以证明燕国和朝鲜之间有往来。在日本没有发现这类钱币，但是在琉球群岛发现了。因此，公元前3世纪上半叶中国人和日本人直接接触的证据不是微不足道的，只是不够确凿。

甚至在公元前3世纪下半叶，我们只有传说可以证明中国人远涉日本。中国北方处于混乱状态的时候，秦、赵、燕三国为了在保护自己的同时对战中国人熟知的好战的游牧民族——匈奴，修缮了岩壁和城墙，后来（公元前214年）连接成了长城。作为防卫措施之一，燕国统治者进入并占有了现在的中国东北北部和朝鲜半岛北部，据说正是在这战乱年代，难民和移民才开始离开中国来到这些地区。

中国的记载中第一次提及朝鲜是在《史记》中，由《史记》我们可以得知（无确实可靠的证据）周武王将朝鲜作为封地赐给了一个名叫箕子的政客，他带着数十名跟随者离开并将艺术文明带到

---

① 很难评价早期中国文献对史前日本史中的价值。旅行者经常会从到访的国家带回令人惊奇的故事，而后来的编纂者往往会误解或者会对所用的材料加以润色。因此，中国文献中出现的对日本风俗的叙述很有可能是有些夸张的，甚至有些地方是虚构的。最好只在能够找到考古证据加以佐证的时候才使用文献中某些确切的叙述，并且要记得旅行者所记述的可能只是地方性事件，不一定能够代表日本整体。

朝鲜北部。几个世纪以后，中国第一位皇帝秦始皇征服了他的对手之后，便想要寻找长生不老药。据传说，他派道教圣人徐福从山东出发到东部的一个岛上，带着三千男人和女人、各种工匠和一船种子。这个传说并不那么可信，但是至少它表明了文化传播者早期移民日本的传统。同样值得注意的是，早期日语文字中用汉字中的"秦"字来记述"织工"，表明了上述传说的持久性。这并不是对传说的证实，但它可以说明在日本人的头脑中，他们对中国艺术文明的第一次认知是和秦朝分不开的。当然，如果只是通过朝鲜的话，那么其中一些艺术品传到日本是在秦朝统治期间或者秦朝统治之后，因为考古学家在日本西部不仅发现了带有秦风的青铜器具，还发现了仿照青铜原件制作的石剑和箭头，这些青铜原件常见于朝鲜，属于秦朝或者更早时候的器物。

自公元前206年汉朝取代秦朝，形势变得更加明朗。用"繁荣"一词来形容汉朝文化太过温和，汉朝文化更像是自中国文明萌生以来不断累积的能量的巨大爆发。它猛地冲出、扩散、传播，西至里海，南至印度，北至匈奴之地，东北至通古斯部落。公元前108年，一个约位于现代朝鲜半岛北半部的国家①被中国统治者征服并被划为中国的四个郡，行政体系完全仿照中国的样式。这四郡之首是乐浪郡（Rakurō），治所位于大同江岸，距离今平壤市约1英里。随着汉朝国运的兴衰，属地的大小和重要性也发生了变化，但是乐浪郡的辖境一度囊括整个朝鲜半岛北部，直到汉江以及汉江南面管辖权待定的地界。卫氏朝鲜南部和东部边界以内的地方名义上是在中国的统治下，重要的据点驻扎有军队，所以尽管乐浪郡治所的管辖范围在今平壤东部和南部200英

---

① 这里指的卫氏朝鲜。——译者注

里以内，但是中国文化的影响力逐渐扩散到整个朝鲜半岛，尤其是沿着海岸线往南扩散。

从汉朝早期的记载以及近年来在平壤周边发掘的多个精美古墓的丰富藏品，可以清楚地知道乐浪是中国各属地中最繁荣的一个，也是中国文化一个重要的前哨。毫无疑问，它的影响力往南扩散了很远，因为在朝鲜半岛南部的多个地方发掘出了青铜制和铁制器具及装饰品，还有钱币、代币和陶器，这表明这些器物是在公元前50年到公元50年从乐浪郡传到这些地方的。此外，有证据表明，某些器物如铜镜、剑、箭和自用的装饰品都是当地人仿照汉物制作；在日本西部离朝鲜南海岸不远的地方发现了与这些地方相似的器物以及汉初中国制造的铜镜，还有弥生时代的陶器。因此，我们可以确定公元初中国文化的强大影响力从汉朝属地扩散到日本，因此乐浪郡和九州岛不久后就有了频繁的往来。此外，尽管汉朝的政治影响力减弱，属地被逐渐扩大的高句丽控制，但是我们知道高句丽在很大程度上被乐浪郡中国文化的影响力折服。中国文化的影响力没有中断，我们可以认为这种影响力自公元前100年前后开始持续不断地影响朝鲜北部地区，并频繁地往南并向日本扩散。

毋庸置疑，从这个时期开始，日本和中国的关系开始变得越来越密切。我们没有找到关于这种关系的源起的记载，但是可以确定，公元前1世纪旅行者找到了从日本的极西地区到朝鲜半岛的中国属地的道路。汉朝文献第一次提及了这样的旅程，文献记录日本使臣于公元57年来到洛阳——汉朝都城，正文如下：

> 倭国位于朝鲜南部东南边的大洋中，由多个岛屿组成。倭国由超过100个王国组成。从汉武帝征服朝鲜（即朝鲜北

部，公元前108年）开始，超过30个王国开始通过使臣或者抄书吏与中国进行交流……他们知晓编织工艺……他们的士兵配备矛和盾、木弓和竹箭，箭头有时候会以骨覆盖。男人的脸上都有文身，身上都有图案。借由图案的位置和大小表明级别的不同。他们会用粉红色和深红色的粉涂抹身体，就像中国人会涂抹大米散粉一样。

这一记录可以让我们更多地了解日本和日本风俗，曹魏时期的文献记载了更多的细节。从现存形式看，这些记录并不是完全可信的。它们的编写是基于现已不存在的材料，这些记录也是在它们所描述的内容发生很久之后才编写的。公元424年[①]始编的《后汉书》、公元292年前编的《魏志》和较早的文献《尉缭子》[②]因其中有知悉当代的编者的续编而受到质疑。显然，这些记录存在不一致且文本存在错误的地方。但是曹魏时期文献中的记载，虽然不能全盘接受，但是整体上足够可信，能够适当勾勒出1世纪中国人眼中的日本图景。

这些信息加上古坟时期的考古证据，呈现出一个有多个独立部落聚居的国家（可能是最靠近朝鲜的那一部分日本），每个部落都有自己的统治者，都想通过接受外来先进文化增强自己的实力，最强大的部落会派使臣到强大的汉朝寻求帮助，尤其迫切地想要获得中国的制品和财富，比如剑、镜子、珠宝和金饰、丝绸制品。公元57年到中国朝廷的日本使臣被授予官印和绶带。奇怪的是，1700年后，在博多湾（一个非常便利的港口，从九州

[①] 原文有误。《后汉书》的始编时间应为432年。——译者注
[②] 原文是 *Wei Liao*，根据上下文指的应当是尉缭所著的《尉缭子》。——译者注

航行至朝鲜和中国的人可由此出发）岸边的沙子中发掘出一枚金印，上面刻有"汉委奴国王"。

曹魏时期文献中有地区名、城镇名和官员名，此外还有方向、距离和其他细节，虽然有一些细小的错误，但是其中很多都是可确认的，让人以为文献内容源自真实的目击者，只是后来的编者处理不当。比如，文献中称所有男性都有文身，这一事实缺乏其他证据（除了阿伊努人现在依旧文身外）支持，但关于用粉红色和深红色的粉末涂抹身体的说法可以通过坟墓中的陶俑——填轮身上发现的颜色痕迹得到证实。总之，文献所述足够充分地表明汉魏时期的旅行者所到访的族群已经拥有相当高的社会组织度，他们在公元初就已经摆脱新石器文化，并且他们进一步的文化发展得益于朝鲜和中国。有足够的证据可以证明这些，没有理由去推测上述文化迁移是大陆人口迁移的产物。毫无疑问，在从石器文化向青铜文化过渡的过程中，日本接纳了少数来自朝鲜的人；但是那时候在种族融合的进程中日本人已经形成，在我们看来，这种种族融合可追溯至我们并不熟悉的古代。

除了中国的文献记录外，我们关于早期日本历史的主要书面信息源是两部正式文献：《古事记》(*Kojiki*)；《日本纪》，更准确地说是《日本书纪》(*Nihon-shoki*)。二者分别编于710年和720年。两部文献都有一些倾向性，文献中的神话、传说和历史都是为了增加统治王朝的声望而选录和记述的。此外，这些文献在编著的时候，日本学者对中国的语言和文献，不论是史学的还是哲学的，都有了至少三个世纪的了解，并且这种了解在不断加深，所以很难说上述文献中的记述没有在某种程度上受到中国的影响。不过两部文献都是了解日本早期信仰和风俗的宝贵资料，如果谨慎看待的话，也是了解公元最初几个世纪主要事件的宝贵

/ 第一章 起源 /

资料。在尝试对它们的内容进行总结前,最好预先准备一下并简要描述文献的编纂背景。

似乎在公元 1 世纪,九州的某些部落与其相邻部落相比,已经处于支配地位,或者已经与相邻部落融合并开始向东扩张,沿着濑户内海海岸推进,直到大和国在那里建立了中央政权,并且逐渐且尽可能地向四周扩张。确实,没有充分的证据证实这种东向的迁移,并且一些学者倾向于质疑它。但是很有可能的是,日本西南部有进取心的统治者利用从与先进的铁文化的接触中发展而来的先进器具,在东进的过程中,没有太多困难地征服了没有这种优势的其他部落。无论如何,7 世纪初期,一个中央政权在大和建立并对日本西部和中部甚至东南至仙台的地区实现了某种程度的控制。没有其他的统治者或首领有能力瓦解大和政权的统治,不过他们中有些人有能力挑战,所以增强统治声望是至关重要的;《古事记》和《日本书纪》的编写主要是这个目的。因此,《古事记》和《日本书纪》中大量列述早期神话和传说,并以赞美统治家族及其先祖的方式拼凑起来。第二章将会用来讨论这些文献中所述的并且在可能的情况下经过其他信息源证实的早期历史。必须再次强调的是,这些文献是在这样一个时期编纂的:当时日本已经接受长达几个世纪的中国文化的影响,并且这两部文献都是用中国的文字书写的,因为当时日本人没有自己的文字。《日本书纪》完全是用中文书写的,一点儿日语也没用。因而,一定要体谅其对历史事件的目的性的编排和选录,还要体谅编纂者想要展示其学识的欲望。在这两部文献被编纂的时候,中国学的声望势不可挡。尽管有这些不足,但是它们值得西方学者给予更多的认可,因为在当时它们是卓越的文化丰碑。

/ 第二章　早期神话和编年史

第一节　本土传说和中国的记载

编年史都是以一个显然源于中国的宇宙起源的神话开始，接着是关于诸神的神话，与波利尼西亚人的创世传说非常相似。在一片混沌中天和地形成，接着诸神出现。创世诸神一共有七代，最后一代是父神伊邪那岐（Izanagi）和母神伊邪那美（Izanami），二神在大洋中建立岛屿并从高天原（Heaven）降下、生活在岛上。二神结合，伊邪那美诞下日本的岛屿、海洋、河流、高山和树木。然后他们二人商量，诞下天照大神（Ama-terasu-ō-mi-kami），又称大照大御神，天照大神的光辉耀天照地，所以他们把她送到了高大原。之后他们诞下了月神（Moon God），把他也送到了高天原，和天照大神一同司理。他们的第三个孩子是须佐之男（Susa-no-wo），一个凶猛的、无情的、不停地哭泣和哀号的神祇。须佐之男荼毒生灵并夷平了多座青山，所以他的父神和母神送他去掌管沧海之原（Nether Land of Darkness）。伊邪那美之后生下了火神（Fire God），火神烧到了她，然后她就死了。她死后，从她的分泌物和她丈夫的眼泪中生出了很多其他神。这种自然表现是神化了的，所有有生命和无生命的事物都是神和神的后代。不仅太阳和月亮被神化了，就连高山、河流和树木甚至风暴都被神化了，因为须佐之男的哭泣哀号是暴雨和暴风，而风暴带来的破坏则是他的暴力行为。因此，神话的很大一部分是将众神的诞生和日本人认知中的所有物体和种类联系并对应起来。

遗憾的是，因为这些神话，据我们目前所知，首次以书面文字出现是在 7 世纪末，所以我们无法确切地分辨在这些神话信仰中，哪些内容是最早的。事实上，很多当时记录的内容显然是后来虚构的。某些对过去事件的叙述以一种形式呈现，而这种形式在没有文字的情况下是不可能出现的，如描述诸神时说他们持有剑和镜子，这些事物日本人在没有接受中国金属文化影响前是不知道的。总之，《古事记》和《日本书纪》的编纂者在设想神话中过去的事件时，把它们放在了和他们自己所处时代同样先进的文化环境中。文献中有很多对神话和传说进行刻意选择和整理的迹象，这是为了达到王朝的和宗教的目的。可以说，这些编年史，至少编年史前面的部分，是为了政治目的编写的，其中事实和想象以一种回顾起来能够证明首领部落对其他家族或部落的支配的合理性的方式相结合。家谱是这些文献的重要组成部分，正如它们是日本历史的重要组成部分一样。每一个重要的家族都有相应的令人印象深刻的家谱，比如在描述神祇天穗日命的时候写道："他是望族尾见（Omi）的祖先、出云（Idzumo）国造、陶匠主管（Clayworkers' Corportation）。"

伊邪那美死后去了黄泉国（Land of Darkness），日文读作"Yomi"，伊邪那岐跟着她去了。但是为时已晚，因为她已经开始腐烂，所以伊邪那岐被恐惧战胜，逃离了死亡和腐朽。在历经多重艰险从黄泉国逃离后，他首先想到的是去海中沐浴洁净。在这里，伊邪那岐突然从神话中消失。一种说法是他从此隐居，另一种说法是他升到了高天原。但是我们没有再听人说起他，而神话故事这时开始讲述天照大神和暴风雨神，即天照大神和她的弟弟须佐之男。须佐之男被派去统管沧海之原，但是在离开前他到高天原和他的姐姐告别，他的行为粗暴且不得体，他弄乱了她的稻田，弄脏了她庆祝初果收获时要用的场所，而且最令人瞠目结舌的恶行是他"从后往前"扒了"一匹天斑小马的皮"①，并把她的宫殿砸了个破口，从破口处把这张皮扔进了她为诸神编织衣物的房间。愤怒的天照大神进入高天原的岩洞，黑暗覆盖了天地。高天原的诸神惊慌失措地商量该怎么劝说天照大神走出山洞，他们聚集在山洞外，摆上供品并祝祷。然后他们中的一员，天钿女命（Dread Female of Heaven）点燃了火把，吟唱神灵启示的词句并跳着欢快的、不得体的舞蹈。天因诸神的笑声而震动，天照大神好奇地偷看，其中一位神祇抓住她的手，把她拉了出来。参与商议的诸神审判并惩罚了须佐之男，让他摆上一千桌供品并把他放逐到黄泉国。据一种说法，须佐之男没有立即降到黄泉国，而是横渡到了朝鲜并在那里住了一段时间，然后不满意地回到了出云国。最终，在历经重重艰险之后，他下到了黄泉国，在地上留下了许多神子神孙。

但是天照大神觉得他的后代不配统管地上，所以派了其他神祇来，为她的孙子琼琼杵尊（Ninigi-no-Mikoto）铺路。一位被派下来的神祇想要自己统管，所以没有上报天照大神，私自留在了地上。他被从天而降的箭射杀，天照大神又派了另外两位神祇。他们到了出云国，找到了须佐之男最勇敢、最强壮的儿子大国主神（Ōnamochi），并要求他把国家交给天照大神的孙子琼琼杵尊。大国主神拒绝了，但是最终他们达成了一个协议，按照协议，尊贵的天孙负责处理世俗事务，协议承诺给大国主神一座宫殿，让他负责与神有关的事务。在做出了这种世俗与神圣的权力划分之后，尊贵的天孙离开了他在天上的宝座并"推开高天原的层云，庄严地辟出了一条路"，降临地上。他降落在九州西部

---

① 据说西伯利亚萨满教的仪式包括剥马皮。

的岛上——这是一个重点,我们后面会看到,并且带了随从,他们是一些世袭相传的职业的神圣祖先,这些人中有祭祀的,有驱魔的,有制造珠宝的,有打造盾牌的,还有制造镜子的,等等。他带了三件宝物作为他的神圣使命的象征,分别是一块宝石、一把宝剑和一面镜子,这三件宝物是天照大神在宣布由他来统治日本的丰苇原中国(the fertile rice-ear land of Japan)时赐给他的,天照大神愿他的统治繁荣昌盛,直到永远。

无论刚刚概述的这个神话故事的可信度如何,它带来的好处都毋庸置疑,因为它让我们能够——尽管有些模糊——对日本人的早期风俗以及他们的原始宗教有一定的了解,还为后来的添加提供了充足的空间。或许第一个引人注意的特征是众神的数量。日语中的神是"kami",这个词最初的意思是"上面的"。有人认为"kami"和"上帝"的概念范围相同,这无疑是错误的。但是即便我们只把它理解为"更高的、某种有良善或者邪恶特质的存在","kami"的频繁出现也表明对早期的日本人来说,看得见的和看不见的世界里都充满了具有强大影响力的存在。这个宗教,在很久之后被称为神道(Shintō,意为"众神的道"),最早的形态看似天然的、充满活力的多神崇拜。编年史中记述了像苍蝇一样涌来、四处游走的邪恶神祇,记述了会说话的树木、药草、岩石和溪流。说早期日本人认为所有自然物都有灵,或者说他们的宗教是一种万物有灵的自然崇拜,就是在用确切的说法去描述太过模糊、太过多变、无法被简单定义的事物。不过他们显然认为所有可感知的物体在某种程度上都是有灵的:神道就是由这些刚开始形成的信仰开始,经过多个阶段,发展为制度化的宗教。我们稍后会回到这个主题上来,但是首先我们最好循着政治记录,基于两部本土的编年史,以中国和朝鲜的文献作为补充继续向前。

在这里，为了能有一个连续的历史陈述而尝试对大和民族编年史中 5 世纪之前的内容进行批判性的研究是不合适的。5 世纪以后它们的年表还称得上准确，它们的叙述整体上似乎是可信的，但是与先前几个世纪有关的叙述，它们将神话和历史混为一谈，以致其叙述与解读者的体验和想法完全不一样。因此，我们最好只就主要事件给出一个简要的概述，就像一些学者所描述的那样，告诫读者其中揣测的成分很大。

在几个不同版本的神话故事中，须佐之男去了新罗（Silla，朝鲜半岛东南部），他说在那里有金和银。据说他还种了树，因为日本需要"流动的财富"，这里他指的是造船用的木料。新罗是公元前 1 世纪兴起的国家，不过"新岁"这个名字似乎更古老一些。从汉代的记载我们可以得知，早期来自朝鲜半岛北部和日本的人去朝鲜半岛南部买铁，似乎可以认为，公元前几个世纪，在朝鲜东南部和包括出云国在内的日本部分地区居住的人属于同一民族；同样可以断定的是，须佐之男的故事是由一个关于一位部落首领的历史传说演化而来，这位首领统治时期出现了金属。这种推断和日本一位受到颂赞的神话人物有关，源于他和"八岐大蛇"（eight-forked dragon）的对峙，他在"八岐大蛇"的一条尾巴中找到了一把宝剑，这把宝剑是日本皇室信物的三神器之一。一些欧洲学者认为这条蛇代表的是有很多支流的河；蛇贪婪的行为预示的是河流暴发洪水、毁灭生命、毁坏财产。

的确，居住在出云国的人形成了一个单独的族群，有了自己的文化，这一文化与聚居在朝鲜半岛南部的相似族群的文化相同，也可以说是在后者的基础上演化而来。单从《古事记》和《日本书纪》都包含三个神话故事系列来看，这一点是非常清晰的。第一个系列讲的是出云人的古代历史，第二个系列是关于统治并聚居在大和国的九州人的，第三个系列讲的是发生在大和国的事件。可以看出两部编年史试图调和九州和出云两个彼此矛盾的神话故事系列，最好的例证是对出云国大国主神的故事的描述，他将国家的统治权上交天照大神尊贵的孙子。据编年史所述，这位天孙下到了九州。大国主神将世俗事务交给了他，并宣布从此以后他主管"神务"。对这一神话故事广为接受的解读是九州的族群取得了统治权，但是有必要给予出云人主管宗教事务的权力以示抚慰。可以确切地说，出云人在文化上比九州人要先进。目前还不知道后者由哪些种族构成。一些人认为从九州出发去征服中部日本的种族有马来血统。但是也有假想认为这次远征的领导者，比如出云人，有蒙古血统，由朝鲜横渡对马（Tsushima）海峡来到这里。弥生时代的陶器是在九州发现的，而九州的日向是征服者登陆的地方，有很多古坟。这两点证据指向与中国大陆或朝鲜半岛之间的联系。除了弥生时代的花瓶外，这些坟墓里还出土有铁剑和矛以及各种石制器具。大和人的坟墓里是没有石制器具的，里面更多的是武器和盔甲。所以，我们可以有把握地说日向的墓群出现在古坟时期早期，这标志着由晚期新石器文化向铁文化过渡。铁的使用并不一定是跟中国人学的，因为如果我们相信中国编年史作者的话，通古斯人在很早的时候就在使用铁和金了，而且他们是娴熟的铁甲和铁盔打造者。在日本的墓群中发现了护甲和头盔，与墓群一起发现的陶俑（埴轮）经常身着护甲、戴着头盔。因此，有可能出云和九州的族群祖籍都在蒙古。不过，也有可能在同时期的九州，还有很多祖籍在南方的人。一些学者笼统地把他们看作马来人，另一些学者强烈反对，要证明他们和苗族以及中国南方其他当地居民同宗，这些人是直接或者借道台湾岛和琉球群岛来到九州的。远征大和国的一些人可能是这样的出身，好战的他们和九州的统治者结为盟友。所有这些问题依旧存有争议，所以我们还是认为公元前不同数量的、来自亚洲东部海岸几个地方的种族加入了日本族群比较好。

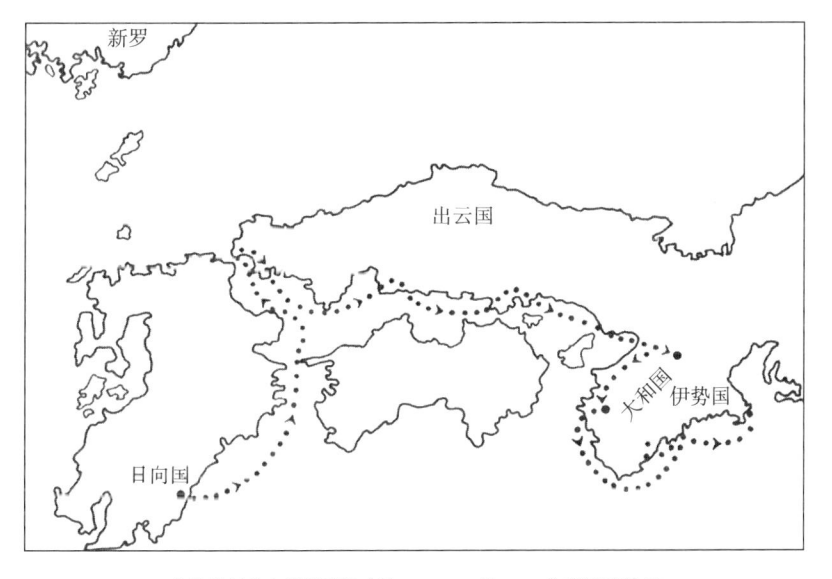

古代编年史中神武天皇（Emperor Jimmu）东进路线图

现在回到对日本中部的征服上。根据编年史记载，这是一个逐渐发展的过程，神武天皇从日向沿着濑户内海向东推进，历经几年时间打败或平定了一路上遇到的各个部落，然后成了大和的主宰。在这个地区，他修建了宫殿，并且根据编年史记载，他于公元前660年2月11日在修好的宫殿中举行典礼庆祝自己的成功并纪念天照大神，这一天现在被正式确定为日本建国日。当然，这纯粹是一个沿袭下来的节日，即便守旧的日本历史学家也不支持这一年表。这场远征的具体发生时间以及是不是真实发生的事件目前还很难确定。一些学者推断这场远征最晚到4世纪才发生，不过将这一时间划定在公元纪年初似乎更好些。

我们暂且不再看本土的编年史，看一看当时中国和朝鲜的记载也是非常有助益的。① 我们看到汉朝的编年史描述倭国是由超过100个王国组成的，其中超过30个于公元前1世纪在汉朝在朝鲜建立属地之后通过使臣或者使馆和中国有了联系。汉朝的编年史提到了公元57年和公元107年从日本来华的使团，并提到公元147~190年倭国处于内战、混乱状态，直至一位名叫卑弥呼（Pimiku）的女统治者出现。"卑弥呼"这个名字可以追溯到古代日本的一个头衔——姬御子（Himeko），意思是"太阳的女儿"或皇女。这位统治者"古怪并且未婚，她潜心魔法，通过自己的技能获得民众的支持，进而成为他们的女王"。朝鲜（新罗）编年史也提到这位女王，说她派遣使团到新罗寻求帮助，以对抗她的敌人；中国曹魏时期（220~265）的编年史记载，公元238~247年她派了多个使团到位于朝鲜北部的中国太守（Chinese governors）那里朝贡并请求援助，以对抗一个敌对的王国。日本编年史记载大和统治者远征（3世纪）日本西部敌对的部落首领，多次提到当地的女统治者，而中国的编年史提起日本时通常称其为"女王国"（Queen Country）。中国关于卑弥呼的记载和日本关于这个时期所发生事件的各种说法如此相似，以至于我们有理由认为中国的记载大体上是准确的。我们或许可以更多地相信中国历史学家对在日本的所见所闻的描述，不

---

① 第29页及以后，关于早期中国文献中对日本的记录的可信度，可参见前文。

过我们一定要记得旅记留存下来的中国旅者最远也只是到了九州沿岸，关于日本另一部分听到的也只是传闻而已。下面是从汉魏时期的文字记载中摘录的部分，即便是我们所看到的加工后的版本，也可以被看作3世纪对日本当时记述的相对真实的再现：

> 父母及兄弟姐妹（无论长幼）分开居住，但是聚在一起时不会因为性别而加以区分。他们用双手拿饭吃，但是会用木质托盘和木质食盘来盛食物。他们的习惯是赤裸双脚，蹲坐下来以示尊重。他们惯于饮用烈酒，是一个长寿的族群，寿命达100岁的人很常见。地位高的男性都有四到五位妻子；其他男人有两到三位妻子。女人非常忠贞且不嫉妒。那里没有抢劫或偷盗，打官司也不常见。对那些触犯法律的人，其妻子和孩子会被充公；而那些罪行比较严重的犯罪者，他的家族会被灭绝。服丧不得超过十日，服丧期间家人禁食、哭泣、哀悼，同时他们的朋友会来唱歌、跳舞、奏乐。他们通过楚骨来占卜，来预知好运和厄运。他们准备出发旅行或航行的时候，会指派一个人作为他们所谓的"运气守护者"。"运气守护者"不可以梳头、洗漱、吃肉、近女色。当他们幸运地安全返回后，会为他制作珍贵的礼物；但是如果他们生病或者遇到了灾难，他们会认为是"运气守护者"没能遵守诺言，并联合起来处死他。
>
> ……
>
> 这是女王国的边界，女王国以南是狗奴国（Kunu Country），统治者是国王。该国并不臣服于女王。该国都城到女王国的距离超过2000里。

该国的男性，无论长幼，都会黥面文身。他们有铁制的、骨制的箭矢，他们只使用棺，不使用椁。葬礼结束之后，全家入水洗浴。他们有阶级的区分，一些人臣属于另一些人。这里征收赋税，这里每个郡县都有集市，他们在集市上拿富余的农产品交换所需的物品，受大倭（Great Wa）的监管。

……

当较低阶层的人在路上遇到一个有地位的人时，他们会闪开、退到草丛里。他们跟他说话的时候，双手撑地，要么蹲着，要么跪着，这是他们表达尊敬的方式。他们应声的时候会发出"呃"[①]的声音。

"247年的时候，"《魏志》继续写道，"当太守王颀到任的时候，倭国女王卑弥呼遣使送信，解释她和狗奴国国王卑弥弓呼长期以来不和的原因。"太守送信告诫他们。这个时候卑弥呼女王逝世，后人在她的尸身之上封土作冢，土冢直径百余步，殉葬的男女奴婢有百余人。接着一位新国王继任，但是百姓不顺从他，内部争斗爆发，被杀死的人一千有余。后来一个13岁的女孩——卑弥呼的宗女，名叫壹与（Iyo）——被立为王，国中才安定下来。

从这些描述中可以清楚地看到一个事实，那就是3世纪各族群从九州向东迁移，但是尚未形成一个可以掌控日本大部分地区的中央国家。显然当时在日本全地有多位或大或小的独立的统治

---

① 此处原文是发出 A 的声音，A 有两种发音——/ə/或/eɪ/，所以可以译作"呃"或"欸"。——译者注

者。至于日本的习俗，我们应当看到中国的记录者证实了日本编年史中记载的大量内容。我首先在此顺便简单列举一下这些编年史中记载的居于神武天皇上位的统治者，具体如下。①

这些编年史中记载了公元前581～前98年（大约公元1～218年）在位的8位统治者，并未记载这期间发生的重要事件。随后记载的是公元前97～前33年（大约219～249年）在位的崇神天皇（Emperor Sūjin），日本编年史描述了他在位期间平定四方反叛部落的征战，还记载了很多明显是在公元5世纪中国文化传到日本之后编造的很多事件。非常确定的是，中国史书记载中的卑弥呼是一个强大的部落或部落联盟的统治者。她统治着九州岛大部分地区。国王卑弥弓呼可能只是邻近部落的首领，他承认大和政权最高统治者的地位并且认可其代他向卑弥呼②发动战争。

在对垂仁天皇［Emperor Suinin，公元前29年至公元70年（249～280年）在位］的记载中，提到了和新罗的联系，除了互换礼物，还提到了一个奇怪的神话。神话讲的是一位新罗王子或者（另一个传奇版本） 位神祇借道出云国到访，带来圣剑、长矛、宝石和镜子。这个神话连同其他迹象表明早期神道教在很大程度上受益于朝鲜，这其中的朝鲜元素是由出云人贡献的，出云人和一些族群至少与朝鲜南部的族群是非常相似的。《三国

---

① 前面的日期是日本编年史给出的日期；括号中的日期是久米教授根据中国和朝鲜历史事件的相似性推测出的日期。当然这些日期只是推测的日期，最新的研究倾向于把所有日期往后推移10年甚至更多。

② 根据中国历书中记载，266年之后"日本女王"停止朝贡，而朝鲜半岛南部辰韩（Chin-han）和弁韩（Pyon-han）两个王国也分别于286年和290年停止向中国朝贡。这是一个非常有价值的证据，可以证明大和、百济和新罗政权成长、壮大的时间。

志·魏志》提到朝鲜南部和倭国在风俗上的相似性，而正如我们所见，日本的一个神话体系表明它和朝鲜有一个确切的同宗同源的传统。

景行天皇（Emperor Keikō）在位时期［71~130 年（280~316 年）］，我们知道了针对九州南部异族熊袭人（Kumaso）的征战。据说熊袭人是未归化的、好战的族群，他们祖籍南方，可能有马来血统。他们被大和统治者的儿子、大和王子、大和武尊小碓尊战败。在征服了南方的异族之后，这位年轻的王子转而针对东方的野蛮人，深入现在东京北部和东部的山区，他在这里取得大捷，但是在返程途中逝世。

下一任统治者是成务天皇［Emperor Seimu，131~190 年（316~343 年）在位］，我们了解到他在位期间大和政权尝试进一步扩大统治范围，向各郡县指派国造、县主。

仲哀天皇［Emperor Chūai，190~200 年（约 340 年）］在位，为进一步征服熊袭，天皇和皇后都参加了这场征战。有人建议天皇进攻新罗这个有着令人眼花缭乱的财富的地方，而不是把精力浪费在情况糟糕的熊袭，但是他不听并且袭击了他们，后来他被击退并被刺伤，不久身死。他的皇后继位，是为神功皇后（Express Jingō）。据说正是神功皇后率领一支大军于公元 200 年讨伐新罗。

新罗编年史记载了 249 年日本的一次入侵，这些编年史中所述的故事在某些细节上和神功皇后的远征有很大的相似性。这些编年史还提到日本于 346 年围攻新罗的一个要塞；并且，根据这些编年史所述，364 年一支强大的日本军队在新罗几乎被全歼。但是这些编年史的日期是可疑的，所以试图厘清这些事件的真实顺序是毫无意义的，我们必须满足于一个大体的梗概，直至 4 世纪末当我们可以确定这段非常模糊的历史时期的某些标志性事件的时候。不过，我们可以有把握地推断神功皇后是中部日本一位非常强大的统治者，约在公元360年的时候，她就拥有了支配当时位于九州的众属国的权力，并且在她的统治下大和足够团结。她开始筹谋更大范围的大陆远征，而不是像以往那样袭击新罗海岸。也正是她第一次让日本作为一个在某种程度上中央集权的国家与亚洲大陆发生了联系，进而为5世纪及以后大陆文化传入铺平了道路。

关于神功皇后的记载第一次提到了百济（Paikche）[日本人称"百济"（Kudara）]、韩语读作Koguryo的高句丽[日本人称"高丽"（Koma）]和韩语读作"任那"（Im-na）的地区[日本人称"弥摩那"（Mimana）和"加耶"（Kaya）]。这些王国大致与公元前存在的各个部落相对应，但是只要乐浪郡治所继续存在，它们就只是松散的族群而不是拥有固定领地的政治实体。随着乐浪郡治所的影响力渐衰，它们逐渐被吞并，最终被高句丽取代，高句丽控制着朝鲜半岛北半部。高句丽的扩张从2世纪开始，一直持续到4世纪。4世纪，百济和新罗逐渐登上历史舞台，它们起初只是弱小的政权，后来政权逐渐稳固，开始彼此争霸并和高句丽争夺霸权。

因此，很明显这些王国的不同命运对日本很重要，而且我们也注意到自神功皇后即位以来，日本编年史详细记载了和这些王国的政治和军事往来。

我们现在可以摒弃日本编年史中的年表，这里举证只不过是为了展现其编纂方式和动机。在鸭绿江上游水域早期高句丽的堡垒遗址附近发现的一座大型纪念碑，让我们有了关于4世纪该地区历史一个无懈可击的基准点。碑文叙述了高句丽一位于391年即位的国王的英勇事迹，并叙说该年日本人渡海打败了百济、新罗和另一个王国，但无法从碑文中清晰地辨认出该王国的名称。从日本编年史中我们得知，应神天皇（Emperor Ōjin）——他是在神功皇后之后上位的统治者——在位期间，四位将领统兵前往百济，废黜了百济国王，并夺得了百济的一部分领土。毫无疑问，这两处记载指的是同一系列事件。这就是高句丽、百济和新罗三王国冲突的开始，它们之间的斗争一直持续到新罗在660~670年打败另外两个对手。在这场敌对斗争中，每一方都想联合第二方打败第三方，而日本努力从中谋利。很长一段时间内，日本在朝鲜南部设有据点，但是最后被新罗的外交手段打败。我们无须关注这些斗争的细节，但是对日本文化发展的任何研究都不能忽视这样一个事实，即日本和大陆的政治联系开始得非常早，而且持续了几个世纪，在这期间朝鲜和日本的统治家族时有联姻。闭关锁国是日本历史中出现得相对较晚的一个特征。任那这个小小的王国位于新罗和百济之间，自1世纪末起就一直受日本的影响。后来，它似乎作为日本袭击或出使朝鲜其他邻近王国的一个基地，到4世纪的时候日本国民和官员驻扎在那里。

我们接着来看日本对外关系中一个意义非凡的事件。大和政权在试图将影响力扩张到朝鲜的时候选择与百济交好，无疑是为了削弱新罗。因此，在391年的征战之后，据说百济派使团来访，带来了礼物和能工巧匠。其中有一个名叫阿知吉（Achiki）的使臣，他能够阅读中国典籍。有人问他能否给皇太子推荐一名学识渊博的人做老师。在他的建议下，天皇派官员带回一位名叫王仁（Wani）的抄书吏，据说没有书籍是他不精通的。这发生在公元405年。① 当然，在这之前，日本就已经知晓中国语言和中国文字。1世纪，想要向中国皇室或中国在朝鲜的治所传信的日本统治者一定使用了译者，因为我们知道中国边境很多部落和王国雇用中国抄书吏和文书。但是王仁的到来以及被皇室雇佣，意味着对中国文字语言的正式使用及将其用于公务。这意味着记载、记录、法令和文字指示开始出现，进而推动了中央集权的发展。它适时创造了一个文化阶层与有声望的军事家族抗争。这让更快地吸收中国文化成为可能，而中国文化就是与文字语言密切相关的文化；它为一个世纪以后新宗教、新哲学的传入铺平了道路，因为新宗教、新哲学很难靠口头语言来传播。

在东方文明历史中，一个没有自己文字的民族借用文字有着如此的吸引力和重要性，值得最细致的研究；但是在描述它的影响之前，尝试对引入这种新的、潜在的元素之前的社会状态进行描绘会更好。

第二节 本土体制和对外交往

现有的资料不足以描述大和中央集权形成之前那段时期的日本社会体制，但是在中国记载和考古遗址的辅助下，我们可以弥补本土编年史所提供的信息的不足，进而重新勾勒公元初几个世纪里日本的社会图景。本土记载中的年表是不准确的，因此难以确定6世纪之前任何一个给定时期内的指定体制的发展阶段。因此，下列叙述只是在不涉及具体日期的情况下对尚未出现在中国

---

① 这是迄今为止普遍接受的日期，但是一些学者［比如魏德迈（Wedemayer）］认为这个时间是公元378年或公元379年。需要注意的是，没有证据表明公元400年前日本大和政权和中国的各个政权有着直接的官方联系。

/ 第二章 早期神话和编年史 /

纪年中的日本社会的概述。这时的日本社会由族长制的、被称为氏（uji）的群体组成；氏是由多个同宗的或者说为了团结而宣称同宗的家庭组成的社群。每个家庭都由家长管理，每个社群则由一个被称为"氏上"（uji no kami）的人带领。为了方便，我们可以说氏是一个部落，而氏上则是部落的首领。部落的成员都崇拜一个被称为氏神（uji-gami）的守护神祇或者说部落神祇，这里不能把氏神与氏上或者部落首领混为一谈，因为先祖崇拜不是这个早期文化独有的特征。

附属于部落的另一个群体被称作部（be）和伴（tomo），他们是由同宗且通常同行的家庭组成。部也可以理解为"行会"；伴可以理解为"集团"，是由个体组成的群体，承担对社群有用的某种专门功能，比如编织、制造工具、炊具、武器、从军或举行宗教仪式。尽管这些群体的成员没有共同的祖先，但是他们的身份和地位是世袭的，父亲可以传给儿子。而且，他们不能离开群体，而是一直受制于领导者，领导者的职位也是世袭的。通常一个行会或集团服从其所附属的部落，并且随着时间的推移融入该部落，认他们的姓氏和祖先。不过，有时候一个集团也会作为独立个体存在，所以集团的领导者也可能和部落首领一样有权势。部落和行会的下层是奴隶阶层，有男性也有女性。氏或者说部落，连同其附属的行会和奴隶，构成一个自成体系的群体。大和民族定居的日本地区是由多个这样的部落控制的，其中最有权势的部落是王室（Imperial Clan）。王室包括天皇及王室成员，所辖之地包括在这里定居的人都在天皇的直接统治之下。但是，王室对其他部落所辖之地及其所辖之民无直接统治权。王室被视为至高的部落，而天皇则是至高的部落首领，但他只是间接统治，通过其他部落的首领来行使统治权。事实上，这个国家有多个部落——无疑源自那些最先征服该地的族群,他们同意接受居于支配地位的部落的至高无上权,但是他们对土地的占有权并不是源于对王室的服从。王室的首领是由部落组成的群体的世袭统治者,各个部落的首领也是国家官职世袭者,职位高低取决于他所掌管的部落的影响力或血统。因此,我们有了以下职官:大臣(Ō-omi),与王室有密切联系的部落的首领;大连(Ō-muraji),高级行政官员,他们的祖先是神明而不是天皇的圣祖。臣和连地位较低。国造(kuni no miyatsuko)是地方首领。伴造/友造(tomo no miyatsuko)是某个集团的首领。简言之,大和政权的社会和政治体系是一体的,因为行政层级——至少在理想情况下——和豪族的等级是对应的。

最为重要的部落/氏中有中臣(Nakatomi)[中津臣(Naka-tsu-omi[①]),意为"中间的臣子"]、忌部(Imibe)[斋戒者行会(guild of abstainers)]。中臣和忌部的祖先都是神祇,他们分别在天照大神的洞前念诵祝祷词、祭祀,因此中臣和忌部都是祭礼的司仪,而这个祭礼是大和民族宗教仪式的原型。当时宗教崇拜和宫廷祭祀融为一体,两大氏族的地位非常高。中臣的影响力极高,其势力从早期开始几乎与王室不相上下。忌部的职责与净化仪式相关,所以在朝廷拥有重要的地位,但是随着中臣的壮大而日渐式微。他们虽然失去了在朝廷中的影响力,但是在地方肯定还保留着很大的影响力,因为每个社群都需要"巫医"。所以,我们会发现各种设在郡县的"斋戒者行会",比如阿波忌部(Imibe of Awa),其血统可追溯至天日鹫神(Ama-no-hi-washi);出云忌部(Imibe of Idzumo),其血统可追溯至栉明玉

---

① 臣最初只是"体格高大的人",与之最接近的词是"首领"。

神（Kushi-akaru-tama）；其他忌部。他们与天照大神一系都有着密切的血缘关系。接下来的两个比较重要的神职部落是御供/御伴（Otomo）、久米部（Kumebe）或武士集团，都是军事部落，都宣称其先祖是古代神祇，曾帮助第一位天皇平定疆土。另一个军事集团是物部（Mononobe），又称为武士集团。不难看出这些重要的氏部都是过去与王室一起靠征服日本其他族群获得霸权的部落首领的后代。至于这些被征服的部落的名字，我们无法确定。除了世居民族外，或许还有——或许曾经有——较为原始的部落，其中一些或许和征服者血统相同，他们是较早的定居者，但是不得不降伏于一个更强大的或者武器更先进的族群。我们有理由推断这些定居者没有被消灭，而是获准保留了一些领地。编年史中半神话的部分经常提到与"天之常立神"相对的"国之常立神"，很明显这是指那些强大的部落首领。征服的部落认为安抚他们比攻击他们更好。他们继续做位高权重的领主，值得注意的是，他们中的很多人尽管位高权重，但是在接下来的几个世纪官阶始终没有征服部落的成员高。这也是大和统治者竭力保护圣祖声望的政策的一部分，直到中古时期，畿内和畿外才有了明显的区分，畿外的贵族只被授予"外部"官阶。

部民制的一部分，正如任何一个从结构来看本质上是贵族制的社会应有的那样，是称号或姓氏（Kabene）体系。起初只有族姓，比如中臣和御供/御伴以及诸如麻吕（Maro）的人名。但是在提起一个部落或集团更重要的成员时，逐渐开始使用他们世袭的官衔或朝廷授予的一些荣誉头衔。因此，有了连，字面意为"一个群体的首领"，可与"公爵"对应；有了县主（agata-nushi），即"私有土地的所有者"；有了后来才出现的"史人"（fubito），即抄书吏。随着各部落的不断壮大，不同的分支通过族姓和官衔的结合加以区别，官衔在官职变动或废除之后得以存留。所以，物部的大连（Mononobe no Omuraji）虽然字面可理解为物部的大公（Grand Duke of the Corporation of Arms），但其实是一个姓氏，因为有了这个姓氏，部落里世袭首领的家族才得以与他人区分开来。可能像人们预期的那样，这些称号极受人尊崇，因为它们既代表了血统又代表了官阶。不久之后开始有人伪造血统，主要的伪造者是各郡的名人、地主或公职人员，他们不受朝廷的监督，所以可以更安全地声称拥有高贵的血统，以让自己的权力和土地扩张更加名正言顺。我们在编年史中发现了公元415年的一条王令，这条王令涉及的问题值得在此引述，因为它展示了在统治者眼中维持贵族的特权是何等重要：

> 在最早的时候，有力的统治在于让臣民知晓自己的位置，有真正的名氏。而现在，上层和下层彼此争斗，百家不得安宁。一些家族偶然丢失了他们真正的名氏，而另一些家族故意声称拥有高贵的血统……大臣、公职人员和各郡的首领都说自己是天皇的后代或者说自己的祖上出身不一般……部落（氏）由单一变得多重，形成了数以万计的真实性引人生疑的称号。因此，让各个部落和称谓的民众自我净化、自我斋戒，并且让他们在众神的见证下把自己的双手放入滚烫的沸水中。

据说，之后不久开始有了一个用到沸水的酷刑，那些没有伪造血统的人毫发无伤，而其他人要么经受住了酷刑，要么逃走了。前文提到的"百姓"（hyakushō，字面意义上的"百家姓"）值得注意，虽然后来它逐渐只指农民，但是在早期的日本，和在中国一样，指的是那些有姓氏的家族，也就是那些郡主（造）(miyatsuko)及豪绅。这些人都是自由人，统称为良民(ryōmin)或"良人"，与之相对的是没有家族姓氏的贱民(semmin)或"贱人"。"贱人"包括农业或工业行会/部的成员和奴隶(yakko)。行会的成员并不是完全的自由人，他们靠为统治阶级服务维持生存。不过他们的地位比奴高一些，奴就是奴隶，没有其他。奴隶大多数情况下是战俘。他们数量并不多，因为虽然关于早期的细节记载比较少，但是7世纪的登记簿——该登记簿的编纂有一定的准确性——显示，在其中畿内一个有55户人家的地方，共有899位居住者，其中14人是奴隶。毫无疑问，行会和集团（部和伴）是人口最多的阶层。正如我们了解到的，忌部和久米部非常古老，因为他们作为神官和武士为早期社会提供非常重要的服务。随着社会需求的扩大，更多这样的团体形成，如从事农业劳动的田部（Tanabe）(耕地行会)；从事渔业的海部（Amabe）；从事纺织的织部（Oribe）；绫部（Ayabe），也可以称为"图样行会"；从事陶制的长谷部（Hasebe）；从事饲马的宇合部（Umakaibe）；从事抄书的史部（Fumibitobe）；从事汉文或朝鲜文翻译的筬部（Osabe）；说故事的语部（Katāribe），负责在朝廷诵读传奇故事；从事占卜的占部（Urabe）；其他有专门职能的部，甚至包括专为王室婴儿服务的各部，有乳母，有嚼饭的人，有浣洗女工。我们可以把这些行会看作与后来罗马帝国的法人团体（corporati）类似的机构，特别是部的成员代代受缚于同一职责。我们还听说，有些情况下，比如饲养马匹的人和饲养鸟的人会被文上印记以防他们逃跑；但是，一个行会及其成员的待遇及地位因其功能有别而各异。从事低贱工作的行会成员境遇比奴隶好不了多少，但是很明显，抄书吏、译者、诵读者和绘画的人都有一些酬劳。因为一些其他原因，别的行会也是很有势力的。比如，因为工作性质和机动性，水手和马车夫很强大，其领导者可以轻易地把他们当作军事力量使用。看山人（mountain wardens）也是如此。不过，从社群整体来看，对其最重要的显然是从事生产的部，其中首要的是从事农业生产的部。如果没有人力耕种，土地就无法产生财富，所以我们会发现经常有记录提到为耕种王室或豪族成员的地产而成立了部。这些部与武士或神官行会地位不同，因为它们是专用的，是地方的。为了给公主提供收入，通常会以她的名义建立一个"同名"行会。这意味着会给她分配土地，并找一群耕农负责耕种，土地和耕农是郡主自愿或被迫让出来的。各郡的统治者在允恭天皇（Emperor Inkyō）的命令下建立了藤原部，名义上是为了长久地纪念他的妃子、生活在藤原宫的衣通姬。后来没有子嗣的成务天皇在每个郡都建立了三个这样的部，"这样后代就能看到留下的痕迹"。编年史中还有很多类似的案例。这种扩展王室领地的方法在5世纪和6世纪很是受用。不过这种方法并不总是让王室受益，因为随着时间的推移，在王国的偏远地区，那些王室地产的监管者和耕种者将这些土地占为己用，并逐渐成为自治的首领，有时，正如我们所看到的，还声称自己有王室血统。

我们已经注意到中国、朝鲜和日本之间的联系在很久之前就已开始，不晚于——或许早于——公元前1世纪。因此，大和人中有非常明显的外来群体一点都不奇怪。等到公元1世纪日本西部的部落征服中部并在中部定居的时候，这个国家住满了多个民族的人——这无疑是在不同程度融合的基础上。但是我们可以推断这个时候已经逐渐形成一个相对稳定、统一的混合型社会，尤其是那些拥有氏名的家族——那些处于支配地位的家族及自由人（free man）。"底层百姓"（base people）——行会的劳动者以及奴隶——的血统大抵是多样的，而且他们的社会地位也让他们无法与处于支配地位的人联结起来，所以会形成界限分明的底层，只有在等级制度瓦解之后，底层才会消失。同样的，阿伊努人和熊袭人这两个东北和西北尚未被征服的部落因为与中央政权相距遥远，所以得以保留他们的族群特征。

  这时候这个由不同部族组成的人口中融入了一些外来群体，这些外来群体的人数与他们的文化重要性不成比例。差不多可以确定最迟从公元1世纪初开始，不断有来自朝鲜和中国的外来移民，来自中国的移民通常是本国朝代更替中出现的战争难民，他们起初是从中国逃到朝鲜。4世纪初期，朝鲜人开始以村为单位被带到日本，5世纪和6世纪，许多"秦人和汉人"跨海到达日本。他们中的大多数看起来是技艺娴熟的工匠、织工、陶匠、画匠、抄书匠，以及熟悉桑蚕养殖和其他日本较为落后的农务的农民。至于这些人是不是都是中国人，目前还不能确定。他们也可能是祖籍为中国、祖先是中国望族的朝鲜人。我们从编年史中得知公元540年生活在日本的秦人有7000余户，如果我们按每户平均15人来算，总人口有10万余人。从7世纪的征税登记资料来看，这个平均数并未高估。除此之外，还有"汉人"，差不多可以确定他们来自汉朝的属地乐浪郡和带方郡（Taipang），而这两个郡这个时候是高句丽王、百济王和"边境各国的人"的猎物，这里"边境各国的人"可能指的是来自中国东北、山东或朝鲜半岛北部的中国人。很难说总人口中外来移民到底占多大比重。他们的领导者都是很有声望的人，很多工匠因其技能和知识处于非常重要的地位，并获得了非常好的待遇。他们多半被并入部，依旧处在原有领导者的领导下，而这些领导者也获得了很高的地位。绫部（锦缎制造者行会）是由"汉人"组成的，我们得知行会领导者被授予贵族头衔。当然这些移民中的贵族是抄书匠和会计，这些人在 5 世纪初日本开始正式采用中国文字时自然而然地获得了大和政权中不识字的贵族的尊敬。的确，据当时的一份贵族名册《姓氏录》（*Shōjiroku*）记载，7 世纪末超过 1/3 的日本贵族称自己是中国人或朝鲜人的后代。在较低的阶层中，外来移民的比例明显没有那么高，但是也确实有外来移民。在尝试探寻日本文化发展的过程中不应忽略中国和朝鲜的影响，而这种影响正是通过这些被同化的外来群体施加的。为了方便而推断在 5 世纪文字传入之前中国对日本的影响不大是错误的。自 1 世纪以来，中国对日本的影响是持续且不断扩大的；并且，如果我们接受日本族群中有明显的中国成分这一假设，那么中国对日本的影响来得更早。对中国文字的采用确实是日本历史上的一个里程碑，它影响了后来日本几乎每项制度的发展，但是早在古坟时代中国文化就已经对日本产生明显的影响。

/ 第二章 早期神话和编年史 /

第三章 本土的宗教信仰

从本土的编年史和所引用的中国记载来判断，公元前日本本土的物质文化层次还不是很高。为数不多的日本人成群分布在海岸或河岸边的小块聚居区；流传到我们这一代的关于宫殿的描述表明统治者生活在木制的茅草为顶的房子里，房子的桩、梁和桁条都是用藤条拧成的绳子固定的，由此我们可以推断普通百姓的房舍一定很原始。日本人种植水稻，并从很早的时候开始酿制米酒（sake），3世纪中国的旅行者提到日本本土居民很喜欢喝烈酒。虽然捕鱼和狩猎是非常重要的获取食物的方式，但是日本人在早期就形成了稳定的农业社区，从对须佐之男所犯的罪过的叙述中，我们首先会发现关于他摧毁稻田田埂、使稻田供水线路绕道、种植杂草以及其他恶行的叙述，而这些正是农业社会最憎恶的。

如果我们相信中国编年史编者的话，那我们可以知道日本人到3世纪中期才知道纺和织，才知道种植桑树是为了养蚕。虽然丝绸可能在相对晚的时候才第一次由中国传入日本，但是日本人却从很早就开始穿着由麻织成的衣服，使用桑皮纸。当时的服饰似乎也是精心制作并且有明确区分的，日本人多佩戴珠宝首饰，主要有项链、手镯、束衣扣及其他由玛瑙和水晶等不怎么贵重的宝石制成的其他首饰。当然，新石器时代也已经有了陶器。武器和铁制工具也相当常见，坟墓中也有很多青铜器物，不过日本对青铜的认识源自中国，是在铁器由通古斯人带入日本之后才有的。

虽然日本神话时代的物质文化非常匮乏，在日本与中国建立联系之后很快就被中国文化覆盖，但是他们的社会和宗教体系在某些方面均得到高度发展，而这是很多编纂者未予以承认的。本土编年史描绘了一个宗教仪式扮演重要角色的社会，尽管最早的宗教可以说是自发的泛神崇拜,但是它绝对有可贵的元素。最早的宗教建立在一个模糊的、没有得到系统阐释的理念的基础上,在这个理念中,宇宙是由无数有意识的部分构成。自然崇拜的主要动机是感谢而不是恐惧,所以不应把它当作基础的、迷信的物神崇拜并予以摒弃。日本人的祖先不但认为神祇是强大的、令人敬畏的和有用的,比如太阳、月亮、暴风雨、烹饪用的锅,他们还认为神祇是亲切友好、和蔼可亲的,比如岩石、河流、树木、花草,而今天日本人生活中表现出的很多和善与豁达都可以追溯到其祖先的那种认知。对诸如此类的物的崇拜都可以从他们对自然中的美的事物的微妙感知中找到对应,而对自然中美的事物的微妙感知正是现代日本人最惹人喜爱的特征之一。毫无疑问,这一特征深植于过去。日本人的神话有很多是粗略的、原始的,值得注意的是,在一个经常被地震撕裂、被暴风雨和洪水席卷的国家,常见的神话中没有一个神话是讲可恶的地震之神的,就是关于暴风雨之神的神话也主要说的是他和善的方面。这可能是因为对于疲惫不堪的来自朝鲜和中国北部荒芜之地或者荒凉的西伯利亚平原的部落来说,日本宜人的气候、遍地的树木和花丛、肥沃的土壤、丰沛的流水令人欣喜,给他们留下了深刻的印象,进而形成了一种种族感知,即普遍的感激。正如阿斯顿(Aston)所说的那样,日本人的宗教是讲爱和感恩而不是讲恐惧的,他们宗教仪式的目的是称颂、感谢,也是安抚、抚慰众位神祇。日本人的神话赋予国土和神祇的名字展示了他们强烈的美感和富饶的环境,比如他们赋予国土的名字有丰苇原中国(Land of Luxuriant Reed Plains)、丰苇原千五百秋瑞穗国(Land of Fresh Rice Ears of a Thousand Autumns),赋予神祇的名字有木花开耶姬(Princess Blossoming-like-the-

/ 第三章 本土的宗教信仰 /

Flowers-of-the-Trees）和万幡丰秋津师比卖命（Her Augustness Myriad-Looms-Luxuriant-Dragonfly-Island）。甚至到近代，旅行者在人迹罕至的路旁也能看到上面饰有神圣符号的树或岩石，因为其形状异乎寻常，所以被粗略地认为是某种神圣的存在的居所。早期宗教亲切友好的特征大抵如此。早期宗教表达了对生命的多种形态的认识。同时，这种认识又是如此简单，它没有体现思想的深度，也没有体现能够将各个非常易感知到的认知融合或联系起来的能力。早期日本宗教没有对灵魂的确切的界定，更不要说不朽的灵魂，也没有对生和死、肉体和灵魂的清楚区分。尽管人们对众神祇人格化的构想无疑在早期就已形成，但这种构想一定是非常粗略且宽泛的。指代神的词"kami"证明了这一点，因为"kami"的意思是"更高一等的人／物"，并且在早期的神话故事中常用来无差别地指代那些被认为具有出众品质的有生命甚至无生命的物体。所以，天平一端的天照大神是"神"，而在天平另一端的泥、沙甚至害虫也是"神"。日本人的这些神学构想的精神内核十分模糊；并且，尽管学者在探讨古代宗教信仰时应当谨慎，但是我们可以说早期日本宗教缺乏思考性的、哲学的元素。因此，几乎可以确定日本后来的宗教形式之所以能够为人所辨识，是因为中国的思想或者说佛教的思想的影响。阿斯顿说日本神话透露出时人丰富的想象力，但是这种想象力不够强大。所以我们会发现，虽然日本人创造了众多神祇，但是他们的性格特征模糊不清，他们的能力没有明确的界定，他们的居所要么无人知晓，要么和普通人的居所一样极不显眼。事实上，早期日本社会并不存在能够代表各位神祇的神像或图像，后来稍微有了一些，这个事实表明了众神的模糊特质。的确，与其说古代日本的众神是神，倒不如说是日本人祖先的、体现在其崇拜之中的、持久不变的信仰和习俗。

正如人们可能预料的那样，一个如此关心自然力量的宗教的大多数仪式都和生长与衰败有关。生长是好的，衰败是不好的；生命是令人向往的，死亡是令人厌恶的。所以，我们会发现，日本有祈祷收获、感恩丰收的仪式，也有用于抵挡或驱除疾病和死亡侵扰的严格的仪式。传统上，大和宗教是一种太阳崇拜，确实如此，因为每个神话的叙述中都有太阳神话的痕迹。不过，尽管太阳崇拜是大和宗教的核心，但是大和人天然地倾向于日渐疏远耀眼且强大的天照大神，倾向于在大众崇拜中以熟悉且易亲近的众位神祇取代天照大神。天照大神是皇族的祖先，"hiko"（日子）和"hime"（日女）分别指代王子和公主，两个字的字面意思都是"太阳的孩子"，古代用来指代皇室血统的术语是"天つ日嗣"（ama-tsu-hi-tsugi），意为"天上的太阳的后代"，而作为皇权标志的镜、玉和剑据说分别代表的是太阳、月亮和闪电。① 但是天照大神与太阳相关的特征是模糊的，她成为一个具有人格特征的至高神祇，以至于后来人们赋予太阳其他名字并单独崇拜。而天照大神则被视为高天原的统治者，高天原有宫殿，天照大神和众神祇组成的理事会共同掌管高天原。我们在其他的案例中也可以看到相似的发展。日本人对名为"大国魂"（Ō-kuni-

---

① 王权的标志有一段不寻常的历史。无论后来人们赋予镜、剑和玉什么样的象征特征，这三件器物的重要性都明显可以追溯到日本受亚洲大陆金属文化影响的一个时期，当时日本部落首领佩戴青铜武器和贵重的饰品以显示自己的权力和财富，他们的墓葬中无一例外都有铜剑、铜镜和玉（勾玉），因为它们是一个人一生所能拥有的最贵重的器物。随着时间的推移，这些器物逐渐变成象征王权的三件圣物，并被供奉在日本最神圣之地。日本的政治学者提出了一些国家理论，认为这些器物代表日本体制神秘或者至少无人理解的特质。甚至有一位学者声称它们是黑格尔辩证法的体现，在他的推断中，剑化解了镜和玉之间的矛盾，不过他并没有做出解释。

/ 第三章 本土的宗教信仰 /

dama）的土地神的崇拜源于对土地、土壤的崇拜。随着时间的推移，这种直接的崇拜被对人格化的构想的崇拜取代，作为神祇的土地则被供奉在出云大社里的大国主神（Master of the Earth）取代，出云大社的重要性仅次于位于伊势的那些神社。人们可能认为这些早期的精神探索对后来日本人的发展影响不大，但是事实上这些古老的构想或深或浅地潜藏在不同层次的文化中，直到现在都存在并起着作用。甚至现在一些大城市的人们还会在即将动工盖楼的土地上举行"地镇祭"；在新井开凿时，人们会给井户神（spirit of hidden water）供奉酒水和祭品并诵祝祷词。早期的宗教信仰中有很多山神，到现在几乎每个山峰都有一个小的神社。早期的宗教信仰中也有很多河神、雨神、井神、风神，人们崇拜这些神祇的痕迹一直留存到现在。伊势供奉食物神即保食神（Ukemochi-no-kami）的神社距离供奉天照大神的神社不远，保食神源自人们起初对食物的崇拜，因为现在还可以找到食物被神化的痕迹。米神即稻荷神（Inari），它大概和保食神一样，是众神祇中最无处不在的一位，几乎每个町、每个村以及很多私宅和花园中都有供奉稻荷神的神社或神龛。

以上是对日本民族宗教神秘背景的简短介绍。接下来我们来介绍日本民族宗教的体系和仪式。早期各部落彼此独立的时候，祭拜"血统之源"即族神似乎是部落首领的职责。那个时期最高神官和统治者并无区别，中国关于卑弥呼的记载表明了她既是女王又是巫女。不过，宗教职能适当地实现了专门化。正如我们所了解到的，出云国大国主神的神话中讲到大国主神不再处理世俗事务，只处理神务，这是对世俗事务与神务分离的呼应。随着行政事务越来越多、越来越复杂，统治者逐渐将司祭职能转交给特定的人或家族。8世纪末桓武天皇（Emperor Kwammu）的一道敕令阐明了这一点,这道敕令规定出云的地方贵族国造(kuni no miyatsuko)不能再担任行政职务,因为经验表明他们经常忙于宗教事务而忽视自己的行政职责。

我们可以从中国的文献中找到对日本本土宗教的最早的文字记述,我们在前面的章节中引用了中国文献对"斋戒者"(又称"运气守护者")的记述。这些人显然是世袭的斋戒者行会即忌部的前身,他们的职责是确保与宗教仪式相关的所有人和物的洁净。与忌部同样古老的是中臣,中臣是世袭的神官,他们代统治者与神祇沟通并向他传达众神的神谕。占部又称"占卜者",是第三个世袭的宗教集团。占部的职责是用当时流行的占卜方式处理统治者交给他们的事务,比如当统治者需要解释或者避免某些灾难事件发生的时候就会找占部。

虽然日本很早就有这些集团,而且每个集团都有专门的、被授予的职责,但是我们不能认为他们是和神祇沟通的唯一渠道,也不能认为所有的宗教活动都只能由他们来完成。神官阶层人数不多,而且几乎每个行政官员都不得不履行一些宗教职责,这是他的职责的一部分,除了需要通过净身、禁食及其他类似的活动实现适度的宗教圣洁外,履行这些宗教职责不需要资历。神官都是(并且依旧是)兼有普通副业和神职的人,但一些极为重要的神社的神官除外。有趣的是,早期日本语中称"政"为"祭り事"(matsurigoto),"祭り事"指的是宗教仪式。值得注意的是,这个词的使用主体不是掌权者而是他的臣子,即"政"指的是臣子的行为,这表明参与国家的宗教崇拜活动是他们首要的职能,或许也表明他们的行政管理也是一种崇拜形式。

对学习早期日本史的学生来说,最难的是区分日本宗教中的哪些元素是最早的时候就有的,哪些是在政治理念的促进甚至催

/ 第三章 本土的宗教信仰 /

生下新增的，而正是这些政治理念启发编纂者编纂了我们获取信息所依赖的编年史。我们要体谅学生在阅读与受中国思想影响以前的日本神道仪式有关的记述时遇到的这种困难。我们必须牢记的是，即便日本最早期的本土宗教也不是全国统一的，而是包含多种不同的地方信仰，随着部落的合并，这些地方信仰也逐渐融合。大和与出云神祇体系的合并无疑是这种融合的一个重要实例。

神道仪式的一个突出特征是注重仪式圣洁。早期日本人把冒犯神灵的行为称为"罪"（tsumi），现在词典对这个词的定义是"罪过"或"罪孽"。他们用"忌"（imi）来形容对这些行为的回避，"忌"是禁忌的意思。我们已经了解到，忌部是专职的"斋戒者"阶层，他们的职责是保持圣洁，以便在不犯罪的情况下亲近神灵。所有罪行中最不能犯的就是不洁之罪，不洁的促因有多个方面，但未必包括其他宗教中的道德过失。他们小心地避免了因泥土而致的人身不洁，为宗教仪式所做的必要的预备是洁净身体、穿上新衣。性交、行经、分娩都会造成仪式不洁，所以必须通过斋戒、洁净和祈祷仪式除去不洁。早期神话中曾提到"分娩棚"，孕妇要离开住宅并住到"分娩棚"里，这样才不会让住宅因分娩而被玷污，我们还听说有"婚礼棚"，出于类似的原因，新人得在"婚礼棚"圆房。疾病、伤口和死亡也是不洁的促因。正如我们了解到的，早期日本人厌恶死亡，更准确地说是厌恶死亡带来的不洁。来自中国汉朝的旅者留意到早期日本人哀悼的时间很短，一个人逝世后他的朋友会来唱歌、跳舞，而他的全部家人则会在葬礼结束后去水中净身。一个人去世后，他死去的房子会变得不洁。也正是出于这个原因，在8世纪初之前的日本，在君主死后人们会将都城或者至少将宫殿迁往一个新的地点。①

伤口也是一个不洁之源，形容伤口的词"怪我"（kega）是污秽的意思，日本人目前还在使用这个词。疾病和所有外在的溃疡、出疹等疾病的病症以及分泌物，或者与病人的接触都是污秽的。常人吃肉原本不是不洁的，但需要为崇拜预备净身的神官除外，不过因为佛教的影响，食肉似乎成了禁忌。饮用含酒精的饮料不是禁忌，事实上在给神祇的供品中一直都有酒水。

到目前为止，大家可能已经注意到已列出的这些罪行并没有反映不洁和道德过失有所不同。新婚圆房和通奸一样都是污秽的，一记重击和一个伤口都会让对方感到被冒犯，进而发生冲突。大体上我们发现早期宗教完全没有抽象的道德概念，宗教的规则不是道德的，而是习俗的、礼仪性的，只有明显或者立即引人厌恶的行为或状态才会被斥为罪。这个问题值得进一步深究，因为后来出现的宗教和社会组织综合体正是产生于早期的道德概念之中，而早期的道德概念也影响并缓和了中国哲学和佛教教义的强大影响。

神官会在日期不定但非常古老的、盛大的净化仪式上列出一个罪行清单，请求神洁净，使百姓远离污秽。这些罪行分为天上的罪行和地上的罪行。之所以称为天上的罪行，是因为这些罪行是神祇须佐之男在高天原犯下的。正如我们所留意到的，日本神话在显要的章节提到了天上的罪行，因为这些罪行针对的是以农业为主业的群体。地上的罪行包括：伤人、杀人；亵渎尸体；麻

---

① 直到1928年还在进行的传统的登基大典中仍有很多旧礼。天皇步入一个设有王座的礼厅，与众神一起享用精心准备的圣洁的晚餐，然后他会在当晚到另一个邻近的、布置相同的礼厅，重复圣餐礼。

风；肿瘤；乱伦（不过，同父异母的兄妹姐弟之间的性交似乎不会被视为乱伦）；兽奸（但鸡奸似乎不是罪）；爬虫、天上的神祇、鸟、动物、巫术所致的灾难。我们可以看到，归入第二类的罪行都是影响百姓安康的不幸，这些不幸并不一定是这些百姓自身的行为或过错所致。① 令人厌恶的、需要洁净和弥补的不是罪行而是不洁。罪与不洁是不同的，但是日本人缺少对罪的认知，或者说他们对罪只有最初步的认知。在整个历史进程中，日本人似乎在某种程度上始终未能了解或者不愿探寻关于恶的问题。执笔者一旦将这种表述诉诸文字，脑海里就会产生矛盾，但是这种表述尽管不完全，却道出了一个事实。在我们对日本人从古代到近代的历史进行研究的过程中，只要记得他们从未受到过负罪感的折磨，就能更清楚地明白许多令人困惑的地方。

所有神道仪式的核心是圣洁，而所有神道信仰的核心是丰收。因为"天上的罪行"是典型的行为不端影响食物生产的事例，所以得到上天的祝福是那些农民和渔民最想要的，就像收获祭在万神庙（pantheon）里崇拜众神的时候诵读的祝祷词："（祈求上天祝福）谷物穗长、颗粒饱满，辽阔的荒野平原长满香草和药草，蔚蓝的海中多有宽鳍、窄鳍的生物，远处海面和海岸边多有海草，（祝福）外观或明亮、或耀眼、或粗糙、或精致的万物。"日本最重要的仪式总是和食物有关。每年主要的节日有在天皇宫殿和伊势神社中举行的新尝祭（Nii-name）、神尝祭（Kan-name），还有天皇和神祇共同享用新米和新酒的相尝

---

① 无须补充说明，读者应该知道早期日本社会认定的罪行不止前文提到的那些，而且早期日本社会也很看重除仪式圣洁之外的其他美德。汉代历史学家很欣赏地提到日本女性的贞洁和温顺，还提到日本社会没有偷盗，有严苛的法律和风俗。

祭（Ainame），以及最隆重的大尝祭（Daijōe）。大尝祭是一个庆祝新谷丰收的复杂的节日，在新皇即位的时候举行，为的是赋予他神圣的权威。的确，继位仪式还有其他元素，但是大尝祭及其筹备仪式的本质特征表明"他们（日本人）将古代生产和保存食物的原始技术保留到现在"，并且"尤为关注谷物的生长和丰收"。很多全国性或地方性的其他祭典，至少一部分是用来感谢或者祈求丰收的。伊势国的山田是崇拜天照大神的中心，也是供奉神圣的八尺镜的地方。这里还有一个神社，神圣性仅次于供奉天照大神的神宫，这个神社供奉的是丰受大神（Toyo-uke-hime），丰受大神是主管食物的女神。我们有理由相信皇室选择在伊势供奉天照大神，是因为伊势在古时就因与民间信仰的联系而成为圣洁之地。阳具崇拜的盛行及延续进一步证明了早期日本人的宗教信仰和宗教仪式产生于他们对生长和生育的认知。考古学家在新石器遗址中发现了象征生殖器的符号。古人之所以能从树木和形状近似的石头中看到一种象征生殖能力的意义，一定是因为它们让人联想到生育和多产。直到今天，在偏远地区的田边还矗立着形似生殖器的石头，上面粗糙地刻着诸如"稻荷神"之类的文字。最早的编年史中有几处提到了阳具崇拜，现在也有很多庆祝"道祖神"（god of the cross-ways）的节日和祭礼，那些矗立在路边的男性生殖器符号代表的就是"道祖神"。

虽然早期神道在本质上是自然崇拜，但它是在官方的帮助下沿着特殊的方向发展的，这一点无须赘述。我们需要对传统的民间信仰与宗教仪式和由统治阶级催生的制度化的宗教进行区分，前者是基于万物有灵论并带有巫术特征的简单仪式，后者是与政治系统密切相连的、系统的、繁复的宗教信仰体系，这样的区分很重要。此外，我们还意识到常见的说法，即将神道描述为一种先祖崇拜，是不严谨且具误导性的。日本奉行的先祖崇拜源自中国的一种祭仪。① 早期日本人崇拜的对象是自然神祇，而不是自身神格化的先祖。确实贵族会声称自己是所崇拜的神祇的后代，但是把神人格化为先祖和把先祖神格化为神祇是两码事。一个氏族所有成员对氏神（ujgami）乍一看似乎是先祖崇拜，但氏神并不一定是族神，他也可能是地方的守护神。甚至在有些情况下氏神的身份是存有争议的。从我们已发现的实例来看，在中国祭仪传入之前，日本人没有把先祖神格化并当成神祇来崇拜。日本人对已逝天皇的崇拜是特例，即便假设这种崇拜在引入中国王权理论之前就有，不过目前还没有证据可以支撑这一假设，因为帝王在生前就具有神性。

神篱，被围起来的神木，一种原始的神坛

① 先祖崇拜。一些学者反驳我的说法，认为先祖崇拜不是从中国传入的一种信仰。在这一点上我并没有有力的证据支撑，但是或许值得注意的是，《万叶集》中很少提到先祖崇拜，而从我们对早期葬礼习俗的了解可知日本人厌恶死亡和污秽，这似乎与崇拜已逝之人不符。

/ 日本文化简史：从起源到江户时代 /

为了完善前文对宗教信仰和宗教仪式的叙述，我们有必要简短地介绍一下人们是在何处、如何崇拜诸神的。在万物有灵信仰的早期阶段，人们就在树木、岩石和泉水边进行祭拜，并对太阳行鞠躬礼。随后，人们似乎是在用插在地上的常青树枝条圈起来的神篱中举行祭礼。再后来，人们用玉、镜等器物来象征神，接着人们需要建造神社来供奉神祇。用来形容神社的词"御屋"（miya，ya 是"屋"，mi 是尊称）与形容部落首领居所的词相同，我们可以看到神社和居所的样式连续几个世纪都是相同的。与佛教高大的建筑相比，神道教神社的特点在于其简洁的结构和装饰。每隔二十年都会拆掉仿建的伊势的各个神社最能体现日本最古老、最简洁的样式，这些建筑基本上是一些不切实际的茅草为顶的木棚。出云的神社虽然大一些，略微精致一些，但是在设计上仍旧比较简单。古代并没有要求一个集团的成员共同参拜的规定，所以神社只要能容纳神坛、神官和其他神职人员即可。个人参拜时不用进入神社，只需要站在外面行鞠躬礼、许愿。目前我们尚不清楚 8 世纪以前有多少神社，不过到公元 737 年的时候官方认可的神社已经超过 3000 个，其中 1/4 的神社是由政府出资维护的。

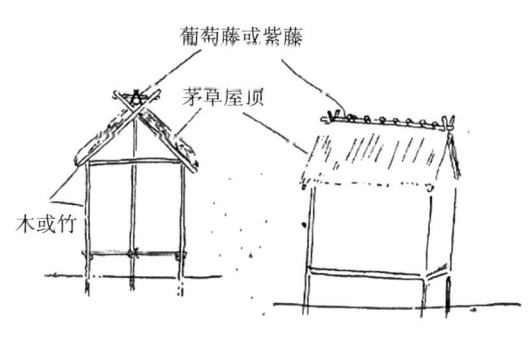

古代日本的居所样式（据推测）

/ 第三章 本土的宗教信仰 /

参拜由行鞠躬礼、摆供品、许愿组成。起初供品主要是食物和酒,后来又增加了布条,最后开始使用象征性的供品,用白纸条代替布条,系在木杖上,再把木杆放到神坛上。一个有趣的变化是,这些象征性的供品即御币(gohei)逐渐被神圣化,甚至被视为神祇的化身,人们以为神祇有时会神秘地降临到御币上。就这样,随着时间的推移,御币变成人们崇拜的对象,神官会把御币拿给虔诚的人放在他们家中的神坛上;而直到今天系在草绳上的剪成规定形状的纸条依旧会赋予所悬挂的地方以特殊的神圣性。

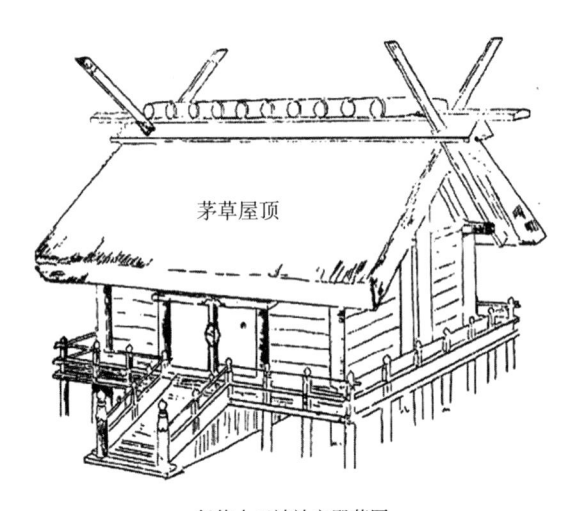

伊势山田神社主殿草图

在崇拜之前洁净自身是很重要的,参拜者可以通过驱邪/袚(harai)、净化/禊(misogi)和斋戒/忌来洁净自身。驱邪由神官来进行,以去除因罪行而致的污秽。驱邪仪式基本上由参拜者摆上罚金作为奉纳,然后神官在待洁净的人面前挥舞形似刷子的

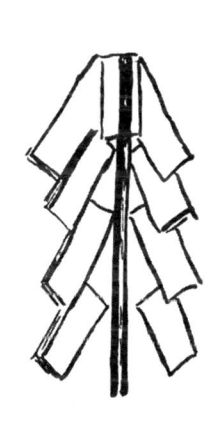

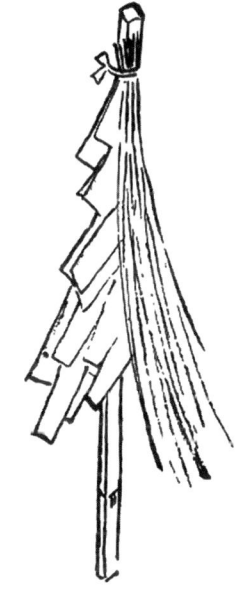

木杖并念颂祓词。索要罚金让祓有了一定的惩罚意味。

御巾／币束。纸条，象征用
桑白皮制成的布条

幣。净仪用的木杖、纸条
和麻布条

我们目前还不清楚这种驱邪仪式是何时形成的，但是 5 世纪早期的记载表明祓是一种公认的对世俗罪行和宗教过犯的惩罚。因此，405 年，当马车夫集团的首领将隶属于神社的几位农民为己所用时，这位首领被迫接受净化仪式，尽管他的行为既是世俗罪行又是宗教罪行。469 年，一位年轻的贵族诱使一位宫女做了不道德的事，被迫拿出八匹马和八把剑来洗净自己的罪。顽固不化的他扬言即便失去八匹马，这场冒险也是值得的，于是天皇没收了他的所有财产。我们会看到，随着行政体系的不断成熟，世

/ 第三章　本土的宗教信仰 /

俗罪行和宗教罪行之间有了清晰的区分,祓和与之相关的罚金也仅适用于某些打破寺院法规的罪行。

禊是一种净化仪式,是为了驱除与不洁的东西,如土、死亡、疾病接触而致的偶然的污秽。净化仪式可以通过洗礼或者洒水、撒盐达到效果。现今常见的一些仪式有的是这种古老风俗的残留,有的甚至是它的延续。现在每座寺庙或神社的院中都有一个手水舍,参拜者在参拜之前可以在这里洗手、漱口。即便在极为简陋的房屋中,厕所外也会有一个用于洗手的水池和勺子,这里的洗手非常随意,可以说是象征性的。日本人喜爱热水浴,虽然这是一种出于愉悦和健康保留下来的习惯,但是这种习惯无疑得益于日本人旧时对洁净的信仰。为了洁净,人们会在房屋入口处、水井边或角斗场四至放一小堆盐,葬礼结束后人们也会在地上撒盐。神社的供品中也总是有几小碟盐。

第三种或许也是最有趣的一种洁净仪式是忌或者斋戒。驱邪和净化通过去除不洁获得洁净,而斋戒则是通过避开污染源获得绝对的洁净,因此进行必要的苦行是神官而不是普通百姓的职责,其中首要的就是遵守某些禁律。他们必须远离疾病、死亡和哀悼;他们只能食用某些食物,并且这些食物的准备只能使用"纯净的"火;他们只能穿经过特别净化的衣服;他们必须待在室内,远离喧嚣、歌舞。此外,还必须格外注意保持圣殿、供品和神具的洁净。似乎从很早开始,参拜者必须把个人奉纳投入拜殿前的赛钱箱中,同时行参拜礼,如鞠躬、拍掌、双手合十。奇怪的是,在日本,跪坐和拜俯是常见的社交礼仪,但是人们不常在拜殿前中跪坐,也不会俯身参拜。参拜者似乎很少有个人的、独特的祷词,他们的祷词大多是某些简单的祷文。编纂于10世纪初的一部汇编(a book of Institutes)中列举、记录了很多正式的祷文。一些学者认为这些祷文高度准确地保存了古代向神祇祈祷的形式和内容，但很有可能的是，这些祷文的出现最早也不会早于 7 世纪；而且，当人们开始用文字记录这些祷文的时候，急于赋予这些祷文以文采的抄书匠一定进行了相当多的改动。在笔者看来，这些祷文有太多苦心构思的痕迹，不可能是从一个文字书写尚没有在日本普及的时期经过口传保留下来的原祷文。不过，这些祷文可能含有某些古老的元素，因此值得摘录几段以体现这些祷文的风格和主旨。以下是笔者摘录的由阿斯顿翻译的净化仪式上念诵的祷文。

> 愿从尊贵的神子的宫廷到其疆域最遥远的地方再无未被荡涤的罪孽，愿所有的罪行都被彻底洁净，像风神吐气吹散天上的层云；像早晚的微风吹散清早和夜晚的水汽；像停泊在港湾的巨船抛开船尾的锚驶向辽阔的海洋；像火铸的锋锐的镰刀砍倒、清除远处茂密的枯枝。愿居于从高山一路奔流到低山的湍急水流中的濑织津姬（Seori-tsu-hime）洁净污秽、荡涤罪孽，将这些污秽和罪孽带至广袤的海蚀平原；愿居于各路海潮涨落之河口、海口的速秋津日子神（Haya-akitsu-hime）吞下这些罪孽和污秽；愿居于气吹户的气吹户主神（Ibukido Nushi，即气吹户主）将这些罪孽和污秽吹到底之国；愿居于底之国的速佐须良比卖神（Hayasasura Hime）清除这些罪孽和污秽。

阿斯顿的语言有一定的难度，但是译文有删节和修饰，这让表达不甚明确的原义更好懂。冗述是祷文的一个主要特征，就像"汹涌的海潮有众多涨落路径，有众多涨落路径的海潮又有众多入海口"。从日语祷文的一些字词的读音中我们可以感受到其韵律,如 Aro-shio no shio no yaoji no yashioji no shio no yaoai.

其余仪式的文学价值不大,但其中也有生动、有趣的片段,比如下面这段祈祷丰收的祷文中向天照大神禀告的内容:

> 我谦卑地禀告居于伊势的天照大御神,因为大御神将高天原之下、苇原中国之内的地方,将她目光所及的地方,将蓝色云朵消散、白色云朵停歇的地方赐给了他①;在蔚蓝大海上,船首要极尽可能地航行,它的桅杆和桨都不能变干;在陆地上,驮着用绳子捆紧的行李的马匹要极尽可能地远行,行走在由长路的尽头延伸而去的岩石堆和树丛中,不断扩宽狭窄的区域,不停地踏平陡峭的地方,用一条条绳子组成网络加以覆盖,将遥远的地区联系起来②。这样一来,天照大御神的所居之所才会堆满像山一样的初果,剩余的供人安静地享用。

还有这段摘自皇宫的祝词,是统治者在接到上天授权的时候要念诵的,而这段祝词是要在祷文之后念的,如下:

> 至于那继承天照大御神之权、统治苇原中国的神孙,我已经用忌部的圣斧砍下了长在隐蔽的大峡谷和小山谷中的树

---

① 这里"他"可以理解为是她的子民。——译者注
② 这里译文要表达的意思是水手不停地航行,旅者不停地行走,即百姓只有勤奋努力,天照大御神才会赐下丰收。——译者注

木，并用这些树的树冠和树根祭奠了山神，树干被拿来用神圣的鹤嘴锄打造成了圣柱，建造了一座美丽的宫殿，以供神孙居于其中，遮挡蓝天与白日。因此，我向您念诵这些美好的、奇妙的、吉祥的、平静的祝词。

/ 第四章　中国文化的传入

就像我们前面提到的，中国文字的传入影响了日本的发展，但是其影响经过很长的潜伏期之后才得以清晰显现。值得注意的是，直到正式使用中国文字两个世纪之后日本才出现了第一本有记录的日语书。① 日本于公元五六世纪开始使用文字，主要是为了记账和登记，该文字偶尔会用于写给外国朝廷的信件中。日本在这些文字使用中保留了来自中国或朝鲜的抄书吏的特殊职能。

---

① 日本早期的文字。第 63 页中给出的《古事记》的编纂时间严格意义上讲是不准确的，因为天武天皇是在 682 年下令编纂《日本书纪》的，这无疑为《古事记》奠定了基础。

或许我夸大了公元 700 年文字记载的稀缺性和文化发展的缓慢程度。毫无疑问，佛教的传入极大地促进了 7 世纪文字的使用，当时人们满怀热情地抄写佛经；或者日本的历史记载比我们以为的要多，但是除了我们知道的公元 403 年真实性存疑的地方记载之外，公元 700 年前出现的重要著作非常少，这其中有圣德太子的"十七条法令"（604 年）、约于同一时期出现的一些佛经注解以及于 666 年颁布的《近江令》。这些连同一些简短的公文以及刻在石头和青铜器上的碑文是目前已知的 7 世纪的所有文字记录。除了这些，早期日本所有重要的文学作品都是在公元 700 年后出现的，比如《古事记》（712 年）、《日本书纪》（720 年）、地名索引《风土记》（*Fudoki*）、《风土记》中（大概是）最早的《播磨国风土记》（？708 年）、《天武令》（*Semmyo*）[收录在《续日本纪》（*Shoku Nihongi*, 794 年）中，不过《续日本纪》第一卷大概是在公元 700 年编纂]、名为《祝词》（*Norito*）的神道祷告文 [该《祝词》第一次收录在《延喜式》（*Engi-kyaku-shiki*）中，其收录形式最早勉强可追溯到公元 700 年]。通过对编年史中提到的教育的研究，我们可以对文化发展中令人不解的延迟现象有所了解。在大化改新（Taika Reform）前，日本有供年轻贵族学习的私学，但是在大学建立之前没有大范围讲授，大学是大化改新之后日本建立的政府机构体系的一部分。647 年，天皇任命一位朝鲜僧侣为大学校长，随后几十年虽然有几位学生在读，但是大学显然没有发展起来，因为我们从关于藤原氏的年代史中得知天武天皇在位的时候（672 年）日本内部冲突不断，"百族"忙于政事，不喜学习，讲习室空空如也。直到大宝（Taiho）时期即公元 700 年以后，大学才得到适度发展，老师和学生的待遇逐渐得到改善。

据本土编年史记载,这些抄书吏于 405 年"第一次"被派驻到各郡,但是这个时间不是很可信。尽管我们听闻在公元纪年初日本统治者派送信件给中国朝廷,但是留存至今的最早期的信件是大和政权于 478 年给中国朝廷的一封表文。到 682 年日本开始编纂《古事记》的时候,使用的还是吟诵者,所以那个时候日本不可能存在相当规模的文字记录机构。或许我们可以认为在 6 世纪以前文字使用是日本一小批政府抄书吏的特权,不过我们应当对书写和阅读加以区分。鉴于一些此处无法给予更详细解释的原因,学会读懂一篇汉语文章要比学会写一篇汉语文章更容易。因此,极有可能的是,有一批日本学生在老师的帮助下可以阅读汉语书籍的篇章,却不能自己写文章,甚至不能用毛笔描摹多个中国文字。在外国老师的指导下,他们对被带入日本的中国经典著作的内容逐渐有了一些了解,被引入的经典著作首先是《论语》,其次是《诗经》《尚书》《礼仪》《周易》《春秋》。阻碍文字在日本迅速普及的主要障碍纯粹是人们难以用单音节的汉字字符来指代像日语这样多音节的、黏着的语言单词,而汉语和日语发音的不同则放大了这种技术性困难。在历经几个世纪找到一种合适的方式之前,日本人要想充分利用中国文字就必须学习汉语——在词汇、句法和语法上与日语大相径庭。需要注意的是,6 世纪大部分时间里日本与中国是没有直接往来的,所以只能依赖朝鲜的传授。正是在这个时期日本全部精力都在朝鲜,而这无疑也影响了文字的普及。日本的政权专注于征服计划,文学带来的物质所得远不及战争,贵族或许认为既然能够雇用专人为其服务,那他们就没必要费时费力地去学习汉字读写。只要人们把文字书写看作同编织或绘画差不多的技艺,看作一种机械的技能,文字书写就只是抄书吏的任务。直到统治阶级把文字书写当作新宗教或新政

/ 第四章 中国文化的传入 /

治哲学的一种媒介，它才变得至关重要。在日本，人们寻找儒家教义来源的愿望是一个重要的动机，但是促使人们学习的最强烈、最普遍的动机或许是佛教的情感刺激。

　　要想了解日本是如何、在什么时候、以什么样的方式接受了中国文明，我们未必需要对5世纪和6世纪日本和朝鲜的往来进行细致的研究，但是需要了解其主要特征。我们已经了解到，5世纪初日本对百济是友好的，但与新罗可以说是敌对的。当时日本在政策上通过支持朝鲜半岛上三个敌对王国中的一个，利用它对抗其他两国进而扩大日本对朝鲜半岛的影响。整个5世纪，日本持续不断地进攻新罗，有时候还会投入大量武力。日本天皇在478年送给中国北魏皇帝的表文中，称自己是日本、百济、新罗及其他朝鲜半岛王国的最高军事指挥官（Supreme Director of Military Affairs），所以即使考虑到表文用语有吹嘘的成分，我们也可以看到这个时期日本人凭借其军事技能对朝鲜有着重要的影响。6世纪初，境况发生了变化。百济受中国文化的影响，相比于新罗更富有，并且不那么活跃，或者至少可以说它更倾向于安宁。新罗人和日本人一样好战，他们和日本人在种族上近似，但没有像百济人那样屈服于日本人，定期向日本纳贡以换得军事援助。516年，朝鲜人将日本一支强大的舰队驱离朝鲜南部海岸。527年，日本人面临失去位于朝鲜的据点的风险，该据点位于新罗和百济之间的飞地。日本人匆忙组建了一支远征军，但是被西日本一个可能被新罗贿赂的强大的郡首拦截，多年之后他们才再次开始远征。同时，随着北方高句丽和西南方新罗实力的增强，百济的处境越来越糟糕，更加依赖日本的帮助。百济国王年复一年地恳请大和政权派遣军队，每次恳请的时候都会附送珍贵的礼物。然而，这一切都没有用，因为尽管日本援军不顾一切地抵抗，新罗和高句丽还是联合打败了百济。562年，新罗侵夺了日本的属地任那。日本时不时地尝试夺回属地，但是到7世纪初新罗已经成为朝鲜半岛最强大的力量，日本无可奈何，不过这之后很长一段时间内日本总会时不时地尝试重建据点。

  百济于404年和405年先后将阿知吉和王仁派去日本，552年①又送了一幅佛像和多卷佛经，554年送去了一批通晓中国经典、医药、占卜、历法和音乐的人，同时送去的还有一些佛教僧侣。需要说明的是，百济在374年就任命了中国教员并正式引用了中国文字，而佛教似乎是在十年后即384年才传入百济的。佛教无疑是在4世纪传入新罗的，但是发兴王金原宗（Pep-Heung）在位时期（514~539）才正式从高句丽引入佛教。因此，我们可以想到日本最初只从朝鲜获得了少量的佛教知识。而中国的境况也不利于宗教稳定输出，因为从汉朝衰落到隋朝兴起中国北方几乎一直处于混乱和分裂之中。在这段较长的时间内，佛教的时运时好时坏，不过6世纪前半期梁武帝（502~537年在位②）和北魏孝明帝（516~528年在位）的母后都是佛教的拥护者。随着朝代更迭的结束，中国王朝和朝鲜半岛各王国之间的往来更加稳定，佛教普及的前景大好。

  编年史中多处提及佛教在日本的发展。百济国王在给日本天皇的一封信中推荐引入这种新宗教，他说虽然佛教教义难懂且难释，但是它是最好的，能够满足人的所有欲望，他还随信附上了佛祖的图像。日本天皇无法就这种新宗教的优劣做出决定，于是把这个难题交给了他的大臣，接着宫内强大的派别之间产生了

---

① 有些学者认为这个时间应当是538年。
② 原文此处有误，梁武帝在位时间应为502~549年。——译者注

分歧。其中一派是世代为神官的中臣氏和身为首要军事氏族、负责保卫皇宫的物部氏。司祭职能和军事职能合在一起让这两大氏族形成了强大的联盟，而他们的联合也证明了作为他们共同对手的苏我氏的强大。虽然苏我氏自称是古老豪族的后代，但是他们直到这个时期才成名，其时运的转变很大程度上归因于他们的职责，即管理皇家资产。536 年，苏我稻目（Soga Iname）被任命为大臣（Ō-omi），大臣是各氏族首领之首，其权力与大英帝国的首相大致相当。苏我稻目将女儿嫁入皇室，尽可能地巩固自己的地位，但是阻碍其氏族发展的最大障碍显然是其他庞大的氏族，这些庞大氏族的权力大多源自他们与日本国教的联结。因此，在苏我稻目被问到这个难题的时候，他选择支持佛教，而中臣氏和物部氏则反对引入佛教，他们认为崇拜外藩神祇会招来自日本建国以来人们崇拜的本国神祇的怒火。因此，天皇把佛像给了苏我稻目，而苏我稻目将佛像安置在自己的家中。新宗教的命运一时间悬而未决，因为中臣氏和物部氏认为随后发生的短暂的瘟疫正是本国神祇的怒火所致。天皇觉得他们的看法可能是对的，随后佛像被扔到难波的运河中。572 年即位的敏达（Bidatsu）天皇不信佛教，但是热衷于中国经典，侍于君侧的苏我稻目和物部氏之间依旧是敌对关系，所以新宗教的前景仍不乐观。事实上我们没有理由去推测除政治动机外苏我稻目会有什么推动佛教的动机。所以，我们发现苏我稻目在佛像被扔之后不久建议百济的使臣，要想使国家昌盛就崇拜"创世者"即大国主神，出云神话的创世之神（该神祇或许有朝鲜血统）。敏达天皇在位期间的大臣是苏我稻目的儿子苏我马子（Soga no Umako），他追随父亲，也是佛教的拥护者。

关于佛教最初的发展有一个令人称奇的故事。旁人看到苏我马子条理分明的举措或许会以为他在一开始就下定决心把佛教当作一个已经引入文学和风水等先进文明的新国家应有的特征。为了真正地引入佛教，他需要佛教讲经者和修行者、佛像、舍利子与容纳这些人和物的佛寺。然后，他开始设法获取这些人和物。他得到了佛像和圣物，接着派人四处寻找佛教修行者，后来只找到了一位已经还俗的定居在日本的朝鲜僧人。苏我马子下令让他恢复僧侣身份并允许他接纳三位出家的幼女，其中一位幼女11岁，他教这三位僧尼如何禁食和祭拜。苏我马子在其居所旁边建造佛寺、供奉佛像；他还建了一座宝塔盛放舍利子，他本人连同其他少数几个人一起信奉佛教。《日本书纪》称"佛教由此发端"。当然佛教的发端不可能这样清楚明确，但是我们可以理解为得到了一个有权势的政客的支持，佛教从这个时候即575年开始有了一个稳定的立足之地。不过一些大陆来的难民和移民肯定在此之前就将一些佛教知识带到了日本。值得注意的是，除了马子之外，日本最早一批记录在案的佛教徒几乎都有外来血统。那三位僧尼都有朝鲜或中国血统，其中一位是司马达等（Shiba Tattō）的女儿，也是苏我马子在宗教事务上的主要辅助者。"Shiba"是中国有名的姓氏"Su-ma"（司马）的日化。577年，从百济来的多位僧侣及苦行者、佛寺建造者和佛像制作者来到日本，带来了佛教典籍；579年，新罗也送来一尊佛像。所以，这些迹象都表明佛教的地位在日本得以稳固确立。但是它还有一些需要克服的困难，因为在上述事件发生后不久一场瘟疫暴发，反对苏我氏的豪族利用这场灾难劝说天皇禁止这种新的宗教。天皇同意了，然后物部氏和中臣氏兴冲冲地摧毁了苏我马子的佛寺，剥去了可怜的小僧尼的僧衣，在市集上当众鞭笞。不过苏我马子获得天皇准许，私下礼佛，他把小僧尼带回家中照看并

/ 第四章 中国文化的传入 /

修建了一座新佛寺供她们诵经。据编年史所述（简短且真实性有限），这就是佛教三宝——佛祖（Buddha）、达摩（Dharma）、僧伽（sangha）即佛祖、佛经、僧侣进入日本的过程。事实上，有些讽刺意味的是，这样一种讲究慈悲行善的宗教被引入日本是因为一位处于困境之中恳求军队援助的君王的推荐，被接纳则在很大程度上是因为政治宿敌的忌恨、嫉妒。

  继任的用明（Yōmei）天皇"相信佛法且尊崇神道"。事实上，他同他的大多数子民一样既信佛又信神道。本土宗教正是在这个时期才第一次被称作神道教。这是一个新的术语，因为在新宗教引入日本之前不需要术语对神道教加以区分。自用明天皇即位以来，在皇室和苏我氏的庇护下，佛教发展迅速。当用明天皇病倒的时候，他告诉臣子自己想要被接纳为佛教徒。物部氏和中臣氏竭力反对他们所谓"背弃本国神明"的行径，而苏我氏自然是支持佛教的。他们的关系严重恶化，在连续多次争吵后，587年爆发了短暂、血腥的内部战争，苏我氏获胜，苏我马子在日本声名日盛。在这之后，日本建造了更多的佛寺，并于587年从朝鲜带回了更多的舍利子，一起带回的还有多位法师、僧侣、寺院木匠、画匠、铜匠和泥匠，带回的这些人显然都是有一定地位的，因为他们的名字编年史中都有记载。越来越多豪族的女儿出家成尼，也有一些中国血统的男人出家做了法师或苦行僧。苏我马子派曾在市集上被鞭笞的那三位僧尼前往朝鲜学习，这大体上促进了佛教的发展。我们应当赶紧补充的是，从外在迹象上看苏我马子推动了佛教发展，但是他本人的行为是残酷无情的。为了达到政治目的，他无所不用其极，在仕途晋升中杀害了很多敌人，包括两位亲王和崇峻（Sujun）天皇（593年被暗杀）。

  崇峻天皇被杀之后，时年39岁的推古（Suiko）天皇即位，而摄政之权则在用明天皇的儿子厩户（Umayado）①亲王的手中，厩户亲王又名圣德太子（Shōtoku Taishi），意为"有圣德的"皇太子。圣德太子是日本佛教的真正创立者，佛教的外在形式是在苏我马子的支持下传入日本的，圣德太子一生充其量只有一小段与佛教的进一步发展相关。

圣德太子天资聪慧，幼年便开始学习，据说他通晓佛教教义和中国典籍中的知识。伟大的苏我氏似乎并没有过度行使自己的权力，也没有干预圣德太子的计划，部分是因为他满足于自己为氏族争取来的优势地位，部分是因为他认可圣德太子的才能。圣德太子着重于弘扬佛教的道德和智慧，但是也没有忽略一些外在方面，比如佛寺、佛塔、僧衣和佛礼。而对不信佛的人来说，这些才是第一层的吸引（first appeal）。佛寺的建造进展神速。②自圣德太子开始摄政，豪族的领袖就"争先恐后地为他们的先祖和父母修建佛寺"。四天王寺（Shitennō-ji）始建于593年，是较大的一座佛寺，这是位于现代大阪繁华一角的四大天王寺的前身。同样，始建于593年的还有法兴寺（Hōkōji），又名飞鸟寺（Asukadera）。飞鸟寺于596年建成，因此这个时代又被称为飞鸟时代，由此可见兴建飞鸟寺的重要性。到624年日本已经有46座佛寺、816位法师和僧侣、569位僧尼。我们一定不要忽视这个时期朝鲜对日本的贡献。圣德太子的老师都是朝鲜人，编年史称其中两位（飞鸟寺的第一批住持）是"佛教三宝的中流砥

---

① "厩户"（Umayado）意为"马厩"，据传厩户亲王诞生在马厩中。尽管编纂者钟爱记载诸如此类的事件，但是编年史中并没有可以佐证这一点的内容。因此，有日本学者认为这个传说是厩户亲王死后基督耶稣降生的故事传到日本的时候人们朴襷的。

② 日本佛寺从624年的46座增加到692年的545座，由此可见佛教的发展。

柱"。自此以后，不断有法师、僧侣、学者和艺术家从高句丽和百济涌入日本。他们在日本定居，或教导，或重操旧业，他们通常与日本人通婚，进而形成了一个外来文化中心并促进了种族融合，而这对日本来说极为有利。我们无法确切地知道这些人的血统，但是众所周知，这个时期百济在向日本输出老师的同时也在从中国引入老师。从此处及他处的根据来看，这个时期即6世纪后半叶的日本移民极有可能是来自中国梁朝和北魏、途径朝鲜涌入日本的中国人。

604年，圣德太子颁布了一部法典，一些编年史学者误认为该法典是宪法，[①]而实际上它更像是一系列针对统治阶层的道德规范。这些道德规范的意义在于他们体现的是受外来宗教和世俗文化启发的执政思想的转变，而不是新的行政体制。抛开本土宗教作为一种异教思想的优势，在日益成熟的氏族体制的影响下，本土宗教往好了说变成了一种丧失了原始信仰动机的复杂仪式，往坏了说变成了一种用来维护等级特权的压迫手段。除了一些惯常的行为规范，如仪式中的禁忌之外，本土宗教中仅有少许道德元素，因此它只能发展其仪式性、迷信性的一面，除非它能够从外部获得某种强烈的刺激。我们可以引用多个例证说明它的这种发展态势，但是这里仅举一例就足够了，比如早期的净化仪式经过一般的过渡呈现出惩罚性的特质。对神祇的供奉退化成神官或

---

① 圣德太子的"十七条法令"。尽管"十七条法令"主要是受佛教和儒家文化的启示，但是也有受中国其他文化影响的痕迹。法令的条目数17是基于中国神话传说中的数字9和数字8的某些神秘特征而定的，而法令颁布日期选的是中国天干地支纪年中的吉日。从该法令的这些方面及其形式和内容的其他一些方面来看，当时的日本人还无法辨识中国文学作品之间的差异。值得注意的是，这个简短的法令中融入了《诗经》《礼记》《孝经》《论语》《左传》《汉书》《昭明文选》《庄子》，以及其他中国经典的内容。

非神职人员收取的罚金甚至勒索，因此通常对仪式性罪行的惩罚要比对世俗罪行的惩罚严厉得多。同样，早期日本佛教也被视为一种获得物质好处、阻挡灾难的途径。这是一种自然的发展态势。人们在尚未理解佛经的时候就开始念诵佛经。他们把佛经当成咒语，的确第一批从朝鲜来的法师就是念诵咒语或符咒的人。苏我马子崇拜一尊佛像是希望治愈疾病，用明天皇在发现自己患病的时候才想信仰佛教，随后的很多年间，每当天皇生病、庄稼需要雨水或者需要为国家求得某种具体的好处的时候，总会举行极为盛大、奢靡的佛教仪式。早期兴建的众多佛寺中就有专门供奉药师（Yakushi）即药师如来（The King of Medicine）的佛寺。

圣德太子之所以出名，是因为他对佛教的道德和哲学内容很感兴趣，进而致力于弘扬佛教。从这个角度来研习圣德太子的"十七条法令"是很有意思的，同时"十七条法令"也为我们提供了一个了解时人观点的有效途径。

第一条强调社群和睦的重要性，对那些影响阶层和睦的恶行给予警告。年长的或身居高位的与年幼的、身居下位的和睦相处。这是儒家教义。

第二条告诫众人礼敬佛教三宝。

第三条概述的是中国的治世理念。"承诏必谨"。一个依赖顺从的等级制度。

第四条所述内容是对上一条的补充。如果顺从是身居下位的人的职责，那么身居上位的人的职责则是克己守礼。此处的克己守礼守的是《礼记》中的行为规范。这也是中国的一种治世理念。

第五条主要是针对那些需要听审百姓诉讼的人，告诫他们不要暴饮暴食、放纵贪欲。这是呼吁他们公正对待身居下位的人。

第六条反对阿谀奉承和谄诈媚上。

第七条反对为官者以提携换取支持，并且明示要任官以贤。

第八条告诫为官者要勤恳。

第九条告诫上下级之间要彼此信任。

第十条反对发怒。如果我们与他人意见不一致，那么"我必非圣，彼必非愚"。（我们未必一定是睿智的，他人也未必就是愚蠢的。）

第十一条告诫身居上位的为官者赏功罚过的重要性。

第十二条说："国司，国造，勿敛百姓。国非二君，民无两主。率土兆民，以王为主。所任官司，皆是王臣。何敢与公，赋敛百姓？"

第十三条告诫为官者不要玩忽职守。

第十四条告诫为官者不要嫉妒他人。

第十五条重述了第一条的内容。

第十六条教导上位者役使百姓时要避开农桑时节。

第十七条告诫为官者有要事要商议。

乍一看这些规范只是难以实现的不甚明确的训诫，但是需要注意的是，（据我们所知）这些训诫是在一个没有成熟的治国理论、没有指令为官者的机构、除本国宗教仪式性的禁忌和某些固定的行为规范外没有其他道德规范的体制内出现的。因此，这一套道德规范的形成是变革性的，这里我们可以看到印度宗教和中国哲学传入之后日本理论领域的初果，因为"十七条法令"是由佛教教义和儒家文化结合而成。这些看似无伤大雅的针对管理者和被管理者的训诫实质上是一种新的国家观，因为这些训诫要求下位者顺从上位者，同样也规定了上位者的职责；而且，最重要的是这些训诫清楚地阐释了中央集权国家的概念，在一个中央集权的国家中统治者拥有至高的权力并通过为官者来行使这种权力。"率士兆民，以王为主。所任官司，皆是王臣"这句话耐人寻味，只有考虑到当时的政治状况才能意识到这句话的重要意义。

圣德太子颁布"十七条法令"的时候，日本还不是一个单一的政治实体，而是一个皇族居首的松散的氏族集团。氏族根据血统分为三类，第一类是皇族，皇族成员自称是天照大神的后代；第二类是圣族，他们的祖先有的是随神武天皇来到地上的高天原神祇，有的是苇原中国的神祇，我们可以将后者理解为神武天皇降世前大和就有的地方统治者；第三类是外来氏族，他们是不同时期从朝鲜和中国来的移民。皇族由多个氏族组成，既包括处于统治地位的皇室又包括豪族，豪族的首领是臣，地位最高的臣是大臣，大臣是众臣的首领和代表。地位仅次于臣的是各氏族的首领即连，众连也有一个类似于大臣的首领——大连。各氏族承认皇室的至高无上，但是至高无上的君主的权力是非常有限的。每个氏族有不同的分支，每个分支都有一个管理者掌管该分支的百姓和财产，能够支配该管理者的只有氏族首领、大臣或大连，具体视情况而定。

因此，日本国由处于不稳定平衡中的各氏族组成。维持这种平衡靠的是威望而不是皇室的实力，在这种情况下，一个氏族自然会为获得权力而牺牲另一个氏族。自有确切记载的时代以来，在长达几个世纪里，日本的政治史都是由一系列豪族争夺支配权的事件构成的，这些豪族要么控制皇室，要么推翻皇室。在这种支配权的争夺中皇室有一些优势。第一个优势是作为天照大神的后裔和继承者，天皇作为高阶神官崇拜天照大神时，既代表前文

/ 第四章 中国文化的传入 /

所述的强大的皇族又代表其他氏族，因为对所有人来说天照大神是最高神。目前还很难说清楚皇室在多大程度上有意推动了将天照大神当作最高神的宗教信仰（即神道教）。有人认为丰受大神作为古老的全民之神更应该被视为最高神，这种观点有一定的理由；尽管如此，从早期开始天照大神的崇拜地就从宫中转移到了位于伊势的由皇女侍奉的神宫，天照大神也由皇室的氏神变成了全民之神。6世纪，神道教被正式确立为国教，在这之后神道教的发展既是宗教性的又是政治性的。第二个优势是天皇代表众氏族与外国尤其是朝鲜半岛的敌对王国发生联系，因为这些联系牵涉战争，所以对那些派到海外的战斗力量，天皇拥有至高无上的支配权。各氏族拥有绝对的自治权，因此只有以军事远征为目的，皇室才能够向各氏族征收赋税。第三个优势是天皇是不同氏族之间、同一氏族不同成员之间的仲裁人，在诸如继承权的事宜上做出裁决。我们会看到这些优势所凭借的不是出众的实力而是威望和习惯。就当时的状况而言，统治是建立在氏族认可基础之上的，如果强大的氏族感觉自己的利益面临威胁或者自己的首领有足够的野心挑战皇室的权威，那么该氏族就会收回其认可。历史上有多个记录在册的大臣夺位事例，之所以一般由大臣发起，是因为他们是皇室的近亲，因此就有了《日本书纪》所载的498年"大臣平群真鸟（Heguri no Matori no Omi）篡夺政权，试图统治日本国"，在敌对豪族大连大伴金村（Muraji Ōtomo no Kanamura）的军事援助下，圣德太子击败了平群真鸟。这个典型的事例表明，不管天皇在理论上是多么至高无上、不可侵犯，实际上他都要依靠一个豪族或其他豪族的支持。推翻甚至杀害天皇及天皇继承人在现在看来是很普通的事情，可以说皇室的存续凭借的不是自己的实力而是一个事实，即一个豪族夺权之后，其所有敌对豪族不会有所损伤。随着时间的推移，当一个豪族获得了实质上的最高权力的时候，他们的权宜之计也是控制而不是推翻皇室，他们会将女儿送嫁于亲王以巩固自己的影响力。这确实是近代之前日本历史上一个独特的现象——实质上的统治权旁落之后，只剩下外在形式的名义上的最高统治者依旧可以存续很久。

第一个确立这种统治的是苏我氏，不过在苏我氏之前也有一些氏族在一定程度上实施了这种形式的统治，比如前文提到的大伴氏。然而，矛盾的是，苏我氏的崛起反而极大地推动了日本稳定的、影响广泛的中央政权的发展，取代了一直存留到7世纪的实际上由自治的各氏族组成的松散集团。像苏我氏这样的实际统治者不满足于通过一个名义上的最高统治者行使没有实际意义的权力，他们想要王权所能带来的切实好处，想要财富以及让所有人顺从他们意志的权力。苏我氏的首领要想实现这些就必须通过剥夺其他氏族的自治权、对氏族土地产出的享用权和对氏族成员的支配权，因为氏族拥有相当大的自治权。除了一些豪族首领的属地外，日本有人定居的地区都由或大或小的地主把持着。一些地主的姓氏流传下来。这些人统称"国造"，即地方统治者，分为大国造、县主、稻置（Inagi）以及其他几类①，他们共同组成一个小的地方性的上层社会。他们之下有奴隶，之上有连、臣和豪族成员。他们当中有些人充其量只是小农，有些人则是拥有相当多土地和人口的地方乡绅，还有一些人是豪族的分支或者与豪族有附属关系，豪族可以支配这些人，但前提是他们之间不要距

---

① 目前我们无法确定这些术语的词源和确切词义，但是其确切词义与这里给出的词义大致相近。理论上，县主是皇室地产的佃户，稻置是储存贡米的谷仓的看管者。我们无法确定他们在政治和经济上对皇室的实际忠诚度。

离太远。我们从前文中提到的国造磐井（Iwai）的事例中可以得知这些地方统治者的实力。527年，磐井占据着九州岛的大片土地，并且挡住了远征朝鲜的一支6万人的皇室军队的去路。一年多以后中央政权克服极大的困难在一场激烈的战斗中制服了他。当然，磐井的事例只是个案，但是当时日本全国的状况大抵如此。中央政权不断地尝试推动这样一个理念，即地方权贵作为皇室的代理者甚至皇室的官员来执掌并统治地方。我们了解到早在534年就有大臣在讲话时引述中国的一则信条："普天之下，莫非王土；率土之滨，莫非王臣。"尽管这则讲话可能是杜撰的，这则信条也肯定不是在这个时期传入日本的，但是这一理念不断成熟，皇室也会抓住每一个可能的时机践行这一理念。中国文化的传播自然极大地促进了这一理念的成熟，或许这是文字传入的影响第一次有如此重要、具体的体现。文字不仅让记账和登记成为可能，而且让思想有了确定的形态。日语辞典中没有词语可以形容一个中央集权的官僚制国家的机构和行为，事实证明，尽管大臣和大连是氏族的首领，但是随着行政体系逐渐成形，他们也变成了执掌国家最重要机构的人，继续被称作大臣和大连。虽然等级变成了官职，但是官职名和表示等级的姓（即大臣和大连）之间并无区分。其他高阶官员统称大夫（taifu），"大夫"是一个中国术语，仅有"伟大的男人"这一个意思。《后汉书》提到一位公元57年从日本南部来到中国朝廷的使臣，他自称大夫（daibu）。鉴于那个时期的日语使用方式，即便这则记载的年代有误，也可以确定从早期开始日本官僚等级的命名法和理念都得益于中国的影响，而文字更是加速了官僚等级制度和命名法的发展。人们可能低估了语言作为影响政治理念发展的要素的重要性。在一个高度完善的政府体制中，语言的局限性会阻碍问题的妥善处理，因为人们在单纯地试图描述事态的时候会歪曲事实；不过，因为日本在早期就建立了行政组织，所以一份书面文件的准确性至关重要，从这个意义上讲，日本能够成功地以官僚制度替代部落制度，第一个要感谢的就是中国的文字。

人们不必认为是"十七条法令"的颁布带来了政府体制实质的显著变化，因为这些法令只是阐述了他想要在苏我氏的帮助下实施的规范。在他颁布法令的时候，日本的实际情况几乎和他所描述的理想情况截然不同。当时日本的所有臣民没有表示完全服从天皇，一众官员也不是按照才能选拔的，统治阶层也没有以身作则遵守儒家的行为规范，贵族和乡绅自然也不认为他们所辖之地的税收和劳动力是属于皇室的。当时全国的百姓也并不看重佛教三宝。事实上，大部分情况下大人物坚持崇拜祖神，而小人物则崇拜家喻户晓的神祇。值得注意的是，圣德太子虽然没有批评本土的信仰，但是也没有在法令中提及它们。本土的信仰无需他的支持，而他即便想也不敢去批评本土的信仰。事实上，607年颁布的一项法令规定人们要持续不断地崇拜天上和地上的众神祇，该法令中提到自然界的神祇时很是恭敬，圣德太子本人也一定知晓这一法令。

不过，多种因素同时发力为变革打好了基础。这些因素包含：单纯的时间的流逝，因为氏族体制本质上是不稳定的；对团结的渴求，因为想要在朝鲜夺得领土和珠宝；文化的逐渐普及；新理念的酝酿，这些理念体现在儒家文化的政治思想和道德观念中，体现在佛教的宗教和哲学思想中。尽管佛教和儒家文化有明显的差异，但是对不拘一格的人来说，它们又是可以共存的。因此，圣德太子的训诫面对的不是一群完全不愿意接受的受众，鉴于他的训诫并没有明示，只是含蓄地预示着变革，所以也没有招

/ 第四章　中国文化的传入 /

致公开的反对，这样一来他就可以继续渐进地实施他的设想。

为了巩固天皇的权力，第一要紧的是增加皇室的财富，增加物力、人力和土地。过去几个世纪以来人们的欲望都是在不触及他人对财富的渴求的前提下获得财富。当时皇室财富的一个重要来源是来自朝鲜半岛的朝贡。"朝贡"一词经常用来形容朝鲜半岛各王国提供的各种物品，带点儿民族自豪的意味，但是朝鲜半岛各王国带来这些物品是为了换取日本提供的物品和服务，也许这就是对外贸易的开端，皇室通过这种贸易获利，不过为首的各氏族也获得了重要的份额。另一个财富来源是与大陆的往来，日本皇室经常雇用一些集团和由学者、匠人、手工艺人甚至奴隶组成的其他移民群体，因此对他们的产出或他们的劳动拥有所有权。他们创造的这种财物的积累过程因其价值稀缺而变得尤为重要，因为这种积累让皇室控制了诸如书籍、绘画、建筑、细纹丝帛、珍贵的金属和装饰品等物品的供应，而这些物品是一个发展中的文化最需要的。为了增加他们的地产，皇室采取了各种可能的策略，尽管他们遇到了来自其他渴望占有土地的氏族的激烈竞争，但是他们在某些方面依然处于优势地位。其一，皇室在各豪族中居首位，正如我们所了解到的，他们有权解决氏族之间或氏族分支之间的争端，这意味着他们有时会贬低甚至镇压一个没有抵抗能力或者没能得到庇护、无法抗拒皇室命令的氏族或氏族分支。这种情况下，天皇会没收获罪氏族或氏族分支的部分或全部资产，归自己或皇室所有，这些资产包括土地和奴隶；如果该氏族或氏族分支的全部成员没被处死，就会被贬为奴隶。其二，一个氏族如有继承纠纷，尤其是无人继承的时候，天皇会指任一个氏族首领，这个被指任的人极有可能是皇室的后裔。其三，创造新的氏族或集团、给他们分配地产和劳动力或许是增加皇室领地的最有效的手段。这是依靠古代日本最奇特、最耐人寻味的一个机构——御名代部（minashiro）或御子代部（mikoshiro）来实现的，名代部或子代部虽然我们前面已经提到，但是值得进一步阐述。

和其他地方一样，日本的地产概念也发展得非常缓慢。在一个几乎只有农业社群的地方，没有劳动力耕耘的土地算不上财富，因此我们发现土地的获得几乎总是和在这片土地上劳作的群体的形成紧紧联系在一起。反过来，对一个主要从事工业如做珠宝、做镜子、铸剑的集团（部或伴）来说，为了给专门的工匠提供食物，土地也是其形成所不可或缺的。事实上这样的集团是自给自足的生产单位，是人为创建的，却是在世袭的基础上延续的。因此，我们需要理解诸如陶部（Hashibe[①]）或舍人部（Toneribe）之类的集团名表示的并不是所有部民的职业，而是这个集团作为一个整体为氏族或它所属的其他机构提供服务的性质。

自然名代部或子代部的形成仅仅是增加皇室收入的一个便宜手段，没有相应的开支。因此，当清宁天皇［其御名为白发（Shiraga）］"苦于无子"的时候，他在地方建立了由弓箭手、膳夫和侍者组成的部并以自己的名字命名，称为"白发部"，白发部为皇室所用，不仅为皇室提供服务，而且提供必要的劳动力维持皇室的运转。此外，还有"子代部"。雄略（Yūryaku）天皇为纪念安康天皇（其本命为"穴穗"）建立穴穗部（Anaho-be）的时候，实际上是在通过建立一个"名代部"征收地方税为皇室筹集资金。以家族传统的名义征税耐人寻味地说明了家族观念在日本人生活中的重要性。

[①] 此处原文有误。此处原义是Potters' Guild，指代的是陶部，陶部的日语应为Suebe，而不是原文括注的Hashibe。——译者注

/ 第四章　中国文化的传入 /

第五章　日本与中国的文化往来和大化改新

圣德太子继续通过个人活动促进佛教的传播。他讲解佛经，尤其是《妙法莲华经》①，鼓励兴建佛寺、绘制佛像、雕刻佛像等。他和他的臣子也没有忽视推动世俗文化的发展。从大陆来的艺术和文学讲师接连不断地融入日本，日本也年复一年地派遣使臣和留学生去中国，或去唐朝都城学习知识，或去偏远的佛寺听高僧讲经。推古天皇在位的后半期正是中国大唐开朝的前几年，日本又一次面临被一个在影响力、深度和美感上都优它一等的文化的影响。但是，这一次与活力四射、四处扩散的汉文化不同，汉文化是跨越朝鲜半岛、通过少数部落首领称得上"偷偷摸摸"的往返，间接、缓慢地影响日本，这些部落首领珍视中国的物质财富，却无法清楚地理解催生中国政治体制、青铜器、图画及书籍的力量以及它们蕴含的魔力。相比于公元纪年刚开始的时候，7世纪初中国处于一个更有利于传授的地位，而日本则处于一个更有利于学习的地位。汉文化充满活力，或许令人嫉妒、令人忌惮，但是难以复制。以大唐朝廷为中心的文明更加规范、系统；它的外在形式体现在其法律、礼仪和艺术中，典雅的外在形式是可以复制的；大唐文明也在不断地消化吸收新的元素，尤其是佛教信仰和文化。因此，它是一个可传播的近代文明。值得注意的是，唐朝也是一个文艺复兴的时期，唐朝文明是对汉朝鼎盛时期的精神回归，有一种文艺复兴应有的积极乐观，创造力十足、传播广泛。在日本人看来，唐朝时与中国的往来要比过去几个世纪方便得多，沟通也更顺畅；过去200年来日本一直

---

① 简称《莲华经》。——译者注

通过汉字这个不可或缺的媒介来缓慢地获得知识；而中国在经历了长期的冲突和混乱之后，在隋朝之后进入了灿烂繁华的唐朝（618~906），进入一位历史学家口中的"令人快乐的中国"（la Chine joyeuse）。

日本随后的很多发展都可以追溯到它对唐时中国的借鉴，所以我们有必要简短地描述一下这一时期中国和日本的境况。政治上，这个时期中国大概是世界上最强大、最先进、治理得最好的国家。当然，相比于日本，这个时期中国在国家生活的所有物质层面上都有压倒性优势。它的疆域扩展到与波斯、里海和阿尔泰山脉接壤的地方；与安南、交趾支那、吐蕃、塔里木盆地、印度都有联系，也和土耳其人、波斯人和阿拉伯人有往来。多个国家的人到访唐朝，带来了贡品、商品以及影响唐朝思想和艺术的新理念。从唐朝的很多雕塑和绘画中可以看到波斯以及更遥远的希腊的影响。自北魏以来中国与波斯之间就有友好往来，621年长安兴建了一座拜火教神庙，不久之后即在阿拉伯人征服了波斯帝国之后，波斯国王——萨珊王朝最后一位王位继承人，一位丢失了宝座的王子——作为难民在拜火教神庙逝世。我们无须探讨各式各样的外来影响的广度，只需要注意到这些外来影响一定刺激了中国很多生活领域的创新与创造，同时也说明了中国的体量之大、实力之强，可以轻松地吸收这些外来影响且不会破坏自身文化的平衡或独特性。那个时期来到长安的有印度的佛教僧侣，喀什、撒马尔罕、波斯、安南、东京[①]（Tonkin）、君士坦丁堡的使臣，西伯利亚平原游牧民族部落的首领，朝鲜的官员和留学生，以及后来越来越多的日本的官员和留学生。我们可以很容易

---

① 此处的东京指的是越南北部的一个地区。——译者注

/ 第五章　日本与中国的文化往来和大化改新 /

地联想到这样一个充满吸引力且令人兴奋的事物的都城一定让这些日本人眼花缭乱、深受震撼，也能想象他们在看到这样的富足时的绝望以及他们下定决心超越长安的豪情，前提是勤奋、勇气和躁动的野心能够弥补他们本国物质的匮乏。日本人用无尽的求知欲和对细节的耐心开始观察并记录中国人生活的每一个方面，并思考将哪些特色引入可能会对本国有利。日本人这种无尽的求知欲和对细节的耐心观察也体现在他们后来接触到的其他外来文明中，比如葡萄牙文明、荷兰文明以及19世纪工业化的西方文明。首先，在政治领域他们注意到唐朝的君主是绝对的最高统治者，身边都是能臣，这些能臣既是学者又是政客，顺服且忠于君主。唐朝中央政府把国家划分成不同的行政区域，依据个人的才能为每个行政区任命节度使，并派遣按察使时常巡视。唐朝的官员凭才能获得选用、提拔。唐朝通常仅任命那些通过文试的人，文试虽然可能会筛除某些有活力、有能力的有用人才，但是它也有一个无价的优势，即它把学识置于打斗之上，把天赋置于出身之上。所有有知识的人都可以走上仕途，这无疑是对有才之人的制约，但是社会是以知识分子为根基的。此外，唐朝政府试图建立一个由知识分子组成的上层社会，这是一个了不起的成就。所以，日本旅者看到或者在某种程度上认识到唐朝中国是一个中央集权的、系统的国家，是一个庞大的、统一的、拥有人数众多的常备军的帝国，它战胜了所有的敌人。中国的绝对实力成功地折服了日本人，他们一定认为这种绝对实力主要得益于其政治体制，这种政治体制的所有要素几乎都与他们自己的由氏族组成的、贵族的部落体制截然相反。

虽然不那么显而易见，但是当时中国在知识领域不同寻常的活跃同样让寻求知识的人印象深刻。隋唐时期不仅佛教有了重要的发展，而且通过和周围民族的往来，中国对其他信仰也开始有所了解。中国有人改信密教（Tantrism）、摩尼教（Manicheism）、景教（Nestorianism），也有人信奉伊斯兰教（Islam）、拜火教（Zoroastrianism），信奉伊斯兰教和拜火教的这些人即便不是中国人也是生活在中国人中的外邦人。此外，这些新的宗教促进了古代民族信仰即儒家文化的复兴，不过孔子更像是儒家学说的编纂者而非创立者。7世纪早期，时人编纂了一部新版的经典论著①，除了标准的注解外，还增加了新的注解，新注解是时人根据近代互相矛盾的教义对传统信仰的重新解读。唐朝第一位君主宣称圣人的教导之于他就像空气之于鸟、水之于鱼，他身边都是学者，他改造并扩建了国子监，将国子监的学生增加到3000人，他还改革了州、县的学馆。我们可以说这个时期的文人自负、嫉妒、爱争吵，但是这个时期仍是一个知识酝酿、热情高涨、艺术繁荣的时期。自汉朝以来中国就有建筑与雕刻的传统，也有兴建陵墓、宫殿和纪念街道的传统，自魏晋南北朝以来就有兴建佛寺的传统。现在在此基础上又增加了雕塑和绘画技艺，其中融入了一种新的情感元素，该情感元素是在当时已经成熟的佛教思想的温和且纯粹的影响下产生的。上好的技艺与清新的灵感的结合能够催生无与伦比的美。所以，大唐帝王陵墓上的雕刻虽然可能没有汉朝的浮雕灵动，却比它们精美；和已逝的帝王一起被安放在陵墓中的泥塑的马俑、兵俑、歌俑和舞俑栩栩如生，有一种诗意的魅力，而这也正是它们的精华所在；金属制、石制或木制佛像有着和希腊那些雕像一样高贵动人且真实的品质，尽管希腊与大唐语言不同，但是表达的确是同样的东西。如

---

① 这里指唐景龙四年（710）写本《论语郑氏注》。——译者注

/ 第五章 日本与中国的文化往来和大化改新 /

果再接着说绘画、青铜器、陶器、彩色的丝织品、诗歌和精美的书法的话，就偏离主题太远了。可以说，日本使者到大唐都城的时候，艺术正在百花齐放。或许比起中国文化的质量，更令日本使团印象深刻的是中国文化宏大的规模。这个时期的一切都有庞大的、惊人的规模。隋炀帝兴建都城时征用了 200 万劳动力，他游黄河时所乘的多艘游船需要 8 万人拖着前行，他巡游时的仪仗队前后有 300 英里，他的嫔妃有 3000 人。他下令整理的文学典籍足足有 17000 卷，他甚至还考虑整理史官的宫廷记录，这是巨大的工程。不过尽管唐朝的皇帝没那么铺张，但他们所做之事也都非常宏大。在日本人看来这样的规模一定令人震惊。第一个代表全日本作为官方使臣出使中国朝廷的似乎是小野妹子（Ono no Imoko）。他于 607 年离开日本，带了一个名叫鞍作（Kuratsukuri，可能是有中国血统的人）的翻译，沿着百济海岸南行并于秋季到达中国当时的都城洛阳，在那里他呈上了日本君主的文书，文书的开头写道："日出处天子致书日没处天子。"据说隋炀帝因恼于问候时被当作地位平等的人而拒绝接收该信件，并说蛮夷的陈情表粗鲁无礼，听不得。不过，小野不知怎么克服了这一障碍，并于次年陪伴隋朝的两位使臣回到日本，隋朝使臣在日本受到了极大的礼遇。他们所带的文书的措辞是中国对外邦的惯用语。日本被当作属国对待。但是整体来看，小野成功地完成了使命，因为他让两个国家有了正式的交往并让日本获得了很多书籍，而这些正是圣德太子派遣他出使的主要目标。不过，小野说回来的路上他所携带的书信在百济被抢，但是与他同行的中国人所携带的书信安然无恙，所以有可能是小野本人销毁了那些他认为会在本国引起事端的傲慢的书信。608 年中国使臣离开日本，同样是小野随行，据说小野还带了一封圣德太子的亲笔信。

随小野一起去的还有圣德太子选中的一些到国外学习的学者。这里有必要写下他们的名字，因为他们是第一批担此重任的人，他们中的一些人回国后在日本发挥了重要作用。他们分别是福因（Fukuin）、官方翻译惠明（Emyō, Nara no Wosa）、新汉人大国（Okuni Imaki no Ayabito）、高向汉人玄理（Kuromaro, Takamuku no Ayabito），以及四位学问僧——旻（Nichibun）、请安（Shōan）、慧隐（Eon）、广济（Kōsai）。从这些名字和头衔上看，他们不是归化的朝鲜人或中国人，就是有朝鲜或中国血统。

圣德太子逝于621年，他的改革尚未完成。618年隋朝灭亡，唐朝取而代之。日本遣唐使和留学生汇报说新的君主国高度系统化，尽管目前日本已经学得一些基础知识，但是中国还有更多值得学习的。直到630年日本才派遣了新的使团，但是这期间经常有留学生返回日本，所以中日之间经常有人员往来，但是因为不是官方性质的，所以编年史中没有记载。看来官方使团确实没那么频繁，因为630~837年记录在案的只有12个使团。不过，这些使团的规模都很庞大。使臣及其随行人员是按照级别和学识仔细挑选的，《续日本纪》（涵盖700~790年历史的官撰史书）记载粟田真人（Awata no Mabito）的高贵和真诚给唐朝官员留下了很好的印象，他们也因此对他所代表的日本有了好感，粟田真人是早期一个使团的带领者。日本使团有一名正使，两名副使，多名录事和译语、医师、卜部等专业人员，画师和各行工匠，比如木工、铸工、锻工，当然还有舵师和水手。据说使团的人数从100人到200人不等，并且在逐渐增加。8世纪前半叶最多的时候有四艘船同行，每艘载约150人，照此来看派出的使者至少有500人。遣唐使团所走的航线不止一条。遣唐使从难波（今日本

/ 第五章 日本与中国的文化往来和大化改新 /

大阪）出发，通过濑户内海，或者沿着朝鲜半岛海岸在山东半岛入港，或者随着航海知识的增加，大胆地西行至长江入海口。当时海上航行并不轻松。航行者可能会被迫登陆当时与日本敌对的新罗的海岸，否则他们的小船就会被中国海上冬夏肆虐的台风吞噬。每一个选择南线的使团都会遭受一些损失，如果只有一艘船被吹上岸或者失事，就算得上幸运了。编年史中有很多关于危险的航程的记载，这里引述其中一个事例。一个从中国返回日本的遣唐使团从长江入海口出发，该使团共有四艘船，随行的还有一些中国使臣，在一场风暴中，中国使团的使臣及25名随行人员被海浪打下了船，不幸溺亡，同时溺亡的还有一位日本使臣及40名随行人员。一两天后这艘船的桅杆断裂，船体彻底破裂成两半，所幸的是这两半船骸一直浮在水面上并被冲到九州海岸的不同地方，两半船骸上各有50名幸存者。在启航九天后另一艘受损严重的船到达萨摩（Satsuma）海岸。第三艘船先是搁浅在长江入海口，后又被冲走，在海上航行了40多天之后才在九州找到一个避风港。第四艘船在奎尔帕特岛（Quelpart Island，即济州岛）失事，船上的人被岛民俘虏，少数人得以逃脱并在经历更多、时间更长的海上风险后才得以返回日本。而这是发生在778年造船技术有了一定发展之后的事。7世纪早期，当第一批使团跨海的时候，海上航行一定非常惊险。同时期的文献中多处可见航海者及其朋友对航海事业的担忧。人们会选一些年轻男子，被选中的人通过禁欲的生活得到净化，进而持续不断地为航行中的使臣祈祷；当时全国上下的佛寺都会诵读适宜的佛经以平息众位海中神祇的怒气；有时候朝廷也会派出专门的使者到几大神宫祈愿，请求众神祇保护航海者。如果他们安全返回，就会有盛大的感恩宴席和仪式。

尽管这些使团的正式使命是传达两个皇室之间的问候，但是他们最重要的目标还是获得新知识，因此每一个使团都会将一些学者留在中国继续专门的学习。第一批留在中国的学者是高向玄理和旻，他们于607年随团出使中国；但是最有名的学者应该是吉备真备（Kibi no Mabi），时年22岁的他于717年离开日本，在中国旅居17年之后回国，他获得了很多科目的知识和书籍。回国后，他成为奈良一所大学的大学助，为皇室人员讲授《礼记》，并大致地讲解中国典籍。后来他作为使臣被派往中国，直至逝世的时候他还是日本的一位重臣。中国政治体制和哲学及艺术基础知识在日本的传播得益于他和与他一样出色的同僚。可以与世俗学者比肩的是那些被派到中国跟随著名的老师学习的学问僧。编年史中记载的学问僧有70余人，从608年出使的慧隐到877年的万安（Kwan-Kan）。他们有的在中国停留了一年，有的停留了十年、二十年、三十年，有的死在了中国，还有的在返回日本的途中死在了海上。当然往来中日的人并不只有文字记录的那些，因为除了载有官方的使团和留学生的船只外，日本商船也经常来中国。

　　这些学者、僧侣、画师和工匠将中国的学识和器具带回日本，日本接受并根据自己的需要对这些知识和器具进行加工，形成了自己优秀的文化。革新的过程是不完美的，因为毕竟隔着距离且没有人多私下往来。虽然中国和日本距离并不是很远，但是二者在种族、语言和文化上都有差异。大多数日本人只能接触到二手甚至三手的与中国、中国体制和中国思想有关的知识，而且这种知识的传播媒介一度还是外来语言。因此，可以想象这种知识在传播过程中即便不会被误解也会被简化，所以最后传到日本的可能只是形式而不是精华。尤其是在研究7世纪日本史的时候，我们会不断注意到这样一个特征，即日本的艺术发展快速且真实，而与此同时日本的政治和社会变革则缓慢且肤浅。这种差异并不会让人感到惊奇，因为日本人能亲眼看到那些从大陆带回来的或者旅居在日本的中国人和朝鲜人创作的雕像和绘画的令人陶醉的美。而中国所能提供的其他馈赠则是无形的、肉眼不可见的，而且受到人类易谬性的影响。你可能会因一座安详的、完美的金色佛像而激动得忘记呼吸，但对中国的思想及中国的政治理念却会持不喜欢甚至批评的态度，尤其是在它们触及他们的既定利益时。相比于革新的艰苦，人们更愿意接受堂皇与富丽；相比于哲学理念，人们更欢迎哲学带来的慰藉。

为了更好地理解新文化引入的这个方面，我们来追溯一下日本是如何逐步按照中国的方式来改良自己的行政体制的。值得注意的是，日本的其中一步是根据中国的实践，先形成一个基于官职的等级制度，并通过头衔和衣饰进行区分。605年，圣德太子摄政期间确立了"冠位十二阶"。"冠位十二阶"以（德、仁、礼、信、义、智）六德为名，每一"德"各分大小并以特定的颜色来区分。比如官阶为"小仁"的官员在正式场合需要穿戴相应颜色即浅青色的冠帽，官阶低他一级的人则需要戴"大礼"的红色冠帽，这些官阶只参照功绩的大小。我们可以从庄严的法令的修改频度来衡量这些官阶和标识的重要性。647年和649年，统治者两次修改官阶的数量和名称以及冠帽的颜色。664年，官阶的数量增加到26个，冠帽的颜色也有了更多的变化。685年，冠位取消，取而代之的是48个新的官阶，以官袍的颜色来区分。691年，统治者对官阶进行了微调。702年，冠位恢复并且有了新的名称。养老（Yōrō，年号）年间（717~723）引入了新的体制，鉴于这种体制一直延续到今天且仅有些许变化，所以这里会详述。官阶是按照数字顺序排列的,第一个官阶是最高的;每个官阶分为正和从两级,因此最高的官阶是第一个官阶的正位,最低的官阶是第八个官阶的副位(那些专门的低位官位除外)。有时排序居中的官阶会有进一步的细分,这样第五官阶的正位又有了上下两级。养老时期的官阶总共有28级,而且第五官阶以下的官位又分内外两种,内位是留给居住在都城内或都城附近的人的,而外位是留给地方权贵的。

这些细节看似无关紧要,却值得留意,因为它们展示了时人是如何注重官位,展示了在朝的上层和在野的乡绅差别之大。这个细微的差别是分裂的开端,随后这一细微的差别逐渐演化成一个大的分歧,造成都城与地方之间的分裂,导致皇权的衰落、地方权贵的兴起。同样需要注意的是,冠位和官位并不是空名,随之而来的是朝廷以赏赐的形式给予的回报,这些回报要么是土地,要么是农产品。冠位和官位都具有经济意义。

640年,在中国旅居30多年的日本留学生高向玄理回到日本,不久前佛教僧人旻也已经回到日本。他们离开日本的时候圣德太子刚刚开始改革大业,他们离日期间各豪族之间的冲突让日本的各项事业都处于搁置状态。大臣苏我马子在圣德太子在世时从未试图干政,反而和他一起研读佛经和中国典籍并编纂史志。可能苏我马子对他能间接运用的权力已经很满意,因为他是各氏族首领之首,还是天皇的舅舅,他和皇室的利益即便不是一致的,也是相似的。可以说苏我马子的强夺性因圣德太子的威严而有所收敛,后者是一个才华横溢且有高尚品质的人。621年圣德太子逝世后,苏我马子没了约束,开始无所收敛地以牺牲皇室的利益为代价,增加自己的财富和权力。626年苏我马子逝世,继任其大臣之位的是他的儿子苏我虾夷(Soga Yemishi)。苏我

/ 第五章 日本与中国的文化往来和大化改新 /

虾夷的动作更大。苏我虾夷以及后来他的儿子苏我入鹿（Soga Iruka）决定皇位继承人，任意拥立和废黜天皇，并且为达目的不惜杀人。642年，苏我虾夷清楚地表明自己意图夺取皇权。他建祖庙，役使各部曲的成员仿造皇室成员的陵墓，为自己和儿子修建了两座陵墓；他还赐给儿子苏我入鹿一个紫色冠位，如此一来便篡夺了皇室敕封官位和官职的特权。他的儿子和女儿被尊称为亲王和皇女，并住在加固的、修有壕沟的、由武士驻守的宫殿。他经常驯服并利用大和人中的外来人，即朝鲜或中国的渡来人，这些人可以利用自己的知识和手艺辅助他；他还利用那些未被完全驯化的好战的部民，比如来自东北的阿伊努人和来自西南的熊袭人，勇猛使他们成为理想的护卫。显然这个时期的日本并没有固定的行政机构，也没有种族同质性。这个时期容易出现反叛性的骚乱，中央政府的影响力只及离都城只有几天路程的地方，即便在那里也会受到贪婪的、野心勃勃的显贵的轻视和挑战。混乱在即，只有新的规则、强势的人才能调和这些对立的群体。

半个世纪前，在围绕佛教引入的争端中，苏我氏已经打败了物部氏和中臣氏。物部氏被铲除殆尽，而中臣氏只是退居幕后。他们的首领是神道教的世袭大官司，但是随着佛教日盛，这一职位的声望渐失。苏我氏掌权的时候，强迫中臣氏的首领继续履行他作为大官司的职责，但他拒绝了，并且选择了隐退。这位首领是中臣镰足（Nakatomi no Kamatari），日本历史上最伟大的人物之一。他闲时"手拿黄色书卷"，专注于研习中国哲人的教义。在谨慎地估摸了诸位亲王的脾性后，他选择与中大兄亲王（Naka no Ōye）结交，并与他一起筹谋推翻了苏我氏。苏我入鹿是当着女皇（皇极天皇）的面、在他人的精心筹谋下被人刺杀的，几天之内苏我虾夷和几位苏我氏的要人也被杀。苏我氏走得太快太远了,所以时机成熟之后,所有那些被迫顺从他们的氏族现在站到了中臣镰足和中大兄亲王一边。苏我氏的堡垒被毁,苏我氏拥立的女皇被迫退位,她的弟弟继位(645年),是为孝德天皇(Emperor Kōtoku)。孝德天皇是一位虔诚的佛教徒,轻视"神道"。中大兄亲王被册立为皇太子。两位天皇嫔妃的父亲——一位是苏我氏,一位是阿部氏,分别被委以要职,但是地位均在中臣镰足之下,这时的中臣镰足是日本权力极大之人,获赐了很高的荣誉和很多的财富。

对推翻苏我氏的简述浓缩了那个时期日本的几个典型特征,而这也预示了日本随后政治发展的独有特征。中臣镰足研习儒家文化并以周公为典范表明了中国君主政治理念对日本思想的影响。而中臣镰足和苏我氏之间的血腥争斗也表明当时日本的实际情况与中国君主施行德治、官僚阶层忠心扶持的理想状态相去甚远。新任天皇对本土宗教的轻视表明了佛教在统治阶层的脑海中是怎样的根深蒂固,因为轻视日本的众神祇就是否认他们的特权赖以建立的理论基础。女皇是第一个多少有些自愿让位的天皇中的第一位。她的继任者是一位随和的佛教徒,表面上看似有权力,实则须听从诸高位臣子的谏言,这是一个典型的实例。在接下来的1000年里日本都是这样,天皇身后有一个握有实权的政府。所有的荣耀和尊崇都归于天皇,而所有的主动权和实权都归中臣镰足。这种状态一直持续到1868年"王政复古"。名义上的统治者身后总是有一个摄政者、一位顾问或一位督导者,这个人是事实上的统治者,但他从来不要最高统治者的头衔。的确,所有的国家、所有的职业都会有那么一个人接受所有的荣誉而另一个人承担所有的重担,但是日本体制——不单单是君主制——的历史极为典型地体现了这种特点。中臣镰足夺取苏我氏的权势显然不

/ 第五章 日本与中国的文化往来和大化改新 /

足以说明这一点，因为政体没有发生彻底的改变，结果只会是各豪族之间继续争夺最高统治权，昨天拥有这一权力的是苏我氏，今天变成了中臣氏，明天可能会变成其他豪族。很明显，这时候唯一保险的策略是收回各氏族的权力，最好的方法是将权力集中于天皇一人，仿照中国的样式，将日本由一个松散的部落联盟变成一个中央集权的官僚制国家。

645年，留学生高向玄理和学问僧旻回国，被委任为"国博士"（Kunihakase），无疑正是二人向中臣镰足推荐传授中国的方法。除了一些小的创新之外，第一个积极的、重要的举措是在地方行政机构设置职官。被任命的职官代表天皇管理地方；检查地方权贵拥有的土地和权力与其头衔是否相称；他们还要解除个人的武装并将他们的武器存放在政府的军械库。整体上，一些偏远的地方适合进行这种试验，因为这种举措不会引起近京的豪族的反对。在进一步采取了一些类似的预备举措之后，647年1月天皇在人们还沉浸在庆祝新年的欢乐气氛中的时候颁布了一项包含四个简短条文的法令，这项法令（645~650年年号为大化，该法令因此得名）一旦执行就会完全改变日本的政治和经济图景。我们应当注意到，最后改革并没有像法令规定的那样激进，也没有像该法令赖以确立的理论基础所假定的那样有益。不过它确实产生了一些新的、重要的结果。这项法令的条文概括如下：

1. 废黜"御名代"和"御子代"，将地方权贵所有的私有土地和奴隶收归国有。

2. 委任职官掌管畿内和畿外；设置固定的官路、官船、关塞和驿马；派护卫和看守人确保旅途的安全；在都城建立完善的行政机构体系。畿内细分为里，里之上又有很多郡，每个里都由一位里司掌管，里司是从乡绅（地方领导者）中挑选出来的，由熟知文字和算数的文员辅佐。

3. 造户籍，保存账簿，规范土地的分配。每个里有50户人家，由里司主管，里司负责主管农作物的种植、秩序的维持、实物税和劳役税的征收。此外，明确规定了土地的分配单位和土地税税率。

4. 废除旧的赋税和赋役制度，引入一个新的代偿的赋税制度，纳税者可以用固定数量的丝绸、其他纺织品或本地所产的其他物品代替劳役。纳税者要依据房屋、马匹、武器的数量以及应为官府付出的劳役按照固定的比例纳税，某些情况下可以用大米替代劳役。

乍一看这一法令的实施意味着日本引入了一个新的土地所有制度、一个新的地方行政体系以及一个新的赋税制度。理论上，每个条款都涉及所有权和管辖权的转移，由地方权贵转移到中央。这是把唐朝当时运行的制度应用到日本。显然要将这样一纸计划应用到社会状况甚至地势条件都和中国极不相同的日本，需要对这个计划进行大的调整，否则就会满盘皆输。正如我们所看到的，尽管经过不断调整，但这个计划仍以失败告终。

在描述大化改新的法令带来的成效之前，我们还是先对它进行简短的评价，这样能看清它的重要性。就土地所有而言，改革者在没有提供替代品的同时剥夺有影响力之人的土地和权力自然是非常危险的。因此，比较有影响力的氏族和集团的首领都会获赐正式的官职或官位，还有与其地位相称的俸禄。尽管历史文献并不会明确记载，但是大多数情况下重要的首领和土地所有者对自己的所有物拥有实际的所有权，但是现在这些所有物变成了

/ 第五章　日本与中国的文化往来和大化改新 /

天皇的赏赐，他们只拥有理论上的所有权。这些赏赐又被认为是"采邑分封"（sustenance fiefs），我们稍后会解释这个术语。授予官位是另一个对那些会感到自己因新制度而遭受损失的人的小恩惠，如果我们从日本随后的历史来判断的话，这个小恩惠是极有价值的。

　　法令第二条通过在各郡县设置职官剥夺了很多地方权贵的自治权，但是这里改革者再次小心地、尽可能地避开那些最有影响力的氏族族长和集团首领。不同的是，现在理论上他们的自治权源自朝廷。如果中央政府要与地方职官保持联系的话，设置固定的官路、官船、关塞和驿站至关重要。这个时期日本的通信极为不便，因为日本多山，而这时却没有足够好的公路、河道，也几乎没有桥梁。往来于都城和偏远郡县路途艰险，除了缺少设施之外，较为偏远的地区还有大批强盗和土匪出没，在最好的情况下，一些较偏远的地区有人聚居，但是这些人很难沟通，他们会挑战征税者和其他官员。因此，除非路况有所改善并且有人驻守，否则从都城向地方官员传递消息就是时间漫长且冒险的事情，并且对日益增加的都城人口更为重要的是，由地方向官仓和官库运送农产品费时、费力且成本高昂。需要注意的是，在引入金属货币之前，所有的税收都是实物。法令第三条和第四条都是与税收相关的。它们的主要目的是引入一个统一的税收制度，同时通过详细登记人口和土地评估每个地区的产能，从而尽可能地确保地方权贵不会将应当缴纳给皇室的产出据为己有。简言之，四条法令的首要目标是对经济权而不是政治权进行再分配，以使朝廷受益。当然，我们很难把经济权和政治权分开来看。但是，这四条法令有非常明显的迹象表明，朝廷整体上更关注从地方敛取财富而不是削弱那些偏远、野蛮之地的大地主的自治权。

现在我们有必要来概述大化改新之后日本的土地所有制度和税收制度。日本人较早时期的历史混乱且不清晰，我们无须停留于此，但是如果对 7 世纪以后的经济状况缺少了解，我们就很难理解日本社会的整体状况。

日本官方编年史重复引用中国的一句话："普天之下，莫非王土；率土之滨，莫非王臣。"即便是在中国这一土地征用权的理论也没有得到践行，在日本践行这一理论的实际条件十分有限。当然皇室尽最大可能地反复灌输这一理念，但皇室只是渴求土地的众多豪族集团中的一个。我们刚刚已经说过，646 年以职官取代地方统治者的时候，要想改革不失败，就要给予地方权贵以官位和头衔来安抚他们并维护他们作为地方首领的尊严。朝廷关注那些看似细微的事情比如官位的命名和官袍的颜色的部分原因即在于此。他们要做一切能做的来给新的头衔以尊荣。只要土地所有者的地产实际上没有转给君主，他们就不会反对土地征用权的理念；正如我们所看到的，尽管他们对土地的所有权有了一些变化，但是一般说来他们的所有权还是确定的。因此，改革的主要目的是使土地耕种者持有的土地系统化，搁置产出的分配以待将来逐步解决。随着中央政府权力的强化，它希望能够找到增加自己分配比例的途径。所以，大化改新为首的举措之一就是颁布土地分配制度，在这项制度下，适宜耕种的土地——主要是有水源的稻田——主要分配给耕种者，分配面积基于一户的人数。这些耕地被称作"口分田"（ku-bun-den），字面意思就是按"口""分"的"田"。因为"口"的数量是不断变化的，所以需要采取一些普查措施。当时的登记系统发展得极度精确详细，因为这是唯一能够核实农耕者赋税的方法。没有这些登记信息——后来证明即便有了这些信息也无法防止纳税者避税、郡县和地方官员挪用税款。农耕者要缴纳的税款分为三类：

1. 土地税，即租，以稻米纳税，我们也可以把租看作国家对小块土地持有者所征的田租，因为租是根据单位土地的产出来计算征收的。

2. 劳役税。劳役税是国家对个人征收的，与土地无关，人们既可以服庸役（yō-eki，强制劳役），也可以按照一定的折算比例以物［庸（yō）］代役。

3. 产出税，即调（chō）。产出税是国家对个人征收的，征收物是除稻米以外的其他产出。根据地方特产，可以缴纳绢或其他物品。

从这些税收的核算和征收来看，政府有必要对土地和人口进行登记；土地登记簿是为了表明哪些是分配的土地，哪些土地该交田租；人口登记簿是为了表明哪些人应该纳税，哪些人可以免于纳税。大化改新之后登记簿的残本一直保存在皇室的储藏所即正仓院（Shōsōin），比起冗长的叙述，复制这些残本能够更好地理解土地所有制和税收制度的运作机制。下面是从702年的一个登记簿中摘取的内容，登记的是九州的一个村，大概位于奈良东大寺（Tōdaiji）的一小块附属地上。从名字来看，该户的家长是古代占卜部部民的后代。

表1 奈良东大寺（Tōdaiji）一小块附属地人口登记簿

	姓名	年龄	类别	备注
家长	占部野茂祖 （Urabe Nomoso）	49	健壮的男人，成年	可纳税的家庭

续表

	姓名	年龄	类别	备注
母亲	茅部石 (Kayabe Ishi-me) 1	74	女人，老年	
妻子	占部星户 (Urabe Hoshito-me)	47	女人，成年	
儿子	占部黑麻吕 (Urabe Kuromaro)	19	健壮的男人，未成年	长子，妻子所生
儿子	占部若氏 (Urabe Wakashi)	6	男孩	次子，妻子所生
女儿	占部笼罗 (Urabe Kagora-me)	16	女孩	女儿，妻子所生
女儿	占部小笼罗 (Urabe Kokagora-me)	13	女孩	女儿，妻子所生
弟弟	占部形名 (Urabe Katana)	46	健壮的男人，成年	
弟弟的妻子	中臣部日田米 (Nakatomibe Hitame-me)	37	女人，成年	
弟弟的儿子	占部久郎 (Urabe Kuro)	17	健壮的男人，未成年	儿子，妻子所生
弟弟的儿子	占部赤井 (Urabe Akai)	16	男孩	
弟弟的儿子	占部大治 (Urabe Okoji)	2	婴孩	
弟弟的女儿	占部日铃 (Urabe Hisudzu-me)	18	女人，未成年	
弟弟的女儿	占部阿嘉 (Urabe Aka-me)	13	女孩	
弟弟的女儿	占部日辻 (Urabe Hitsuji-me)	9	女孩	
弟弟的女儿	占部麻吕 (Urabe Maro-me)	1	婴孩	

注：这16口人当中免税人口12人，缴税人口4人。

这是一户16口的人家，为方便土地分配，算作16"口"。诸如

/ 第五章　日本与中国的文化往来和大化改新 /

年龄和性别的细节也是为了核定，因为分给男子的土地要多于女性，女子和未成年人也没有承担劳役税和产出税的义务。土地税和土地分配面积因时因地而有所变化，我们摘录的这个登记簿的编造时期口分田是2畂（1畂是1000平方码），女子为男子的2/3。土地分配后持有人可以持有5年，理论上第6年要有变动。单是土地税负担还不是很重。田租和土地分配面积也因时因地而有所变化，畿内郡县每丁（每10畂分口田）征稻22束，畿外郡县每丁征稻15束，较低的税率是为了补偿较高的运输成本。每年平均田租占总收成的3%~5%。除此之外，面对诸如土壤贫瘠、收成减少之类的情况，田租也会有一定的减免。有些稻田是没有田租的，尤其是神社或佛寺持有的稻田，或者天皇作为俸禄赐予官员的稻田，或者那些由奴隶（serf）代政府耕种的稻田。接下来几个世纪免租田地的增加（有些是合法免租，有些是非法逃租）破坏了整个土地所有制。土地所有制遭到破坏，再加上其他一些趋势，共同催生了封建政权。

其余的税收与田租不同，它们是纯粹的抽税，纳税人得不到任何诸如土地、实物或服务等好处。这些赋税要纳的是丝，丝相当于当时的货币，个别地区还可以以乡土特产代替，比如沿海地区可以纳鱼，山区可以纳木材。原则是劳役税和产出税是所有体格健壮的男子都要缴纳的，并按照各自的能力纳税。因此，年龄在21~60岁的男子要纳的税最多，年龄在60~65岁的男子要纳的税是21~60岁男子的一半，年龄在17~21岁的男子要纳的税是21~60岁男子的1/4。那些因为疾病或体弱而只有部分生产能力的人可获得部分减免，那些完全没有生产能力或者年龄在65岁以上的人可获得全部减免。此外，可获得部分或全部减免的人有很多，比如皇族成员，位阶在八位及以上的官员，医生、抄书吏、铁匠、木匠等从事某种职业或行业的人，士兵、邮差、行政人员、门卫等被征召从事某个职业的人。减免田租的人群和人数持续不断地扩大与增加，其余人的赋税负担越来越重。此外，都城内兴建的政府建筑、郡县内修建的官路，还有其他公共工程都需要体格健壮的人服劳役，这样一来就减少了他们的农业产出。此外，朝廷还会时不时地追加赋税，令一些小农苦不堪言。政府会征收粟米，屯在当地的官仓作为应对饥荒的存粮，也会强迫耕农借稻种，待丰收的时候偿还稻米，利息高达30%甚至是50%。服军役就是一种强制劳役，而且尤为繁重，所以很多小户人家都很害怕服兵役。同时代的记录中似乎有这样一句话："一个士兵和一个奴隶一样不幸，一个男子被征入伍，整个家庭都会随之消亡。""在各种各样的强制劳动力中，士兵是最不幸的。"一个男子可以用实物代替服劳役，这样他可以继续待在家里耕种土地，他家的女子也可以继续纺织。但是一个士兵需要服四年兵役，一年做边防警卫，三年做某个宫殿或官邸的护卫，在这期间饮食、武器由自己供应，转岗途中的花销由自己承担。稍微富有的人家想尽一切办法通过代偿或花钱请他人代役而免于服兵役，这样兵役自然而然地就落到了最卑微、最贫困的阶层头上。经常有年满16岁的男子被送去服兵役，这样他的家人就可以获得赋税减免，减免的税额是被该男子替换下来的、可以留在田地劳作的成年男子应缴纳的税额。

  从以上描述中我们可以清楚地知道，对那些最没有能力承担的人来说，赋税和劳役税最为严苛。贫穷的人被课以重税，而富有的人则可以轻易地获得减免，随着时间的推移，这种差异自然越来越明显。因此，百姓不遗余力地逃税也就不足为怪。同时代的记录显示时人会给登记者提供虚假信息，隐瞒家里成年男子的数量，以各种理由申请赋税减免的人成倍地增加。男子逃到偏远的边缘地区躲避赋税，而那些留下来的用于纳税的实物质量极其低劣。一位郡县官员在写给朝廷的信中抱怨说：作为实物税缴纳的丝并不像丝，更像是蜘蛛秋天织的网。确实，这里指的是大化改新进行很久之后的一个时期，但是毫无疑问新的制度开始实施不久就渐渐出现滥用的情况。

尽管朝廷不断尝试实施这种制度，不断地修改完善，但是这种制度并没有得以成功实施，因为它和中国的制度太过相似。中国的制度是建立在一个可以大致概括为"农业共产理论"的基础上。这个制度的目标是按人口均分土地，确保农民的存续，同时充分发挥农民的产能，从中获得最大回报。尽管这种制度更像是一种原理，不够实用，但是它在一定程度上得到了实施。这种制度源于一种非常古老的规则，即将公有土地分为九井，其中一井的产出预留给国家。① 经过连续多个世纪的修改和补充，这一原则最终被收录进隋唐时期皇帝统治时的成文土地法中。正是这些成文法构成大化改新制定的土地所有制和税收制度的基础。就此而言，日本人显然过于效法中国人，因为两国的情况如此不同，适用于中国的制度并不适用于日本。中国有大片平坦的旱田，而日本的水田、旱田零星分布，其中还有丘陵山地。中国的社会群体贪婪，但是有平均主义的倾向，都想要有一个统一的、有计划性的安排；而日本盛行的是贵族观。日本的经济依旧是奴隶制经济，其种群中也没有一个统一的种族和文化元素，它也不像中国

---

① 实际上中国的行政制度未必严格遵循了早期中国典籍中提出的理论规划。比如，一些当代学者就争论说孟子提出的将公有田地分为九井的理论从未得到普遍应用。所以，如果日本复制的中国模式是偏理论性的，那么其借用的制度以失败告终也就更容易理解了。

那样有很长时间的官僚政府的传统。因此，它借用外国的土地和赋税制度以失败告终也就不足为怪，尽管在随后几个世纪里，当所借用的制度出现不足时它不断尝试进行修改、完善。鉴于日本在长达 1000 年里一直是一个农业国家，这意味着它所借用的中国制度即便没有导致也加速了日本经济的彻底崩溃。从这个方面来说，仿效外国模式给日本带来了灾难性的后果。

在对 7 世纪和 8 世纪初日本的经济基础进行调研之后，我们来看一下大化改新的政治方面。政治上已经采取的第一批措施是建立冠位制，任命郡县和地方官员。现在有必要改组中央政权，我们没有关于这个时期改组的记载，不过我们知道改组计划是由高向和旻结合自己对中国实践的了解起草的。不过，702 年日本颁布《大宝律令》（Taihō，701~704 年年号为大宝，该律令由此得名），建立了行政制度。日本最高行政机构是太政官（Dajō-kwan），同级的是神祇官（Jingi-kwan），神祇官是神职机构，掌管与国家信仰相关的事务，比如节日、祭仪，管理和约束神社神官和其他神职人员。太政官中太政大臣是主官，左大臣和右大臣为辅官，太政官统括八省，具体如下：

中务省（Nakatsukasa）
式部省（Shikibushō）
民部省（Jibushō）
治部省（Minbushō）
兵部省（Hyobushō）
刑部省（Gyobushō）
大藏省（Okurashō）
宫内省（Kunaishō）

我们无须分别详述各省的职能，但是也要提一下最重要的、地位最高的省——处理天皇及其朝臣事务的省，即宫内省、式部省、民部省、大藏省。其余四省分别处理财政、公共工程、农耕、贸易和防卫事务，在重要性上要略逊一筹。换句话说，实力强的省是那些掌管朝廷事务的，而实力弱的省是那些掌管百姓事务的。如果日本像仿照中国的土地和赋税制度那样仿照中国的行政制度就好了，不幸的是他们没能——或许是没有注意到让中国强大且稳定的那个特征。中国有着严格的阶层划分，按自下而上的顺序，分别是商人、百工、农民和为官者（士农工商）。农、工、商三个阶层要各守其业，进行生产以为统治阶层所用。但是统治阶级不是生而仕，而是学而仕。每一个官员都要在考场证明自己的学识，行政机构的所有职位对所有学者开放，无论他们出身如何。①学塾的课程非常经典，以现代的眼光看有点枯燥乏味，但是它提供了虽说有限但集中的智力训练，并且将知识推到至高的地位。当日本引入中国的行政制度时，当时唐朝统治者已经把这种制度发展得非常成熟高效，但是日本人只是借用了形式和术语而没有借用其根本原理。那时日本的社会构成现在可能比以前更加贵族化，因为新官位的设置只是赋予特权阶层新的权力和更多的特权。我们可以说新体制只是旧体制的延续，不过换了名字而已，而且新体制时常凸显旧体制的恶习。

我们已经了解到，646年地方贵族失去自治权的时候，作为

---

① 中国的科举制度。正如中国的传记史中所暗示的那样，中国的科举制度可能会形成一个世袭的官僚阶层，因为官僚子弟的父母有权力、有财力。但是，中国的体制原则上依旧是平均主义的，而日本的体制则不然。

补偿，朝廷授予他们官阶或官职。随朝廷的官阶和官职而来的是俸禄，等级较高的俸禄是土地收入，等级较低的俸禄是实物。有官阶或官职的人都享受赋税减免，他们的地位让他们有机会任意获得非法盈利。因此，朝堂上经常有为了职位而进行的激烈争斗，如果一个人有裙带关系，或者是发展迅速的艺术爱好者协会的一员，即他写得一手毛笔字、能旁征博引或者在情爱上能力非凡，那么他晋升得会很快。于是出现了人们最初对地方任命并无好感的现象，那些接受地方任命的多是失势的朝官以及那些希望在放逐期间谋取经济利益的人。这点他们是实现不了的，因为他们的俸禄很少，除非他们欺上瞒下，挪用税款，将公有土地兼并到自己的地产中。而这既是地方行政体制也是整个行政体制的致命缺陷，这体制的平稳运行是建立在生产者和国家合理分配财富的基础上的。而事实是，随着非生产人口增加，向生产者索取的人增多了，皇室所能获得的份额相对减少，而大大小小的土地持有者也以牺牲受压迫的农民为代价兴盛起来。尽管中央政权竭尽所能地控制免税地产的扩张，但日本还是出现了一个世袭的氏族首领阶层，他们的权势可与天皇比肩，并在几个世纪的发展之后远胜于天皇。

　　当然，在 8 世纪初，情势还没有发展到这个阶段。改革全面展开，有关人们生活各个方面的新理念得到不同程度的引入、传播和吸收。想必一个长久的政治和知识中心是一种稳定型文化的要素之一。直到大化时期，日本的都城一直处于迁移状态。新天皇即位时会在皇室的众多领地中选择一个新址建立宫殿，这就导致了都城的迁移。不过 7 世纪以前日本没有任何城镇和都市可以与中国的都城相媲美。曾到中国游学的人回到日本，描述了洛阳和长安的繁华，启发了国人。646 年的法令规定了一座尚未建成的都城的"建制"。直到 710 年日本才建造了第一座永久性的都城，都城内设施一应俱全，有宫殿、政府机构、高官宅邸、宝库、粮仓以及极为华美、存续时间极长的、屋顶铺瓦的寺庙和高塔。这就是奈良城，它代表了日本文明的繁盛时期，代表了日本政治热情高涨、美感觉醒、宗教狂热的几十年，但是在看似不可避免的世事轮回中，日本迎来了平安时代的繁荣、衰落及崩塌。

第二篇

奈良时代

第六章　儒家文化和佛教

奈良城建成于701年，以当时位于今中国西安的都城为模板。奈良城规模宏大，呈四方形，城中有笔直的、纵横交错的街道。长安城是一个富有表现力的象征，象征着日本对他国建制的借用。中国人喜欢对事物进行对称排列和细致分类，偏爱四四方方的形状和均衡的规划。他们钟爱对思想及事物进行干净利落的划分和有序可查的归类，所以在他们最早的政治理论中我们可以发现很多诸如两个原则、三项条例、五个武装、八项目标之类的分组；在哲学上，他们运用卦和爻来理解宇宙；在文学上，他们非常热衷于排比和对偶。这种图示性的思维习惯并不是中国人的全部智慧，只是盛满中国人智慧的载体，而这种智慧有时候会从这个载体中猛然溢出，逃离载体的桎梏。但是日本人自然更能注意到这个载体，而不是充满这个载体的隐秘的智慧之源。的确，我们会发现在最早接触中国文化的时候，日本人会借用外在简单、引人注目的体制，而不会顾及其复杂现实的内在。我们一定要始终记得，尽管我们提到他们与中国文化的接触，但是因为其四面环海的地理位置，日本人对中国的直接了解很少。很多时候他们视为模板的并不是事物本身而是对事物的描述，不仅如此，这种文字描述使用的语言也不是它自己的。尽管无法复制一座大的城池的内在活力，但是他们依旧可以借用其规划；尽管奈良城只是一个复制品，但是它依旧是当时日本人已知的最辉煌的城池。即使是今天一位游客看到它的遗址，也能很容易地由那些遗留下来的寺庙和珍宝联想到它昔日的辉煌，也能联想到朝廷中穿着朝服的众臣，神社中以一种奇怪的方式吟诵祝祷词的神官，作坊里来自中国和朝鲜的用青铜、木材和漆打造精致神像的手工艺人及其求知欲强烈的日本学徒。

  当时人们热衷于学习外来艺术和科学，而这些外来艺术和科学在本土的发展需要一个稳定的栖息地，正是由于这个原因，在奈良稳居政治和知识中心的短暂的 25 年间，艺术和科学才有了前所未有的、快速蓬勃的发展。我们难以判断都城各机构生活的变革有多彻底。乡下的生活一如既往，农民种稻、养蚕，勉为其难地纳税，崇拜本土神祇。但是城中的一切都是新的，都是外来的。宫殿和寺庙建筑是中式的；佛经不是梵文就是汉文的；法律、法令、公文、官方书信、编年史甚至诗歌都是汉文的；朝臣的衣饰、礼仪、官阶和职称都是借用中国的。日本政客的政治理念、学者的哲学思想、神官的宗教信仰都只能通过外来语言、外来文字来表达和阐释，连他们的口头语言也因外来文字的传入而丰富起来。我们很难找到与之相似的奇特现象，一小群人忙于吸收、同化一种优越的文化，而且这种文化是他们自愿甚至积极引入的，不是因为征服或者距离近而被迫接受的。在一个人口约为 20 万人的城市，这样的人不超过两万人，当时日本的总人口约为 600 万人。我们该从何处着手描述这一小群人的活动呢？或许我们最后首先从语言问题谈起，因为中国的语言不只是知识传入的媒介，也是新知识和新体系的基石。的确，语言本身就是一种体系，而且是最重要的体系之一。

  目前我们还不知道日本本土语言的语系。有一个学派因日本本土语言和朝鲜语、蒙古语、满语、芬兰语和土耳其语的相似性，坚持认为日本本土语言和阿尔泰语系相关。另一个学派则用特别详尽的阐释，主张日本本土语言和波利尼西亚的语言相近。或许两个学派都是对的，因为语言和种族都是来自亚洲多个地方的不同元素融合的结果。不过，有一点是可以确定的，那就是对于我们所掌握的或确切或推测的信息而言，几乎没有任何一种语言能像公元最初那几个世纪的日语一样，在词汇上、在文字构成和句法结构上与汉语截然不同。日语是多音节的，由单音节组成，要么全是元音，要么是元音加一个辅音，比如以下这些音：a ka sa ta na ma mi mu me mo。没有双辅音，也没有双元音。它是一种高度黏合的语言，长句由虚词连接，字词的顺序由专指到泛指，即形容词、名词、主语、宾语、动词。日语几乎没有重读，词汇非常少，句子冗长难懂，并且是一种没有文字的语言。而汉语是单音节的，有音调变化，有很多对日本人来说拗口的音，汉语还有很多抽象词语和具体词语。汉语句子短小精悍，句意的表达部分是通过专有词语，但主要是通过文字顺序的变化。公元前2000年中国使用的是表意的文字，公元前200年这种表意文字发展为一个科学的体系，一部分表意文字变成了形声文字，人们可以通过字意和读音辨别形声文字，但是形声文字也没有一个统一的字形。[①] 在这种复杂的文字形式的影响下，中国书写文字的发展对那些只会用语音标识语言的人来说很难理解。一种通过语音来标识的语言不能完全摆脱口头语言的限制。即使是最生硬、词语深奥、句法冗长费解的书面英文大声读出来的时候也是可以理解的，但是中国的书面文字是用来看而不是用来听的。口语和文字之间的差别非常大，所以口头语言和书面语言实际上是两种相关但不同的表达模式。因此，我们可以设想一下日本人在需要利用汉字作为媒介从中国获取知识的时候面临的处境。中日两国人民的这种交往并不足以让日本人熟悉中国的口头语言，而且日本

---

① 要想全面地了解这些差异点，读者可以查阅本书作者桑瑟姆于1928年在克拉伦登出版社（Clarendon Press）出版的 *Historical Grammar of Japanese* 一书的"导言"。

/ 第六章　儒家文化和佛教 /

人想要从中国那里习得的知识是用毛笔写的,而不是用汉语口述的。因为日本没有文字,所以他们无法将汉文翻译成日文,原因除了他们的本土词汇比较少之外,还有就是他们没有可以描述外来事物和理念的术语。克服这些困难的唯一方式就是折中。这是一个很复杂的话题,我们无法在这里详细展开。但是我们可以概括地说,起初日本人研读的是中国文献原稿,接着他们发明了一种借助发音符号,通过变换词序、补充必要的连接成分和屈折成分将汉语句子转换成日语句子的方法。就像我们的学生一样,通过调换前后语序来翻译一篇拉丁文散文,他们译出的散文不是英文而是一个特别的混合物。几乎没有什么比这种体系更让人失望,而这种体系也会对本土语言的发展产生不良的影响。更不用说日语词语中很快就有了中国文字,尤其是那些在日语中找不到对应的词语,不过人们引用这些词语或是因为过于拘泥于细节,或是因为时兴,而不是因为方便。有趣的是,同样的文字在中国不同历史时期一而再再而三地被借用。同一汉字的日语读音通常会有两到三个,因为词语被引入的时间和地点不同。因此,有"明亮"之意的汉字在日语中可读作 myo, mei, min,读音与该字在中国不同时期的读音接近。

我们会发现中国语言、汉字和文学的地位是压倒性的,所以人们肯定得放弃日常交际用的本土语言。事实上也确是如此。没有一个学者、神官、朝臣,事实上没有一个普通文员或账房先生能在无法读懂汉文篇章、无法书写汉文语句的情况下继续他的工作。我们可以想象,就汉文的掌握水平而言,人与人之间的差别很大。日本人中能够用汉文写作并且作品在长安和洛阳被视为合格的或许很少,而且所有与中国朝廷的重要书信往来无疑是由有中国血统的抄书员起草的。但是,每一个重视自己地位的人对汉语都略知一二；他肯定能够适当地背诵源自经典文献的引言；能够对中国的诗歌主题加以引用或润色；或许他的水平最高，写得一手优雅、匀称的毛笔字。我们需要了解的是，在我们所描述的那个时代，书法不只是一种教育媒介，也是一种教育目标，是像绘画一样的艺术，也是一个科目。

学习中国语言和中国文学是奈良贵族一个主要的智力任务。看起来在当时知识还没有普及到朝廷的圈子以外。大化改新的法令颁布后又过了约20年日本才建立了一所大学，这所大学在奈良时代得到重建，但是只允许贵族和高阶官僚子弟入学，仅有少数例外。甚至郡县里那些小规模的学校也是留作教导官僚子弟的。在借用中国一个最伟大的制度的时候日本没能把握它的精髓，即尊重知识、希望知识得到普及。他们刻意避免社会的贵族结构不被破坏，这里我们可以恰当地先下结论：从长远来看，他们为这种疏忽付出了沉重的代价。不考虑现实和普通需求的知识只是特权阶层的修饰品，既不成熟又没有益处。它带来的不过是某种华而不实的优雅，某种引人侧目的轻浮，某种无益但古雅的技艺。[①] 知识是一小拨人独有的财产，这一小拨人喜欢世界美学史，却注定会没落，因为这种知识赖以存在的经济基础并不稳固，而且它给人的启示很少且毫无新意。不过这种知识最深远的

[①] 说日本的艺术成就空洞且无用，可能会让那些高雅之士难以接受。一位研究日本美学的历史学家可能会争论说，比起那些严肃的、有价值的活动，他们的"无用成就"留存得更久。

的确，整体上，这段文字说教意味太浓；再三思考之后，我会说形成于奈良时代、发展于平安时期的雅士阶层遗赠给后人的是其较高的审美传统、强烈的形式感以及对简洁的感受。简言之，他们留给了后人一些最令人欣赏的特质。我们也不能说奈良时代的日本人缺少学问。这时候他们还处于学习阶段，不久之后他们就有了对学问的热爱和对学者的友爱。

/ 第六章 儒家文化和佛教 /

影响是对佛教的推动，我们现在来谈一下佛教。不过首先我们要快速地概括一下中国文化的特点，而不是在这个时期影响了日本人生活与思想的佛教元素。

早期日本的文献中一次又一次地提到所获得的中国书籍。除了中国不同版本的佛经及其注解外，这些书籍主要是中国的经典，包括《易经》《尚书》《诗经》《礼记》《春秋》《孝经》《大学》《中庸》《论语》《孟子》，以及由此阐发的论著、篇章和注解等大量文献。此外，还有很多与天文、地理、风水、占卜、音乐和医疗有关的著作。

中国的经典虽然囊括了各式各样的教义，但是大部分还是体现孔子及儒家道德和政治哲思的典籍。尽管现代研究否认孔子是"一个传播者而不是创造者"——《论语》中孔子的自述，但是据说，无论真假，他提倡有智慧的思想和有道德的榜样，所以实际上他的思想是保守的。事实上，他的思想是一种保守主义和形式主义，而这对那些不熟悉远东地区思维方式的人来说是难以置信的。不过，儒学有其他特点，它似乎足够适合或者足够恰当地表现了中国人的品性，所以它表现出极强的生命力。尽管它引起了其他学派的不满和轻视，但是在长达2000年的时间内它影响了中国的建制，并且也深深地影响了周边国家，尤其是朝鲜和日本。我们甚至可以说朝鲜深受儒学弊端之害，因为在随后几个世纪朝鲜因过分注重儒学的形式而发展受阻。而日本人则免遭此害，因为他们性格中的某种快乐禀性让他们抵制了儒学的道德危害，并且使他们在遵从儒学传统的同时做了一些变通，让教义能够迎合他们的需要。

我们很难将儒学的核心思想压缩成几段话，但是我们必须尝试，因为它影响了日本人生活的诸多方面。首先，儒家承认有一个至高的存在，也就是"天"。起初"天"是一个人格化的概念，但一般而言它被认为是一种非人格的神或一种处于支配地位的概念，在日本宗教史上这种特点非常重要，因为这意味着在他们引用的哲学观念中没有能够让他们产生一神论倾向的思想。"天"是默然无声但无所不能的，"天"与"地"一起创造并管理所有的生命。一切平常的现象都源自阴和阳的相互作用。阴是一种阴柔的、黑暗的、倒退的哲理，而阳则是一种阳刚的、光明的、前进的哲理。无法用阴阳交合或变化来解释的现象就是"魂"的作为。"魂"是已故伟人的强大的灵魂。比如，孔子称他经常感觉到周公同在，周公是古代的一位圣贤，他的律法和礼仪是孔子教义的来源。我们知道这些灵魂不是永生的。相反，根据他们对在世之人的重要性，这些无实体的灵魂或早或晚都会消失。随着时间的推移，它们变得越来越虚无缥缈，直到最后完全消失。这种信仰很模糊且无法解释，诸如此类的信仰想留存下来就得是模糊且无法解释的。既然过世之人的灵魂尚存，那么他们的需求就必须得到满足。必须给他们摆上饮食、供品，必须清楚并遵从他们的意愿。所以，遗腹子出生必须到其父亲的棺前或灵位前告知，新娘入门也必须祭拜新郎的祖先。这就是祖先崇拜的基础。因为家庭的缘故，祖先虽死但未逝，家人必须请示、安抚、尊敬他们。

家庭是构成社会有机体及政治体系的单元，儒家教义的核心就是信仰家庭。一个人要崇拜的是过世的先祖，要顺从的则是在世父母。一个人最大的责任，几乎也是他唯一的责任是孝敬父母，如果说儒学是宗教的话，那么它也是讲求孝心的宗教。我们来看引自《孝经》的一段话，《孝经》据说为孔子所著的经典之一，从其中一些篇章中可以看出它的性质。

> 教以孝，所以敬天下之为人父者也。
>
> 修身慎行，恐辱先也。
>
> 孝子之事亲也，居则致其敬。
>
> 生事爱敬，死事哀戚，生民之本尽矣，死生之义备矣，孝子之事亲终矣。

逐字地遵循这些规范肯定会影响生活的每一方面，事实上这些规范也得到真正的遵循，并且自孔子那个时代以来到近代，这些规范一直支配着无数人的行为。《孝经》是早期日本广泛学习的中国经典之一，到 8 世纪末已经成为学校课程的一部分，学过《孝经》的孩子都记得其诫命。无论祖先崇拜在神道教中地位如何，可以确信的是，作为日本人生活的重要部分，祖先崇拜源自儒家思想。笔者认为早期的神道教和祖先崇拜之间并无太大关联，只不过所有人都会尊敬他们的祖先，并且自称是英雄的后代。

如果说中国社会的基础是家庭，那么它的顶端就是得到"上天"授权的皇帝即天子。值得注意的是，这种授权取决于德行而不是像早期日本那样取决于神圣的血统。如果皇帝德行有失，那么废黜他就不会冒犯上天。他要成为百姓的典范，要引领、教导他们。因此，中国才会有大规模的家庭繁衍，百姓的主要职责是孝敬父母，君王的主要职责是敬奉上天这个至高无上的父母，同时祭拜宗庙。儒学关于国家的理念是基于儒家的道德规范，或者至少是与之一致的。而儒家的道德规范是基于人本善的假定。一个人生来就是向善的，所以要让他走上正途、远离恶行，只需要给他引导和榜样而不需要命令和惩戒，因为恶行源于无知。君主必须成为他的子民的榜样，就像父母必须成为子女的榜样一样，但是高高在上的地位令他无法亲自教导他的子民，所以才会有睿智的臣子辅佐他，确保他的洞见传遍整个国家。这些臣子是君子，是贤明的利他主义者，致力于共同善。他们的任职条件是有学问，有冷静、客观的判断。君子必须奉行中庸之道，不能因为赞同或反感、热忱或失望就有所转变。《中庸》和《大学》《论语》以及《孟子》一样都是非常重要的经典，长期以来它们对中国都有极深的影响。君主有德行，他的臣子有智慧，那么普通百姓只需明白并履行他们的义务即可。既然他们不能理解圣人抽象的道义，也无法自行判断什么是正确的行为，所以上位者就必须通过具体的、有建设性的准则来教导他们，而《礼记》收录的就是准则。良善的子民会经常、充分地履行例行的义务，他们没有道德准则可循但有行为规范可守。

我们会看到前文概述的这些政治和道德理念在当时有可能迎合了日本的改革者。这些理念看似稍加改动就会适应日本的社会结构。当时的日本也是一个家长制社会，由神祇授权的君主统治，底下有顺从的百姓支持。的确，就便宜度而言，几乎没有什么模式可与中国的模式相媲美。在中国的体系中，有关公共生活和个人生活的方方面面都有明确的规范、分类和名称，所以日本只需要原样照搬，然后再稍加编辑，强制实施即可。但是儒学体系所构想的是一个静态的社会，其中任何的变动都是不受欢迎的。一旦确立，就必须一直保持下去。对中国人来说这个体系可能适用，因为在几个世纪里他们已经让它迎合了自己的需求。但是，显然对日本人而言这个体系无法长久。无论是从传统还是从性情看，日本人都不适合这种保守主义。我们要记得，这个时期日本人还是一个处于快速发展早期阶段的年轻族群，所以他们未必能消化所借用的体系，所借用的可能是外在的形式而非内在的

/ 第六章　儒家文化和佛教 /

含义。所以，大化改新之后很长一段时间内日本的历史就是本土习惯与外来规范的冲突史。①

所以仅仅是借用中国的政治制度这一点可能还不足以让日本发生根本性的变化，但是还有其他更有力的影响。从时间上来看，首先就是文字的引入，而正如我们已经了解到的，这为日本打开了新的思想世界的大门；其次是佛教的逐渐传播，而佛教的传播在未来给日本人的生活带来了重要变化，丰富了日本人生活的方方面面。

我们已经追溯佛教在日本传播的开端。当然，佛教起初的吸引力在于能够满足人们单纯的对物质利益的渴望，诵经和佛事仪式被看作施咒仪式而不是精神修行。所以，早期日本人似乎认为佛经和佛像与本土的仪式和符号相近，但有魔法且法力更强。奈良时代之前日本人知道《莲华经》《金刚经》，以及很多其他佛经，不过他们只是把这些佛经当作保健康长寿、驱邪避灾的良方来背诵，并不理解其内容。文献中记载了6世纪的几个事例，当时朝廷命令法师诵经，祈求天皇病愈，或者在干旱的时候祈求降雨。但是不久之后人们就认识到了佛教的精神内核，尤其是在发觉本土宗教除了粗糙的道德和哲学观念外一无所有之后；除了起初的吸引力即物质祈愿和敬畏之外，日本人很快在佛教中找到了强烈的自然情感共鸣。家庭情感是有感染力的，这种家庭情感因中国的孝道而得到强化，不过日本人舍弃了孝道中很多枯燥乏味的形式。日本第一批打造的佛像当中有很多被当作子女的谢礼，

---

① 值得注意的是，就日本对中国的借用而言，中国哲学大多是从统治的角度探究人文关系的，甚至连带有神秘主义色彩的教义都是从统治者和国家的角度来阐释的。中国的无为，以道教为典型，既是一种统治理念，也是一种个人行为规范。

送给过世的或在世的父母。因此，公元 654 年打造的一尊佛祖像、658 年的一尊阿弥陀佛像和 690 年的观音菩萨像上都有铭文，表明它们都是子女替父母准备的谢礼。690 年的一尊佛祖像的光环上写着一段话："我们祈愿父母双亲能够因为这个善行（即打造一个佛祖像的善行）得到福报，今世快活，来世无须经过三界，不受八重地狱的折磨，在极乐世界能够重生，面见佛祖，聆听佛法。"

我们会看到这个时候不同于本土信仰的外来概念已经得到普及。德行与福报、来世、重生、极乐世界都是佛教概念，虽然不够具体，但比神道教早期著作中那些极为含糊的概念出现得早很多，不过这些极为含糊的概念可能也受到了佛教的影响。中国孝道与宗教情感的融合可能是那个时期的日本所独有的，当时的日本饱含热情地致力于消化来自四方的新思想，但对它们没有完全理解。比如，在 7 世纪早期的文献中就已经有道教的痕迹，不过当时对道教的理解却不大准确，时人主要是被它所谓的"魔力"吸引。

随着早期与来世有关的认知的消失，人们似乎越来越不相信一个已过世的人会在坟墓中过着较为惨淡的生活，不相信他们会依旧需要食物、武器、饰品、仆人，墓葬习俗随之消失，公元 700 年火葬取而代之。这个时期，为了纪念过世之人，或者为了确保他们来世安好，人们建造了很多庙和寺，并在里面摆满了佛像和其他圣物。这些寺庙及其中的珍宝展现了奈良时代及之前几十年日本文明的特征。

随着人们对新宗教认识的增加，日本僧侣和法师也从研习一般的佛理过渡到进一步研究更深奥的佛教教义，于是出现了某些佛教宗派，到奈良时代末期日本佛教已经形成六大宗派。这些

/ 第六章 儒家文化和佛教 /

宗派的形成在很大程度上是基于中国解经学的发展。中国有着学术研究的悠久传统，并且和印度有更近距离的接触，自然对佛经也有更严谨的探究，而这种严谨的探究日本是不会有的。不过尽管日本人拜服于伟大的中国法师和苦行僧，但是他们有自己的民族自尊，也希望能尽早地实现自立。所以，我们会看到圣德太子写在标准的中国佛教注解上的批注，比如"我的理解与之略有差异"或"这种观点已不再适用"。一本《莲华经》的注解首页写着："这是大和国皇太子所著，不是外来书籍。"据说这本注解是圣德太子亲笔所著，现在由皇室珍藏。似乎大陆也十分看重圣德太子的学问，因为后来日本的僧侣在中国研习时发现了他的一本注解，其中有一位中国学者的批注，该注解也为一座大的佛寺所采用。

不过，作为一个族群，日本人在学问和传统上是无法与中国人相比的，可以说整个奈良时代他们没有为佛教的发展做出什么原创性的贡献。奈良时代的六大宗派是从大陆的众多派别发展而来，它们体现的不是彼此对立的佛教教义，而是对同一教义的不同理解。从时间上看，第一个宗派是三论宗（Sanron sect），是625年一个曾被高句丽王派往唐朝留学的朝鲜僧侣慧灌 [又称惠观（Hye-Kwan 或 Ei-Kwan）] 引入日本的。目前我们还不知道他的教导在单纯的佛教圈以外传播到什么程度，但是他的一位门徒、一个久居日本的中国人于645年成名，官至僧正，相当于基督教会中的主教，领导着一个重要的在元兴寺（Gangōji）建立的僧团。因此，概括地说，在奈良时代前期，日本佛教哲学理论有所发展主要是因为三论宗的佛法。作为一个族群，日本人在那个时期不是十分热衷于阐释或者审慎地研究外来的哲学思想。

法華義疏第一　　　　　　　　此是 大委上宮王私　集 非海彼本

夫妙法蓮華經者蓋是稔曰分善合為一曰之豐田七百迊
壽轉成長远之神藥若論迦釋如来應現之長之大意者
時獻宜演氏經教消同歸之妙因令浮莫之之大果俱衆生
宿殖善激神闇根鈍以五濁鄣於大椮之弊徳眞以慈眼契不
可聞一乘同㒵之大理所以如来隨時而宜初㪽庞龐開三乘之

圣德太子对《莲华经》注解的卷首语，据说是他亲笔所写

第六章　儒家文化和佛教

长期以来，他们总是更热衷于佛教的组织形式和仪式，而非其深奥的哲思；尽管如此，他们始终带着敬畏去研究日本新出现的每一个佛教宗派，而且不管是否能够接受这一宗派的传统；他们总是认真地加以保存，所以日本现存的可以用来研究佛教教义发展的材料要比其他国家多。三论宗及日本其他早期宗派的主要意义在于它们体现了日本人在理解佛教信仰的基础即佛教的哲学体系上所做的首次尝试；并且，因为本土宗教虽不是完全没有但还是缺少足够的道德和形而上学的元素，所以它们体现了日本人在认真探索宇宙本质方面的首次尝试，体现了他们对本体论的初次探究。

三论宗的教义体现在"三论"中，其中最有名的是《中论》（*Chūron*），《中论》是著名的龙树（Nagarjuna）所著论典的汉文译本。龙树关于表象与真相之间关系的论述给人以启迪，进而出现了很多大乘佛教论典。《中论》于409年被译介到中国，是由一位机智的、主张极端唯心主义哲学的辩证学者翻译的，他坚持认为一切现象都是不真实的、无法单独存在的，任一现象都是相对于另一种现象的存在。当时的日本学生肯定很难理解这种对绝对者的本质的认知；不过三论宗一直存在，直至奈良时代它的影响力才开始衰退，而这无疑是因为它作为日本同类哲学宗派第一宗的威望。三论宗形成之后不久，成实宗（Jōjitsu sect）从百济传入日本。在奈良时代人们似乎可以不受限制地研习成实宗的佛法，但是它很快就并入了三论宗，并且除了正仓院文书中有几处提及外，目前成实宗作为独立宗派存在的痕迹少之又少。接下来出现在日本的宗派是法相宗（Hossō sect），又名唯识派（Yuishiki sect），是名叫道昭（Dōshō）的留学僧于650年传入日本的。法相宗的论典是一部被称为《成唯识论》的著作，其中包括对世亲菩萨所著的一部简短的、诗一般的唯心主义哲学论典的多家注释的理解。《成唯识论》是中国著名的僧人和朝圣者玄奘于648年翻译的，他的弟子们对《成唯识论》做了进一步的阐释。《成唯识论》提出这样一个教义，即唯有"识"是真相，"唯识"就是这个意思。"唯识"既是佛教宗派的名称又是该宗派的理论基础。因为对梵文佛经的准确翻译，玄奘开启了中国佛教研究的新纪元。在中国，他的佛法是最新、最完整的，值得注意的是他的佛法很快就传到了日本。道昭的弟子在他过世后继续宣讲法相宗的信条，他的几位弟子获得了很高的僧职，那个时候僧职是朝廷赐予的。值得提及的是，道昭之后法相宗的第一代接班人被朝廷派去中国学习，但这些人不是日本人而是新罗人。不过，在他们之后出现了一系列有名的日本僧人，他们的名字出现在当时文献的显要位置，其中最著名的是行基（Gyōgi）法师，我们稍后还会听到更多关于他的信息。他生于670年，逝于749年，修行到最后成为法相宗的祖师。奈良时代法相宗取代了前面提到的两个宗派，带头研究佛学。法相宗不仅掌管着本寺，比如元兴寺和崇福寺（Kōfukuji），也至少在佛法上影响着其他宗派的佛寺，比如东大寺、药师寺（Yakushiji）和西大寺（Saidaiji）。东大寺、药师寺和西大寺不仅富裕、有影响力，而且与皇室有密切往来，还和其他宗派有联系。法隆寺（Hōryūji）起初信奉的也是三论佛法，但是很快成为法相宗的研习中心，现在也是法相宗的本寺，不过在此修行的人不多。

　　我们目前还不清楚俱舍宗（Kusha sect）是什么时候开始出现的，也不确定它是否曾作为一个独立的佛教宗派在日本存在。①在法相宗的教义第一次引入的时候似乎就已经有人在研习俱舍宗的佛法。俱舍宗的佛法基于世亲菩萨在改信"唯识"论之前所著的百科全书式的论典《阿毗达摩俱舍论》。俱舍宗之名就取自这一典籍(在日语中,俱舍的读音由"kosa"变成了"Kusha"),并且日本和中国的各佛教宗派都认为这一典籍是对早期佛教宗派形而上学思想的权威阐释,尽管这些宗派认为个别的表象是幻象,但是并没有否认他们所称的"达摩"的真实性,达摩是存在的终极真理。换言之,俱舍宗代表的是小乘佛教的一种实在论的哲学,而法相宗代表的是大乘佛教的一种观念论的哲学。

我们会看到前文描述的宗派在日本形成的先后顺序不是按照它们在印度出现的先后顺序,而是按照日本人与不同的中国宗派的接触中了解到的教义的先后顺序,玄奘研究并翻译佛经促进了佛学研究,而佛学研究又直接促成了这些宗派的形成。这些宗派的共同点是都想理解宇宙的本质,因为只有通过摆脱感官错觉的认知,透过感官错觉看到其超验的真相,才可以获得救赎。这些宗派的差别在于它们解决"存在"这一形而上学难题的方式不同。这些宗派的方式,不论是理性主义的还是神秘主义的,都有一个共同的目标,而且这些宗派的教义在本质上不是彼此对立的。它们的分歧主要是在学术上,而且只是宗派创始人之间的分歧。对普通信徒来说,这些宗派在教义或仪式上没有什么大的区

---

① 俱舍教义。《阿毗达摩俱舍论》对唐朝中国和中古世纪日本的思想生活有重要的影响,其地位与《神学总论》(*Summa Theologiae*)在天主教会中的地位相当。因为《阿毗达摩俱舍论》论述的是本体论的终极问题,即思想和物质的本质,它或许——或者至少和《成唯识论》共同奠定了日本在该领域系统研究的基础。不过,正如前面的注释所提到的,这种研究是高度专门化的、外来的,这样的研究并没有在日本的哲学氛围中兴盛起来。

别，也没有什么证据表明其中一个宗派会谴责另一派为异端。一个佛寺中常常有僧侣研习、阐释多个宗派的教义。① 或许我们把它们称作哲学学派会更好一些，把它们的理论当作一种更深奥的学问的入门来研究。因此，根据日本一个古老的说法，一个初入佛门的人为了预备自己，需要先花三年学习唯识宗的教义，然后再花八年学习俱舍宗的教义。这一特点值得强调，日本历史表明，尽管日本在稍后一个时期爆发了激烈的宗教争论，但是作为一个族群，日本人并没有因为宗教争论而产生憎恶。我们无须深究这是不是因为他们的头脑有些迟钝，不过似乎可以确认的是，他们通常对超验的问题没有浓厚的兴趣，也不会为超验问题所扰。整体上看，他们的才能都是与经验有关的，都是实用的，他们没有炽热的情感，只有浪漫的柔情。

不过，有一个宗派与前文提到的宗派不同，我们在前文已经概述了这些宗派的教义，不同之处在于它独特的组织结构而不是形而上学的教义，这个宗派就是律宗。对律宗的了解最早可以追溯到第一批日本僧尼被派到朝鲜学习佛寺"戒律"，但是直到 7 世纪末律宗才开始在日本确立。"律"在日语中读作"Ritsu"，在汉语中读作"lǜ"，用来表示梵文中的"戒律"（vinaya）一词。律宗并不是很关注教义问题，反而尤为关注戒律和规范的传持。事实上，律宗各个分支的出现是因为反对其他宗派的形而上学的微妙洞见，反对僧侣中泛滥的放纵行为。因此，它特别重视受戒仪式并且认为只有那些已经受戒的僧侣才有资格传戒。一个志愿出家的人或刚出家的人必须接受受戒之人对自己品格和信仰的询问；此外，受戒仪式必须在一个特殊的、日语中称

---

① 法隆寺的全称是法隆学问寺（Hōryū Gakumonji），它既是一个学院，又是一个佛寺。

/ 第六章 儒家文化和佛教 /

为"Kaidan"、梵语中称为"sima"的戒坛上举行。这套体系在日本的充分发展得益于中国一位名叫鉴真的僧侣，他受日本僧侣之邀，在日本建立了一个真正的戒坛。虽然可能和我们的主题无关，但是他东渡时的情形值得一提，因为它们展示了那个时代佛教徒的热忱和传教热情。733年，两位日本僧侣到中国劝说鉴真去日本。鉴真答应尽快启程，但是直到742年才得以成行。启程当年他被海盗拦截，船也被夺走。他又尝试了三次，两次因风暴而未成行，第四次因为中国官员的阻拦而未成行，他们禁止这样一位睿智的、知识渊博之人离开本国。第五次尝试的时候，他的船只失事了，一位日本籍的弟子溺亡，其他几位弟子也因受寒而亡。但是他坚持不懈，终于在753年第六次尝试的时候在九州上了岸。第二年他到达奈良，带来很多书籍和佛像，被安排住在东大寺。在那里，他见到了吉备真备，后者给他带来了天皇的一则口谕，授权他一人主持受戒仪式。东大寺戒坛设立以后，以皇太后为首，约有400人受戒，此外又有40人因为之前的受戒仪式不合规，重新受戒。这种依照固定的规矩、通过天皇指定的仪式、在天皇指定的地方建立的机构与秩序相当于建立一个国教，因此这是日本历史上一个重要的阶段。日本戒坛的数量被限制在三个，一个在奈良，另一个在日本西部，还有一个在日本东部。任何一个宗派的僧侣或法师必须在这三个戒坛中的一个立誓遵守"戒"和"律"，才能受戒。9世纪早期之前奈良的僧职成功阻止了所有建立新的戒坛的尝试。鉴真留在日本，直至763年去世，享年77岁。去世前几年，鉴真生活在唐招提寺（Tōshōdaiji），日本一个主要的戒坛就建在这里。鉴真的17位弟子作为唐招提寺及其他佛寺的住持定居日本。

奈良时代还有一个宗派，就是华严宗。《华严经》是一部重要的佛典，也可以说是佛经和注解的合集，于736年从中国传入日本，但是日本人对《华严经》的经文已经有了一段时间的了解。几年后一位新罗的法师在奈良连续讲经三年，阐释《华严经》的经文，大多数奈良的法师聆听了他的阐释。作为一个哲学学派，华严宗比不上其他宗派，但是它在佛教仪式的发展上胜过它们，部分是因为华严宗的教义生动形象，这些特征吸引了天皇并且方便天皇理解。简言之，华严宗的教义是对《华严经》和《梵网经》的演绎。在华严宗的教义中，释迦佛（日语为"Shaka"）是至高的、普世的、无处不在的卢舍那佛（日语为"Roshana"）的化身。因此，华严宗的信徒信奉的对象是卢舍那佛，佛经中把卢舍那佛描绘成一位端坐在一朵有1000片花瓣的莲花上的佛。每片花瓣代表一个宇宙，每个宇宙都由无限多重世界组成。每片花瓣上都有一个释迦佛，释迦佛是卢舍那佛的化身；而每一重世界都有一位佛陀，佛陀是释迦佛的化身。朝廷或者僧职似乎看到了佛教等级和国家等级之间的某种相似性，卢舍那佛类似于天皇，大的释迦佛类似于高阶官员，而小的佛陀则类似于百姓。至于这种通过宗教来加强统治的尝试有多少刻意而为的成分，我们也很难说，但是毫无疑问朝廷尤为关注对卢舍那佛的崇拜。圣武天皇（Emperor Shōmu）于749年宣布《华严经》为正经，正是在这种形势下（我们稍后会详述）他建造了日本最大的崇拜卢舍那佛的东大寺，又称大华严寺（Dai-Kegonji）。

除了朝廷对华严宗的特别青睐以及圣武天皇的敬虔行为之外，政府与佛教之间的关系整体上也很密切。从7世纪开始，各个佛寺每年都会为佛祖举行庆生仪式，还会举行亡灵追祭会即盂兰盆会（Avalambana），届时朝廷会赐给僧侣和佛教徒斋饭。不久之后皇宫也开始庆祝这些节日，还会在特殊场合举行佛教仪

/ 第六章 儒家文化和佛教 /

式；到奈良时代末期，佛教仪式已经成为朝廷仪式的重要组成部分。将佛教确立为国教的进一步举措是政府下令建立国分寺（koku-bun-ji）。早在684年国司就接到命令，要在自己的官邸设立佛堂，到741年天皇颁布法令要求各地方建造一座佛寺和一座七层的佛塔。随后天皇命人抄写当时流传甚广的经文章节，分发给这些国分寺，天皇本人也以金字抄写佛经并供奉在各佛塔中。作为佛寺的一部分，每座佛寺都有20位僧侣和10位尼姑。每座佛寺的封地可容纳50户人家，有60亩稻田。这些僧尼的职责是在固定的日子公开诵读《最胜王经》(Saishō-ō-gyū)[①]经文，并且定期祝祷，每月斋戒六日。那个时候佛教信徒是不可以打猎、捕鱼。当时以点读（tendoku）的方式诵经，主要念诵一卷经文的开头和末尾，中间的部分快速翻过。点读与背诵整卷佛经的宗教价值是一样的。僧尼的祝祷既包括公开的忏悔，又包括远离灾害和疾病的祈祷。事实上官方鼓励信奉佛教的直接出发点是远离疾病，因为我们知道这个时候瘟疫和天花猖獗，朝廷惊慌失措。不过在地方建立国分寺的实践是有先例的，隋朝和唐朝的皇帝就都曾下令在地方建立一座佛寺和一座道观。我们可以清楚地看到官方普及宗教信仰是有确切的政策依据的，而这种政策的目的是赋予君主以新的、强大的影响力。从这个角度看，奈良的东大寺和国分寺之间有重要的关系。如果说佛教是国教，那东大寺就是佛教的总部，各个国分寺则是它位于地方行政中心的分部。这种关系源自东大寺建造与发展的背景。其背景大致如下。

735年，圣武天皇（或许是受了刺激，因为当时盛行的天花传到了奈良，夺去了几位贵族的性命）计划建造一尊大的卢舍那

[①] 此处原文是 Saishō-ō-gyū，实际应为 Saishō-ō-kyū。——译者注

佛像，但是因为日本西部的叛乱以及其他阻碍，晚些年才动工，因为缺乏相应的技术，启动于 744 年的大佛工程中止。最后日本于 747 年开始在奈良建造一尊新佛像，在一位朝鲜血统的匠人的监督下，这尊佛像在历经几次失败之后于 749 年完工。同时，用来盛放这尊佛像的大殿也于 747 年开工。这座大殿连同其他附属建筑以及巨大的、修有多个宏伟大门的围墙，前后修建了近几十年。整个建筑群规模宏大，在规模和辉煌程度上日本没有可与之比肩的。大殿长 284 英尺，宽 166 英尺，高 152 英尺，宏伟壮观。12 世纪，在旧址的基础上建造了现存的建筑，现有的建筑规模只有原建筑的 2/3，但仍然是世界上最大的一顶式木建筑。殿中供奉的大佛，虽然作为艺术品微不足道①，却展现了日本在那个时代付出的惊人的财力和劳力。从技术上讲，大佛的铸造也是一个数得上的成就。这座盘坐的大佛高 53 英尺，由价值约 100 万英镑的金属——铜、锡、铅——铸造而成。肩以下的部位由约 40 个单独的部件组成，各部件冷却之后再一点点地放到铸模上，然后将脖子和头置于其上，最后浇铸约 12 英尺高的佛像外壳。修饰这尊佛像需要水银和大量黄金。因为日本黄金稀少，所以建造者担心黄金不够用。幸运的是东北的一位地方统治者于 749 年及时在自己的辖地内发现了一座金矿，并往都城运送了几百磅的黄金。这件事非常重要，举国同庆。天皇派信使到全国各个佛寺报喜讯，并举行了一场盛大的庆祝仪式。一部名为《续日本纪》的官编史书记录了这场盛会。749 年"入夏的第四个月"，天皇正式前往东大寺，步入大佛殿，面朝北方，对着佛像，像臣子拜见君王一样，皇后、公主、国家重臣、朝廷贵族、文武职官

---

① 后人不断修复大佛，目前只有部分躯干、双腿以及大佛莲花底座的少数花瓣是原件。

/ 第六章 儒家文化和佛教 /

都在场，各级官员按照官阶排列，一直排到大佛殿最南侧。左大臣上前代表天皇进言，他的语言是如此特别，所以我们最好按照原样翻译：

> 这是三宝的仆人天皇所言之词，他谦卑地在卢舍那佛像前说话。
>
> 自天地初开，尽管金子被其他国家当作祭品，但是在大和这片土地上金子被认为是不存在的。不过我们所辖之地东边的陆奥（Michinoku）国国守、从五位官员百济敬福（Kudara no Kyōfuku of the Junior Fifth Rank）禀告说在他的领地，一个名叫大田（Ōda）的地方发现了黄金。
>
> 听闻此，朕惊喜万分、心生欢喜，并且朕以为这是卢舍那佛凭着他的慈爱和恩惠赐予朕的福分。朕恭敬、谦卑地接受这个赐福，并带领百官前来朝拜、祝谢。
>
> 朕在三宝面前，极为恭敬地如是说，并且秉持敬畏之心提及三宝名讳。

我们注意到天皇一点都没有提及自己的神圣血统，并且自称是卢舍那佛的奴仆——事实上原文中用到的"yakko"，直译过来就是"奴"。不过在同时代的其他抄本中，他坚称自己是"君主、神的显现"，因为他是神祇的后代，尽管在天上的诸神对人隐藏，但是降在地上的担任统治者的神祇却对人显现。这一句以及其他相似的措辞表明人们并没有遗弃对神圣血统的信仰，但是随着统治者对其他神祇的崇拜，人们的这一信仰显然有必要在某种程度上折中一下，达成折中的方案极其有趣。上述仪式过后天皇给朝廷及国中众臣的诏书中的几段话，能帮助我们解释所发生的事情。宫内省大臣以天皇之名说道：

> 所有人敬听，至高无上的大和国王、神的化身如是说：
>
> "有禀报称，朕自天照大御神继承而来的统管之地的东边发现了黄金。
>
> 考虑到佛祖所有的律法和慧言对于国家保护而言都是极好的，所以现在朕希望在御下的各令制国都摆上名为《最胜经》的经文和卢舍那佛的佛像，这样一来通过向居住在天上、地上的诸神祈祷，通过崇拜朕古老的曾统管这地（原文如此）的皇祖——在提及他们名讳的时候朕心存敬畏，朕可以指引百姓，以一颗恶念止息、善念生出的心带领他们，这样一来才会真正地转危为安。但是过去百姓心存疑虑，认为这不可能。朕暗自叹息，因为朕原本也以为大和没有足够的金子。然而，现在三宝已经向朕展示了这极好的、神圣的慧言的妙迹，朕认为这件事彰显了居住在天上、地上的诸神的指引和恩惠，彰显了像天照大御神一样的神祇的爱和仁慈。
>
> 因此，朕欢喜、恭敬地接受，朕不知所措，昼思夜想：鉴于这样的事会发生在一个睿智的、珍视、安抚百姓的国土统治时期，朕着实羞愧难当并且感恩不已，因为朕不配、愚拙，而这件事却在我们这个时代显明。
>
> 那么朕应该独享这伟大、珍贵的神迹吗？不，朕应当谦卑地接受并与我的百姓欢喜同享。鉴于朕，作为一位神，是如是想的，那朕就要珍视百姓并奖励所有人，而且朕要为这个威严的时代再续新篇。
>
> 对于诸神，朕会赠予神社稻田，对于神社的神官，朕会献上供奉。朕会准许佛寺耕种土地，并敬重僧尼，献上礼

物。朕要将那些能够变成大众佛寺的新建佛寺变成大众都能参拜的佛寺。要向先祖威严陵墓的一些看管者献上礼物。此外，在那些安息着为国效忠、保家卫国之臣民的地方，朕要设立纪念碑，只要天地尚存，世人都必须予以尊重、不得亵渎。

至于那些作为公卿服侍朕的臣民的孩子，按照他们服侍的类别，他们的儿子已经得奖赏而女儿却没有。但是只有男子可以承继父亲的氏名，女子却不可以吗？朕认为男子和女子应当共同来服侍。朕这样奖励你们，不要误解或忽视父辈的教导——这样你们可以成为他们所想的样子，不要让他们的家族湮灭，如此你便可以在皇宫服侍。

朕会赏赐年老的人，也会对贫穷的人施以恩惠。对那些孝顺的人，朕会免除他的税赋并赐予稻田。

朕会宽赦罪犯并奖赏（抄书吏？）和博学多识的人。

朕会奖励那些发现了黄金的人，陆奥国的国司、当地的官员以及所有的耕农。朕会珍视、爱护本国所有的耕农。"

这则诏书不仅清楚地再现了那个时期的朝廷氛围，而且顺带描绘了政治形势的几个方面，而这些方面是由佛教思想对本土传统的影响造成的。起初，朝廷的确把这种新宗教当成一种统治工具，"非常适合护持国家"。《最胜经》是《金光明最胜王经》的略名，是奈良时代最受尊崇的佛经之一，事实上在随后几个世纪也是最受尊崇的佛经之一。被抄写并分发到各个国分寺的正是这部佛经。编年史中也经常提到这部经文，第一次提及是在676年，并且在10世纪朝廷的一些正式集会中人们也经常诵读这部佛经。尽管日本最早的版本是400年被传入的汉文译本，但是700年义净（I-Tsing）的译本传入后，才有更多的人了解它。

《最胜王经》和《仁王般若经》都在部分章节提到君主的职责以及护国。这两部佛经都是后来创作的，从单纯的宗教立场来看，这两部佛经的地位不及《莲华经》，不过或许日本人长期以来更感兴趣的是政府而不是单纯的宗教，所以这两部佛经在日本有着特殊的重要性，奈良时代的文献中提到这两部佛经的次数和《莲华经》差不多，并且至少有一份天皇的敕令（767年的一份敕令）引用了其经文，以支持皇室、反对叛国的阴谋。①

天皇诏书中引用佛经之后的几个段落奇妙地糅合了佛教、神道教和儒学的内容，是一个融合的典型。这些话语是从三宝即佛教而来，体现了居住在高天原和苇原中国的众位神祇即神道教的众位神祇的恩惠；发现金矿这种事情只发生在一个懂得爱护、抚慰子民的君王身上，即他是儒家文化所假定的一位有德行的君王。天皇不仅赏赐了佛教僧尼，而且赏赐了神道教神社的神官，他没有忽略任何一人，既赐给男人也同样赐给女人以官阶和赏赐。他很宽容，从当时的形势来看，也很睿智，因为尽管佛教在朝廷内外很有影响力，但是本土宗教的势力也不弱，所以最好加以安抚，不能忽略。日本采取的政策很好地说明了佛教的同化力，而且高度表明了日本人的折中本领，所以值得详述一番。

朝廷在都城的正中央竖立了一尊大佛，并且让它和国分寺的其他佛像一起成为全民崇拜的对象，这一举措从表面上看是对本土神学的重击，因此一定要找到一些能够调和两种宗教的方法。前文提过的华严宗的祖师、僧人行基找到了这个问题的解决方案。他是一个能力出众、精力充沛的人，像那个时代的伟大僧人一样，致力于推动日本的物质和精神发展。他四处游历，鼓励

---

① 这两部经文的全名分别是《仁王护国般若波罗蜜经》和《金光明最胜王经》。

艺术和工艺的发展，并且修堤、建坝、开路，促进不同地方之间的往来。传说他产生了调和佛教和神道教之间关系的想法，主张两种宗教是同一信仰的不同形式。他带着一个佛教圣物，奉天皇之命前往供奉天照大御神的伊势神宫，去征求天照大御神对天皇关于竖立、崇拜大佛的提议的意见。根据本土的信仰，天皇是天照大御神的后代，是她在地上的代理人。这时的行基已是年迈之人，他在天照大御神的神宫前祈祷了七天七夜，终于求得了她的神谕。她出人意料地使用中国的诗歌体（如果我们参照文献记录的话），大声地宣告象征真理的太阳会照亮生与死的长夜，象征真实的月亮会驱散象征罪恶、无知的层云，她像渡口欢迎归船一样欢迎天皇的提议，她像喜悦黑暗中的火把一样悦纳供奉的圣物。本土宗教中没有这样的措辞，"真理之阳"和"真实之月"是纯粹的佛教意象。然而，人们适时地将这个神谕理解为赞成，不久之后天照大御神化为圆光在梦中向天皇显现，并宣称她和佛祖乃是一体的，证实了她的神谕。这一年是 742 年。次年天皇颁发诏书，宣布可以铸造佛像。布告中有这样一段挺有意思的话："我们拥有一国的财力和权力。有了这种财力和权力，我们可以很容易地铸成佛像，但是很难领悟佛法。"大佛的铸造不久后动工，但是正如我们所了解到的，直到 749 年才完工，而且最后的竣工仪式即点开佛眼的仪式直到 752 年才举行。点开佛眼象征着佛像有了生命。首先，开眼仪式是一个大的庆祝活动，然后是音乐、舞蹈，最后是宫廷为数以万计的僧侣准备的宴席。仪式的主要部分是由很有名的来自印度的苦行僧菩提仙那（Bodhisena）主持的，他是婆罗门的僧正（Baramon Sōjō），来到日本已经有一段时间。

此外，卢舍那大佛坐在一朵大的铜制莲花上，以莲花为中心周围雕刻有铜质的薄片花瓣。我们可以在留存至今的几片花瓣上看到雕刻精美的大小佛陀像，这些佛陀有序地排列着，代表华严宗教义中的等级体系，这些我们已经在前文中解释过。这尊巨大的佛像和这个时期的很多佛事一样，可能都是受中国的启发，因为唐朝皇帝于672年下令在洛阳凿刻了一尊高约85英尺的卢舍那佛石像，这尊佛像于675年完工。尽管奈良佛像的铸造尖锐地挑起了佛教和神道教的同化问题，但是这个问题是很久之前自然而然产生的，而那个关于神谕的生动传说只是融合教义以一种易于接受的形式呈现，而这种融合教义是由佛教僧职逐步发展而来的。他们声称本土神祇是佛祖的化身，是存在的相；把天照大御神视作卢舍那佛的现象日益普遍，所以一段时间以后很多本土神社被佛教法师把持，或多或少地失去了它们原本的特点。

这个时候佛教法师经常参与神道仪式。765年，朝廷颁布了一则有趣的与大尝祭（Great Festival of First Fruits）有关的诏书，大尝祭是天皇即位之初举行的仪式。从源起和目的上讲，大尝祭是最具神道特色的仪式，也是最能体现本土信仰中自然崇拜和神权政治的仪式。但是我们发现孝谦天皇公开宣称本次破例，因为她自己是佛教徒，也受了戒；她认为现在重登皇位之后，自己的职责是："首先礼敬（佛教）三宝，然后崇拜（神道教）诸神祇，最后是爱护百姓。"她接着说，有人认为应当对神道教的神祇和三宝加以区分，但是如果这些人查看佛经，他们会看到神祇护法、敬法也是正当的。因此，鉴于佛教徒和非佛教徒没有不能往来的理由，她认为不应该再反对长期以来被视为不当的行为，即法师和尼姑参与到这种明显具有神道教特色的崇拜中。

在日本，佛教僧职的经济势力可与其他阶层相媲美，因为他们持有大片广袤的免税土地，并且还会收到来自虔诚佛教徒的

/ 第六章 儒家文化和佛教 /

各类财物。神道教不敌新的宗教,后者有更深奥的教义、更崇高的理想、更有效的组织机构。除了这些优势之外,佛教胜过神道教,一方面是因为其极大的热忱,这种热忱虽然强烈但是不激进;另一方面是因为人文知识几乎成了法师的专利,尤其是在小范围的宫廷圈外。地方的每座佛寺或寺庙都是一个文化中心,很多法师和僧侣都认为,除了传播知识以外,分享物质所得和精神所得也是他们职责的一部分,而知识既有物质所得的属性,又有精神所得的属性。日本第一批医院、孤儿院以及类似的慈善机构都是由佛教徒创建的。

从某一方面来看,佛教在日本的地位比在中国或印度更牢固。在佛教出现以前,这两个国家都已经有了高度发展的宗教和哲学派别,也有一个强大的知识分子阶层。在印度,佛教必须和发展很久、很有实力的对立的教派竞争;在中国,有道教和儒学与之激烈竞争。三个国家都采用了同一原则,即把本土神祇当作佛祖的化身,日本人把天照大御神当作卢舍那佛的化身很有可能受到了中国的启发,因为中国人将这一原则用到了孔子和老子身上。据说中国有一位有名的圣人——傅大士(the noble-minded Fu),当有人问他是不是佛教法师时,他指了指自己的道冠;当有人问他是不是道教徒时,他指了指自己的儒鞋;最后被问及他是不是儒家弟子时,他指了指自己的佛袍。这则故事所阐述的实践在日本逐渐得到发展,到12世纪的时候,形成了一种新的神道教,又名"两部神道"(Ryōbu Shintō)。两部神道融合了佛教和神道教,不过从其根本特征来看,佛教占据主导地位。

尽管佛教给日本带来了很大的精神利益甚至物质利益,但是佛寺机构的发展以及其权力和财富的快速增长也有严重的弊端。在接下来一个世纪,这种弊端更加显而易见,但是在奈良时代末期一些弊端就已经显现。僧职人员与宫廷的密切联系让一些肆无忌惮的法师开始干预政治。那些虔诚僧侣享有的特权，比如免除赋税、丰厚的赏赐等，吸引了一群不适合修行生活的人，这群人只是为了利用僧职谋取私利。同时，在一定程度上也是出于同样的原因，佛寺和僧侣人数都出现过度增长，导致世俗之人财力过多流出，因为僧侣所需是由俗人供给的。僧职人员的生活非常轻松，根据779年一份正式的陈情表，地方国分寺的大多数僧侣和尼姑实际上都安逸地生活在奈良，丝毫不履行职责。宗教阶层不仅有很强的寄生性，而且尽是愚昧和放纵之人。

第七章　艺术和文学

第一节　本土文学

如果说日本文化史始终有一个让学生印象深刻的特征的话，那就是日本人长期以来因语言障碍而遭受的不利影响。我们已经注意到，在引用中国学问的时候，因为自身语言发展不充分、缺乏本土文字，日本人面临很多的困难。日本人采取的各种临时举措在一定程度上克服了这些困难。这些独创性的、几乎可以称得上英勇的举措过于复杂，很难在此详述。但是因为过于复杂，所以日本人早晚都要找到一种更简便的方法来标识日语语音。这些语音很简短，数量也不多，非常适合用字母表来标注，可是日本人在1000年前没能创造出字母表，这或许是东方历史的一大不幸。当一个人考虑到日本人花了几个世纪才摸索出一个糟糕的系统，用那个庞大的、复杂的符号体系来记录几十个简单的音节时，他可能会认为西方字母表或许是人类最大的成就。

日本人没有自己的文字，所以当他们想用文字记录自己的母语时，就须求助于汉字。如果他们只想记录母语的意思，那就没有什么困难。举个简单的例子，代表"山"的汉字符号也可以用来标识日语中的"yama"，因为"yama"和"山"的意思相同——就像数字符号"5"，根据上下文的用语可以指代"five""cinq""funf"。但是，如果他们想写下一个本土单词的发音，就不得不借用汉字作为音标符号，不考虑该汉字符号的意思。这种需要出现在日本早期，因为日本国内使用汉字的最初目的之一是用它来记录日本的人名和地名，因此地名"奈良"可以用读音分别和"na"与"ra"相近的两个汉字来记录。起初对能够标识日语音节的汉字的选用全凭个人喜好，可以想象开始的时候有多混乱。这之后日本人注音符号的历史是一个朝着统一、逐渐发展的过程，但是直到今天他们也只是接近，而并未实现"一个发音对应一个符号"的理想。

我们所了解到的日本第一本著作是编纂于公元620年的一部编年史，但是这部编年史已经遗失，现存最早的著作是编纂于712年的《古事记》。《古事记》的写作风格是复合的，部分重语义，部分重语音。其表达方式冗长赘余，所以无法将它与汉字的常规使用相比较，除非能够加以精简。精简也只是相对的，因为被声势更大的中国研究给耽误了，正如我们所注意到的，当时对中国的研究势不可挡。不过，令人欣喜的是日本人对诗歌的热爱成为语音符号发展的主要推动力。两部优秀的民族编年史中已经收录了200多首早期诗歌，这表明了日本人那种古老的对诗歌的渴望。这些诗歌有一种动人的淳朴，但是这些诗歌没什么修饰，只有炽热的爱国情怀，所以它们的历史价值大于文学价值。它们的创作时间最早勉强可以追溯到公元前400年，可能更晚。然后，情况突变，日本开始有了一部诗歌集即《万叶集》（*Manōyshū*），而这部诗集显然是一种精练的、高雅的文化的产物。《万叶集》是在奈良时代末期编就的，收录了4000多首诗歌，其中只有几首是于4世纪创作的，其他诗歌人都创作于660~760年这100年间。毫无疑问，这股诗歌流受到了中国文学作品的刺激，因为汉字这个媒介赋予了它艺术形式。这些诗歌的创作使用了汉字，但是采用的是上述方式，即把汉字当作注音符号，而不是指代事物的字词。可以说这些汉字是为了特殊的目的而借用的，当汉字被这样使用的时候，日本人会称之为"假名"

(kana)。①《万叶集》中用到的汉字又被叫作万叶假名（Manyō kana），现代日语假名表就是从万叶假名发展而来的。万叶假名数量众多，使用方式也不规范，所以"准确地读出这些诗歌是非常有难度的……尽管人们从古代开始坚持研究这些诗歌，但是至今还有很多意义不明的段落"（这句话翻译自日文最新版《万叶集》的"序言"）。

这些诗歌，除了少数民歌、民谣之外，大都是人数不多、受过教化的贵族阶层的作品。这些诗歌是按照一个严格的、考究的标准创作的，有一个有限的情感范围。大多数诗歌都表达了一种细腻的情感，也有很多诗歌表现的是一种新的灵感、领悟或者打动人心的主观感知。值得注意的是，我们西方的判断标准是诗歌越长越不好。长诗似乎没有足够的支撑，缺少张力和活力，而只有31个音节的短诗却清楚、快速地描述了所看到的、所感受到的和记忆中的图景。不过，我们不要希望能领悟他人诗歌的中心思想，只要能够表明没有外来元素的日语是一个优美但不够卓越的工具就好；因为日语的音数量不多而且也没用太多变化，所以它无法产生强劲或优美的节奏以及巧妙的韵律。

事实上，《万叶集》是奈良时代对纯文学的唯一贡献，但是8世纪还有很多其他类型的文学活动。《古事记》和《日本书纪》

---

① "假名"（Kana）是一个常见但存疑的词源，可能源自朝鲜语的音节表。朝鲜语的音节表自 ka na ta ta 开始。朝鲜早在690年就有了音节表，而这无疑影响了日语音表的发展。值得注意的是，很久之后朝鲜人发明了另一个音节表，而且朝鲜君主于1445年公开宣布使用。这其实是一个字母表，因为音节符号是由元音和辅音构成的。有人问：为什么日本人没有发现类似的方式？原因是他们的本土单词完全是由开音节组成的，他们没有想去分析读音。朝鲜语既有开音节又有闭音节，因而其元音和辅音之间的差异也更明显。每当日本人引入一个闭音节的汉字时，他们就会把它拆分成两个开音节，比如古代读音为"mok"的汉字，在日语中的读音就变成了"moku"。

（分别用日文和汉文编写）属于8世纪最初十年的著作，当时还有很多与之类似的重要编著，其中最重要的就是考察各个地方自然资源和风土人情的《风土记》以及续编的、记录700~791年历史的官纂史书《续日本纪》。《续日本纪》是有价值的原始资料，其内容几乎全是用汉字记录的，只有几则天皇诏书是按照发音记录的，这几则诏书可能是现存最古老的纯粹用日语写的散文。然而，连这些记录中都显示出中国影响的痕迹，因此又为中国思想和语言的渗透提供了另一个例证。任何受过教化的人最先关注和学习的都是中国的思想和语言，这也是想要在朝廷或佛寺中有所发展的人所必需的。而读和写是获得这种学问的基础。人们经常会忽略这样一个简单的事实，即读和写是刚出现的、少见的技能，仅限于一个特殊的、由来自中国或朝鲜的人及其后代主导的阶层。如此一来，奈良时代所做的文学努力大多是抄写和模仿外国的模式，人们很少有时间或能力从事原创性的活动。复制从大陆带回的手稿是一项繁重的、重要性上升到国家层面的工作。复制手稿是国家部门的职能，该部门有这样一个特殊的机构负责抄写、加衬纸、装订以及提供其他所需。这个机构有众多负责抄书、装订、造纸、造笔和造墨的人，它负责监督抄书员的工作，为这些抄书员提供材料，这些抄书员白天工作以换取一定量的饮食和工作时可穿的干净衣物。这个机构的主事者是一位高阶官员，比如岸田宜（Kishida Yoroshi），他是一位有朝鲜血统的著名学者，733年主理该机构。

此外，还有对重要佛教论典的更大规模的抄写。据文献记载，抄书员于673年被召集在大和国的一座佛寺中，准备抄写卷帙浩繁的《三藏经》全卷。不过现存最古老的完整的佛经抄写本可追溯到686年。奈良时代中期人们抄写佛经的热情已经发展为狂热。人们抄写佛经不仅是为了使用，而且是为了求取功德，富裕的人会将大量钱财花在装饰精美的经卷和用来装盛这些经卷的匣盒上。天皇宫里有一个官方的抄经所，由亲王主理；皇后宫里也有一个；地方上也会调拨钱财用于抄写经书和注解，寺庙和佛寺中也有抄书员从事同样的工作。据说正仓院近半数文档记录的都是给抄书员的薪酬、纸墨的花费以及其他相关事宜。留存下来的一些残本展示了抄书工作的安排，展示了抄书员如何在正式抄写之前先练字，如何在账单的反面潦草地写下诗歌和笔记。下面是从账目中摘录的一段典型的内容：

　　神龟四年（727）12月第4日，收到用于抄写《大般若经》的纸1万张；
　　神龟五年4月第1日，退回2600张纸，这是抄写《大般若经》剩下的；

　　这些劳动尽管都是机械性的，但是至少推动了基础学问的普及，因为它催生了一个新的文书阶层。它推动了书法以及造纸、造墨、造毛笔和造颜料工艺的发展，有利于艺术的整体发展。

　　这个时期日本的文学和学问成就不多：编就了日本第一部诗集，收录了日本文人创作的汉语诗歌；[1]做了很多汇编法令、法规，拟定规范以及类似的工作。但是所有这些都是派生的，因为这个时候的日本还在学习中；而且，如果抛开《万叶集》中的本土诗歌不谈，那么我们会在艺术而不是文学中第一次发现原创精神。

---

[1] 日本人编的第一部中国诗歌集是《怀风藻》(*Kwaifuso*)，编于751年。

抄经所的一名抄书员，745 年一张废弃的抄经纸上的涂鸦，藏于正仓院

第二节 艺术

在一个痛苦、缓慢的过程之后，日本人在某种程度上还是掌握了中国的学识和文学，他们的内心还是倾向于中国文化中的美学元素。我们可以从早期墓葬中的物品看到中国审美和技艺的渐进影响，但是直到佛教传入以后，他们潜在的艺术热情和活力才得到完全的实现。552 年，日本原始的本土艺术消失，也是在这一年日本开始进入一个纯粹的借用阶段。但是，当日本开始在宗教艺术中仿照中国的样式时，其灵感来源其实是极其遥远的西方，但是他们当时未必知道，因为过去几个世纪中国艺术也受到

了各种各样的外来影响。新的研究似乎表明早在汉朝以前希腊就已经通过伊朗影响了中国的艺术,我们知道汉朝沿着喀什噶尔的方向向西挺进,与西域有了往来,所以汉朝时中国人知道罗马帝国,罗马人也知道中国和中国人,并称之为赛里斯国(丝国)和赛里斯人。但是佛教的传播让东方和西方之间有了更密切的往来。佛教僧侣于公元1世纪的时候到访中国,公元二三世纪的时候就有僧侣从印度来到洛阳或长安传道。从4世纪开始,有很多师徒沿着惯走的路线,途经犍陀罗(Gandhara)与和阗(Khotan)往返于中国和印度。最早往返于中国和印度的人当中有几位伊朗人。4世纪,统治中国北方的鲜卑人偏爱佛教,一些鲜卑人建立的政权比如北魏将佛教作为国教。这种支持让很多印度僧侣来到中国,也鼓励了中国朝圣者踏上前往信仰之地的路途。不久后,朝圣路上就出现了一些圣所,有佛寺,也有抄写并储存佛经、绘有图画、刻有神圣佛像的地方。然后,随着隋朝、唐朝中国的统一,其世俗影响力再次西传。公元600年之后不久,吐鲁番(Turfan)、龟兹(Kucha)与和阗就被纳入中国版图。8世纪初期,中国在布哈拉(Bokhara)设立要塞,中国军队占领了撒马尔罕(Samarkand)。索格底亚那(Sogdiana,即粟特)以及古巴克特里亚(ancient Bactria)的国君都寻求中国的庇护。公元750年之前,中国派军队越过帕米尔高原高耸的山口,这样一来他们的节度使①在龟兹就能够监管印度、波斯、索格狄亚那、吐蕃以及"喀什噶里亚"(Kashgaria)。②

---

① 这里的节度使,对应的原文是governor,指的应当是唐朝中期的名将高仙芝,他是高句丽人,曾于公元750年奉命出兵。——译者注

② 西方用于描述今新疆维吾尔自治区南部的一个历史地理名称。——译者注

因此，可以想象有影响力的西方文化元素不断涌入中国，主要途经的地方有喀什噶里亚——一个和印度一样信仰佛教的地区，但是中国艺术表明它不仅受到印度的影响，而且受到犍陀罗文化及希腊文化的影响，同样还受到波斯和拜占庭的影响。因此，考古学家在吐鲁番沙漠中发现了7世纪上半叶的坟墓，墓中有做工和样式各异的丝绸，有一些是中国的，还有一些是萨珊王朝的；在那些坟墓中，已逝之人的双唇之间夹着6世纪的硬币，既有拜占庭的又有萨珊王朝的。僧侣和商人沿着商路将诸如此类的物品带到了洛阳和长安，然后又被中国朝廷作为礼物送给朝鲜和日本，或者被归国的旅者作为珍宝买回。对外来艺术的了解就这样传到了东方。一种风格或方式的传播，有时候会保持原样，有时候会发生变化，因为中国的有才人很有个性，他们不会单纯地接受，他们会将其糅合成一种复合型的艺术，有时候西方元素几乎会被淹没在东方元素中。① 所以，考古学家在从和阗到太平洋沿岸的遗址中发现了一些可能是从希腊－罗马（Graeco-Roman）原作复制而来的绘画和雕像；会让人想起波斯细密画的壁画；能呈现"印度的柔性、希腊的优雅和中国的魅力巧妙融合"的雕像；融合了中国人的眼睛和希腊人的容貌的神像，或者外貌、衣着和周围事物都非常中国化的天人和恶魔，除了出自佛教传说之外，没有其他可辨识的印度痕迹。似乎中国人融合了所有这些外来元素，创造了一种明确的、独立的大陆艺术，这种标准的艺术类型传到中亚和东亚，所以我们能在新罗古都的遗址或奈良佛寺的珍藏中找到一些遗址中也有的画像或绘画，比如吐鲁

---

① 或许最突出的一个传播案例是法隆寺橘古佛堂中的一幅菩萨肖像画，这幅肖像画的头饰上出现了圆光和新月，这两个图案是月氏－萨珊 (Kusana-Sassanid) 王冠上特有的图案。

/ 第七章 艺术和文学 /

番遗址。大体上，我们可以说日本艺术在早期发展阶段复制了这种大陆艺术的发展史，揭示了这种大陆艺术所融合的各种元素的痕迹。但是，因为日本位于大陆的远东边缘，所以通常它接收的只能是中国已经吸收并且在传播前糅进某种中国特色的艺术。大体上日本落后于中国几十年，所以它并不那么易受转瞬即逝的事物的影响。尽管一些来自遥远西方的物品时不时地会传到日本海岸，但是大多都保留了其异域特色；日本在艺术上，与在学问和政体上一样，都把中国当作重要的模板和老师。

在概述这些发展阶段的时候，我们可以参考一些艺术史学家非常随意但便宜的时间划分。① 第一个阶段是飞鸟时代，之所以以此为名，是因为那个时期宫廷位于一个名叫"飞鸟"的地方或这个地方附近，离现在的奈良不远。这个时期日本佛教势力渐长，佛像也开始从朝鲜流入日本，随着宗教热情的高涨，想要求取功德的人开始崇拜佛像并且建造盛放这些佛像的寺庙。

在这个时期，起初几十年里有很多艺术家和手工艺人从朝鲜和中国来到日本，所以我们很难断言早期的作品是出自日本人之手。大多数飞鸟时代的杰作可能都是外来艺术家创作的，所以艺术作品完全处在外来的影响之下，我们无法区分哪些作品是在日本本土创作的。不过，一般说来，这个时期运输面临很大的困难，冒着丢失或破损的风险将这些珍贵的物品海运过来不如直接带来技艺娴熟的工匠。这种技艺娴熟的工匠很多，因为大约从574年起中国北方出现了短暂的禁佛运动，很多僧侣、艺术家和手工艺人从山东迁到了朝鲜各个王国，当时统治者通常会附赠一

---

① 学者对发展阶段的划分并不统一。不同的学者选择不同的日期作为一个时期的起止时间。前言详述了现在一些有名的日本学者的划分。

位画师或雕刻家作为贡物。

从文献记录中我们得知,到 640 年日本已经修建 46 座寺庙。但是这些寺庙现在几乎毁坏殆尽,因为木质结构很难逃脱恶劣天气的影响,也总是面临火灾的威胁。但是,十分庆幸的是,还有一些宏伟的古迹留存至今,其中最有名的是法隆寺的金堂(Kondō)、五重塔、回廊和中门。法隆寺是推古天皇[①]在 607 年建成的一座佛寺,其建筑风格是 6 世纪中国盛行的一种风格,是从朝鲜传到日本的。金堂是重檐结构,有呈凸肚状的结实的圆柱,圆柱顶上是有些笨重的支架;但是金塔的比例很均匀,用瓦平铺的屋顶曲面也很悦目,所以不会给人以笨重的印象,反倒让人觉得豪放。这或许是世界上最古老的木质建筑,也是最华丽的木质建筑之一。金堂是精致美感和建筑技巧的产物,这种建筑技巧虽然从细节上看有些粗糙,却惊人地先进,而且风格也很自由。优雅的五重塔和其他未被损坏的古迹也都是如此。这个时期日本佛教建筑的一个吸引人的特征是选址在平坦开阔的地区,不仅比例均匀,而且规模很大,形成了和谐的建筑群。

这些建筑中珍藏有雕像、绘画以及其他珍宝,其中有一些留存至今。就像佛寺一样,这些珍宝的灵感也源自中国样式,或者源自朝鲜人复制的中国作品。不过这些建筑并不是完全的仿制品,而且有适应日本材料和习惯的痕迹,佛像要么是从中国带回的,要么与中国原作很相像。在袈裟的处理、面容的塑造以及某些修饰图案的使用上,这些佛像都表现出与北魏云冈石窟和龙门石窟石像的密切联系。它们的一些特征得益于其塑造者试图将适

---

① 文献证据似乎证明整个结构于 670 年被烧毁并于 708 年以同样的风格重建。但是雕塑等极为重要的珍宝或许得以留存。

/ 第七章 艺术和文学 /

法隆寺金堂正面外观

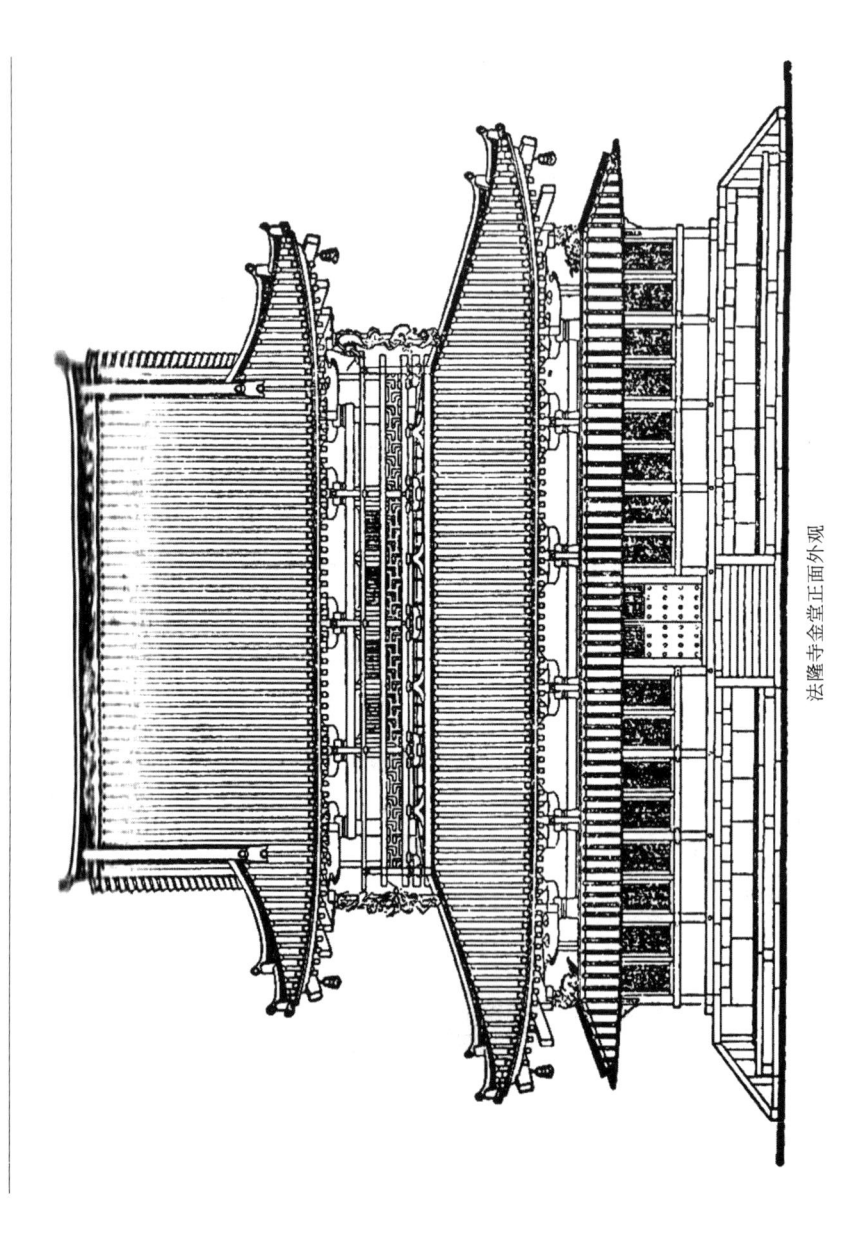

用于石刻的技术应用到青铜或木质材料上。这些佛像有两种可辨识的风格，其中一种呆板、古旧，表现了塑造者左右对称的倾向，没能注意到头部和四肢以及躯干的自然比例。从铭文和其他一些地方勉强可以看出这种风格的佛像大多是鞍作止利及其弟子的作品。止利有中国血统，他因于623年创作了大型的镀铜的释迦三尊（Shaka trinity）、于607年创作药师三尊（Yakushi trinity）中的中尊①而闻名，目前这两个精致的作品都藏于法隆寺。我们知道佛像塑造者最早是于577年从百济来到日本的，并且在那之后佛像塑造者频繁来日，所以除了止利一派外，他们很有可能还形成了一个或多个派别。当时显然还有一位大师以另一种风格创作，因为同一时期还有一些佛像也受到中国佛像的启发，但是技术更先进，创作者对材料的使用也更娴熟。

　　这些佛像中有至少三尊特别引人注目，我们很难从中选择一尊来描述，也无法不给予盛赞。第一尊是百济观音（Kudara Kwannon），一尊木制佛像，优雅、高挑、纤细。这尊佛据说是来自百济，就像其名字所显示的那样。这尊佛像上随处可见北魏的影响。第二尊是法隆寺的弥勒菩萨（？观音），人称百济弥勒（Kudara Miroku）。百济弥勒是一尊涂有干漆的木制佛像，慈眉善目、悲天悯人，姿态优雅。第三尊是木制观音像，因为香烟的熏染和长达1200年的虔诚擦拭而乌黑发亮，坐落在名为中宫寺的尼寺中，中宫寺曾是圣德太子母亲的御所。这尊佛像栩栩如生，极为完美，超越了时间和空间。这尊佛像据说是在圣德太子死后不久创作的，具体时间不明，为的是表明他是观世音的化身。这些佛像远比止利一派的铜像要更引人注目，止利一派

---

① 刻在这尊佛像圆光上的铭文是现存最古老的、能够证明日本使用中国文字的例证。

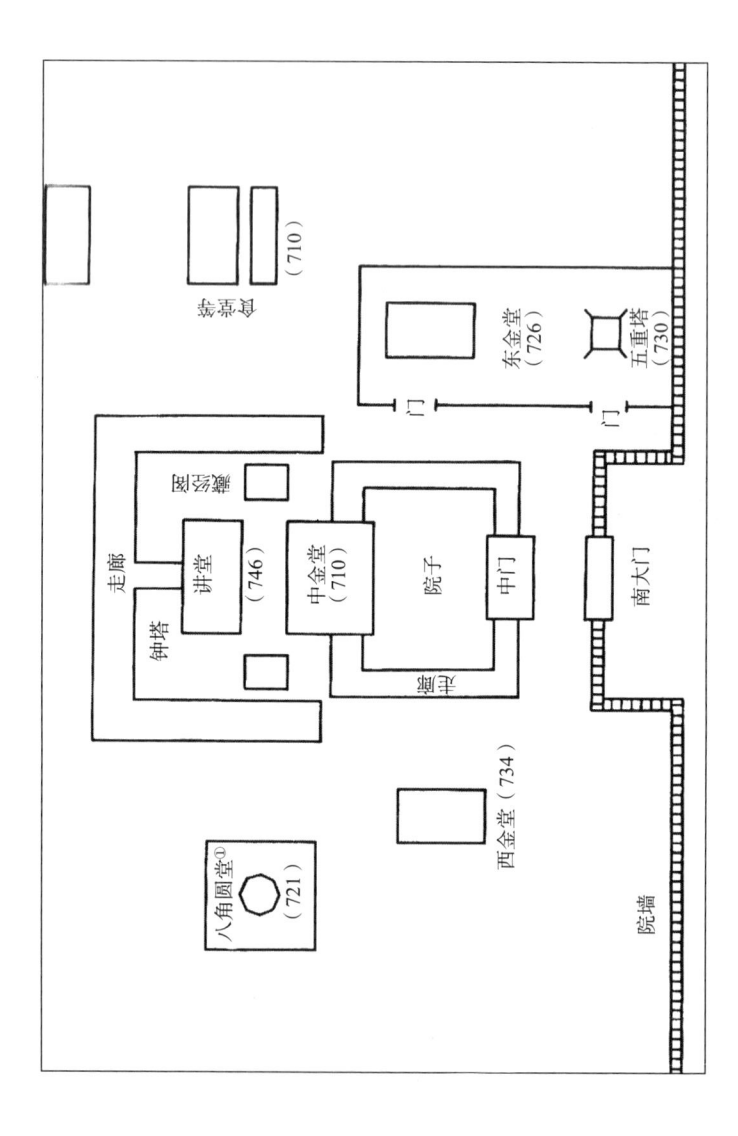

兴福寺建筑群分布

① 南圆堂建成以后，八角圆堂又被称为北圆堂。

的铜像虽然高贵且有一种简约、古老的魅力，却不够生动形象。造成这种差异的因素无疑有技术层面的，因为铜是一种很难操作的介质。不过木制佛像是大师的杰作，能够与世界上任何一种雕塑媲美。

从飞鸟时期的古迹来看，当时绘画的发展不及雕塑。据记载，605年日本形成了画师行会，610年高句丽的国王将一位名为云徵（Donchō）的僧人派去日本，云徵擅长造纸、用墨和调配画师用的颜料。似乎到这个时候绘画只是用于修饰寺庙、佛像和佛经中的彩图。这个时期遗留下来的重要作品也自然都是实用品而非纯粹的艺术品，比如像"玉虫厨子"（Tamamushi）这样的佛龛的嵌板展示了一种名为"密陀绘"（mitsuda-e）的有趣技艺，密陀绘是一种漆画工艺，用的是加了油和铅的颜料。如果我们从以木制佛像的立幡、头冠、圆光、纹饰的形式呈现的铸件、雕刻件、镶嵌和凸纹饰来看的话，金属加工也获得了相当大的发展。

这些物件展示出高超技巧和强烈的设计感。阿拉伯花饰和常用的其他图样以及对人像和袈裟的常规处理大都体现了朝鲜的直接影响，显示了中国的图案和技艺，而这些又受到印度和西亚艺术的影响。

紧接着飞鸟时期的是白凤时期（Hakuhō，645-724）。这是一个过渡时期，日本艺术得以快速发展，这个时期中国不但直接影响了日本，而且透过朝鲜间接影响了日本。隋朝灭亡，大唐时代开启。正如我们所了解到的，日本与唐朝有直接的往来，日本人热衷于在宗教、法律、仪式和服装上复制唐朝的模式。日本人计划在奈良建造新都，这自然极大地推动了建筑学的发展，我们知道奈良建造了很多宫殿和豪宅；但是这些建筑已经不复存在，所

/ 第七章 艺术和文学 /

奈良药师寺佛塔

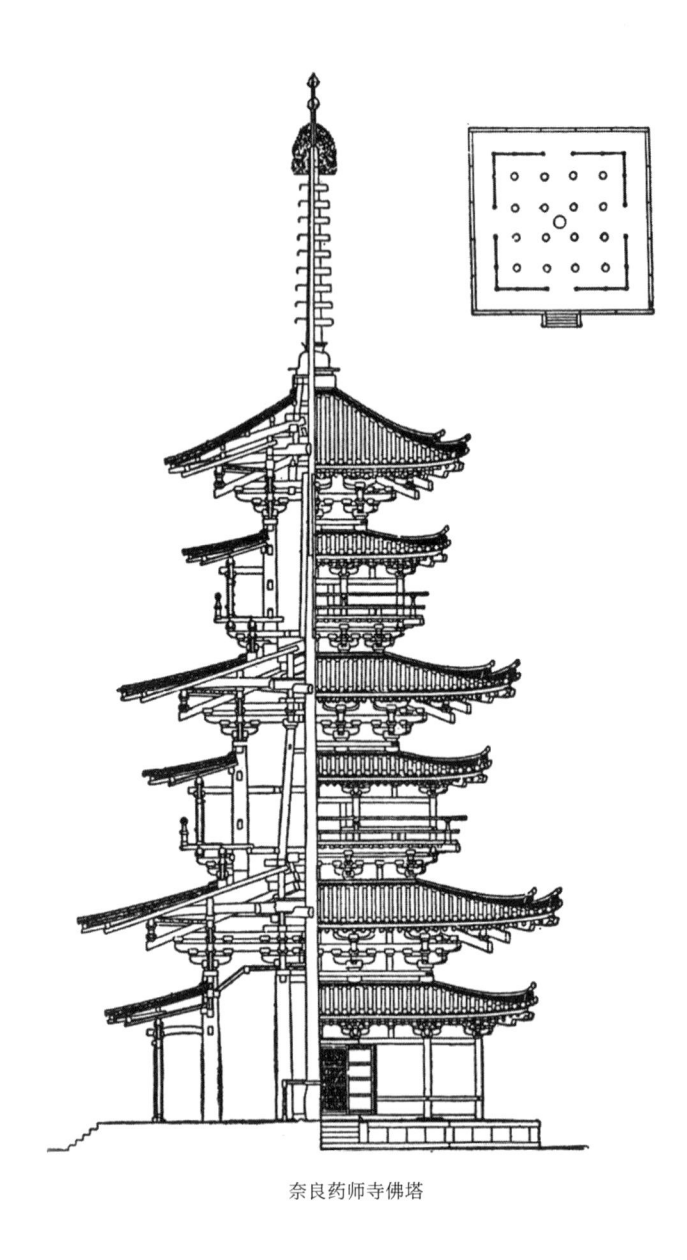

药师寺佛塔的尖顶饰，720年前后

/ 第七章 艺术和文学 /

以我们只能想象这座于 710 年建成的城市的样子。日本人如此热衷于建造寺庙，以致到 7 世纪末寺庙已经泛滥。持统天皇（Empress Jitō）在位期间（687~697），佛寺已经增加到 500 多座，每座佛寺辖区内的建筑也有所增加。

这个时期最重要的建筑古迹是药师寺的佛塔。这座佛寺建于 680 年，但是在 718 年的时候迁至离奈良新都中心不远的一个地方。公元 718 年的构造如今只剩下三层佛塔。佛塔比例均称，给人以轻盈优雅的印象。一些技术细节，比如复合支架、屋檐及栏杆的设计，显示了在法隆寺建筑基础上的发展，而佛塔迷人的尖顶饰很好地展现了日本人在艺术处理上越来越多的自由和原创。

白凤时代的雕塑表现出强烈的中国影响以及越来越娴熟的工艺。白凤时代的雕塑大多数是圣人像，也有一些以雕刻面具的形式呈现的、世俗的或类似宗教的艺术（中国或朝鲜都没有与之相同的），这些雕刻面具曾用在奈良几座大的佛寺举行的祭仪上，用于名为伎乐（gigaku）的仪式舞蹈中。从这个时代的佛像上，我们不仅可以看到源自唐朝式样的灵感，还可以看到塑成唐朝艺术的复杂影响源，即隋朝传统与我们已经提到的大陆风格的图案和技法的融合。目前日本所藏的这个时代的艺术作品要比饱经战乱的中国多，研究这个时代的杰作非常有趣，可以寻找相同和相似的作品以了解广阔的亚洲大陆上艺术冲动的传播、流传与再流传。但这是专家的工作，这里我们只能捎带看一下几个主要的案例。药师寺非凡的青铜圣观音像（Shō-Kwannon）是一座令人印象深刻的 7 尺（英尺）佛像，身着贴身的、飘逸的衣饰，与飞鸟时代佛像僵硬的包裹物形成鲜明对比，表现出一种强烈的形式感，而这种形式感显然融合了印度人的阴柔和中国人的阳刚。有人认为这是百济国王在 720 年送给日本的佛像，毫无疑问这个时间是接近的，但是也有其他权威人士认为这尊佛像是为纪念皇极天皇（Empress Kōgyoku）而造的，后者于644年逝世。药师寺里还供奉着这一尊青铜药师如来像，药师如来像的灵感无疑来自初唐的流派，而不是来自较为陈旧的朝鲜传统。这尊佛像威严壮观，曲面流畅完美，比例均称，构思成熟，尽管在细节上并非完美无缺，但是可以看出创作者出奇地克服了很多技术困难。佛像厚重的青铜座台设在一个白色的大理石面上，从座台上垂下的袈裟褶皱明显对称，座台上刻有怪异的形似矮人的裸体人，据推测描绘的是印度一些发展缓慢的部落成员接受佛教布施的场面。

这个时期的大多数雕塑所用的材质都是青铜、木材或干漆[①]，值得注意的是，日本人似乎不喜欢石制品，尽管中国和朝鲜的大多数最为精美的雕刻，雕像也好，浮雕也好，都是石制或大理石制的。更令人新奇的是，新罗旧都附近的一个石窟庵（Sekkutsu-an）现在依然保存着一些精美的石像，而这些石像和奈良时代的日本雕像与中国西部敦煌石窟里的一些初唐泥像很相似。这种可塑性更高的介质似乎能最好地展现日本人的天赋。起初使用黏土的相对较少，这无疑是因为它的易碎性，但是这个时期有一些未经过火烧的黏土作品，虽然没有惊人的美感，却能够最直接地体现中国对日本早期艺术的影响。它们是留存至今的法隆寺五重塔塔基四组小雕像的一部分，以恰当的情境描绘了佛经中的故事，比如入涅槃、分舍利等。小型石窟的内置一定受到了中国石窟的启发，石窟中佛像的面容很像中国人，旁人会以为这些佛像是从中国运来的，或者至少是由中国的工匠创作的。

就绘画艺术而言，这一时期最珍贵的遗迹是法隆寺金堂的壁

---

① 第一件干漆器物大约出现于后白凤时代。

/ 第七章 艺术和文学 /

画，描绘的是极乐世界的场景。这些壁画可追溯到约710年，其最初的灵感显然来自印度，甚至有人轻率地认为它们是印度艺术家的作品。这些壁画富丽堂皇，其豪放、自由的轮廓是受佛教主题和中亚技巧影响的初唐绘画所特有的。它们使用的技巧与和阗和阿旃陀（Ajanta）的壁画技巧相似。① 因此，我们最好把它们当作熟悉大陆风格的中国人或朝鲜人绘制的或者是在他们的指导下绘制的。

有人认为那幅经常被复制的圣德太子及其两个儿子的画像属于这个时期，但是专家认为这幅画是一件很久之后才被绘制的复制品，原作是7世纪时的一幅作品。

第三个、第四个奈良艺术时期（725~794）被称为天平（Tem-pyō）时期。天平是一个正式的年号，该年号的使用时间覆盖了奈良艺术时期的大部分时间。天平时期是日本佛教艺术的黄金时代。日本人已经度过学徒期，成长为老师。不过，事实上，他们并没有脱离中国的传统。相反，奈良时代几乎所有的作品都有明显的唐朝影响的痕迹，而且因为那个时期的艺术几乎都是宗教艺术，所以无法背离佛教思想的启示去形成一种纯粹的本土风格。当时肯定有一些固定的、不能违反的主题和技法标准，所以他们必须紧跟中国大师，这些大师作品的质量让他们深深折服。不过他们虽然使用了唐朝的式样，却没有依葫芦画瓢。7世纪，日本雕像有一种不那么明显但是可以辨识的特征，进入8世纪后这种特征越来越清晰可见。之前日本人把精力都用在了紧跟

---

① 阿旃陀和法隆寺壁画中使用的浮雕深浅法不是中国的技法。关于法隆寺壁画，更准确的说法或许是，这种风格是初唐佛教主题绘画所特有的，这些佛教主题是经由中亚传到中国的。它们构成大陆壁画传统的一部分，锡兰（Ceylon）、阿旃陀、和阗和敦煌依旧保存有这种传统的壁画。

快速发展的中国风格上，所以从一开始他们就远远落后，就像法隆寺的青铜像，虽然创作于唐朝，却是北魏的风格。但是在奈良建都约30年后，即约从750年起，稳定的社会环境促进了艺术的发展和与中国的密切往来，所以日本仅落后中国10年，他们能够依靠自己，在天赋容许的范围内完全跟上潮流。我们可以简要地称天平艺术尤其是天平雕塑略微保守地反映了成熟的唐朝艺术，但同时表现出明显的本土特色。

天平时期的作品很多，所以我们只能指明这个时代的主要特征。在建筑上，这个时期日本有了快速的发展，并且逐渐演化出一种越来越具有民族性的风格，即把民族习惯融入其中。日本人在新都建立了很多大的佛寺，或者将佛寺从其他地方搬到那里，不仅是为了点缀，而且是为了保护帝都，因为人们认为这些圣所是保护新都所必需的。这些被迁的佛寺中就有兴福寺（710年），在藤原氏的资助下建成的一组宽敞的建筑群。但是那个时代最具象征性的是东大寺，之所以被称为东大寺，是因为它坐落在都城东边。东大寺设计规模宏大，占地2平方英里，由众多建筑组成，其中最大、最宏伟的是大佛殿。东大寺的发展概述了日本当时的社会史和政治史，同时东大寺也是日本艺术发展的典范。它建于745年，但是直到747年才真正动工。尽管大佛殿作为一座建筑于751年建成，但是其内外装饰直到十多年后才彻底完成，而且东大寺中有各种必不可少的佛殿、讲堂和僧房。这种壮观的构造如今已经不复存在，但东大寺的很多珍宝得以留存至今，让我们能够想象东大寺大量珍贵且精致的物品。天平时期的重要雕塑很多，很难从中任选一件，但是东大寺法华堂（Hokkedō）的梵天（Bonten）泥塑或许是天平时期最具特色的雕塑之一。梵天姿态极为优雅，与中宫寺观音像抽象的、高高在上的外形相比，流露出一种近乎世俗的自然主义。这不仅仅是一个视觉观察成就，这其中有现实主义，现实主义与不可能在这个陈旧乏味、从不轻信的时代盛行的唯心主义巧妙地融合在一起。现藏于东大寺戒坛院的四大天王像（Four Guardian Kings）也是如此。他们气势汹汹的姿态和令人恐惧的表情极为形象，不过艺术家还传达出了一丝不易察觉的仁慈，一种其他天人身上更显而易见的慈悲。的确，这个时期日本佛教艺术的典型特征是排斥怪异的、粗俗的审美，没有中国艺术家创作的众多作品中的那种夸张与不羁。日本艺术婉约、克制，温和而不阳刚，它是直觉而非理智的产物。因为日本艺术摆脱了中国的指导，所以它似乎失去了某种野蛮的活力和丰富的想象。也许日本艺术缺少活力，但是熟悉日本早期作品的人都会因它的无穷魅力而心存感激。

  天平时期的现实主义之风体现在很多精美的、以有名的僧人为主的雕像中，其中最著名的是鉴真和良辨（Rōben）的雕像，当时他们在奈良都是伟大的人物。日本似乎还有一个专画宗教肖像的绘画流派，但是我们对这个时期的普通绘画艺术知之甚少，只知道画师勤勉地创作，而且如果我们根据少数留存下来的画来判断的话，当时的绘画艺术在线条简洁和用色巧妙上达到了较高的水准。这些古物中有一个六扇的屏风尤有历史意义。屏风上有绘画，描绘是几位女性站在树下，这扇屏风与在中亚阿斯塔纳古墓中发现的一幅画很相似，尤其是在对树叶等细节的处理上。这里我们就有了确凿的证据可以证明，至少唐朝艺术的其中一种风格传遍了亚洲，从最西端传到了最东端。我们是不会弄错当时唐朝流行的审美风格的。前一个时代那种高高瘦瘦、自然下垂的、具有波堤切利作品特点和风格的人物画像已经被姿态优雅、线条丰盈的淑女画像取代，这些画像中的人物全喉略有皱纹，衣服也华丽得体。藏于药师寺的约绘制于770年的一幅肖像画上的印度女神拉克什米（Sri）可能只是仿照唐朝样式画的日本皇女。考虑到正仓院库存中的那些异域物品，这种强大的大陆影响力也就不足为怪了。这个储藏院藏有圣武天皇的私人物品，是他的遗孀于756年献给东大寺佛陀的，而且这些物品至今完好无损地藏于正仓院。这些物品中有手稿、图画、饰品、武器、乐器、炊具以及各式各样的大佛祭拜仪式上会用到的器物，这些物品共同勾勒了8世纪日本宫廷生活的画面。其中，最引人注目的就是外来器物或者凸显强烈的外来影响的器物，有玻璃和陶制容器、金属制品、漆器和织物，其中有几件要么是从中亚、波斯或者希腊带回的物品，要么是源自这些地方的物品的复制品，比如拜占庭风格的大理石浮雕、身穿波斯服装的女性画像。同时，还有很多日本制造的精美器物，这些器物表明8世纪日本人的工艺已经达到成熟水平，自此可以沿着自己的路径推动艺术的进程，在接下来的时期他们显然也是这么做的。

/ 第八章　法律和行政

尽管通过早期与大陆的往来日本人对中国的行政和司法措施有了一定的认识，但是只要氏族体系存在，他们就无法将这种认识付诸实践，除非是以象征性的方式。因为氏族首领在本氏族拥有完全的行政和司法权力，而中国体制的核心在于它有一个中央集权的官僚机构。因此，直到大化改新的法令颁布之后，日本才在瓦解氏族自治权上取得了一定的进展，日本人才开始真正地编纂法律。自此这一进程开始，从未停止。起初日本人参照的主要是隋唐的法典，当时朝鲜的各个王国已经照搬了这些法典；日本人学习中国，将法律分为律（ritsu）、令（ryō）、格（kyaku）、式（shiki）四类，大致对应的是禁令、指令、规则和形式。我们可以将律视为刑事法律，将令视为民事和行政法规，将格和式视为各种各样的规则，这既是为了从细节考量这些法律的实施，又是为了考量随着时间的推移对这些法律所做的修正。这样的类比可能会让一些法律史学家感到不快，但是在中国，即使不同类别的法律之间的差异也不是那么明显，所以这种相似性足够帮助我们理解。据说第一部法典是天智天皇（Emperor Tenchi）编纂的，可追溯到662年，尽管编年史中经常提及，且这部法典似乎经过了多次修订和补充，但是没能留存下来。现存最早的法典是《大宝律令》，由藤原不比等（Fujiwara no Fubito）、粟田真人（Awata no Mabito）和其他人于701年编就。《大宝律令》于当年颁布实施，当时朝廷派遣了一批明法博士到各地方政府机构阐述律令并监督实施。《大宝律令》的具体内容不得而知，因为流传至今的只有编于833年的注释书《令义解》（Ryō no Gige）。《令义解》是一部重要的著作，与之类似但内容更多的是编于920年的《令集解》(Ryōno Shū ge)。这两部著作收录了自《大宝律令》颁布以来的历次修订和评注，但这种收录形式让人难以区分哪些是早期的律令，哪些是后来的律令。《大宝律令》于718年修订，但是新的法典即《养老律令》(Yōrō Code) 直到757年才开始实施。这些时间点很重要，因为它们表明了那个时期日本对立法的重视程度，以及日本是怎样在实践中发现部分中国法律不适用的。后来的法典，虽然在形式上与中国的范本相似，但是在内容上与之有相当大的不同。日本的刑法没那么严苛，其行政法也做了相当大的修订以适应日本的形势。因此，那些涉及宗教事务的条款虽然在术语和编排上与某些中国范本一致，但基本内容都是原创的。

我们无法在此详细地追溯奈良时代那些从这些法典中衍生出的行政和司法机构的发展。不过，我们可以加以概述，前提是不能把这个概述当成对某个特定时段的形势的精准概括，而要把它当成对8世纪普遍形势的描述。我们无法像有人期待的那样在如此短小的篇幅中确切地描述在那个充满变革和试验的时代里接连不断发生的所有变化。

首先来看行政体系。我们已经注意到日本这个时候有了太政官，太政官下设八省，以国为单位划分行政区域，由中央派遣国司管理。京畿内的四国（716年之后有五国）除外，京畿是一个特殊的区划，因为这些地区离都城很近。当时日本分为若干国，国下设郡，郡下设里，建立了国、郡、里三级行政体系。国之上设有一个大的行政区划，即道，全国共分为7道。道是根据地形而非行政区域划分，事实上，这七道对应的地域也在某些主管官员的管辖之下。这些道的主要吸引力在于它们被当作地域名沿用到今天，比如大家熟悉的北海道或东海道。我们并不清楚大化改

/ 第八章 法律和行政 /

新时期日本国和郡的数量，但是随着中央政权影响力的扩散，国和郡的范围和数量也发生了变化。到9世纪初，日本一共有66个国、592个郡。

这就是日本的行政机制，现在我们来简要地描述一下确保该机制运转的官员的职能。日本的行政等级制度主要参照的是唐朝的体系，但是考虑到本国的情绪和地方的形势，从一开始就做出了一些调整，我们会看到在大化改新期间以及大化改新后的一个世纪，很多调整变得或看起来很有必要，因此从中国引用的一些制度要么无法实行，要么会引起不满。这是意料之中的，因为第一批改革者几乎原样照搬了中国的理论体系，即便我们大胆地假定中国的理论与中国的实践是一致的，高度系统化的唐朝体制也不可能适用于日本的每一个情境。也许唐朝范本和日本复本之间最有趣的一个不同是后者设置了神祇官（Jingikwan），神祇官不仅地位在其他省部之上，还与最高行政机关——太政官并列。朝廷赋予神祇官重要性，表明本土信仰作为一个宗教和社会体系，虽然短时间内有些黯然失色，但是统治阶层并没有忽略它作为维持、巩固主要氏族声望的工具的价值。因此，我们一定不能认为佛教已大获全胜。在奈良时代一个很短的时期内，尤其是在虔诚的佛教徒圣武天皇在位期间，宫廷中的某些神道教仪式似乎已终止，即便有也只是例行公事；但是宫廷很快恢复了这些仪式，对那些大的传统斋戒和节日的庆祝一直延续到今天，成为君主统治的一个重要组成部分，这或许也是君主最重要的职责。

我们已经提到各省部的功能，只需要补充一点，即尽管它们与中国的模式极为近似，但是二者之间还有一些有趣的差异。首先，唐朝皇帝之下有最高机构——中书门下，由六位高阶官员组成，下有三省，并且有两位宰相佐政。但是在日本，这些权力都集中在太政大臣一人手中，太政大臣由左大臣、右大臣辅佐。这种简化更多是为了保持日本的自治传统，无疑也是为了延续大化改新前大连或大臣享受的权力垄断。在唐朝的体制中，中书门下下设六部，这六部大致相当于内务部、税务部、礼部、军部、司法部和工程部。日本人大致参照了这种划分，不过他们增加了两个部门——中务省和宫内省。这些差别也很重要。中务省对应唐朝中书门下下的三省之一，不过在中国的体制中它在性质上相当于内阁秘书处，而在日本它升级为一个部门，而且是最为重要的部门之一。中务省负责起草天皇诏令和诏书，处理呈给天皇的陈情表，此外还负责将国事和朝廷官员之事编纂成史。宫内省主要负责为天皇及皇室供应所需。换句话说，这两个新增省部的主要职责是维护皇室尊严。

现在来看地方行政体制，我们会发现国司的职责十分广泛，因为他一个人代表了所有的政府部门。他至少在理论上负责监督其辖区内的所有神社，在与本土信仰有关的宗教仪式上扮演君主代理人的角色；他负责土地和人口登记簿汇编、征兵、征税、分派强制劳役、裁决诉讼。简单地讲，他集民事、军事、司法和宗教功能于一身，是中央政权的喉舌和代理人。自然在大多数情况下国司会把这些宽泛、多样的权力委任给下属，但是国司应当拥有最大的职权，尽管在实践中这一职权经常要么被忽视，要么被滥用。各令制国按照重要性划分等级；至于重要性大小的判断标准，目前还不得而知，有可能是参照它们上交的赋税。选任国司是一件需要谨慎处理的事，最早的时候中央政权之所以谨慎处理，是因为害怕有权势的地方部族首领反对，到后来的一个阶段是因为其贪婪、专横，这些国司本身构成风险。我们并不十分清楚律令制的开端，因为尽管圣德太子的"十七条法令"中提到

/ 第八章 法律和行政 /

了"国司、国造",但是这里所指的一定是介于地方氏族首领自治政权和代表君主的、完全由官方委任的官僚政权之间的一个过渡阶段。大化改新之后,地方贵族之间争夺土地的斗争和武装冲突持续了近半个世纪。不过到8世纪初叶,这种互相争夺土地的行为停止或减少,形成了一个相对稳定的、易于管理的区域划分。虽然有些偏离目前的话题,但是我们这里要指出有利于新政体引入的条件之一,即除了长期争斗之后的精疲力竭之外,是在小氏族和中等氏族首领中流行的一个习俗,即将土地和财产分给儿子。当时没有关于长子继承权的法律,因此宗族或氏族不断地被拆分成更小的群体,每个群体都会继承氏名。所以尽管小群体的数量增加,但是他们各自持有的资产减少,那些实力较弱的群体不得不四散开来,到其他地方寻找土地。氏族凝聚力的丧失中和了土地所有者天生的占有欲,这样一来就促进了中央政府的政策实施。因此,我们发现702年的登记簿中提到了很多独立的小家庭,登记簿中特地标明这些小家庭是大家族的分支,既有一些小的贵族,比如造(miyatsuko)的分支,又有臣和连的分支,不过后者在登记簿中出现得不那么频繁。这无疑是一个自然的趋势,因为在只能缓慢扩大的农耕地区,奴隶和其他受压制的阶层人数不多,无法供养人数快速增加的自由民阶层,这在刚刚提到的登记簿中也有记录,我们从中摘录了如下条目:

a)国造(即地方首领)川岛(Kawashima)家,26"口"人,其中3人为奴隶;

b)国造家族的分支丰岛(Toyoshima)家,26"口"人,其中3人为奴隶;

c)国造小场(Oba)家,96"口"人,其中59人为奴隶。

我们可以看到条目 a）中的家庭保留了官阶，但是没什么财产；条目 b）尽管标明了家族关系，但是这个家庭没有官阶，财产也很少；而条目 c）中的家庭既有官阶又有财产。不过，我们不要认为家族的分裂创造了一个永远有利于中央政府政策实施的条件。人们对土地的渴望再次增强，只不过能够满足他们渴望的阶层发生了变化；没有足够财产满足自身需求的小群体的大量增加引发了更多的争斗，也催生了一个好战的移民阶层，这个阶层一半是土匪，一半是耕农，他们是封建时期武士的前身。

担任国司一职的早期官员似乎并不是什么重要人物，直到 700 年前后编年史中才提及国司。从那以后，朝廷委任地位高的人即位阶为五位的贵族担任国司，那个时期五位是相当高的位阶，因为位阶在五位以上的都是亲王和各大氏族的族长。所以，8 世纪最初几十年间担任国司的有大伴宿祢（Ōtomo no Sukune）、贵文连（Kibumi no Muraji）、阿部朝臣（Abe no Asomi）、丹治比间人（Tajihi no Mabito）。毫无疑问，这些氏名和头衔的所有者都来自主要氏族的支系。事实上他们当中的一些人地位很高，我们有理由怀疑他们只是有名无实的国司，即他们享受国司的尊荣和俸禄，但是他们的职责由代理人履行。不过，关于国司如何履行职责的记录不多。依照法律，朝廷派给国司的人员很少，有 3~4 位高阶官员和 3~4 位文书，即便在最大的令制国也是如此，不过国司肯定会从地方征募下属。因此，下面这种情况也就不足为怪，大多数国司只象征性地行使职权，甚至完全忽略自己的职权，真正的影响力和执行工作完全落在他们之下的郡司身上。中央政府很快就对国司的工作状态产生不满，这一点体现为它频繁派遣督查官调查上报的滥用职权的行为。从

/ 第八章　法律和行政 /

8世纪初开始，朝廷会每年例行巡视一次。此外，国司任期到了之后还不可以离任，直到从他的继任者那里收到一份文书，表明国司府衙的税收或其他资产没有明显的亏空。后来朝廷设置了一个特殊的机构，该机构在问询之后可以自主批准要离任的国司干净利落地离任。如果得不到批准，国司的私有财产就会被没收，以填补国司府衙的亏空。国司的俸禄不多，但是他有很多机会获取非法所得。他的正式收入来自位田和职田，位阶为五位的官员的位田是 24 英亩，国司的职田平均为 6 英亩，这个收入和都城位阶为五位的官员的收入相当。但是国司及其下属人员还可以享有一定比例的以稻米为主的实物税，所以实际上他们比畿内省部的同僚要过得好。所以，775 年的一份天皇诏书中有这样一段话："我们得知，都城内的官员收入很少，难免忍饥受冻，而国司获利颇丰，结果所有官员公然垂涎各令制国的职位。"后来一份呈给天皇的陈情表中这样写道："那些国司都极其富有，他们的仓库中堆满了金子和布匹，他们的桌上摆满了酒和肉。"文献记载中偶尔会提及因正直和忠心而得赏赐的国司，但在大多数情况下国司似乎靠着贿赂、回扣和额外补贴赚得盆满钵满，正如我们以为的那样，他们以牺牲纳税人为代价兴旺发达起来。

郡司（gunshi）是从不用供应国司所需的那个阶层征募来的。郡或里取代了那些由各个小地主乡绅构成的、与之重叠的行政机构（国造、友造、县主等）。郡司是由国司推荐、朝廷委任的，国司几乎无一例外地推荐那些有影响力的地方贵族，他们通常是前文提到的那些地主乡绅中的一员。理论上郡司都是终身任职，但是实际上这一官职变成了世袭的。这一官职既是地方的又是世袭的，只存在极少数从一个地方调任到另一个地方的情况。郡分为不同等级，按照构成郡的里的多少划分，里的数量从 3 个到 40 个不等。当然，随着定居范围的扩大、人口的增多，郡的数量和范围也会发生变化。奈良时代末期日本有 66 个国、592 个郡，平均每 9 个郡组成一个国，所以倘若我们认为每个郡的范围约为 100 平方英里，我们就能对当时郡的大小有一定的了解，不过在偏远且人口稀少的令制国，郡的范围可能会大得多。地方行政机构的实际工作是由郡司来处理的，因为他们了解本地情况，在族人中也有影响力。国司的职责是监督和管理，而郡司的职责是执行以及在一定程度上做出裁决。同时期的文献中提到了一个郡司应有的资质，称他必须是一个品格高尚、勤奋刻苦的人；尽管这不能证明当时朝廷已经抛弃了世袭原则，开始按照能力选任郡司，但是它表明郡司的职位要求严格并且很重要。当然，这个职位既重要又有影响力，中央政权在尝试逐步建立行之有效的地方政府的时候面临诸多问题，其中之一是适当地平衡国级官员和郡级官员的职权。如果赋予国司太多职权，他往往就会获得地方自治权，而这正是改革者不希望看到的。允许郡司在实质上控制聚居人群以其族人为主的大片领地也存在同样的危险。实际上，朝廷发现有必要将一个郡中里的数量控制在 40 个，甚至后来控制在 20 个。730 年，朝廷告知国司，推荐郡司时，在其他条件相同的情况下优先推荐地方氏族的族长。不过，尽管家庭出身很重要，但也不要推荐愚蠢之人。744 年，朝廷颁布了一项法令，禁止近亲继任郡司府衙的重要职位。但是这些禁令并没有得到严格遵守，它们的存在表明这个体制的不足已经凸显，引发了中央政权的忧虑。不过，对那个时代相关文献的研究表明，真正的问题并不完全在于体制——因为这个体制足够行之有效，有一批可信赖的官员，一群适度满意的民众——而在于执行的态度。从当时的诏书和陈情表的语气中我们可以非

/ 第八章　法律和行政 /

常清楚地认识到朝廷主要把国司府和郡司府当作征收赋税的机构。这些法令参照中国最好的范本，里面有很多华丽的言辞，描述统治者对百姓的责任，要统治者珍视、安抚、爱护、引领百姓。不过只有最单纯、最没有戒备的、学习早期文献的学生才能接受这些主张。可能这个时候东西方都有一些思想先进的人，他们认为政府的目的是让被统治者心存满足，但是所有的证据都表明奈良时代政客们的首要目标是获得税收收入以满足不断增加的都市生活需要，百姓的幸福并不是他们的首要顾虑。这些诏书中重复出现"大御宝"（Ō-mi-takara）一词，用来喻指百姓。一些学者援引该词证明统治者把他的百姓视为珠宝，要小心护卫、呵护。但是，还有一种看起来更合理的、不那么离谱的、更符合当时情景的解释，即该词最初指代的是那些负责耕种天皇私有土地的农民，他们才是真正的"御宝"，因为他们为天皇创造了个人收入。尽管如此，郡司的首要职责仍是登记造册、征收赋税，尽管他还有其他职责，比如惩处违法行为、裁决民事诉讼，但是这些职责也大多和逃税以及土地和财产纠纷有关。通过研究这里给出的一些与税收相关的史实，我们可以对这些官员的职责有更详细的了解，不过首先我们要完成对地方行政体制的描述以便了解得更清楚。我们已经看到郡是由一定数量的"里"组成的。这里的"township"（里）是对（时常变化的）日语术语的临时翻译，指代的是拥有耕地和林地的多户人家。或许英译为"village"（村庄）会更准确，因为我们一定要理解它指代的是多个分散的、覆盖相当大一块地方的聚居地。

从8世纪初的税收登记簿中摘录的片段能够表明这些区划的典型构成，如下：

美浓国山县郡（Yamagata）见田（Mita）里家庭登记。50 户

  一类家庭·····································11 户
  二类家庭·····································21 户
  三类家庭·····································18 户
  "口"数······································899 口
男性··422 人
  有位阶的······································8 人
  （其中有 3 位体格健壮的成人、3 位未成年人、1 位病弱之人、1 位年老之人）
  体格健壮的成人·······························153 人
    其中士兵·································32 人
    剩余可纳税的··············121 人（其中有铁匠 1 人）
  不具有完全生产能力的男性······················10 人
  体格健壮的未成年人····························41 人
    其中士兵··································3 人
    剩余可纳税的····························38 人
  男孩··144 人
  男婴···52 人
  一般体弱的男性································5 人
  非常体弱的男性································2 人
  年老的男性····································7 人
女性··463 人
  有位阶的······································1 人
  成年女性·····································212 人
  未成年女性···································15 人

女孩·····································168 人
女婴·····································45 人
年老的女性·····························22 人
奴隶·····································14 人
男性·····································7 人
女性·····································7 人

　　我们可以把这当作一个典型的里，从中可以看到有三种家庭。事实上，日本的家庭分类和唐朝模式完全一样，每一类家庭下面还有三层细分，划分依据是每户的收入即他们的纳税能力。将男性划分为体格健壮的、体弱多病的几类的依据是男性承担劳役的能力或生产能力。如果我们把这个约 900 人的聚居地视为一个普通的样本，每个郡由 20 个这样的聚居地组成，那么在一个人口众多的令制国，每个郡司下辖约两万人。最小的郡最少有两个里，总共只有 200 口或 300 口。

　　除了文官以外，国司以下还有武官，负责训练征募的士兵，保管军事物资。

　　一个普通的军事集团由四个郡的士兵组成，每个军事集团的士兵在 500 人到 1000 人不等。从前文摘录的见田里（可以把它当作一个典型）的登记簿中我们可以看到，153 名体格健壮的人当中只有 32 人服兵役，并非所有体格健壮的人都会被征召入伍。事实上，很多被征召的人没有服兵役，而是被分配给官员服劳役。因此，这种军事集团人数不多，而且他们看起来更像是防卫队而不是常备军队。这种军事集团很快被削减，到奈良时代末期被完全取缔，但被派遣到北方边境地区和九州海岸的除外。各令制国中取代这种军事力量的是由来自郡司家族的年轻人组成的武装力量。需要注意的是，这个时期日本和中国一样，并不是十分尊重武士这一职业，后来因借用来的土地所有制度和赋税制度崩溃，日本陷入混乱状态，才有了处于支配地位的武士阶层的发展。当时日本需要一定的军事力量对抗尚未归顺的部落，将边境线向东西两侧推进；对付边远山区或海域的土匪和海盗。这些骚动的群体有助于军事力量的活跃，但是奈良时代军人在宫廷中的地位并不高。当时朝中只有少数有一定声望的职位，这些职位大多数设于卫队中，而卫队则由大伴家族世代掌管。这些卫队有一定的地位，但是卫队士兵既不需要军事知识，也不需要军事技能。从奈良建都以后天皇颁布的诏书中可以看出他们多是装点门面用的，而非军事性的，诏书中称他们是孱弱、没有军事技能之人，他们只有军人的名头，无力应对突发情况。当时挑选武官和士兵参照的都是其社会背景，不考虑其军事实力。他们衣着繁复、昂贵的军服，实质上只是装点门面用的、维护成本高昂的侍从。众亲王和高阶贵族都配有卫队，后者在他们的府邸内从事内务。

里的治理是由里司或里长在郡司的指挥下进行的，里司或里长是从里的居民中挑选出来的。里司或里长之下还有进一步的职权细分，根据这个细分，里的总人口按照五户一个单元划分为若干单元。这种划分是强制性的，每个单元的成员负责维护本单元的秩序。此外，如果其中一名成员欠税、逃税，其他成员也要承担应缴纳的税款。这种不同寻常的制度源自中国，稍加改动之后一直沿用到德川时代末期。

我们已经提到奈良时代的政客对国级官员的主要要求是高额的税收，以满足他们日益增长的都市生活需求。从中国引进的制度的维系成本很高。为了供养贵族阶层，让他们穿得上精美的绸衣，用得上仆人，为了给他们建造宅邸，购置装饰品、绘画和

/ 第八章 法律和行政 /

书籍，需要大量的钱财或诸如谷物、纺织品和工具等形式的财物。而且，需要注意的是，在一个一夫多妻制的社会里，贵族人口增长很快。此外，地位不那么高的民众的生活水平也有所提高，尤其是那些居住在畿内的民众。建造佛寺、给佛寺配备珍贵的器物、供养为数众多的僧众同样耗费国家的资源。要增加上层社会的财富有两种显而易见的途径：一种是开垦更多的耕田，另一种是向农民征收更多的税。两种途径都付诸实践。711年，天皇颁布诏书，斥责了僧众、贵族和地方乡绅的行为，斥责他们占用了大片新开垦的土地，损害了小农的利益。这种行为是严令禁止的，诏书中明令：自此以后未开垦的、适于耕种的土地只能由国司代表国家进行管理。713年，有一条类似的针对佛寺的禁令，当时佛寺被指控占用了"无限量的"土地。国家能从这些被占用的土地上获得的收入很少，甚至没有，因为土地的所有者通常都是有位阶的人，这些人本身是不用缴税的，而且他们设法确保自己的大多数地产都免于纳税，或者至少免除一部分税。因此，政府于722年下令开垦100万町新地用于耕种，约300万英亩。开垦的任务在国司和郡司的监督下进行，开垦之人的饮食和工具由政府承担。政府鼓励每个郡的农民参加这项计划，任何一位农民，只要他所耕种的新地的大米产量在1000石（koku），就能够终身免税；而那些产量高达3000石的，可以得到六位位阶作为奖赏。我们可以确定这个计划没有得到完全执行，因为这意味着耕地面积要翻上一番还多；但是，面对日益增加的人口压力和那些给予开垦土地的人的奖励，这个时期日本全国尤其是北部和西部地区开垦了大量的土地。这项计划的实施造成了一个讽刺性的局面，因为尽管它的目的是开垦更多的土地用于分配，但是实际上它破坏了分配制度。政府为了推动政策实施，甚至承诺那些开垦新地的家庭可连续三代保留该土地的使用权。这等于放弃了现有土地所有制赖以存在的基础原则,即中国的均分原则;而且,因为土地所有制度是整个经济结构的核心,所以它的瓦解必然会伴随着社会结构的变化。长期以来,每六年对土地进行再分配的规定形同虚设。的确日本大多数地方未必严格实施了这种土地分配制度,但是当政府积极授予实际上在范围和时间上都没有限制的土地所有权时,这种土地分配制度达到一个临界点。这使土地占用合法化,和默许土地占用是完全不同的概念。毫无疑问,政府官员知道他们在摧毁自己的制度,但是出于经济需要他们不得不如此行事。后来朝廷试图通过补救的法令和诏书纠正这种状况,但是于事无补。破坏已经造成,一个土地所有者持有土地的时间越长,政府就越难从他手中收回。这是意料之中的事,简单来讲,人性原本如此,但是除了分配土地之外,农民牢牢把持着他们所能获得的土地还有另一个非常令人信服的原因。日本土地制度和中国土地制度的不同在于税收,无论是实物税还是劳役,日本的核算依据主要是人口而不是土地。因此,持有除分配土地之外的其他土地未必会增加土地所有者的纳税义务,甚至有时候忽略分配土地、重视新开垦的土地收获会更多,农民会想尽办法不登记新开垦的土地。农民宁愿耕种未登记土地的另一个原因是,当时政府会预支给农民稻种,但是收取高额的利息,年利息有时候高达35%,有时候农民延迟偿还,利息会超过本金,小农因此破产,他们的家人会被驱散,土地也会被收回。受一些宽宏大量的官员所写的陈情表的影响,中央政府会时不时地免除农民的欠税,但是国级和郡级官员似乎没有那么仁慈,很多时候他们会坚持要求偿付,因为他们往往可以从中谋取一部分利益。奈良时代中期的登记簿表明,很多"自由"民在发觉难以背负沉重的赋税和劳役时会逃离家乡，要么逃到偏远的地方定居下来，自给自足；要么投奔更有权势的贵族或投到佛寺住持的门下。奈良兴建新都的时候给周围地区的百姓带来了很大的压力，因为最辛苦、承担劳役最多的就是他们。从遥远的令制国征人是很难的，当他们为了服徭役或运输役来到这里的时候，等待他们的是最严苛的待遇。很多人因为饥饿和暴晒死在了回乡的路上，直到后来政府在主要的道路上设立了食物供给处。总而言之，纳税人有各种理由逃避劳役或其他赋税，他们可以逃到官员监督不那么严格的地区，在那里他们可以耕种未被开垦的土地，自给自足；或者做强盗，如果他们没有那么勤恳。726年的一本登记簿中描述了这种事态，摘录如下：

女性，出云大见岛目（Idzumo no Omi Shimame），19岁，左脸有疤，722年逃匿。

（一家之主的）弟弟，出云大见大立（Idzumo no Omi Otasu），40岁，702年逃到武藏国（Mushashi）。

这本登记簿提到了一个地位较高（臣）的家族。这本登记簿现已无全本，不过从保留至今的残篇中可以看到一户人家30多口人的名字，其中有7人迁到了其他令制国，带走了4名奴隶。据登记簿记载，这些人中有的搬迁到另一个聚居地是得到官方批准的，而另外一些人，就像摘录中表明的那样，被视为逃匿者。大多数人名后还列有一些用于识别的标记，比如痣和疤。地方官员接到命令，要么逼迫逃匿者返回原籍，要么把他们当作现居地的居民对其征税，不过地方官员自然没有一直照做，因而出现了一大批流民，他们往往会搬离人口稠密的中心。

从前文的陈述中我们可以清楚地看到,但就艺术、文学、宗教而言,奈良时代日本文化的发展超过了经济、政治。日本美学的发展堪称奇迹,证明了日本人的艺术冲动的影响力。他们的经济和政治发展受到多个不利条件的限制。我们不能指望日本能够没有任何困难和障碍地从国外引入一种丰富、多元的文化,况且它的社会基础中有着根深蒂固的传统,它的经济基础又不足以支撑这种文化。这种新文化不仅带来了一种新的且在快速提高的生活标准,而且催生了一个人数众多的有闲阶层,或者至少是一个不从事生产的阶层。享受特权的贵族、僧侣、僧尼、法师、闲置的官员和士兵越来越奢华,而他们及其仆人必须由农民供养。虽然农民人数无疑也在增加,但是体格健壮的人经常被抽调从事非生产性的工作,农民也被赋税重创。为了应对这种状况而采取的一些措施注定会失效。开垦新的土地只不过突出了富裕的土地所有者和小耕农之间的差距。虽然朝廷为了农民的利益任命了巡视官监督地方官员的行为,但这只不过为他们提供了更多机会庇护一个已经很严重的弊端。政客们的经济措施虽然实在却不实用。学生所熟知的短暂的天平时期是日本艺术史上一个光辉灿烂的时期,天平时期的文献记录表明奈良极为富丽堂皇的背后其经济崩溃已成定局。藤原押胜〔Fujiwara Oshikatsu,又称藤原仲麻吕(Fujiwara Nakamaro)〕的个例尤为适合说明当时的整体形势。761年,天皇宫邸暂时搬迁的时候,民众苦不堪言,当时天皇赐予仲麻吕100万束稻米以抵消开支,这相当于600英亩稻田的产粮。此外,他还获赐3000户封户和300英亩稻田。同时,天皇将他提拔到至高之位,享有最高的俸禄,并且还享有一些特权,这些特权实际上赋予了他铸币及征收贷给农民的稻米利息的权力。他发行银币和铜币,以兑换已经贬值的、近半数为假币的

/ 第八章 法律和行政 /

原货币，按照兑换率，商品价格至少上涨了五倍。朝廷大量赐予朝臣和官员财物与特权，所以从随后一个时期的陈情表中我们不难发现，到767年，国家财富耗费近半，因为天平时期最后十年左右的时间里朝廷大兴土木、大肆封赏。

第九章　奈良时代政治事件综述

在简述了奈良时代的文化背景后，我们现在回过头来，尽可能简短地叙述一下在大化改新的舞台上发生的政治事件或者说王朝大事。为了简洁、明晰，我们将6世纪末以来的重要人物名和重要时间点罗列如下：

593年　推古天皇（女皇）即位，任命圣德太子为摄政王。
604年　圣德太子颁布"十七条法令"。
621年　圣德太子逝世。
629年　舒明（Jomei）天皇即位。
642年　皇极天皇（女皇）即位。
645年　孝德（Kōtoku）天皇即位，皇极天皇退位。
646年　大化改新之诏，镰足（Kamatari）大权在握。
655年　齐明（Saimei）天皇即位，实为皇极天皇重祚。
658年　有间亲王（Prince Arima）谋反。
662年　天智天皇即位（实际上662年以皇太子的名义称制，668年正式即位）。
668年　新罗成为朝鲜半岛最大的王国。
669年　藤原镰足逝世。
672年　在弘文（Kōbun）天皇的短暂统治以及内乱之后，天武（Temmu）天皇即位，藤原不比等大权在握。
681年　天武天皇组织历史编纂。
687年　持统天皇（女皇）在称制之后即位。
697年　持统天皇退位，文武（Mommu）天皇即位；在处决天武天皇的一位亲王之后，围绕皇位的争夺结束。

701 年　第一次正式祭孔。

702 年　颁布《大宝律令》。

708 年　元明（Gemmyō）天皇（女皇）即位，日本发掘铜矿，铸造钱币。

710 年　奈良建都。

712 年　官纂编年史《古事记》编成。

713 年　地理志《风土记》始编。

715 年　元明天皇退位元正（Genshō）天皇（女皇）即位。

720 年　官纂编年史《日本书纪》编成，藤原不比等逝世。

724 年　圣武（Shōmu）天皇即位。

740 年　藤原押胜（仲麻吕）谋反。

749 年　圣武天皇退位，孝谦天皇（女皇）即位。

752 年　奈良大佛落成开眼。

758 年　孝谦天皇退位，淳仁（Jōnin）天皇即位。

765 年　孝谦天皇废黜并杀死淳仁天皇，重祚，称为称德（Shōtoku）天皇。

769 年　道镜（Dōkyo）禅师密谋颠覆皇权。

770 年　光仁（Kōmin）天皇即位。

782 年　桓武（Kwammu）天皇即位。

由此我们一眼就能看到，虽然日本文化取得了明显的发展，但是这段时期却因血腥的皇位之争和宫廷密谋蒙上了阴影。所幸的是我们无须描述龌龊的密谋细节，但是可以对那个时期人们或者至少统治阶层对宫廷的态度有一个大致的了解。人们通常说日本人对天皇的崇拜相当于宗教崇拜，这是其民族特性，最早可追溯到历史的开端，而皇位继承"万世一系"的信条更是成为这一信仰的支撑。根据日本早期历史，这个理论只有在广义上才说得通。如果忽略4~5世纪极不可信的记载，从经得起考证的圣德太子开始，我们会发现即使是那位仁慈的、高尚的亲王也陷入了一场皇位之争，这场皇位之争以587年的内乱告终。这个时期有皇位继承权的亲王被谋杀或者在战斗中被杀害是常见的现象，592年在位的天皇（崇峻天皇）被臣民杀害。圣德太子摄政时期日本出现了短暂的太平。他逝世后，苏我氏不满足于拥立一个有确定继承权的亲王上位，试图建立自己的新王朝，碍于伟大的藤原氏始祖镰足的势力，他们没能成功。大化改新之后不久，皇位之争再次爆发，尽管藤原氏没有以夺取皇位为目标，但是他们设法通过不断与皇室联姻来获得实际的统治权。皇位之争通常的展开形式是敌对派系支持不同的亲王对皇位继承权进行争夺，皇位之争频发，这一点不足为怪，因为天皇通常有多位妻妾、很多孩子，而当时又没有固定的皇位继承法。671年天智天皇逝世后爆发的皇位之争是比较典型的一次。天智天皇有5位妃嫔，共为他生育了8个子女，另有宫人为他所生的6个子女。他的弟弟有9位妻妾，其中4位是天智天皇的女儿，即他的侄女。朝中一派支持天智天皇的弟弟反对他的儿子，他的儿子即弘义天皇即位之后不久就在随后发生的一场内乱中遇害，天智天皇的弟弟即位，是为天武天皇。

　　天武天皇在位期间设立了一个历史编纂机构，随后编纂了名为《日本书纪》的官方编年史，毫无疑问这个时期天武天皇也做了一些制定固定的继承法的尝试。不过，尽管大致来讲皇位继承权在长达一个世纪的时间里没有旁落，但是皇位之争依旧存在。686年天武天皇逝世的时候，即位的不是他众多儿子中的一个，而是他的遗孀，即持统天皇。这位女皇697年退位，她的孙子文

/ 第九章　奈良时代政治事件综述 /

武天皇即位，文武天皇当时还未成年，这是有文献记录的第二次让位，也是第一次由一个未成年人即位。文武天皇即位后颁布了一纸诏书，它是一份非常有价值的文献，能帮助我们评价当时对朝代问题的处理方法，诏书的开头直译如下：

他说：所有皇室子孙（August Children），所有亲王、贵族、官僚以及高天原之下王国的子民，留心听他所说的话，就像听一国之君、神祇的化身、统管着众多岛屿之中的一座大岛的君王所说的话。

他说：留心听他所说的话。他这样说：朕已经恭敬地垂听了大和王授予朕的职责，她的言辞神圣、崇高、无所不包、温暖人心。①

她统管着众多岛屿之中的一座大岛，是神祇的化身，为的是履行自天照大御神承继而来的这个最高宝座的职责，像高天原大御神的后代一样，像天照大御神所命定的那样，自高天原初始，历经古老先祖的统治，一直到今天，再到未来，天照大御神的后代要一直延续下去，为的是继承对众岛之中的一座大岛的统治。

开头的文字"他说"表明宣读诏书的是某位高阶职官，通常是宫内省的长官，以一种礼仪的形式在朝殿上大声朗读诏书。"大和王授予朕的职责"指的是女皇退位，将皇位让给新皇。诏书的用语我们已经提到过，它在提到天皇的时候把他当作神祇，自神祖时代开始天皇一系便统治着日本。这则诏书以及其他类似

---

① 诏书中的"他"指的是文武天皇，"她"及"大和王"指的是持统天皇。——译者注

的诏书中都没有提到中国的信条，即君主治国靠的是"德行"而非与生俱来的权力；或者如若诏书中提到治国信条，就一定会提到神圣血统的信条。因此，729年天武天皇的一则诏书中虽然有"国君，作为一个圣人，理当有贤人辅佐"，这里"圣人"一词的使用是对中国信条的体现，但同一则诏书中还是以常见的声明开篇，称天武天皇可以毫无间断地追溯到神祖。因此，我们似乎可以确切地说，日本虽然采用了中国的王权理论，但是只有在它很实用且与自身的信条不冲突的时候才会被采用。日本始终坚持宣称神圣血统和万世一系的皇位继承，这一事实十分值得关注，因为它表明即使是颇具信服力的中国制度也无法打破日本贵族政治的思维习惯。至于退位，我们需要注意的是，佛教的发展推动了这一行为，因为佛教为君主提供了一个貌似合理的、往往会受到欢迎的理由，让他放下重担、逃离危险。重担和危险都是真实存在的，危险源自敌对派系的野心，而重担更多是身体上的而不是精神上的。自中国礼仪开始束缚宫廷之后，君主的负担就变得极为沉重。743年的一则诏书中说，为了确保国家的安宁，有必要让"各处遍布礼和乐"。我们有足够的证据表明那个时期统治者的时间都花在了礼仪上，他的行动也受到礼仪的约束，除非他有不同寻常的意志力，能够打破加之于他的诸多约束。严苛的仪式规范迫使很多身居高位的人假装隐退，不再过问政事，利用腾出的时间和精力来发挥隐藏的真正的影响力。这一习惯一直延续到近代，社会各阶层几乎都有这种习惯，事实上我们仍然能从日本现代生活中看到这种习惯的影子。

　　从天智天皇到元明天皇，六位天皇在位期间日本最大的势力是镰足的藤原不比等（659~720），他是藤原氏的始祖，而藤原氏注定会在日本随后的历史中扮演非常重要的角色。他的影响力

/ 第九章　奈良时代政治事件综述 /

一方面来自他的能力，另一方面得益于镰足实行的策略，即通过血缘关系，通过抓住每一个可能的机会联姻，将藤原氏与皇室联结起来。藤原不比等曾是两任天皇的岳父、一任天皇的外祖父，尽管拥有实权，但他的名字却很少出现在官纂编年史中。据一则诏书记载，708年天皇永久性地赐封他5000户。其他文献对他的记录很简短，我们知道他频繁参与政事，据说他也编纂了一部法典，但是他在世的时候没有官至最高位，死后被追赠为太政大臣。有可能他与在他之前和之后出现的日本的很多支配者一样，选择退隐幕后。

文武天皇逝世后，他的母亲元明天皇即位，元明天皇很快让位给她的女儿——元正天皇。鉴于前面两任天皇的言传身教，她接着让位给了文武天皇的儿子——当时还只是一个孩子。让位之举这时正盛行。我们注意到，尽管没有法律规定皇位继承权归男性所有，但是显然男性被认为是理想的继承人，因为文武天皇年满14岁之后，持统天皇便让位于他，随后两位女皇先后让位，皇位最后由文武天皇的儿子圣武天皇继承。如果一定要说有什么继承规则的话，那就是继承皇位的必须是即将逝世或退位的天皇指认的亲王，但是这个规则被打破的次数与它被遵守的次数几乎一样多。

我们已经了解到，圣武天皇全身心地投入佛教弘扬之中，在位24年之后，他退位，遁入佛门，自称沙弥（日语为shami，梵文为śrāmaṇera）。749年，他的女儿孝谦天皇即位，她在位期间日本发生了非同凡响的事件。从官纂编年史中我们得知，孝谦天皇在位第一年，八幡神晓谕众人，说他希望从宇佐（Usa）搬到都城。八幡神是日本神道教中一位来历极不确定的神祇，他的神宫位于日本西部的宇佐。天皇派去一队高阶官员护送，另派一队士兵开路。他到达都城之后，这里理解为盛有象征他存在的物什的圣辇到达都城，被特地供奉在一座宫殿的神宫中，在那里有 40 多位佛教法师连续念诵 7 天的经文。然后，八幡神神宫中的一位神女在东大寺举行祭拜仪式，出席仪式的有已经退位的圣武天皇，还有孝谦天皇和阖宫众人。值得注意的是，这位神女还是一位僧尼。仪式上有 5000 位僧侣诵经祈福，有舞蹈表演，还把一级冠位的冠帽奉在神前。这个宗教仪式完美地展现了折中的精神，仪式上他们在佛寺中赠予神道教神祇以官阶。上面提到的这位神女显然出身高贵，似乎向天皇传达神谕的就是她。作为赏赐，天皇授予她和另外一位名为多麻吕（Tamaro）的神道教神官以官阶，并赐封东大寺 4000 户，外加 200 名奴隶。我们无法确定这些不同寻常的事件的具体意义，不过显然它们是融合神道教和佛教的策略的一部分。不过这些事件看似和一些夺位的密谋有关，因为我们发现在短短几年后这位神女和多麻吕就被发现参与一起谋反事件并被放逐。757 年接连几则诏书都是与"顽恶、谋反之人"有关的，诏书中称他们"教唆、带领一伙造反者，计划围攻宫内大臣的宅邸（即藤原仲麻吕的宅邸）并杀害宫内大臣，然后围攻皇宫、驱逐太子；接着杀死皇太后，夺取铃印（the Bell Seal and Token），召唤右大臣，迫使他号令众人。这之后他们又密谋废黜天皇，转而拥立四位亲王（即道祖王、盐烧王、安宿王、黄文王）中的一位。所以在第 29 天的晚上，他们聚集在太政官的庭院内饮盐汁并对着天地四方发誓，要在 7 月 2 日发兵"。阴谋被揭穿，密谋组织者受到处罚。758 年，孝谦天皇退位，天武天皇的儿子淳仁天皇即位。孝谦天皇退居幕后，继续行使她的权力。年少的天皇由藤原仲麻吕［又名藤原押胜（Oshikatsu）］扶持，退位的孝谦女皇由名为道镜的僧侣辅

/ 第九章 奈良时代政治事件综述 /

佐。我们在官纂文献中找不到关于此人的记录，但民间流传道镜曾以肉体的魅力诱惑女皇，一边安枕于她的卧榻，一边纾解她的愧疚不安。双重职务让他在国中享有大权，这引起了藤原押胜的嫉妒，765年后者反叛，但在激烈的对抗之后被打败，大多数主要追随者也被杀害。孝谦女皇在762年的时候就已经取代淳仁天皇，宣称自此以后淳仁天皇只负责例行仪式，她本人则负责处理国事。藤原押胜反叛之后，她脱去退位的伪装，派兵控制了淳仁天皇。士兵发现淳仁天皇没有穿衣服，也无法劝动他更衣，他自己的近卫已经背叛了他。后来，在包括母亲在内的几个人的陪伴下他走了出去，半道上被喝止，被迫站在寒冷的户外听来人宣读流放他的诏书。他天皇的头衔被剥夺，被降为亲王，并被放逐到偏远的淡路岛，放逐到那里不久之后就被杀害。这期间孝谦天皇重祚，是为称德天皇，并且宣称尽管她退位的时候剃头发、穿僧尼之衣，但是她现在有义务继续统治，而且任命一位僧侣担任大臣顺时应势。因此，她授予道镜以新官位，即大臣禅师。769年，道镜入住宫中，这时候他已经是太政大臣禅师，成为天皇以下最高的职官并获封"法王"（Hō-ō）。"法王"一词在今天会被用来翻译"Pope"，而且它和那个时期遁入佛门的禅位君主的称呼类似。

这个时候的道镜，和很多其他宠臣一样，被权力冲昏了头脑，误判了女皇对他的迷恋程度。他想起了20年前八幡神的那则神谕，于是编了一个故事，称八幡神显灵，并赐下神谕说只要道镜成为天皇，日本就会永远安宁。道镜将此事禀告女皇，女皇决定——也可能是被诱导——去请示八幡神。她派了和气清麻吕（Wake no Kiyomaro）去宇佐，他带回了八幡神的答复，大意是道镜并非皇室血统，没有资格登上皇位。道镜当然很恼火，虽然没有亲笔写下诏书，但是他促使天皇颁发诏书，贬低和气清麻吕并将他流放，因为他从宇佐带回了假信。不过他的影响力开始衰落，称德天皇病倒，在她死后第二年道镜就被放逐，离开了宫廷。他能够登上如此高位又能活跃如此之久表明他性格刚强，不过他之所以能够躲过暗杀，只是因为他的僧职，夺去一位法师的性命是佛教最为深重的罪孽之一，并且那个时候人们很害怕亡灵复仇。这里值得一提的是，佛教禁止杀生是天皇在该处以死刑的时候却频频处以流放的主要原因。因此，757年藤原押胜叛乱之后，几百名叛乱者被判处死刑，但是因为和气清麻吕的妹妹、名为广虫（Hiromushi）的僧尼求情，才由死刑改为流放。而和气清麻吕，正如我们已经了解到的，虽然被道镜流放，却免于死刑。

　　西方的作者在描述诸如道镜谋反这样的事例时通常是一种自命不凡的语气，字里行间流露出的要么是对那个时代人们的轻信的义愤填膺，要么是委婉的嬉笑。一位饱读诗书的历史学家将"满是令人萎靡不振的迷信""一伙厚颜无耻的骗子"这样的表述呈现给他的读者，他这一学派的言辞都是这样直白。但是，学习早期东方历史的学生最好不要带着其他国家或其他时代的优越感。比如，他最好记得现在还有印刷机每天印刷经文，并且还有人相信这些经文；而且，现代社会也有规模惊人的骗局和流血事件。奈良时代虽然揭示了人类的易误性，但是整体上它还是一个有创造性、有热情的时代。因此，只强调它的迷信而忽视其信仰是错误的做法。

　　刚愎自用的称德天皇逝世后，日本人似乎已经确信女性统治者对国家不利，他们是有充分理由的，因为上几任天皇中有四任女皇，她们都受到佛教僧职的影响。此后，有权力的世俗之人会确保皇位由男性继承，直到多个世纪以后日本才再次出现女皇。

/ 第九章　奈良时代政治事件综述 /

僧职快速增长的政治权力，加上他们的经济实力，让政客和贵族深感恐惧，所以这个时期的很多行政措施旨在抑制佛众的野心。自7世纪末以来日本出现了于神道教有利的反应，或许一部分是因为这种恐惧之感；尽管正如我们所提到的，神道教无法与佛教竞争，但是一些被忽略许久的仪式和节日得到恢复。于8世纪前十年编纂的两大国史著作——《古事记》和《日本书纪》都提到了很多民族宗教神话，奈良时代的文献记录中也经常提到人们举行净化仪式以及其他与丰收有关的仪式。神道越来越多地变成官方礼制的载体，强调天皇的职能，即作为神祖和百姓之间的中间人。[①] 因此，神道教作为国家信仰得以发展，逐渐与它的源起即民间的自然崇拜分离开来；通过借用一些来自中国的组织形式和哲思，它逐渐成为政治体制的一部分，而佛教和儒学则用来满足一些人情感和理智的需要，这些人无法从简单的本土信仰中获得满足。

　　称德天皇之后即位的是一位上了年纪的天皇，即光仁（Kōnin）天皇，辅佐他的是颇有能力的藤原氏。782年光仁天皇逝世，桓武天皇即位，后者即位后不久决定迁都。桓武天皇即位标志着奈良时代的终结。

[①] 在思考佛教与神道教对立的时候，我们要记得这种对立主要是在官方领域。无组织神道只不过是传统日本人对生命的思考的体现，和佛教教义并不冲突，而且这种简单的信仰也没有任何变化地延续着。甚至在这个早期阶段，我们也要对作为大众信仰的神道和作为官方宗教的神道加以区分。

第三篇

平安时代

第十章　新都与令制国

平安时代以都城从奈良迁到长冈（Nagaoka）为开端。迁都主要意味着皇宫的迁移，皇宫从奈良迁到别处已经不是第一次。迁宫最初源于一个忌讳，即人们认为有人逝世的房子会有污秽。据文献记载，早期日本历史中有很多换都的事例，但显然其中大多数只是换了个宫殿而已。编年史记载的前43位天皇在位的时候，都城一般都在大和国，尽管每一任天皇即位之初都会迁宫或者迁都，但实际上迁移的距离只有几英里，似乎有时不过几百码。那个时期的建筑简单，待到一个王朝结束的时候，再建比重修还要容易。到奈良时代，建筑的发展受到佛教的影响，出现了更大、更永久性的建筑，所以人们出于经济考虑，强烈反对迁都。仪式上的污秽可以通过迁宫来清除，但是都城的迁移是一项高成本的大工程。奈良作为都城历经七朝（710~784），中间有一段时间除外。当时迫于两大主要氏族——藤原氏和橘氏之间的长期争斗，圣武天皇先后迁都恭仁（Kuni）和难波。迁都长冈之举更令人吃惊，尤其是考虑到当时奈良为数众多的宏伟建筑，其中既有佛寺又有宫殿。迁都长冈是历史学家至今未能解开的谜。众所周知，奈良时代末期皇室财政处于低谷，主要是因为兴建了耗资巨大的建筑，所以当时迁都一定有非常充分的理由。显然，其中一个决定性因素是佛教日益扩大的影响力。如果宫廷继续坐落在由富裕且强大的僧职人员掌握的佛寺和寺庙之中，它就很难摆脱佛教的影响。僧职对女皇的影响持续了几代，并且逐渐发展到难以控制的地步，这之后又过了一段时间桓武天皇才即位。他本人在还是山部亲王的时候（Prince Yamabe）曾主管大学，大学是一个世俗的机构，不开设佛教课程。如果一定要界定的话，那么它是一个儒学机构，事实上每年的祭孔仪式就是在那里举行的。我们不要去假定桓武天皇积极反对佛教的影响，但是我们可以认为他已经意识到了佛教的危险性，而且我们更加确定的是他的佐臣希望让他远离佛教。其他所谓的迁都原因中最有趣的莫过于藤原种继（Fujiwara Tanetsugu）——一位有影响力的贵族，与富裕的秦氏（Hata）有联系，从他们那里收受贿赂并承诺确保他们的位阶晋升。毫无疑问，诸如此类的事情确实发生了，只是我们无法确知细节。迁都的历史表明了那个时期都市生活的三个重要特征，即僧职的影响、藤原氏以及其他豪族接连不断的密谋、一些土地所有者财富的增加。

迁都看起来是一件耗资巨大的事情。这次迁都是在匆忙之中完成的。784年5月，以藤原种继为首的大臣被派去在业已选定的地址上营建新都，该地址是在得到占卜师认可并向诸位神祇禀明之后确定的。他们当即动工修建皇宫，5个月之后天皇入住。建造宫殿的工匠一度达到30万人，他们夜以继日，不过这一大批人的衣食供应并不充足，所以他们非常痛苦。至于建都成本，我们掌握的信息不全，但是据文献记载，天皇勒令所有令制国将当年的所有赋税连同工匠所需的材料一起送到长冈。这些赋税中68万束稻被分配给亲王和某一位阶以上的贵族，作为他们在新都建造私人宅邸的资金；4.3万束稻作为补偿被分配给了土地所有者，因为他们的土地及其资产组成部分——耕农被并入了新都。

天皇搬到长冈只是意味着他的宫殿已经建好，可供入住。但是接下来几年政府机构依旧留在奈良。事实上，新都的营建以及修路造桥的工程持续了近10年，直到793年初才完工。接着，天皇突然颁布诏书，要把都城从长冈迁到几英里外的一个地方，即现在的京都。我们还没发现天皇在工程几近完工的时候将都城从长冈迁至他处的原因。毫无疑问，迁都的动机很多，我们能做的就是描述迁都之前发生的主要事件，揣测它们对迁都的影响。

桓武天皇极其宠信藤原种继，允许他"决定所有内外之事"。785年，就在种继推进长冈的工程之时，却被天皇的弟弟早良亲王（Prince Sawara）暗杀。早良亲王密谋夺位，种继成了他的阻碍，因为他支持天皇的长子。我们无须关注这场争斗的细节，这与其他很多围绕皇位继承的卑鄙的争斗和阴谋并无两样。只是需要注意这个时期几乎所有政治事件都是由多个有权势的豪族围绕皇权彼此争斗而引起的，这些政治事件因占星术、预兆和对怨灵的恐惧而变得复杂起来。因此，当种继被谋杀的时候，密谋者或被处死，或被流放，早良亲王被流放到淡路，且获准绝食，前提是他半路上没有被暗杀；不过天皇在他死后不久就招致了厄运。他的儿子、12岁的第一顺位亲王患病。天皇派使者带着供品到伊势神宫祈祷，希望他康复，但是亲王的病情并没有好转。次年，天皇命人在畿内所有的神社献上供品并祈祷，还命占卜师查找他久病不愈的原因。他们宣称是因为已故早良亲王的怨灵。通过注意列举接下来所采取的措施，我们可以看到那个时期对已故之人的恐惧很深也很普遍。天皇派最高位阶的臣子到淡路去向怨灵解释；值得提及的是，记录这个事件的编年史只提到是"某亲王"的墓，因为提及某位伟大的令人生畏、敬重的要人的名讳是不吉利的。天皇命人为早良亲王建造陵墓并围起来，派地方官员恭敬地严加看守。后来，794年的时候皇太子妃突然病逝。这一不幸也被认为是出于同样的原因，并采取了进一步的措施，追授更大的荣誉，以安抚早良亲王的亡魂。

天皇的宫殿和皇太子的宫殿都请僧人念诵《金刚经》，此外还派僧侣前往淡路诵经并在墓前拜忏。799年，早良亲王被追赠为崇道（Sūdō Tenno）天皇，移葬大和国。他的坟墓晋级为天皇陵，并以他的名义建造了神社。随后，这座陵墓在祭仪、供品摆放以及其他方面都是按照已故天皇的规格来准备的。因此，天皇会命人将遣唐使团归国带回的礼物拿出一些作为供品送到他的陵墓前，也会送一些到两位已故先皇即天智天皇和光仁天皇的陵墓前。此外，806年，桓武天皇患病，他颁布诏书宣布释放那些因为在785年参与谋反而被流放的人，并且恢复所有人的位阶，无论他们"在世或已逝"；下令所有国分寺的僧侣每年于春秋两季念诵《金刚经》，为崇道天皇超度。

这个由多本编年史中零零散散的记录拼凑起来的故事表明了那个时期宗教信仰所扮演的重要角色。他描绘了在崇拜已逝者方面神道教正统的发展，这在一定程度上得益于佛教以及中国的占卜术，不过也证实了本土万物有灵信仰的生命力。

807年，一些声称拥有法力的巫师、占卜师和法师明目张胆地滥用法力，以至于天皇颁布了一则诏书，诏书内容如下："法师、占卜师之类随意诠释好与坏的征兆，愚弄普通百姓。不知情的百姓相信他们的预言，以致邪教逐渐猖獗，邪术日益盛行。这种习俗势头日盛，败坏了简朴的民风。自此以后严禁邪术、邪教，但凡研习或继续施行邪术的人都要放逐。"意料之中的是，统治阶级中也难免有这种他们视为于普通百姓有害的恶习，但是他们会以更讲究、更高成本的形式施行邪术。人们将大量钱财花在宗教仪式尤其是为死者超度的佛教仪式上，以至于同年在颁布了上面一则针对巫师的诏书后，天皇又颁布了另一则诏书，限制献给佛寺供品的数量，这些供品有可能是对超度仪式的答谢。亲王和位阶为一的官员的答谢不得超过 500 反（tan）[①] 布（答谢礼以布计），位阶为二的官员的答谢不得超过 300 反，等等。位阶在六以下的官员的答谢的上限可能是 30 反。诏书提到各个阶层都会互相攀比，看谁家的仪式更奢华，不富裕的人有时候会为了奢华的仪式卖掉土地和房舍，非但没有给家人带来荣誉，反而毁掉了这个家。有文献记录显示，当时有 100 位甚至多达 1000 位法师为死者诵经超度。

编年史中还记载了为了作物生长能有好天气而祈求，为防止或消灭瘟疫而祈求，这些几乎是政务的一部分。所以我们可以看到，818 年，在接连歉收之后，天皇和朝中众臣禁食祈愿了三天。所有官员的给养和俸禄都有所减少，但是每次法师被召来祈雨或祈阳的时候，都会得到丰厚的赏赐；从官纂史书中记录的数据来看，这一时期法师三年总计收到的布超过 10 万匹，这还不算其他供奉。生病也是要祈求的。人们认为生病是因为受到另一个生灵或亡灵的干扰，要想病愈，第一要紧的是在法师或驱魔人的帮助下驱赶或安抚生灵或亡灵。

至于征兆，我们已经了解到时人非常看重征兆，记录征兆是官方编年史的主要功用之一。早期日本天皇的传奇历史中都是与迹象或征兆有关的故事，后来的文献中诸如此类的记载也没有减少，不过从中可明显看到中国占星术的影响。因此，723 年人们发现了一只白色的乌龟，并决定把它当作象征最高阶层的好征兆。这一时期的年号改为神龟（Jinki）。随着时间的推移，上报天皇任何有征兆性质的迹象逐渐变成国级官员的习惯，如果无法称之为职责的话，朝廷的占卜师就会被召来阐释征兆并给出建

---

① 1 反相当于 10 码。——译者注

议。不常见的鸟类飞过屋顶、不同寻常的声响、奇形怪状或颜色异常的云彩、带有奇怪标记的动物，这些都需要严加审视，并且根据占卜师的阐释，安排祝祷、连祷，给佛寺上供，或者派信使到神社。任职的国级官员如果能够上报一个好征兆的话会很开心，比如一次天空出现了五彩云，占卜师视之为吉兆，天皇遍赏"百官"，大赦囚犯。

我们现在再来看从长冈迁都一事，虽然看起来不合情理且奢侈浪费，但是如果从我们刚才描述的形势来看的话，或许更容易理解。看来藤原种继的敌对者可能在他死后反对完成一项由他开始的工程；此外，自宠臣死后，天皇似乎厄运连连，营建工程持续了近10年，其间遇到重重阻碍，或许天皇迫不及待地要在一个运势更好的地方重新开始。尽管如此，793年3月，在采纳了风水师的建议之后，新址选定，建造工程即刻开始。都城的搬迁也禀告了贺茂神社（Kamo Shrine）的地方守护神、伊势的天照御神，以及天皇已逝的三代先祖。当时长冈的一些建筑得到使用，因为我们知道，为了迁入新址，天皇的宫殿以及其他楼阁和殿宇被拆毁，他不得不搬到一个暂时的居所。新宫于795年建成，10月天皇搬迁。天皇遣人将都城搬迁一事告知了全地的神社。新都离长冈不过5英里，795年末颁布的一则诏书中称之为"平安京"，意为"平和、安宁之都"。很多建筑还在建设中，直到10年后都城营建委员会才解散。

我们对这一时期日本其他地区的生活知之甚少，所以我们有可能太过于注重发生在都城的事件。不过，编年史主要记录的毕竟是宫廷的生活，所以我们必须充分利用这一文献，寻找一些蛛丝马迹和猜想，以拼凑出一些对其他地区情况的记录。为了达到这个目的，我们有必要对都城加以描述。

平安京的布局与奈良相同，都参照了中国隋朝长安城的规划。平安京呈长方形，南北 3.5 英里，东西 3 英里，城外有护城河；城内的宽街对称分布，每条宽街又有狭窄的街道与之交错。平安京沿每条路设有壕沟，都城建在斜坡上，所有壕沟中都有流水。城中心的北部设有约 1.75 英里的大内里，大内里设有 14 道门，大内里内是天皇的居所、各种住房、仪式用的大殿以及大型国家机构。大内里外，靠近大内里的地方有天皇偏爱的用途各异的宫殿。大内里外还有已退位天皇居住的宫殿、豪族的府邸、一些政府部门和机构。政府机构中为首的是靠近南大门的大学。大学由多栋大大小小的建筑组成，其中有三个大的学殿，分别用于讲授中国经典、数学和律法。大学中还有一座小庙宇用来供奉孔子。

　　都城动工的时候，当地或者附近已经有了一些神社和寺庙，其中较大的有：贺茂神社；供奉素戈鸣尊的八坂神社，又名祇园神社（Yasaka or Gion Shrine）；太秦寺，又名广隆寺（Udzumasa Temple or Kōryūji）。有名的清水寺（Kiyomidzu）建造时所用的材料从废都长冈的一座大殿运来；比叡山（Mount Hiei）的根本中堂（Komponchūdō）是为了保护都城不受来自西北这个不好的方位的邪恶影响建造的。桓武大皇在即位之后不久即颁布诏书，限制佛寺的建造和法师的受封。当时全国各地佛寺涌现，法师云集；但是这看似为宗教狂热的迹象实际上是一场对免税地产的争夺，因为神职人员和神社、佛寺的地产是免税的。"如果这种现象继续下去，几年后日本到处都将是佛寺的土地。"诏书中如是说。此外，诏书还禁止将土地赠予或卖给宗教机构。尽管有了这些禁令，自平安京建立以来，都城内佛寺和神社数量仍成倍增加，一两个世纪内各山的两侧山坡上满是佛寺或神社，好战的僧侣对都城构成的威胁超过了那些为躲避僧职权势、从奈良搬出的人的预期。

如果我们从现在的京都来看,平安京整体上并没有那么令人印象深刻。它不够壮观,如果一个观察者从高处俯瞰的话,除了少数大型宫殿,他只会看到一大片单调的木瓦屋顶,千篇一律地呈长方形分布,中间偶然会穿插一些高高的亭阁。但是就像一个对乍一看单调、难看的现代日本城镇有更多了解的人会发现很多令人着迷的细节一样,通过更加密切的观察,他会发现平安京宏伟的大门、令人心旷神怡的庭院和整洁的花园;这边一个雄伟的以瓦片为顶的佛寺,那边一个竖有多个红色柱子的神社;街上有身穿各色衣物的行人,有拉着贵族缓慢前行的牛车,也有从田里过来的板车。都城似乎并不拥挤,奇怪的是,尽管政府鼓励在平安京西半边居住,但是那里并不繁华。有趣的是,人们非常倾向于向东边扩散,以至于现代京都几乎全部位于平安京旧中轴线的东边。我们无法得知平安时代初期的人口,但是据权威人士估计,9世纪初平安京有房舍10万间、居民50万人。这个数字可能有些夸大,因为现代京都的人口不过70万人,而现代京都的面积更大。但是,毫无疑问的是,平安京是当时世界上最大的城市之一。当然,平安京是一个由大大小小的木质建筑构成的城市。大内里内的宏伟建筑中最壮观的是大极殿(Daigoku-den)。大极殿坐落在一个石头平台上,殿四周围着涂有红漆的栏杆,殿内170英尺长,50英尺宽,殿顶由52根圆柱支撑。大极殿整体为红色,屋顶由翠蓝色的瓦片铺就。大极殿的正中央是天皇御座,天皇御座下有凸起的座基,上有华盖,华盖上饰有多只金色的孔雀。其他重要的建筑有丰乐院(Hōgaku-den)[①]、武德

[①] 根据英文,这里指的应该是丰乐院,Hogaku-den 实际上应为 Buraku-in。——译者注

殿（Butoku-den，与大极殿相似），丰乐院是举行仪式宴会的地方，而武德殿靠近练兵场、骑术和箭术比赛的围场。大内里中的建筑群周围是 13 英尺高的回廊，回廊两边是红色的、立于泥质柱底的柱子，上面是用瓦铺就的廊顶。大内里中还有内里，内里中有一栋连接起来的建筑，这是天皇的御所。内里外围是双回廊，双回廊的廊顶由柱子支撑。内里中最重要的建筑是紫宸殿（Shishin-den）、清凉殿（Seiryō-den），紫宸殿是仪式用殿，而清凉殿则是天皇及皇后和后妃的居所。挨着清凉殿的是内侍所（Naishidokoro），内侍所是安置神镜的小殿。内里的北部是禁里（Forbidden Interior），里面住着天皇及后妃，紧挨着他们居所、在庭院树木后面的是女官的房间，分别叫作梨舍（Pear Chamber）、紫藤舍（Wistaria Chamber）、杏舍（Plum Chamber）等。

  一些作家在描述内里的建筑群时称它们构成了无比华丽的宫殿景观。① 宽阔的大殿和空旷的庭院无疑充分地凸显了红色的圆柱、蓝色的瓦片、白色的柱底、绿色的门窗、黑色牌匾上的金字、开花的盆栽等的价值。但是从建筑学的角度来看其整体效果，我们可以说它表现出的是一种冷艳、质朴的美，而不是一种华丽的美。如果一个人回忆中国、日本、朝鲜现存的古代建筑的外观，体谅它们现在的荒凉，甚至想象它们中满是衣着光鲜的朝臣和官员，那他一定会认为虽然它们符合严格的美学标准，但缺

---

① 在思考平安宫廷的高雅时，我们不应该只从铺张浪费和奢华的角度来看。日本人在生活中一直保持简单、节约的习惯，他们倾向于阻止过度的浪费。从这个时期的文献中，尤其是从一位名叫九条殿（Kujo-den）的贵族写给后代的遗诫命中，我们可以找到关于这一点的有趣证据。九条殿推崇一种极其斯巴达式的行为规范，非常强调个人的洁净和简朴的生活。

少诸如活力、华丽等温和的特质。

宫廷的生活风格似乎与周围的建筑一致，建筑的规模和布局都是严格规定的，对居住者的行为和着装也有着极为精细的规范。日本引入并严格遵守唐朝宫廷的仪式规范。平安时代早期的规定在很大程度上都是和礼制、礼仪相关的，显而易见，君主深居简出，日夜思考着装和行为细节，即便可以，也很难理解迫在眉睫的行政难题，更不要说去处理了，即使他是一位意志坚强的君主。所以我们会看到810年颁发的庄重的诏书只调整了官员官袍的颜色、佩剑的长度和职称的种类。位阶为二位的大臣须穿深紫色，不能穿中紫色，亲王和某些位阶的高官须穿中紫色，不能穿浅紫色。818年，朝廷公布了既针对普通衣着又针对宫廷衣着的新规定，同时还确定了下级对上级的行为规范。中国礼仪得到普遍的遵守。左大臣和右大臣在参拜皇族和太政官的时候要坐着向前垂首，而所有其他人则要立于座前行礼，不过位阶为六位及六位以下的官员要站着深鞠躬，腰以上部位都要弯下去。因为忙于这样的琐事，一年当中的很多时日都被这些缛节占据，天皇及其大臣即便愿意也很难关注一些重要的政治经济问题，这些问题早在大和初期中央政权开始发展的时候就已经出现。他们不可能没注意到这些问题，因为这些问题过于直接地影响了君主的收入和权威。从君主空空如也的金库我们可以清晰地看到由贪婪的国级官员执行的税收制度的失败，而从阿伊努人的入侵和海盗的掠夺我们又可以清晰地看到其军事影响力的衰弱。围绕皇位与皇位继承权的计谋与反计谋凸显了豪族之间的争斗与对抗。但是，尽管这些弊端很明显，中央政权却没有采取具有建设性的措施。学习这个时期编年史的学生肯定会对中央政权没能处理好这些事件留有深刻印象，也对其几乎靠劝诫来实行管理的可悲之举印象深刻。这种在中国盛行的方式似乎牢牢地印在了日本统治阶级的脑海里，尽管一年又一年，一个世纪又一个世纪，这一方式从未奏效。甚至在管理机构组织有序且有强有力的处罚加以支撑的今天，一个人还是可以惊奇地发现最高权力机构似会通过夸张的诏书向人们阐释节约及坚持不懈的勤奋的益处。他似乎还能听到先祖的声音，听到古老的族长训诫他们的氏族。在平安时代早期，这种方法的应用达到高潮。当时天皇会淡然地颁布一连串诏书，然后再失望地撤回。日本人经常用后汉编年史中的"朝令夕改"（日语为chōrei bokai）来形容这一状况，意思是"早上刚下达命令，晚上又要修改"。

这就是都城当时所处的环境，所以我们可以看到君主的有效权力持续被削弱，而且遗憾的是，这个时期的重要事件并不载于官编史书，官编史书中记载的是："天皇举行曲水宴，文人与诗作赋"；"大风吹倒了南园的两棵树。它们变成了两只野鸡"；"红麻雀在一座宫殿屋顶聚集，并且连续十天未曾离开"。我们不可以轻视这些记载隐约描绘的讲究、文雅的社会阶层，因为以它为中心发展出了一种在世界美学史上占有重要地位的文化和教养，不过我们还是要意识到这与宫廷圈外人们生活的差别之大。或许通过对长冈京在建期间日本其他地区发生的一些事件进行简短描述，我们可以最恰当地阐明这一差别。

虾夷人（Emishi）又称为蛮夷，即阿伊努人。在虾夷人入侵早期，天皇不得不派武装力量到日本北部与之对抗。当时日本在陆奥国多个地方建立了边防据点，最有名的一个据点是在一个名为多贺（Taga）的地方，多贺在今仙台（Sendai）北边，离仙台只有几英里。阿伊努人尽管通常处于被压制状态，但是从未屈服，总是不断地进犯日本北部。持续不断的战争对财政是很大

/ 第十章 新都与令制国 /

的消耗,所以在805年一封呈给天皇的陈情表中,一位姓藤原的大臣说:"目前国家遭受的苦难有两个,一个是大兴土木,一个是战争。"他提到的是修建新宫的耗费和对抗阿伊努人的耗费。桓武天皇的前任光仁天皇在位期间曾下令在边境采取多种举措,但是这些措施并没有得到实施。从783年一封令人愤慨的诏书中我们可以找到原因。据说,东部8个令制国的军事指挥官和文官蒙骗中央政府,将军事补给和税收挪为己用,派士兵耕种自己的庄园,所以边境军队没有在武器使用上得到训练,没有能力征战。大致来说,这8个令制国的领地包括今东京及其以北的、影响力所能达到的所有地区。与此同时,出羽(Dewa)国和陆奥国也处于极不安定的状态。今天的秋田县所在的地区当时因阿伊努人而变为荒地,尽管政府帮助耕农重建家园,但是并不安全,因为阿伊努人机动性很强,用一个恰当的比喻来说,他们"聚如蚂蚁,散如鸟雀",边境军队不是他们的对手。因此,政府竭力改革征兵制度。政府下令组建地方性的防卫力量,人员为来自该地区各族长家族中体格健壮的年轻人,根据地区范围的大小,人数在500人到1000人不等。当然,这是和平的力量,而且其首要目的是提供核心的训练有素的士兵,这些士兵无须缴纳实物税或劳役税,能够完全致力于维护不稳定地区的治安。这种小型的常备地方力量由4000余人组成,从多个角度来看,这种地方力量的形成具有很大的意义。它表明中央政权既不相信国级官员的正直,也不相信要塞征成士兵的效率,所以决定防卫的重担由有产阶级承担,因为他们的直接利益面临危险。因此,产生了一批世袭的从戎的人,其成员都是从世代相传的地方首领的家族中挑选出来的;而这就是后来日本封建时期特有的武士特权阶层的源起。

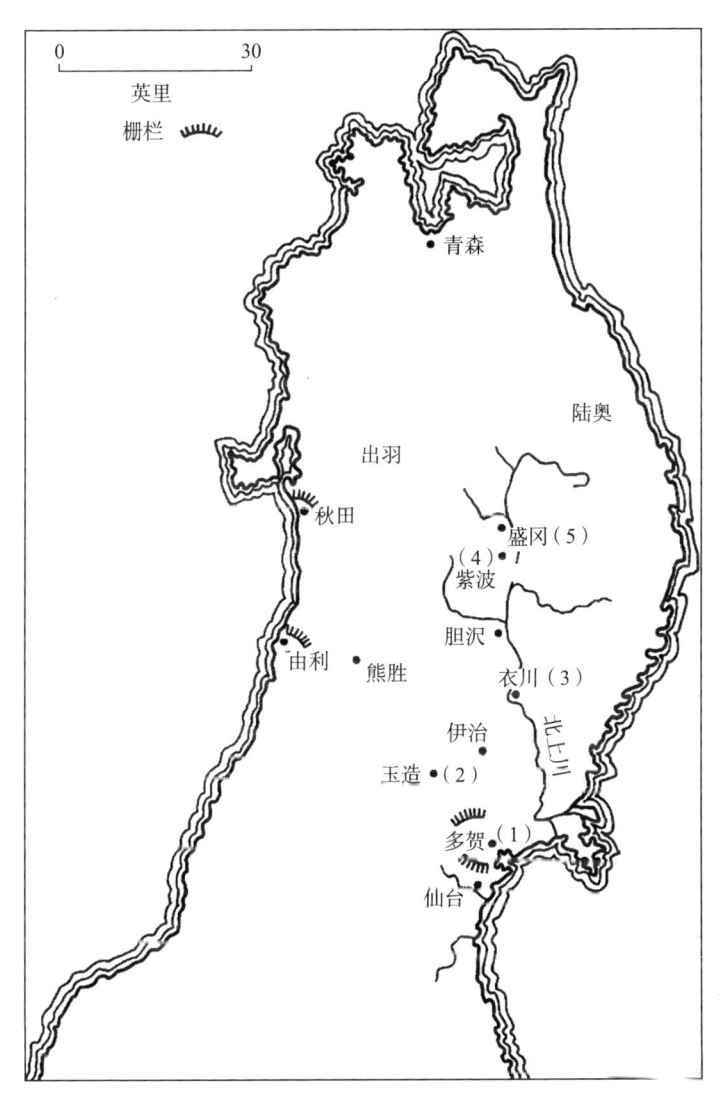

789年纪古佐美（Kino Kosami）征战的范围。(1) 永久据点；(2) 用作据点的筑垒阵地；(3) 营地；(4) 前哨；(5) 佐美战败之地

/ 第十章 新都与令制国 /

次年（784年），大伴家持（Ōtomo Yakamochi）被任命为"东征将军"（Seitō Shōgun），偕同其他两位指挥官前往日本东部，或者准确地说是日本东北部。我们得知他后来建立了防御据点，但是没有发起进攻，并且786年他逝世之后，天皇也没有指派继任者。788年初，天皇令东部各令制国于当年8月将23000石大米和一定数量的盐运往陆奥，并于次年春天在多贺要塞集结52000人。天皇指派纪古佐美担任指挥官。789年春，纪古佐美在指定的日子向都城汇报，说天皇的军队已经在多贺集结，于是天皇派信使前去伊势大社禀告诸神战争即将开始。这场战争以纪古佐美惨败告终。纪古佐美所差的信使解释说春天太冷不便行军，夏天又解释说太热。不过，迫于天皇诏书的压力，他于7月进攻阿伊努人，但完败。据他自己的回报，此一役他部下的伤亡情况为："25人被杀，245人为箭所伤，1316人被扔到水中溺亡。"虽然有1200多人"赤身裸体上岸"，但是这显然意味着他们是被阿伊努人剥去了盔甲、扔到了水中。这次战役中天皇的军队杀死的阿伊努人不到100人。纪古佐美及其同僚显然是文人而非武人，因为他们的汇报要比战斗策略巧妙得多。刚到边境不久他们就写信给京都，用优雅的汉语说他们很快就会全力发动攻击，那些生活在山洞、海边洞穴中的蛮夷定会被"天军"（即天皇的军队）像清晨的露珠一样拂去。他们说，这样的前景是如此值得欢庆，所以急忙上报给陛下。天皇震怒，下发了一道诏书，诏书中说："有什么值得欢庆的呢。从随后的陈情表中我们得知将领吃了败仗，损失惨重。他们找各种借口，抱怨交通不便，但事实上他们是无能的懦夫。"诏书中还有很多诸如此类的话，将领被撤回。他们在返回都城后接受了一场问讯，针对他们的所有罪名都成立。接下来发生的事听起来很耳熟。天皇宣称，尽管纪古佐美依法应予以严惩，但是念在他从前为国所做的贡献，特予以赦免，他属下的将领尽管已被判死刑或被流放，最终也只是被剥夺了官衔和位阶而已。事实上，纪古佐美的社会地位很高，任命他为最高指挥只是一个恩惠。这种对贵族特权的滥用连同其他因素逐渐但确定地导致了中央政权的瓦解，接下来几个世纪获得支配地位的是一个——粗略地说——比宫廷贵族更有能力、更有活力的阶层。

纪古佐美失败后，政府意识到征服阿伊努人是一件严肃之事，意识到再次远征的时候有必要做更充足的准备，更谨慎地选择指挥官。790年春天，天皇命令各令制国在固定时间内提供14万石米。这一次住在都城和京畿的百姓也没能逃脱重赋。亲王、大臣以及位阶在五以上的官员都受命捐献。文献记录中提到政府征用了20000件皮甲、3000件铁甲和34500支特制箭矢。随后又征用了12万石米。值得注意的是太政官下令列制名单，名单上要有京都和其他所有令制国中有足够财产、能够在被号召的时候提供供给的所有位阶和阶层的人，理由是迄今很多体格健壮和生活富足的人既没有服兵役又不提供征用物资。791年，天皇指定了新的远征指挥官，但是远征准备工作花了很长时间，直到794年大伴弟麻吕（Ōtomo Otomaro）才面见天皇并被授予节刀（settō），这是他作为征夷大将军的象征。这是这个军职第一次被使用，后来征夷大将军成了日本事实上的统治者。第一个拥有这一军职的人并不是因为军事才能才被任命的，任命他是因为他代表了一个豪族，过去几个世纪里这个豪族都是天皇的近卫，大伴意思是重要的伴侣。真正的征讨是由他的属下坂上田村麻吕（Sakanouye no Tamura Maro）指挥的，坂上田村麻吕是日本历史上的一个英雄人物。我们无法得知这次远征的详情，但是它似乎成功了，因为795年征夷大将军面见天皇，他和他手下的指挥官都获得了封赏。他们俘虏了很多敌人，并把他们押解到都城，再从都城把他们流放到日本的最南方。据文献记载，事实上他们中的一些人有日文名并且在朝中有位阶，由此可见他们看上去都是地位重要的人，或许是因为他们不是阿伊努人，而是在阿伊努人中居于支配地位的日本移民。几年后，编年史中提到有一位日本地主及其妻子生活在阿伊努人中间并说阿伊努人的语言，但是因为鼓动阿伊努人反抗而被捕并被流放到日本南部。可以预见的是，最早迁移至北方的日本人是独立的，他们自然不喜欢天皇的统治扩张到他们的领地并对其征税。但是值得注意的是，它表明离都城越远的地方对朝廷权威的敬畏越少。这也非常有助于解释为什么随着宫廷贵族威信下降，真正的权力中心开始东移。

当时为了让阿伊努人完全臣服，必须采取进一步的举措。300余名士兵在这次征战时逃离战斗，朝廷予以逮捕，但是并没有处决他们，而是送他们去边境的据点生活。约一年后，又有9000名居民从东部各令制国迁到陆奥国的伊治附近。这些移民有可能是庄园主，为了摆脱中部各令制国的强制赋税而抛下自己的庄园。据说，7世纪和8世纪经常会有成群的男人在较偏远的令制国游荡，一些人做强盗，而另一些人则安然定居下来。随着一系列边境据点的建立，这些移民逐渐成立了固定的边防护卫队。要想使边境能够不断地向北推进，就需要组织多次军事远征。802年，坂上田村麻吕被派到陆奥，在陆奥的胆泽他修建了堡垒，由从东部各个令制国包括骏河（Suruga）来的4000人①

---

① 浪人（Ronin）：没有正式职业的人，不受任何人雇佣，也不服务于任何人。注意这个术语的早期用法。

驻守。同时，还加固了熊胜的堡垒，其每年的口粮供应量也固定为 10600 石米和 120 石盐。很多阿伊努人的首领看到他们无法再继续抵挡日本人的重压，于是 500 位首领向胆泽的护卫队投降。他们的领袖——那些自称为王的人——被坂上田村麻吕带到都城，在都城权贵一番争论之后被处决。806 年，在志和建立了一个要塞，位于秋田的要塞被遗弃。从略图中我们可以获得一些对平定活动进程的了解。20 年间北方的实际边境不断向北推进，从仙台地区推进到盛冈（Morioka）地区。

毫无疑问，征夷是一个非常艰难的任务。阿伊努人熟悉所处之地的复杂地形①，而且我们有理由相信较为强大的阿伊努人与当地的日本移民之间并没有太多差别。他们之前有很多来往，肯定也有通婚，所以与大皇的军队对抗的人并不完全是蛮夷。

营建两座都城，加上连续出兵征服阿伊努人，仅这些就足以耗尽国库，也足以令统治阶级不顾一切地将重担以税收和强制劳役的形式压在农民身上，而这些农民作为唯一的生产者，自然成了最终的受害者。不过，除了这些突然加在他们身上的需求之外，他们的处境原本就极其悲惨。都城的官员无能、贪腐，国司府的官员暴虐、贪婪，这一点我们可以从这个时期颁布的一系列训诫诏令中看到；同样，也可以从随后发生的事件看到这些诏令

---

① 此外，天皇的军队面临很大的交通困难。我们可以对纪古佐美的汇报持怀疑态度，但是值得注意的是，在汇报 789 年失利的时候，他提到补给从玉造运到衣川需要 4 天，从衣川运到紫波（Shiwa）需要 6 天，还得是在天气好且路上没有遭到袭击的情况下。再加上在每个点装卸的时间，他预计那些苦力将补给送到前线，然后返回基地再次装运补给需要至少 24 天。每次装运的上限是 6215 石米，需要 12440 人装运。参与战斗的人数是 27470 人，每天消耗 549 石米，所以根据他的计算，12000 多人花费 24 天所运的补给只够 27000 多人吃 11 天。他说，因此要削减战斗人员，将他们调回基地附近，将这些可用的人调去运输补给。

/ 第十章　新都与令制国 /

完全没有奏效。

坂上田村麻吕完成平定任务之后，位于京都的政府似乎采取了一些措施鼓励移民到新的领土。国级官员接到指令，不得将那些移民新开垦的土地作为可征税土地收录到登记簿中。似乎已经有很多庄园主因为不堪忍受这些官员的干涉而离开。或许是因为管辖者和地区官员的盘剥，阿伊努人时不时地会反叛，随之而来的是惩罚性的远征。811年的一则诏令称赞了指挥官绵麻吕（Watamaro）并给予晋升的奖励，因为他"荡平了蛮夷的巢穴，摧毁了他们的部落"。

这个时期京都的当权者似乎真的在努力促进在东部各令制国定居的农民的利益。这么做对他们自然是有好处的，因为更多的农耕土地意味着更强的纳税能力。但是地方当权者离得太远，没有得到切实的监督，所以新增收入的获益者是他们而不是朝廷。通过对下一章的学习，我们可以了解到这种现象是如何产生的。

第十一章 中国的制度在日本的发展

所以，新的统治者定都京都后面临一系列需要解决的难题，大多数难题都与土地所有制和赋税这两个基本的主题相关。在前面的章节中我们已经——或许过于详细地——讨论过这些问题，但是这里我们必须再次提到它们，因为它们对随后日本历史上几乎每一项政治和经济制度的发展都有重要影响。

平安时代经济的一个主要特征是免税的私有地面积快速扩大、数量迅速增多，私有地又被称为庄或庄园（Shō 或 Shōen）。免于纳税的土地众多。奈良时代免税土地的所有者主要是佛寺和寺庙，在宗教热情高涨的早年间佛寺和寺庙收到来自国家和虔诚的个人的大块土地捐赠。这些土地作为寺院地产，既不用缴纳国税又无须承担地税。政府随后禁止个人将土地转让给佛寺，但是这则禁令从一开始就形同虚设，因为 8 世纪佛寺拥有的土地稳步增加，既有个人的捐赠，又有政府的赐赠。9 世纪，在寺院土地持续扩张的同时，寺院还通过这个时期常见的另外两种方式获得免税土地。一种是相对正规的方式，即天皇将大面积的已开垦或未开垦的（免税）土地赐给众多的皇室成员、天皇的宠臣以及高位官员。另一种方式是私人随意占有可开垦的土地、草地或林地，这些土地也都是无须纳税的。可供天皇任意赐赠的土地自然是有限的，不过没过多久有权势的领主就开始宣称自己的土地原本是无须纳税的皇室土地，如果权势足够大的话，他们都不会设法获得特许，而是迫使地方官员认可他们的所有权。与这两种方式同时出现的是委托和授俸两种惯例，而这进一步导致了完全免税或部分免税领地数量的增加、范围的扩大。这一问题十分复杂，但是我们可以说，越来越重的税收迫使小农或中农要么抛弃分给自己的土地成为流民，要么投到有权势的免税土地所有者的门下受其庇护，正如我们在对奈良时代行政体制的研究中所看到的那样。委托的形式有很多种，但是常见的做法是需要纳税的小块土地的所有者将土地交给免税土地的所有者，这块土地因而并入免税土地。这种委托是名义上的，因为委托人保留土地的所有权和使用权。因为这种庇护或税收的免除，委托人按照约定的比例，将委托土地收入的一部分支付给受委托人。受委托人为了获得更多的保障，可能会将自己的土地委托给更有权势的免税之人，这种方式可能会被重复使用，直到最后一层的受委托人是有着无可撼动的免税地位的机构或个人，比如像东大寺这样的大佛寺或者位阶最高的官员甚至亲王。授俸是与委托相反的一种方式，主要是免税土地的所有者将与土地相关的某些权利或特权授予一个受他雇佣、为他管理或耕种土地的人，这些权利和特权包括获得该土地产出的一定份额、使用隶属于该土地的人力、充分利用该土地所有者的一部分资产。因此，它是一种租赁形式，尽管起初租赁的周期并不确定，但是它逐渐具有了世袭的性质。总之，大多数小农宁愿冒险耕种租赁的土地也不愿把体力浪费在分配的土地上，因为在满足了征税者之后，耕种分配土地的所得寥寥无几。委托和租赁的形式多种多样，其协议有时是口头的，有时是书面的；同一块土地常常附有各种类型的权利和义务，并一级一级地转让下去。我们可以很容易地联想到平安时代的土地所有结构变得如此混乱，那些手段强硬的人有各种各样的理由通过强制或威胁扫除一切法律上的障碍并明确确立自己的所有权。政府竭尽所能地抑制这些破坏性倾向，却无能为力，一部分原因是有太多身居高位的人本身就有免税的领地，另一部分原因是可供分配的土地原本就只占已开垦或可开垦土地的一小部分。大化改新时期可供分配的土地可能只有稻田，而且只有稻田才会被开垦或被登记。但是除了可分配土地之外，日本自然还有大量已开垦但未登记的稻田以及面积相当大的种植其他作物的耕地，且不提当时周围未被占据的其他适于或不适于耕种的土地。因为当时国家组织制度是建立在均分土地的基础上的，而可用于均分的土地越来越少，所以土地所有制的崩溃势必会带来国家组织制度的崩塌，或至少带来国家组织制度的调整。

　　这种调整是平安时代典型的政治特征。尽管日本在引进唐朝行政结构之后就进行了某种程度的简化，但是依旧太过复杂，完全无法达到目的。套用中国的谚语，用一个庞大且复杂的行政体系来治理日本这样一个地域狭小、人口稀少的国家就像"用牛刀杀鸡"。不久之后，行政法规（令）规定的官僚等级结构的大部分职能都已丧失，取而代之的是不规则发展的机构。太政官的影响力衰弱，大多数大臣和参议丧失了权力，其官职变得有名无实，官位也变成了名誉性的，不过他们的人数却增加了。政府中一些新机构的发展方式会令学习英国宪法史的学生感到意外地熟悉。这些机构中最为重要的分别是关白（Kwampaku，意为"摄政"）、藏人（Kuraudo，意为"档案管理员"）、检非违使（Kebiishi，意为"警务专员"）、勘解由使（Kageyushi，即"审计官员"）。对这些官方机构的逐一描述有助于呈现当时政治和社会生活的几个特征。

　　"关白"一词第一次出现是在汉朝的文献当中，指的是充当君主喉舌、向君主汇报并服从其命令的官员。在日本，关白这个官职是从摄政发展而来，摄政指的是那些在天皇年幼的时候掌管国家大权的人。第一任关白是藤原基经（Fujiwara Mototsune），他在年幼的阳成天皇（877~884年在位）即位之初担任摄政，并且在废立阳成天皇、改立光孝天皇之后继续担任关白。不久关白成为日本最高的官职，位于太政大臣之上。有时候关白同时兼任一个职位，即他名义上的官职，也可以说他在太政官中的职位，相当于右大臣或左大臣，但是他依旧位居太政大臣之上，能够直接面见天皇；他表面上执行天皇的政策，但实际上影响着政策决策。事实上他是一位独裁者，从10世纪开始，藤原氏的族长接连实行专政，进而确立了藤原氏的支配地位，这种专政从大化改新时期的藤原镰足开始，8世纪的时候因为氏族内外的斗争而中断，9世纪逐渐恢复，一直持续到12世纪。强大氏族占据支配地位阐明了1868年明治维新之前一些与日本政体不可分割的特征。国家名义上的统治者尽管得到近乎崇拜的敬仰，却没有实权，在真正的事务处理中取而代之的是一位有影响力的大臣。我们最早可以从苏我氏为了打败竞争对手、获得举国至为重要的地位所做的努力中看到这种做法。藤原氏将这种二元体制发展到高度完善的阶段，随后的幕府、摄政或军事独裁者都延续了这种体制，直到近代。在其他国家的历史中，我们能够轻易找到与之类似的或控制皇宫或控制统治者废立的人，但是日本的传统在某一方面与众不同，那就是氏族体系在政体方面的体现。因为尽管藤原氏出现了多位伟人，但是藤原氏的支配力源自家族团结而不是个人的德行。日本人一直有着强烈的家族情感、家族自豪感和家族凝聚力，而中国关于先祖崇拜和孝道的教义更是强化了这些情感。藤原氏获得并维持其权力正是通过家族联系，而不是其他方式。藤原氏的女儿要么嫁给历任天皇，要么嫁给亲王，只有这些妃嫔所产之子才有希望继承皇位。藤原氏占据了国中所有重要的官职，并且煞费苦心地获得了免税领地最重要的权力，且不用费心费力管理这些领地，以至于12世纪藤原氏的一位成员宣称他的家族从未管理过一片领地，这意味着他们一直都是最后一层委托人，从土地中获取收入却从不费力打理。这个拥有强权的氏族几乎从未用暴力对抗对手，这一点很有趣，它说明了家族制度在日本的影响力。那些看似会成为他们阻力的人要么被残忍地、默默地流放到一些偏远的令制国；要么被说服，剃度并退隐佛寺。无须言明的、稳定的家族压力要比杀戮更有效果。菅原道真（Sugawara no Michizane）是藤原氏的劲敌之一，其仕途发展除了能让我们对当时的事件有大致的了解之外，也可以用来阐明这一点。

菅原道真出生在一个古老但不强大的氏族，因学识而为人所熟知。他成长在一个以中国学问为贵的时期。他擅长作文、诗歌和书法，是大学有名的老师，在大学里受到一些备考的年轻贵族的注意。他得到宫廷重用，成为皇位继承人的导师，并将自己的女儿嫁到皇室为妃，因而快速攀升至高位。894年，朝廷决定派遣使团出使唐朝，道真被选为遣唐使。但是他并不愿意去，毫无疑问他不愿失去在朝中的发展机会。他请求天皇不要再派遣唐使团，引用在唐留学僧的汇报，称唐朝形势险恶、渡海旅程凶险。天皇同意了他的请求，日本与中国的官方往来自此中断。唐朝的局势的确动荡不安；此外，日本也到了一个阶段，或者它自以为到了一个阶段，可以独自吸收、辨别它引进的中国文化，使之适应自身的需要。当然，官方交往的中断并不意味着中日彻底断了往来。当时仍有僧侣、留学生和商人往返于中国和日本，但是大体来说，到9世纪末的时候，日本对唐朝体制的热情减退，日本人开始自立，开始探寻适合自己的方式。这一时期日本人的态度发生些许改变，开始支持纯粹的日本学问。说到这里，道真本人也能够熟练地创作本土风格的文章。不过这个时候他的行政能力和学问一样为人称道，899 年他任右大臣一职。位居他之上的自然是藤原氏。道真深得天皇宠信，以致藤原氏和其他豪族都嫉恨他的快速攀升，并迫使天皇任命他为九州太宰，这相当于流放，道真从此再未返还朝中，天皇也未敢召回他。这就是藤原氏处治强大的天皇宠臣的方法。因为我们可以轻易地联想到没有他那么强大的政治对手几乎无力与之抗衡，当藤原氏失势时，他们也一定会失势，导致其失势的不是位于都城的政治对手，而是在日本东部偏远的令制国不断积聚实力的一个家族。这个家族就是平氏。值得注意的是，尽管平氏得势是因为军事才能，但是皇室血统、家族声望和家族凝聚力也是重要因素。

正如日本的贵族情感通过赋予最高官职以世袭的特质、打破从中国引入的政治体制的官僚结构或者至少赋予其明显的日本特征来彰显自己的实力一样，我们也能从平安时代很多得到实践的行政手段中看到民族情感的印记。前文提到的特殊政府机构的发展也体现了这一特征，那些倾向于认为日本只擅长复制外来机制的人可以注意一下这些特殊政府机构的发展。事实上，他们起初复制外来机制的勇气和智慧非常值得称道；后来的历史表明他们从未满足于对引入模式的不加鉴别的接纳。

藏人所（Kuraudo-dokoro）是一个小机构，810 年始设，起初负责掌管宫廷机密文书。久而久之，因为藏人所官员可以接触到天皇，所以影响力也不断扩大，直至在藤原氏的影响下成为处理宫廷事务的最高机构、天皇诏书颁布的渠道以及将诉求和陈情表呈给天皇的中介。897 年，藤原氏族长藤原时平（Fujiwara Tokihira）成为藏人所别当（Commissioner of the Bureau of Archivists）。这一任命，再加上藏人所的声望，让藤原时平有了把它作为便宜的裁决执行机构的机会。而律令中规定的早期诏书颁发程序极为复杂。诏书由一个机构起草，拿给另一个机构严格审查，接着拿到太政官由多位参议签字，然后呈给天皇批准、盖印，最后经过更多程序颁发给畿内和各令制国的当权者。藏人所走捷径，直接颁布敕令，虽然不及正式的诏书正规，但是具有同样的效力。当然，有了强大的藤原氏作为别当，藏人所的敕令并不局限于常务，到9世纪末，藏人所获得了行政权甚至司法权，而太政官和中务省可真正行使的权力少之又少。

检非违使厅（Kebiishichō）的发展和藏人所一样偶然。我们并不清楚它最初是如何设立的，只知道817年的时候，皇宫近卫的一些官员受命作为检非违使监督天皇令状的执行。检非违使的字面意思是"检举违法行为的使者"，起初逮捕违法者只是这些人正规军职的偶尔延伸，但很快变成他们的固定职责，因为律令中规定的程序太过烦琐，不久之后检非违使就设立了一个独立的机构，并夺取了之前分别属于左右卫门府（Guards）、弹正台（Board of Censors）、刑部省（Department of Justice）、左右京职（Metropolitan Council）的逮捕、审问、判处、申述的特权。870年，检非违使拥有对所有暴力犯罪行为的审理权，包括从逮捕到处罚等各个环节。他们的权力是如此之大，以致其命令与天皇敕令的效力相当，那些违背他们的人被以叛国罪论处。10世纪，他们甚至开始逮捕并处罚那些拖欠税款的纳税者。严格来讲，他们的管辖权只限于都城以内，或者至少不超过都城附近地区，但是随着权力范围的扩大，他们倾向于远距离行使权力；与此同时，各令制国也设立了仿照检非违使厅的机构，所以其下属的检非违使的人数大大增加。他们的工作需要的是强壮的、意志坚定的人，所以检非违使自然从好战的阶层中招募下属。我们已经提到，都城大多数军职由出身良家的年轻男子出任，这些出身

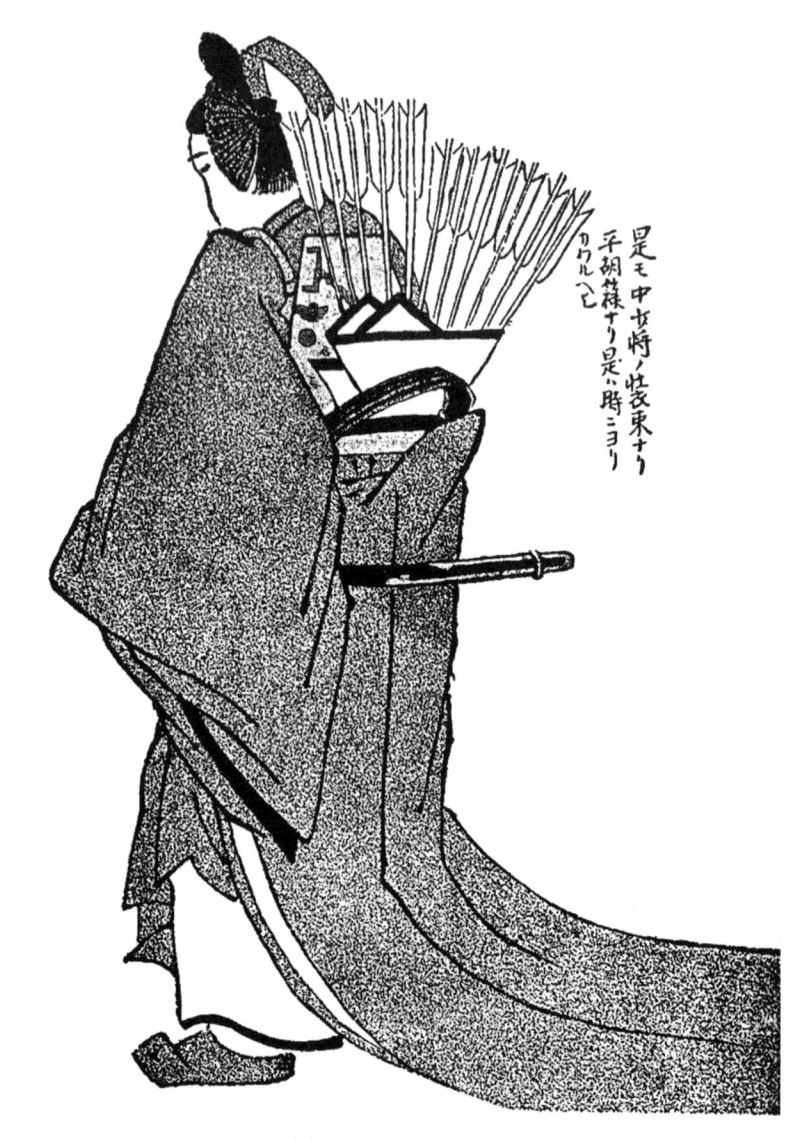

平安时期卫府将军的宫廷着装，取自早期的一本手稿

富裕的年轻人装点门面还可以，但不善战。自然而然地，那些被检非违使厅招募的真正有作战力的人在一定程度上控制了他们，进而发展出一个军事兼司法机构。

随着检非违使权力的增加，他们开始忽略刑事律令，并且逐渐积累了大量判例法。现存的文献中记录了检非违使厅编纂的供自己官员使用的多部判例法典，如《检非违使法令汇编》（Summary of Kebiishi Edicts）、《自用说明》（Private Instructions）、《检非违使判例集》（Formulary for Police Commissioners）、《审讯手册》（Manual of Interrogation）等。这些文献现已不存在，但是从其他著作的引用中我们可以清晰地看到这些文献共同构成一个行使简易审判权的指南，取代了当时的律令并弥补了其不足。检非违使厅实施的是一种他们随着社会发展不断完善的习惯法。我们并不是十分清楚这种习惯法的性质，但是它的处罚条例似乎并没有律令中规定的严苛，不过得到了更加严格、及时的执行。作为对佛教的一个妥协，时人废除了死刑，但是仍有其他严酷的刑罚，比如砍掉抢劫犯的一只胳膊。检非违使权力扩大部分是因为都城持械抢劫行为泛滥，要想制止就必须采取即时的、严厉的措施。

勘解由使是负责在国司任期结束的时候审计其账目的职官。勘解由使厅最初成立于800年，那个时候国司的渎职行为让人不得不严查他们对公有资金和公有财产的处理。勘解由使厅的重要性日增，到9世纪末的时候，它已经夺取了原属于都城正规审计和税收机构的职权，勘解由使均是高位官员，勘解由使厅长官则是太政官中的一员。

随着上述中央行政体系变化而来的是地方行政体系的相应变化。其中最令人惊讶的是国司之职特征的变化。国司拥有某些特

日本令制国分布

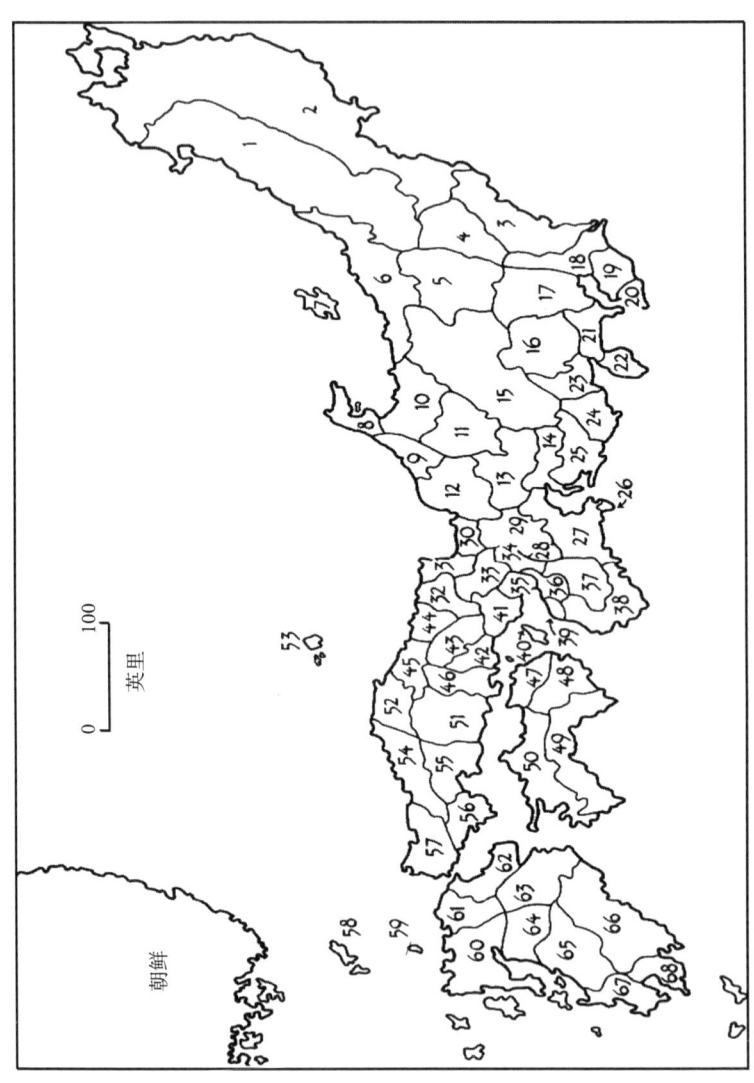

日本文化简史：从起源到江户时代

安艺	55	和泉	39	大隅	68
阿波	20	出云	52	尾张	14
安房	48	伊贺	28	佐渡	7
淡路	40	壹岐	59	相模	21
备中	46	因幡	44	赞岐	47
备后	51	伊势	27	萨摩	67
备前	42	石见	54	摄津	35
丰后	63	伊予	50	志摩	26
丰前	62	上总	19	下总	18
筑后	64	加贺	9	下野	4
筑前	61	甲斐	16	信浓	15
出羽	1	河内	36	骏河	23
越后	6	纪伊	38	周防	56
越前	12	上野	5	丹波	33
越中	10	三河	25	丹后	31
播磨	41	美作	43	但马	32
飞騨	11	美浓	13	土佐	49
肥前	65	武藏	17	远江	24
肥后	60	陆奥	2	对马	58
常陆	3	长门	57	若狭	30
伯耆	45	能登	8	山城	34
日向	66	隐岐	53	大和	37
伊豆	22	近江	29		

/ 第十一章 中国的制度在日本的发展 /

权，即便有堪解由使详查，国司也是极为有利可图的官职，因此在那些挥霍无度的都城贵族看来非常诱人。但是那些高雅的贵族厌恶令制国的公务，所以他们逐渐设法只享受这一官职所带来的好处而无须忍受在京外就职的艰苦。起初，生活艰难的宠臣会设法获得国司之职，请天皇特地恩准他留在京畿，并通过书信指示下属、管理令制国，至少表面上是这样。不久之后他们连表面的样子都不做了，国司府最高官职的任命变成廷臣获得年俸的一种方式。不久之后出现了更令人惊诧的发展，一位受宠的廷臣会被授予每年任命一到两位国司的特权。后来这种任命变得完全有名无实，因为被任命的人完全不赴任，也不享有任何国司的俸禄，这些俸禄直接给了任命者。起初，地方权贵乐得花钱购买有名无实的国司头衔，后来国司头衔越来越多、越来越不受尊重，最后到了荒谬的地步，那些拥有赏赐、任命国司之权的人，都找不到愿意接受任命的人，于是他们只能将国司头衔授予名字花哨的虚构人物，比如湖畔和风（Lakeside Zephyr）、岭上松风（Ridgetop Pinewind）。

在不赴任的官员安然居住在都城且领享俸禄的时候，令制国的管理之责落在了国司府下级官员或急于增加个人利益的地方贵族手中。因此，我们可以想象，到平安时代中期，国级和郡级行政一片混乱，从上到下贪腐无比。由此可以证实大化改新的改革者建立的机制不够好，官僚的威望下降得厉害，日本注定要兴起一个无视中央政权、自治程度越来越高的新阶层。当时的社会恢复了革新前的形势，家族影响力占了上风，而官僚机构则在逐渐崩塌。此外，值得注意的是，那些留存下来的官僚机构也逐渐变成世袭的机构，由某些家族独占。最强大、最有利可图的机构落到了藤原氏手中，同样，其他官职和专职由阿部（Abe）氏、三吉（Miyoshi）氏、和气（Wake）氏、白川（Shirakawa）氏等豪族独占。实际上，世袭原则击溃了值得称道的中国原则这点值得极力强调。当没有直接继承人确保家族延续的时候，日本采用了收养这一有力机制，我们看到，这一机制随后发展到极其复杂的程度。

  如果我们现在从统治形式转到被统治者的组成上，我们也会发现本土的倾向性太过强大，无法被禁锢在一个外来的框架中。日本采用的中国理念意味着废除氏族特权，意味着将人划分为两个阶层："良民"，即自由民；"贱民"，即非自由民。两个阶层均在一位至高无上的君主的统治之下。理论上，所有的自由民都拥有平等的权利，而所有的贱民，虽是非自由民，但仍是统治者的直接子民。而实践与理论则大不相同。自由民和非自由民都有详细的等级划分，不同的等级对应不同的位阶和特权。等级最高的自由民是各氏族的族长，等级最低的自由民是与皇室相关的行会和集团的成员。这些自由民及其中间阶层都可以通过宫廷位阶和官职出人头地，不过等级制度本质上是基于家族出身的，所以不同阶层的自由民几乎是不通婚的。最高的位阶和官职是氏族族长的特权，中间的位阶属于次一级的贵族阶层，即"造"，实际上他们的位阶很少能升至五位，所以与国内最高的官职无缘。因此，他们往往会从事学术或者投身艺术。此外，在平安时代后期的混乱局势中，他们常常会从军，这为他们提供了消耗精力和保护自身利益的途径。日本之后历史上大多数伟大的武士、行政官员、学者和艺术家大都出自这个中间阶层。日本文化之花正是盛开在中间阶层这条枝丫上。

  等级更低的自由民阶层是由大化改新前的部落成员和因"十七条法令"第一条获得自由的行会或集团成员组成，我们可以把前者看作一群小农。这一阶层的人拥有分配的土地，通过缴纳实物税和劳役税供养整个国家。这一阶层的人有可能——但并不常见——会从自己的阶层中脱颖而出，获得氏名并且通过在官方任职或为官方效力来提升自己的社会等级。这一庞大的平民阶层有很多分支。自由的部落成员地位高于自由的行会成员，而行会成员中又有很多级别，级别高低取决于他们工作的性质。这些行会成员实际上是行业工人，有的有特殊技能，有的没有，铁匠、护甲匠或漆器工人的级别要高于马夫或清道夫。尽管严格意义上讲他们是自由民，耕农和行业工人都受到奴役，因为小农实际上依附于土地，而行会成员则依附于各种各样的政府机构，这些机构会消耗他们的劳动力或者行会的产出。不过，这些群体之间的区别趋于消失，而行会成员也逐渐与其他自由民融为一体，所以到10世纪初日本只保留了少数专门化的群体。

平安时代的贱民，载于《伴大纳言绘卷》(*Ban Dainagon Scroll*)，约1170年

非自由民为第五阶层,为了达到阶层划分的目的,我们可以说第五阶层由公奴和私奴组成,公奴大多是在地里或其他卑贱的职位上劳作的人,如清道夫、挖墓者。私奴是在主人的家里或者地里劳作的人。

从事农业生产的公奴获得的土地大小和自由民一样,但是他们的产出都上交国家,只能获得一定配额的粮食。私奴均是主人的绝对资产,只有少数例外,可以作为礼物赠送、买卖或列入遗嘱。大的寺院拥有很多奴隶,登记簿中寺院拥有的奴隶及其子女和牛、马是并列录入的。750年的一份文档显示,丹后国奉中央政府之名将两名男奴和两名女奴赠给东大寺,每个奴隶的估值为1000束稻。我们在另外一份文档中发现一位借款的父亲将自己的女儿作为借款的部分抵押品。奴隶并非完全没有民权,因为杀害或伤害一个奴隶和杀害或伤害一个自由民一样,都是要受到刑罚的。我们缺乏足够的材料,因而无法准确估计奴隶的总体数量。但是从平常的登记簿及其他类似的文档来判断,奈良时代末期在日本已有人定居的地区,奴隶人数约占总人数的1/10,至多不超过1/5。

平安时代早期奴隶阶层由几个群体组成。很多奴隶都是几个世纪以前开拓疆土的战争中被俘虏的占支配地位的部落的后代。奴隶阶层还有一些朝鲜人,他们有的是被俘虏的,有的是被赠送的;还有一些"蛮夷",这些"蛮夷"大多是在较近的几次征战中被俘虏的阿伊努人。还有一些罪犯受到惩罚、被贬为奴。最后一类奴隶中有一些是政治犯,8世纪的时候还有一些伪造货币的人,伪造货币的罪行刑罚严酷,伪造者、同谋连同家人都会被贬为奴。当时常常会有父母把孩子卖给别人做奴隶,无力偿还债务的借债者偶尔也会被债主当作奴隶。奴隶阶层的人数就是通过诸如此类的方式以及后代繁衍来维持并增长的。父母有一人为奴的，所生的孩子也是奴隶。但是平安时代早期班田制度的瓦解导致了与之密切相关的奴隶制经济的瓦解。而经济的变化总是伴随着社会的改变。随着税收负担日益加重，自由民的生存境况与奴隶相差无几，自由民和非自由民的区分也就失去了意义；延喜年间的文献表明，到 10 世纪初，实际上几乎已经没有人遵守这种区分。所以，我们可以看到在社会上层与下层出现了阶层的融合，下层的自由民吸收了奴隶，形成了一个大致意义上的统一的庶民阶层；而上层几乎全部由藤原氏构成，其他豪族完全被藤原氏压制，处于相对不那么重要的地位。上下两个阶层都没有摆脱其所处地位的不良影响，上层因懒散奢华、贪腐而衰弱，下层因不堪忍受的劳役和贫困而衰弱。因此，可以预料到 10 世纪以后中间阶层崭露头角，成为日本国重要的群体。

遗憾的是我们对日本人口的一个群体知之甚少，这个群体就是外国移民。这个群体似乎人数众多、不容小觑，因为文献记载中时常提到未归化的外国移民群体，他们是暂时定居在日本的朝鲜人或中国人，和那些祖籍在他国但是已经有一代或几代人定居日本的家族不同。值得注意的是，律令中特别提到了这一群体。律令规定，如果参与犯罪的人来自同一国家，那么按照他们母国的法律处理；如果参与犯罪的人来自不同的国家，那么按照日本的法律处理。日本虽然没有鼓励外国移民成为日本人，但是允许他们自由选择，在母国为奴的移民永久定居日本后就是自由民。那个时期的日本人对外国移民的宽待非常值得称道，这表明他们并没有强烈的民族情感。我们还有其他很多证据可以证明那个时候朝鲜和中国各个阶层的移民普遍是受欢迎的，甚至还是受邀而来的，这无疑是因为他们之中的大多数人能在学问、艺术和工艺等方面为日本做出一些贡献。

在前面的章节中我们会时不时地谈及以诏书、敕令或律令形式呈现的涉及大多数机构生活的律法。但是我们不能认为因为这条律法颁布了，所以它就得到了实施。我们也不能从流传到我们这里的官方法令文献来准确地推断9世纪末以前日本的境况，这样的推断是极其危险的。强制性诏书年复一年地颁布就是这些诏令没有得到实施的证据。我们在前文描述的那些特殊行政机构的发展几乎足以表明8世纪和9世纪日本的重要机构是非法的或者至少是超越法律支配的产物。以下对时事的总结是客观的：平安时代前半叶日本的君主政体是两头政体；官僚支配权让位给等级特权；土地所有制从个人所有制发展为封建土地私有制；财政体系彻底崩塌；司法机构不再参照律令，而是参照总结性的条例和判例。到11世纪中叶的时候，中央政权已经失去了大部分权力和威望；整个国家惨遭氏族争斗和内部战乱的破坏；盛行的法律是氏族的家法。在都城，白天抢劫很是常见，主要的陆路和海路上盗匪与海盗猖獗。这并不是一幅很美好的图景，但是得益于一个充满活力、自食其力的乡绅阶层的兴起以及在某种程度——并未完全脱离中国文化的影响，尽管完全脱离也是有可能的——上未受中国文化难以抗拒的影响的、独立的民族文化的发展，这种境况得到改善。在艺术、文字和宗教上，日本开始走上自我发展的道路，而接下来我们要研究的就是日本在这些方面的发展。

第十二章　宗教和艺术

第一节　平安时代早期的佛教

为了正确地理解日本平安时代以来佛教的发展，我们最好对其根源即印度佛教的发展有一个大致的了解，因为后来的佛教理念在日本历史上扮演了重要的角色。

印度佛教几乎从一开始就表现出创造并增加诸神的倾向，而早期佛教（小乘佛教）和晚期佛教（大乘佛教）在这一方面的区别最为明显。小乘佛教信徒把释迦牟尼当作一位超然的、非凡的人物，而不把他当作一位神；大乘佛教信徒没有宣称他是神，却认为他拥有神的所有属性，是永恒的、无限的、无处不在的智慧相的化身。他后来被看作宇宙中不计其数的超然存在的其中一位，并且虽然"理论上形而上学的天国一直是空着的，但是佛学上的（我们不能说它是理论上的）极乐世界居住着无数人"。[1] 在如此众多的、不计其数的佛陀和菩萨中，强调其中一位圣者的重要性、使其成为崇拜的中心或者一些哲学概念的象征是再容易、再自然不过的了。佛家这种增加并挑选佛陀的能力让后来的佛教有了令人眼花缭乱的万神殿，有了多种多样的宇宙观，有了为数众多的仪式，有了博大精深的佛法，有了广阔的形而上学的空间。所有这些在适当的时候传到了中国，又从中国传到了日本。但是从起源地印度到位于远东的目的地，佛教的扩散也经历了很多变化，直到其最后的形式或显或隐地带着婆罗门教（Brahmanism）、波斯拜火教（Mazdaism）、中国儒学和道教以及日本神道教的痕迹。虽然早期佛教和最新的佛教形式之间

---

[1] 格鲁塞（Grousset）。

的巨大差别并未牵涉不同宗派信徒之间的激烈争执，但是佛教还是划分为很多宗派，每个宗派崇拜某一组神祇，或者尤为信赖某些佛教典籍。因此，一些佛教宗派崇拜释迦牟尼，把他当作《莲华经》描述的众位佛陀中的中心人物，而在另一些佛宗中，他的地位既不及卢舍那佛，又名大日如来佛，也不如阿弥陀佛，日语读作 Amida；既不如弥勒佛，日语读作 Miroku，佛教中的救世佛，也不及观世音菩萨，日语读作 Kwannon，观世音菩萨大慈大悲、普度众生。有时候人们认为佛陀有三身①——报身、化身和法身，或者认为佛陀对应的是显现出来的隐藏的真实，或者认

---

① 佛陀有三身。大乘佛教的这种理念尽管深奥，但是因对远东思想有相当大的影响，所以值得给予特别的考量。三身（Trikaya）分别为：化身（Nirmanakaya），历史上的佛（即释迦牟尼）；报身（Sambhogakaya），出现在极乐世界的佛；法身（Dharmakaya），宇宙佛。

前两个都是真正佛陀暂时的或局部的化身，因为真正的佛陀是终极实相。宇宙只是实相的表象，因此宇宙和佛陀是一样的。随着时间的推移，释法的人逐渐用简单、常见的术语来阐释这个难以理解的概念，将它的思想与宗教、文学和艺术中表达的那种同一时代的情绪连接起来。那种认为真正的佛陀原本就有多种化身的信念让人容易接受佛教和神道教神祇的身份，可以使他们把所有神祇看作同一实相的化身。在另一个领域，这种三身的教法提供了一种形而上学的认可，为传统的本土万物有灵的信仰提供了框架和一致性。将佛陀描述为与万物相同、存在于相同空间的实在就是在表达万物本质相同这样一个观点。这种观念对艺术而言显然是一种强大的力量，因为它意味着艺术家加工的任何一个主题都是在表达一种宗教真理。它一定也会将艺术家的注意力从在西方思想中占主导地位的以人为本的思维习惯上移开。在远东，人不是最重要的受造物，而是终极实相的众多形态之一。我不想太过深入地陈述这一论点，很容易过犹不及。但是我想这个论点可以帮助解释一些问题，比如，为什么远东艺术中并不常见人物肖像画和描绘人类生活中戏剧性事件的画作？远东画家一个钟爱的主题是显示空间与距离的风景画，而画中的人物只是附带的。他往往会描绘一座大山和一位小小的哲人，不像西方那样，以适度的自然为背景描绘一位体形高大的政治家或普通、矮小的人。

所有这些看似与三身教法相去甚远，但是毫无疑问佛教中的某些哲学观念已经深深地影响了日本人的生活，让他们意识到所有观察到的表象的稍纵即逝和虚幻，意识到所有存在形态之间固有的一致性。

为佛陀是集三身、四智或五智为一身的神圣存在。除了这些，还有地位略低一些的佛陀，比如四大天王，以及一些罗汉，还有源自印度、中国和日本神话的一些著名的人物——这些人物被迎入万神殿，成为信众崇拜的对象，与那些超群的佛尊相比，信众更加热衷于崇拜他们。日本人逐渐认识到这些信仰和与神有关的这种认识不仅扩大了他们的知识面，而且成为他们各个方面的生活的一部分，此外还在他们的艺术、文学以及社会制度上留下了深深的印记，佛教思想的很多术语以及很多佛教传奇人物的名字构成现在日常词汇的一部分。

奈良时代日本的佛教虽然在外在形式上深受大乘佛教的影响，但是在内在哲学上大多数是小乘佛教的教义。这个时期佛教的发展仅限于一个狭小的、专业性的圈子，而佛教对公众的吸引力仅限于其仪式和法术。奈良时代，除了少数虔诚的苦行僧和勤奋的僧侣，其他僧职人员没有那种引人向上的影响力。都城的迁移，为新一阶段宗教的发展奠定了基础。当时一些综合性的、能够满足人们日益增长的精神需求的教义有着广阔的发展空间，这些综合性教义是针对普通人的、对佛陀教导核心内容的总结，既不会走形而上的极端，也不会只着重仪式。日本佛教到这个时候一直处于吸收的过程，从这个时候开始日本进行了各种尝试，试图同化吸收的内容，使其适应本国的环境和日本人的性情。在中国，佛教已经依次完成几个发展阶段，因此日本佛教往专门的、民族化的方向发展的第一步就是追随中国先驱者的脚步。这一点不足为怪。575年，一位名为智凯（Chih-kai）[①]的僧侣在中国宣

---

① 又称为智𫖮（Chih-I），日本名为智者大师（Chisha Daishi）或天台大师。严格来讲，说他把《莲华经》的教法传入中国是不准确的，因为中国最早的译本早（转下页注）

讲《莲华经》，他在天台山建造了一座有名的佛寺，并在那里创建了一个佛教宗派，尽管这个佛宗的基础是《莲华经》教义，但是它在某些思想上和道教相同，因而被视为中国的产物。我们不在此阐释佛宗这个形而上学的信条，请大家见谅。它是一种一元论的泛神信仰，其核心特征是这样一个信念：所有现象都有一个固有的绝对真理，每个现象都是一个不变的实相的表现。但是单靠研读佛经、佛教礼拜或狂热的冥想是无法理解这种实相的。佛教的觉悟不是来自智慧，也不是来自修行或直觉感知，而是来自三者的结合。

　　这些佛法在较早的时候就传到了日本，因为天台寺很有名，而754年在日本设立第一座戒坛的中国僧侣鉴真带去的也是天台寺的典籍。不过，直到后来日本一位高僧才在智𫖮思想的基础上建立新的佛宗。这位高僧名叫最澄（Saichō），他因天资聪慧引起天皇的注意，并被派去天台寺学法，805年返回日本。在野一年后，他请求朝廷恩准其在奈良现有的六大佛宗的基础上建立"天台莲花宗"，奈良的这六大佛宗已经得到官方认可并且其

（接上页注①）于316年，但是他把《莲华经》教义作为佛教真理的精髓并在自己的体系中将其置于首位，这是"远东任一佛宗所不能及的解决佛教研习者所面临的文学问题和形而上学问题的一次独立的尝试"（艾略特）。天台宗在远东思想史上的重要性在于，它大概模地展示了在面对哲学冲突的时候中国人和日本人的典型反应。在印度，普通的信众不会为明显的教法上的不一致所困扰。在中国，针对经典著作的批判性学习更为成熟，学者热衷于核对来源，佛教的研习者无法接受那些被认为是佛陀所著的多本著述中显示的不一致的地方。在西方，这种情况通常会引起宗派之间认真甚至激烈的争论，但是在远东常见的是一种更加包容的、不那么武断的态度，人们不会坚持表达自己的不同见解，而是会设法让自己平静下来。像天台宗这样的佛宗得到发展正是因为这样一个特点。智𫖮对佛教教法中的不一致做出了解释，他表明佛陀在不同的时候使用了不同的教导方式，佛陀调整自己教法的目的是让听众理解。没有一种佛教形式被排斥，所有佛教形式融入一个折中的佛宗中。

/ 第十二章　宗教和艺术 /

祖师也是由朝廷供养的。他的请求得到恩准,此外朝廷还给这个新创立的佛宗的祖师发放年俸。最澄之前在比叡山建造了一座佛寺,807年他在这座佛寺为100多名求戒之人传戒,建立了自己的天台宗僧团。从那个时候开始他一生大部分精力都用在了回击奈良高僧的反对上。在佛法上,天台宗与其他宗派的争论热点是"三乘"与"一乘"的权实,即围绕具体的三乘佛法和囊括所有佛法并在所有佛法之上的一乘佛法的争论。中国的佛宗已经进行了这样的争论,现在日本佛宗通过批判性的短文和论著再次围绕这个论点进行了激烈的争论。这些短文和论著大多遗失,不过从记录在案的篇名中我们可以判定它们的性质,比如《一场指出错误观点的真正辩论》(*A True Argument Pointing Out False Views*)。这是东大寺一位僧侣所著,他在其中指出了天台宗的28个谬误,作为反驳,最澄指出了对方的28个谬误。不过旧佛宗把天台宗当作竞争对手,特别嫉恨它的兴起,它们的敌意主要集中在反对最澄在比叡山设立戒坛上。他们认为传戒仪式只能在已经设立的一个戒坛中由本宗的高僧主持。他们的反对如此强烈,以致直到827年即最澄圆寂五年之后朝廷才恩准最澄的请求,不过朝廷也赐予了他极大的荣誉。他是第一位获得"大师"圣称的高僧,谥号"传教大师"。他在日本宗教史上占据着重要地位。他是第一位脱离奈良的佛教传统的高僧,也是一系列杰出僧侣的先驱,这批僧侣在日本发展出民族特征渐浓的佛教形式。尽管天台宗的体系完全是由他从中国引入的,但是他并没有把它当作神圣不可侵犯的、自成一体的。虽然天台宗建立在《莲华经》的基础上,但是他研习并在其思想体系中融入了源自其他文献的内容,所以人们有时在描述日本的天台宗的时候称它融合了禅、律、密、台四宗的法旨。不过最澄不一定是一位具有原创性的、强大的、能将这些法旨融合成一个连贯的整体的思想家。他看起来更像是一个热忱的人，而不是一个知识渊博的人，他的精力得到发挥得益于好的时运。新都建立之时，他在比叡山上的小佛寺碰巧建在一个危险之地——"恶魔入口"，所以需要在那里修建一座圣殿，以挡住邪恶的势力。与奈良的佛寺相比，它离新都更近；奈良佛寺中的僧侣令人烦恼，而最澄与朝廷往来密切，在那里他被视为刚从中国的学问之源返回的学者。比如，他带回了灌顶（Kwancho）之仪，并先为天皇行了灌顶之礼。此外，他的天台宗包罗万象。在这个时期，天台宗可以凭借其综合性获得发展，而那些较为严格死板、自成一派的佛宗则不然。但是一个松散的、不可调和的整体总是会分裂成几个部分。所以，尽管天台宗在平安时期获得了相当大的影响力，但是它的本寺——延历寺（Enryakuji）起初只是位于比叡山两翼的小草庵，后来变成天台宗各个分支的本寺。日本后来的大多数佛宗源自天台宗，所以可以说日本的宗教敌对起于最澄的折中主义。

和最澄同时代的另一位更伟大的高僧是空海，他更为人熟知的是其法号"空海法师"。他的个人成就和作为高僧的成就在日本历史上都有极为重要的地位。青年时期他认真研读中国经典，后来转而研习佛教典籍。他和最澄在同一时间到访中国，在三年旅居生活之后返日。旅居期间他四处游历，师从多位大师，包括来自克什米尔和南印度的高僧，据说这些高僧用梵文传授他佛法。最让他印象深刻的是刚从南印度引入中国的一种新的佛教形式，即我们刚刚提到的那些佛教形式的其中一种，信奉摩诃毗卢遮那佛（Maha Vairocana），日语中称为"大日如来"。这里大日如来被看作根本佛、永生佛，所有其他佛陀从大日如来而出，佛家认为他被其他四方佛陀环绕。位于西方的是我们曾提到的阿

/ 第十二章 宗教和艺术 /

弥陀佛,即无量光佛,阿弥陀佛在其他佛宗中处于至尊地位,而这得益于我们之前提到的重心的转移。

这套以崇拜大日如来为中心的佛学体系是由空海带回日本的,他(依据其汉文名"真言")称之为"真言"(对应日语为Shingon),他后来在适当的时候建立的佛宗即为真言宗。空海回国之后发现宗教世界因为天台宗的兴起而处于争议之中,所以他有一段时间退居幕后,专注于研习、旅行和苦修。他写了很多著作——大多数尚存,发展并阐释了他的思想体系。但是真言宗的佛法是神秘的,无法用言语阐释。不过,信徒可以通过护身符获得教化。不过,真言宗不乏道德元素,因为空海倾其一生,甚至在圆寂之前都在教导高僧和普通佛教徒遵守佛教诫命和道德理念。但是真言宗和其他佛宗的差别在于(在某种程度上天台宗也是如此)它偏爱法术和象征符号,大量使用咒语、符咒和仪式手印。因为它特别强调信徒念诵咒语(即真言),比如 A—Bi—RA—UN—KEN 等发音符号代表的是宇宙的组成部分。注解说:"宇宙是大日如来的绝对精神存在,信徒通过反复念诵咒语就可以领悟这一概念。"灌顶虽然不像基督教中的洗礼那样至关重要,但也是真言宗各种秘密仪式中的一个重要仪礼。

在这些方面,真言宗具有密宗的血统和特性。但是在哲学方面,它推动了在奈良时代就已经开始的一场运动,通过这场运动,日本实现了本土神祇与佛教神祇的融合。因为真言宗的信徒相信宇宙是两个分类(日语称为"两部")下同一个真理的外现——一个是本体,另一个是现象,因此他们很容易把大日如来视为天照大神并在适当的地方应用相似的二元论。天台宗和真言宗都倡行这样的理念,但是我们切莫以为神道教不愿意采用这样的理念,因为我们可以从很多实例中找到充分的证据,证明神道教的神官站出来并提出这种认同。①他们小心地复制他们认为有用的佛教特征。因此，尽管本土宗教原本没有神像崇拜，但是据《延喜式》记载，到900年的时候日本雕刻的神像多达几千尊，分别被赠予不同的神社。神道教建筑从佛寺建筑中获得了很多启示。不过，那种认为两种宗教曾实现完全融合的观点是错误的。"纯神道"（Pure Shintō）一直占有一席之地，不论这一席之地缩小得怎样厉害。而且这种融合的进程也不像有时暗示得那么快。②我们可以通过多个连续的阶段清晰地追踪融合的发展痕迹，这种发展起于一个观点：诸位神祇较倾向于佛教，因佛教徒的祈祷而喜悦。直到平安时代末期（约1100年），完全融合的两部神道才最终形成。有人认为最澄和空海是两部神道的发起者，但是从他们的论著来看，他们只是把神道教的神祇当作守护灵，有时候还把他们当作菩萨。他们认为在同一建筑中或者在同一场所融合两种崇拜形式的惯常做法是正常的，但是更具体的、把神祇当作佛陀化身的理论［"本地垂迹"（honji Suijaku）阐明了这一理论］直到后来才得到阐释。空海在836年示寂，他生前在高野山建立了一座佛寺，这座佛寺是现今日本最大或许也是最兴盛的一座佛寺。他活在日本所有人的心中，即使在最偏远的地区，他的名字也家喻户晓，在人们眼中他不仅是一位圣人，还是一位传道

---

① 有文字记载的第一位被称为菩萨（日语读作Bosatsu）的神道教神祇是宇佐八幡神（Usa Hachiman），时间是783年。奈良的药师寺有一尊弘仁（Konin）年间（810~824）八幡神的像，其形象为佛僧。八幡神是武神。

② 据说天照大神因为人们要在她的神社附近建造一座佛寺于780年诅咒日本全地。由于这一原因，日本于811年正式禁止一种源自中国的对北斗星的崇拜，佛教高僧不可以进入天照大神的神社。伊势还遵守很多奇怪的禁忌：把佛陀称为"中子"，把经书称为"染纸"，把削发的尼姑称为"长发"。想要到伊势朝圣的人必须佩戴假发，中世纪的时候（也许更早），这些假发可以在伊势的周边地区购得。

者、学者、诗人、雕刻家、画家、发明家、探险家以及伟大的书法家。日本很多令人惊叹的传说都是围绕他的。据说他出生的时候天空亮起一道光，青年时期一颗明亮的星星落入他的口中，通过祈祷他能让污秽之地流出清泉，能在干旱之季求得雨水，能念咒除去身患痼疾的天皇的病痛。在高野山示寂之时，他并未逝去，而是躺在坟墓中，不朽不腐地等待着佛教救世主弥勒佛的到来。另一些虽然没那么神奇但更真实可信的功绩是他将茶引入日本、造桥修路、发明假名表。人们只会把这样卓越的传统和真正杰出的人联系在一起，我们可以确定的是日本培养出了一位天才，或许是其历史上最伟大的一位。但是，我们很难评定他的真实才能。尽管他四处游历，但是他看起来并不是一位真正努力将宗教的益处传给百姓的传道者。他那个时代佛教依旧是一种贵族信仰，显然他的主要关注点也是让贵族改信他的教义。他之所以能够成功，部分是因为这些贵族对流行的喜爱以及对从中国引入的最新思想的兴趣。他是宫廷的常客，在那里他的才能和虔诚都得到赞赏。与最澄相比，他显然是一个更优秀的朝臣、一个更有谋略的高僧，因为尽管他是一个创新者，但是他设法和每一个人友好相处，这其中也包括神道教的神官和奈良的僧侣。

现在在不偏离宗教融合主题的基础上，我们可以看一下空海的一封有幸得以保存下来的书信。这封信表明最澄十分尊敬他，向他请教真言教义，最澄及其他几位真言宗信徒的灌顶之礼就是空海主持的。空海写信给最澄，请他来讨论该如何最好地推动佛教信仰。他们互换了典籍，当时二人显然相处融洽，但是因为最澄最爱的一些弟子离开他皈依了真言宗，所以二人疏远了。在最澄写给一位弟子的一封感人至深的信中，有这样的文字："我们一起接受灌顶之礼，我们共同追求真理，我们共同渴求恩惠，现在你为什么背弃起初的誓言，离开我如此之久呢？拒绝较差的、追寻更好的是世道常情，但是天台宗教义和真言宗教义之间怎么会有较差和较好之分呢？因为亲爱的朋友，真理只有一个，爱只有一种……让我们生死与共吧。让我们携手遍游日本，种下美德的种子，然后退隐比叡山，等待功成，不计名就。这是我最深的渴望。"但是，这位弟子在一封由空海替他写的书信中回复说两种教义有异。他请求从前的恩师的谅解，现在他要继续做真言宗的信徒。

佛教的传播并没有摧毁而只是改变了日本人的古老信仰；它也没有阻止日本人信奉其他形式的宗教。从官纂编年史来看，日本人并没有忽略中国古代对天的崇拜（Heaven Worship）。据《续日本纪》记载，787年朝廷派使臣到一个名叫交野（Katano）的地方，在一位天皇的陵墓前祭天。《续日本纪》全文列出了他的祝祷词，其语言表达和中国帝王祭天所用的近似。787年以后，《续日本纪》中类似的记载很常见，其中大多数是描述天皇是如何祭天、如何献上祭物的。平安时代初期，这种对天的崇拜在日本很多地方的农民之中很常见，因为这个时期天皇向几个令制国颁布诏书，责令他们禁止以牛祭天；当时一本佛教传奇故事集中有一个故事，讲述了某个富有的人连续七年以牛祭天，因此受到惩罚，患了重病，最后坠落阴间。需要补充的是，这个寓言故事并不是说佛教不能容忍其他信仰，而是说它无法宽恕违反不可杀生这一戒律的行为。只要不与其少数积极的理念冲突，佛教是可以与其他信仰与仪式和谐共存的。因此，日本的儒学研究与佛法探究并行发展，尽管二者在本质上极为不同。

/ 第十二章　宗教和艺术 /

第二节　中国的学问

正如我们所看到的，总体来看，起初吸引日本人的是佛教的法术方面，包括它的符咒与咒语以及祈祷和佛像的神秘力量。同样，就中国思想而言，他们感兴趣的也是其玄妙的一面，感兴趣的是它与预兆和占卜有关的部分。自然而然地，日本除了较为严肃的儒学研究之外，还逐渐发展出一种由很多种类组成的中国学问，将佛教法术与毫不相关的占星术、地相术、鬼神学以及其他与之同源的科学混合在一起，这些科学体现出中国人丰富的想象力。其中最典型、最受欢迎的是阴阳道（On-yō-dō），阴、阳两道，一道为主动，一道为被动，两道通过作用于五行（火、水、木、金、土）催生万象。这种古老的宇宙概念是中国思想的基础，在对自然哲学如天文和历法等严肃的研究上，这种基本的构想不是没有长处的，但是它很容易演化成诸如算命、占星术之类的伪科学。不过，对日本人来说，这样的做法比他们自己从鹿肩胛骨上的裂纹来读取征兆的粗糙方法要先进得多，这种方法是先祖的遗俗，源自狩猎时代；他们很快采用了中国的占卜方法。平安时代关于阴阳道的研究渐渐变得非常重要，当时日本国家机关下设阴阳寮（On-yō-ryō），专门负责研究阴阳道，朝廷指派官方阴阳师到都城和其他较大的令制国。严格来讲，他们处理的很多事情都在阴阳道的范围之外。除了用阴阳以及五行来解读大事外，他们还被政府召去，或围绕恶鬼给出建议，或被要求告知该如何安抚恶魔和怨灵，或为旅行、仪式确定吉日，或为建筑选定宝地。一般来讲，他们充当的是官方预言家。直到约950年的时候，天文和占卜之间并无区分；950年以后，阴阳寮分成两个分支机构，阴阳师专门从事占卜。他们的影响力非常大，经常会被滥用。在今天的很多民间信仰中都可以看到阴阳学说的痕迹，尤其在吉日、凶日和方位上。

　　尽管这些稀奇古怪的研究得到了在我们看来不应得到的高度推崇，但它们并非完全无益，因为它们以自己的方式推动了学术研究；除此之外，平安时期日本还有更为纯粹的学问发展。在中国，儒学已经逐渐趋于正式、传统，今天的一些权威人士声称唐朝于640年（？）发行的官方注解是对当代思想的一种隐晦的妥协。但是，在平安时代的日本，经典儒学研究还没有达到这个疲劳点。儒学依然被视为非常重要的学科，并且居于大学课程的首位。人们十分重视正统观念，并通过法律确定了会用到的注解。这些注解大多是汉朝的，而不是中国最新创作的那些。日本虽然一直在努力追赶，但是在这些事情上总是有些落后。或许日本这个时期儒学最有趣的一个特征是日本学者的专业化。一些氏族完全致力于研究某些儒学典籍，并且世代都是他们所在的儒学分支的权威人士。比如，三船氏（Mifune）是研究"三礼"的权威，山口氏（Yamaguchi）是研究《春秋》的权威。另一个重要的点是日本的学者偏爱儒学的历史和政治方面，这一点似乎证实了大众的看法，即日本人不会沉溺于抽象的猜测。他们忽略了儒学中道德的以及少量浅薄的哲学内容，一些最为实用的方面除外。因此，我们发现他们会非常关注治国准则以及那些看似于治国有影响的道德问题。比如，《孝经》得到广泛的阅读，而《论语》却几乎无人研习。大多数在行政机构中官至高位的人，如果不是豪族成员，就是像滋野贞主（Shigeno Sadanushi，785~852）那样的儒学学者。滋野贞主还是一位公卿、一位多产的作家，他带头编纂了多达1000卷的散文集。

　　就知识而言，我们可以说奈良时代的日本大量习得，平安时代早期的日本加以同化，平安时代后期的日本加以筛选。因此，9世纪日本明显存在一种对已经习得的学问加以审视、考量，对引入的理念加以整理的愿望。而这毫无疑问也是这个时期日本大量编纂选集、诗歌散文总集、编年史、法典和注解的原因。800~930年，诸如此类的文学产出量巨大——从文学产出与受教育大众的比例来看，这个时期的产出比或许高于日本随后的任何一个时代。这个时期的很多作品是由天皇敕令、官方支持编纂的，比如《续日本纪》以及其他四部记录700~887年日本国事件的国家编年史；一本重要的、简明扼要的、内附注解和附录的法律法规典籍，里面既有与民事和刑事犯罪有关的内容，又有涉及行政、仪式、宗教事务的条款；医学论著；三本汉诗选集；一本官编系谱；前文提到的散文集，共1000卷，选自中国古代和近代的权威典籍，主要是政治和历史方面的。① 此外，还有大量个人文献，与官编文献的主题相同；还有百科论著、语言论著、学习梵文的词典和辅助书籍。佛教文献或许是数量最多的一类，包括从专题论述到奇闻逸事等多种内容。这些作品几乎都是在9世纪或10世纪初创作的。这个时期汉学至关重要，所有的学术性著作和官方文件都是用汉字书写的。这个时候本国文学还没有得到发展，部分是因为汉学的威望更高，这暗示了时人对本国语言的某种轻视；部分是因为汉字尚无法完美地表示日文词汇。在纯文学领域，中国散文和诗歌占据着至高的地位，821年文学士（Doctors of Literature）的位阶从先前的七阶升至五阶，由此可以看出时人越来越重视古典学识。这个时期中国诗歌对日本

---

① 如下信息可以让读者对这些著作的卷帙浩繁有所了解：近代再版的早期历史文献，也就是这五本编年史，无注解版，八开本，小字，共2100页；一部不甚完整的法律文本集共2600页。

影响如此大的一个特殊原因是750~780年是唐朝文学发展的黄金时期,当时唐朝出现了李白、白居易、柳宗元等杰出的诗人。日本朝廷对中国诗歌的喜爱达到了狂热、近乎疯狂的地步。每个人都希望成为一个不同凡响的诗人,上到天皇(尤其是嵯峨天皇),下至朝臣,措辞巧妙的诗节能让一位滞留在令制国职位的官员有望获得圣宠。据说嵯峨天皇出游的时候,身边陪同的总是诗人,官方节庆总要有一些诗歌创作才够完整。那个时期备受推崇的莫过于名为"曲水宴"(Winding Water Banquet)的一种令人不解的娱乐活动,宾客坐在溪流或者宫中人工水流边上,水面上浮有酒杯,宾客举杯喝酒,或吟诗,或作赋,然后使酒杯继续顺流而下。尽管在嵯峨天皇的宫廷众人熟知唐朝名士的著作,但是他们仿照的样本大多是唐朝以前、中国早期的著作。他们欣赏的散文是(六朝的)一种辞藻极为华丽的文体,其主要特征是音节无平仄之分,汉字或六个一组,或四个一组,词组讲究对偶。这种写作方式非常流行,很多官方布告都采用这种方式,编年史和法律汇编也常用这种方式。它延续了很长时间,可叹的是日本的能(nō)剧就有受到这种方式影响的痕迹。不过我们必须承认,就像其他艺术中一些不太有希望成功的素材一样,在大师的手中这种写作方式也能营造出美感。日本人在诗歌方面颇为现代。平安时代早期的文集,为首的是《凌云集》(*Ryōun-shu*),表明他们学习了唐初的诗歌样式,目前有迹象表明他们熟知并欣赏白居易的作品。但是日本人毕竟是在用外语创作,因为有这样的束缚,他们能做的只有浮于表面地模仿,远不能像用熟悉的媒介表达自我的天才那样创作出自然的、富有深意的、简洁的作品。与日本人借用的很多社会机制的扭曲和瓦解相比,这种失败更能体现日本早期文化史的不幸。日本人有学习的意向,有模仿的意识,有对美的敏锐感知,急于求变,野心勃勃,但是他们再努力也无法克服不可逾越的障碍,无法归化一种棘手的外来语。能够给这个令人不快的局面带来一丝安慰的是日本人在艺术领域的惊人成就,因为在这个领域他们可以用通用的工具——画家的画刷和雕刻家的刻刀来跨越语言的界限。

第三节　本土文学

10世纪初,日本国家生活中多种趋势结合,削弱了中国文学的地位,给本土文学腾出了一席之地。日本国内的三种趋势——语言、政治、社会——发挥作用像往常一样凭借的是个别人物的天赋才能,当时日本在摸索中发展,而他们则指明了方向。首先,音节文字——万叶假名的使用变得更加常见,人们对一种不那么烦琐的文字记载方式的需求变得更加清晰;9世纪的时候日本发明或者发展了一个假名表,假名表中选择了一些简短的汉字来代替日语读音。人们习惯上将这个贡献归功于空海大师,的确有可能是他做了这种选择,因为他是一位有名的书法家,而对梵文的学习让他确信一种简单的语音文字有其优越性。无论如何,事实证明这种简短的草书符号(即平假名,hiragana)①极其方便,人们因此受到鼓励,在很多以前通常会使用汉字的地方使用日文。文人现在可以用一些华丽的辞藻写日文诗,在这之前他必须多次尝试才能找到一个与本土发音对应的汉字。他现在可以在纸上标注任何一个日语发音,在不知道其汉字符号的情况

---

① 另一种语音符号即片假名(Katakana)的创制归功于8世纪的吉备真备,但这一点存在极大的不确定性。日本人在这个时期研习了梵文字母表,这或许让他们想到了用简化的字符替代语音文字。

下写下任何一个事物的日语名。其次是有利于本土语言发展的政治趋势。

正如我们所了解到的，日本于894年决定不再派遣唐使团。日本人开始觉得不受约束。事实上，也正是在这个时期日本开始出现了某种反应，支持本土体制或者至少是本土化的中国体制。汉字依旧是历史学家、法学家、神学家所著的学术著作的载体；不过因为平安时代的日本社会既多愁善感又不那么严肃，所以需要有一种更通俗的文学，而本土语言极其适合这种文学。本土语言特别适合冗长的传奇故事、短小的情歌、高雅的赞花颂。而这也是它被越来越多使用的原因。

通常的观点是平安时代致力于更严肃的学问的男人看不上诗歌和传奇故事，他们认为诗歌和传奇故事的书写载体即本土语言不够优越。这一观点并非毫无根据，但不足以解释为什么当时大多数最好的文学作品都出自女人之手，而男人只撰写了少数无聊的、华而不实的论著。在笔者看来，真正的原因是男人的头脑被中国典籍和二手的中国理念扰乱。而女人尤其是贵族圈的女人既不会臣服于空洞无益的学问，又不会受其约束，更不会被其压垮。在她们的小世界中，几乎每个人都有可能得到天皇的宠爱，诞下亲王，享受他人的讨好和尊重，在正式的仪规范围内，她们可以自由地展现自己的情绪、天赋才能和想象。她们可以用从小到大使用的活的语言表达所见、所感。但是，当日本人用汉字写作时，他们使用的语言是一种死的语言。他们所使用的散文形式是五百年前中国盛行的。不仅如此，中国是一个遥远且很难到达的国家。只有少数经过遴选的人才能跨海到中国直接接触中国的思想和事物。因此，在日本，大多数男人和女人不同，他们所写的

保 保 仁 利 利 知

保 仁 利 去

保 り ち

ホ ほ に り り ち

HO　　HO　　NI　　RI　　RI　　CHI

假名字母的发展图解。每列的第一行都是汉字，其余各行是各个阶段的简写，最后一行是简化后的假名和语音符号

是他人的所见和所感，所以他们并不是轻视通俗文学。平安时代的日本社会绝不是由冷静的男性哲学家和快乐的女性日记作者构成的。对儒家经典的深入研究需要无趣的、忧郁的性情，幸好日本人少有这样的性情，那个时期的描述和故事经常把学识渊博的法律博士和道德博士看作有趣的人物。大多数贵族对儒家经典有一个基础的了解，他们可能翻阅了老子和庄子的著述，但是到这个时候，日本最受欢迎、得到最多研究的是白居易的诗作和从中国文学中精选的篇章；当时有一个名为《快乐仙人洞》的不那么

适宜的小传奇故事也很流行，而且根据唐朝的记载，我们得知日本和朝鲜的遣唐使团在到达中国之后，一直非常重视复制文本，为此花费良多。那个时候能够赋予人社会威望的不是学识而是其诗歌才能。那时候的男人以自己所作的汉诗为傲，不过一首受人称赞的诗不需要是原创，但必须与某些著名的诗歌范本非常相似。这些日本文人最喜欢被拿来与中国的大家相比。他们试图沉浸在中国的氛围之中，而在平安时代的宫廷中这是可以实现的。像三善清行（Miyoshi Kiyoyuki，847~918）这样有名的学者和官员，以汉文名自称，据说如果能在梦中与一位中国诗人交流，他们会非常高兴。不过三善有名的陈情表是敦促天皇改革的，这份陈情表在日本人看来是散文的一个范本，但在外国学生看来它并非一篇大作，而只是一份合格的政论文。至于三善同代人所作的汉诗，在外人看来不过是围绕老生常谈的主题的机械性练习。

即使这个时代的很多活动刻意到了荒唐的程度，我们也必须记得它们呈现的这种文化非同寻常，或许还是独一无二的，因为它几乎可以算是完全的美学文化。我们无须探求这种美学现象更远的渊源，它的近因清楚明白。过去几个世纪日本始终处于平静的、不受干扰的状态，只有少许的边境斗争和不影响都市生活顺利进行的短暂的派别争斗。它有现成的宗教、哲学和国家理论可以引进。因为它没有既定的标准对这些馈赠加以评判，所以它毫无保留地全盘接受。如果它知晓其他文明，它可能会更挑剔或更迟疑，但是它处于与世隔绝的状态，缺少和外界的有规律的交往。尽管它的统治者受外来理念的支配，但是作为一个国家它从来没有受到暴力的文化入侵，第一次对这个国家产生影响的恶意袭击是1274年的蒙古入侵。中国人从未强迫日本遵守中国的习俗，它也从未因与其他民族的密切往来而受到刺激，然而亚洲其余地区

/ 第十二章 宗教和艺术 /

和欧洲地区有一段很长的各部落和民族征战、融合的历史。

　　因此，从随后的几个时代来看，平安时代的日本人确实倾向于把引入文化的每一个部分当作不可或缺的、完美的。然而，虽然他们没有质疑整体的完美性，因为他们是敏锐的洞察者而非焦躁不安的批评者，但是他们的性情和境遇使引入文化的部分及其本质发生了改变。这也是为什么在我们看来平安文化不够丰富、不够真实。它是文学的产物，不是生活的产物，所以印度玄学的术语变成了某种流行的行话，佛教仪式变成了一种表演，中国诗歌变成了一场智力游戏。我们甚至还可以这样总结：宗教变成了一种艺术，而艺术变成了一种宗教。当然，平安时代的朝臣想得最多的是仪式、服饰、作诗等高雅的娱乐活动以及按照规则进行的权色谋略。或许最重要的是书法艺术，因为它融入所有领域之中。这些是日本人的文学主题，在这些方面他们掌握了惊人的高超技艺。需要补充的是，如果说日本人改善了所引进的部分，甚至改变了它的本质，那么我们也可以说他们及其后代摒弃了粗野、严酷的部分。在日本人和善的处理下，中国神话中骇人的神祇和恶魔变成了友善的奇特存在，严苛的儒学思想被柔化；印度严苛的肉身苦修在日本变成了一种节制有度的、享受书籍和花开的归隐。能够体现日本人的这种人性化天赋的一个极端但有启发性的案例是印度佛教的救世佛——弥勒佛的演化，经过某些奇特的演变，佛教七大佛中的弥勒佛在中国和日本有了布袋（Hotei）的形象，大腹便便、笑容满面。

　　《万叶集》之后，日本的诗歌一时间被汉诗的风头盖过，接着又在9世纪末的时候流行起来，而我们前面列举的各种因素给了它以强大的推力。905年，在天皇的支持下日本出现了继《万叶集》之后另一部汇集了最好的诗歌的诗集，这部以选集形式呈现的诗集成书于922年，名为《古今集》(*Kokinshū*)。《古今集》收录了1100首短诗，而长诗几乎没有。我们应该避免对这些诗歌的优点进行评判，只需要看到它们在形式上展现出的精致的、近乎巧妙的设计，在内容上表达的细腻但不那么强烈的情绪。再往下说的话可能会引起围绕诗歌本质以及日本第一部散文集主题的无穷无尽的争论，比如有没有比这些散文主题更适合的？以下是《古今集》序言，是其编纂者纪贯之（Ki no Tsurayuki）约于922年撰写的，纪贯之是一位伟大的诗人和有名的文体家。序言不长，从中可以明显看出它的撰写者擅于用汉字写作，因为尽管它流露出足够多的本土情感，但是里面却使用了中国文人偏爱的对偶技巧。事实上，据说这篇序言是从一篇汉文序言翻译过来的，这种盛行的审美是任何一部重要著作都要有的。未来一段时间日本学者只会用日语记录最细微的琐事，然后致以歉意。因此，纪贯之为自己的著作《土佐日记》(*Tosa Niki*)作序。《土佐日记》成书于935年，是一本简洁流畅的游记。他在序言中说自己模仿女性的撰写方式，即用日语词汇和日语假名来撰写。大约从这个时期开始，日本文学除诗歌外开始出现一些简短的传奇故事和神话故事。10世纪，这种类型的著作时不时地出现，协助将本土语言打造成一个工具，而这个工具在11世纪初的能人手中有了优势与活力。

《源氏物语》(*Gengi Monogatari*)是由宫廷一位名叫紫式部（Murasaki Shikibu）的女官于1008~1020年写成的，它是一部非常出色的著作，我们很难在不用赞美之词的情况下描述它。它显然是世界上最伟大的著作之一，除了近乎史诗般的文学特质外，它对日本的文化历史也有着特殊的意义。从语言来看，早期传奇故事作家和紫式部相比差异惊人。与她的成熟老练相比，他们可以算得上幼稚了。她的复杂长句流畅，没有断断续续之感，她擅长这种极其复杂的语法结构，且没有被其束缚。她能充分地利用原本有限的词汇，她所使用的汉字没有学究气、违和感，反而显得非常自然。当然，她在某种程度上受益于从前的成就，但是没有一部经典的日本作品像她的《源氏物语》那样让人强烈地感受到个人的风格。毫无疑问，当时的语言能够成为延续至今的艺术成果的恰当介质，很大程度上得益于她毋庸置疑的审美和技能。尽管后来的很多文人模仿《源氏物语》的风格，但是没有人能赶得上她，更没有人能超越她，不过连天资聪慧的她都无法指出这种语言介质的固有不足。汉语的不利影响依旧存在，或许这是不可避免的，而日语作为两股彼此冲突的力量的产物继续发展。

这里还应当提及另一部完全用日语写就的著作，那就是惹人喜爱的、动人的《枕草子》(*Pillow Book*)——清少纳言（Sei Shōnagon）的随笔集，约成书于1000年。《枕草子》和《源氏物语》共同勾勒出宫廷生活的全景，不过对宫外生活的提及少之又少。它为我们展示了一个专注于艺术和文学的小型社群，这个社群里的人能迅速地指出书法中劲道不足的笔画、诗文中不完美的诗句以及绘画中不和谐的色调、不优雅的举止；他们都是伟大的情感专家、仪式和礼仪的裁判；他们在情感上能够感知到这个如露珠一般转瞬即逝的世界的悲哀，但是在理智上却对这个世界的所有问题漠不关心；他们容易产生淡淡的忧伤，却常常享受每一个转瞬即逝的瞬间；他们只关心自己的前景。

第四节　平安时代晚期的佛教

平安时代的宗教典籍和世俗著作中经常会出现"末法"

（mappō）一词，意为"法的末段"。它源自佛教经文，该经文预言佛祖死后2000年他的教法会失去影响力，并且因为人的堕落，他的教法会临到末后的时日。"末法"是一个专门的宗教术语，但它似乎抓住了日本人的想象力，因而在11世纪广为流传。自佛陀去世以来已经流逝的年日与预言中的一样，而且人们有足够的理由将这个时代视为堕落的年代。都城和地方充斥着冲突、动乱、苦难。君主软弱无能，贵族专横奢靡，神职人员贪婪且喜好争吵，军事氏族开始成为威胁，摇摇欲坠的经济让百姓饱受苦难。这个时代典型的不道德因其美学标准而得到调和，但是随着奢靡取代精致，这些美学标准也逐渐瓦解。从当时的文学来判断，人们懒散、粗野，以致构成社会危害，尤其是在两性关系方面。朝臣肆无忌惮地与仕女发生性关系，神职人员在这些事上也不甘落后，很多时候，当这些仕女到受欢迎的佛寺礼佛时，僧职人员也会跟她们发生性关系。在虔诚的高僧看来，社会呈现一幅令人忧虑的景象，所以很多高僧在绝望中退隐独居。而另一些高僧则试图通过一些大众的方式复兴、宣扬佛教信仰，因为他们觉得旧的宗教体制要么无力回天，要么已然瓦解。他们这样的判断是正确的，因为奈良的佛宗尽管依然声名在外，却已经过时，而天台宗和真言宗要么跟不上时下人们对宗教的感知，要么在用各种非常为人所不齿的方式争夺财富和权力。一位名叫空也（Kuya）的僧侣于951年瘟疫暴发时在京都的街道上宣扬佛法，他的大半生都在日本四处游历，告诉人们向佛陀祈祷，所以他被称为"市圣"，即市井圣人（Saint of the Market Place）。这些露天的法会显然具有宗教复兴的性质，似乎意味着现在某些大众福音有了发展的空间，这为宗教热情提供了一个便捷的宣泄途径，也同样意味着某种令人信服但不那么严苛的宗教信仰现在

/ 第十二章 宗教和艺术 /

有了发展空间。这是这个时代日本人的一个典型特征（日本最初的宗教信仰中就有这样的特征，一些人认为这种特征并没有随着时间的流逝完全消失），即他们没有经受罪恶感的拷问，也没有被渴望解决善与恶问题的想法折磨。他们之中几乎没有那种令人感到痛苦的、极为严苛的道德重压，也几乎没有那种令人坐立不安的怀疑和探索精神，这种怀疑和探索精神让其他一些人寄身于清静无为，或通过接连不断的活动逃避自己的思想。他们敏感、热情，没有形而上学的倾向。因为敏感，所以他们能够迅速感知到尘世生活的不幸与虚假，容易相信佛教宣讲者所宣讲的尘世生活的虚无、地狱生活的恐怖和极乐世界生活的荣耀。因为热情，所以他们可以轻松地将对苦难的恐惧转变为对祝福的希冀。在这样一个性情如斯或者心绪如斯的群体中，源信（Genshin，942~1017）的教导尤为受欢迎。他是天台宗的僧人，是一位非常有学识的人，不过他最有名的是编纂了一部名为《往生要集》（Ōjō Yōshu）的广受欢迎的宗教典籍。从教义来看，他是日本净土宗（Jōdo）的祖师，净土宗教导众人信奉阿弥陀佛。对阿弥陀佛的这种信奉是中国和日本佛教最普遍、最有影响力的一种，在整个宗教历史上也有着重要的意义。它的起源无法确定，但是在印度至少可以追溯至 2 世纪，而在中国净土宗最早在 400 年的时候、在几代被视为祖师的大师的努力下开始成为佛教的一个宗派。在日本，圣德太子时期就有阿弥陀宗（即净土宗）的痕迹，但是直到善导（Zendō，示寂于 681 年）祖师时期，净土宗在中国普及之后才传到日本，日本净土宗才得以完全确立。日本净土宗的大师视善导为阿弥陀佛的化身以及净土佛法的主要源头。

阿弥陀宗与它之前的佛宗不同，它不重视释迦，坚持认为信是得救的一种途径。早期佛教认为一个人的未来取决于他自身的行为，只有通过自己的努力才能得到救赎。日语中有两个术语来表达这种对立，一个是自力（tiriki），即自己的力量；另一个是他力（tariki），即他人的力量。我们可以明显看到，得救的途径从靠修行发展到靠虔信极大地改变了佛教的特征。长期以来，它的主要特征是通过艰难的心灵和形而上学的修行以及圣洁的生活来获得觉悟。为了实现觉悟这个远大的理想，阿弥陀宗提供了一个更简单、更令人欣慰的理念。在后来佛法衰颓的时代，阿弥陀宗的拥护者说众生无法走上释迦牟尼为他们指明的道路，因而阿弥陀佛许下"本愿"，称除非所有有感知能力的众生通过信靠他获得救赎，否则他自己不愿成佛。这一本愿阐释了阿弥陀宗所有信条的要点。通过他力，渴望得到救赎的信众凭着信心，借着阿弥陀佛之名，在西方极乐世界、在净土获得往生，而那些凭借自力的信众是无法成佛的。这是源信论著的主题，读者可以很好地理解它对生活在乱世、容易因征兆和预示而焦虑、渴求安慰之人的影响力。源信在描述了尘世的堕落之后，又生动形象地描绘了地狱和极乐世界的图景，因此自他生活的时代开始就有很多人阅读他的论著。① 他鲜明生动地描述了如此可怕的惩罚和诱人的乐事，注定会有很多信众相信他的简单的得救赎的法则。这个法则就是信徒要完全相信阿弥陀佛的能力并反复念诵他的名号。这就是念佛（nembutsu），确切的翻译应该是"默默思想阿弥陀佛"，不过净土宗研究者认为念佛指的就是念阿弥陀佛的名号，即"南无阿弥陀佛"。

---

① 他将一份副本送到中国，据说在那里受到了热烈欢迎。他的论著对文学、绘画和雕塑产生了即时的影响，它或许是日本第一批得到印刷的著作之一。它肯定是现存最古老的印刷作品之一，现存最早的副本可追溯至1217年。镰仓时代至少有六个版本的《往生要集》，德川时期大量发行了用假名书写的、内附插图的《往生要集》。

僧人在他们的佛堂中念佛的惯例早在空也或源信之前就有。大多数佛寺中都有一个佛堂或佛殿供信众在其中吟诵或冥想，通过将思想集中在一个方面努力达到一种忘我的宗教状态，即三昧（Sammai，梵语为 Samadhi）；反复地念诵同一句话是帮助冥想的一种方法。比叡山上的多座天台宗佛寺中有很多这样的佛堂，奈良的一些佛宗也会念佛，而且939年东大寺的辖区内建立了一座用于祈祷的佛殿即念佛院。事实上，因信得救赎的教法和对阿弥陀佛极乐世界的信仰如此简单、诱人，以至于所有佛宗① 都觉得有必要将其加入它们的信条之中，直到12世纪日本才出现与其他佛宗不同的阿弥陀宗，这时阿弥陀宗作为一个正经的宗派引起了其他佛宗的敌意。因此，空也和源信所做的并不是将对阿弥陀佛的信仰引入日本，而是将这一信仰普及。有趣的是，我们会看到几个与净土教法有关的术语是怎样成为日常用语的一部分的。所以，三昧用来指全心全意地努力而往生，即在极乐世界重生，在日常用语中指代的是死亡，一个在轨道上被车辆轧死的人可以被描述为遭受了"汽车往生"（Kisha-ōjō），我们可以把它翻译为"电车救赎"（Train Salvation）。

从源信生活的时代开始，越来越多虔诚的人念诵"南无阿弥陀佛"，它为很多忧心的人带来了安慰；从接下来那个世纪开始直到近代，几乎没有日本人不熟悉这几个强大的字符的。阿弥陀宗的祷文因天台宗一位名为良忍（1072~1132）的僧人而得到进一步普及，他尤为喜爱一种被称为"融通"的念佛。他认为

---

① 因此，天台宗的信众虽然信靠的是《莲华经》，却祈祷能够在极乐世界得到重生；观世音菩萨的佛像上有时候会刻有"南无阿弥陀佛"和《莲华经》中的祷文。大体上，藤原时期世俗之人在宗教敬拜上保持中立。

通过祈祷阿弥陀佛带来的福祉是可以融通的,可以传递给每一个有感知能力的人,所以一个信众念佛可以为所有其他信众带来救赎。① 他在朝廷和民间广泛宣讲这一教法。有更多信奉阿弥陀佛的信众追随他,到藤原时期(比如1150年),佛寺里挤满了阿弥陀佛的信徒,其中不乏信奉八幡神、熊野大神(the deity of Kumano)等伟大的民族神祇的信徒,因为这个时候信众认为他们是阿弥陀佛的化身。他为新的佛法宣讲者的到来铺好了道路,这位新的宣讲佛法的僧人就是源空(Genkū,1133~1212),人们更熟悉的名号是法然上人(Hōnen Shōnin),他在日本创立了净土宗。他是生活在镰仓时代而非平安时代的僧人,所以我们将在下一章概述他的生命和著述。

第五节　平安时期的艺术

为了讲述文化历史,我们可以将平安时代恰当地划分为两个时期,一个是弘仁时期,从794年到894年;另一个是藤原时期,从894年到1185年军事独裁政权在镰仓建立。当然,这种划分是随意的。天平时期的作品为弘仁时期的作品做了预先准备,而弘仁时期的作品又保留有天平时期作品的痕迹;藤原氏的美学标准在政治权势衰弱之后依旧盛行。不过894年日本与中国暂停了官方往来,所以这一年可以作为弘仁时期一个合适的节点。弘仁时期连接了模仿他人的天平时期和在藤原氏的赞助下民族艺术繁荣的且更加独立的藤原时期。弘仁时期日本的世俗艺术就已经有了明显的发展,但是佛教依然是建筑、绘画和雕塑的灵感来源。不过,随着新的佛宗——天台宗和真言宗的发展,日本

---

① 乍一看有些奇怪,但事实上它是非常有逻辑的,是基于天台宗某些形而上学的理念的。

出现了一种新的、与奈良传统不同的趋势。我们可以从宗教建筑中看到明显的变化。奈良的佛寺是由建在平地上的呈对称分布的建筑群组成，作为宗教机构，它们和朝廷往来密切。不过，新修的佛寺建在山顶或山的侧面，佛寺建筑都是根据不平整的地面和四周的环境建造与排列的，这部分是因为地形，部分是因为佛教大师为了冥想和苦修寻求退隐到偏远之地。此外，因为新的佛宗是秘传佛宗，所以它们的佛堂分为内堂和外堂两个部分，普通信众仅可在外堂礼拜；内堂供有佛像，设有门或垂帘以阻挡信众的凝视。在这些方面以及内在装饰的风格等方面，与奈良的佛寺相比，新佛寺在某种程度上逐渐变得更加精细。此外，新佛宗的融合倾向越来越多地影响着神道教建筑。这个时候奈良最新的神道教神社就已经表现出与佛寺建筑融合的痕迹，比如春日大社（建成于768年）的建筑式样就是折中的，外围被刷成红色，屋顶有轻微的弧度。但在都城迁到京都之后，这种融合进程进一步加快，诸如八幡造（Hachiman-dzukuri）和日吉造（Hiyoshi-dzukuri）之类的建筑样式取代了较为简单的春日造的式样（Kasuga style）。

  我们可以看到弘仁时期的宗教雕塑和绘画有一些有趣的变化。那些最常受人崇拜的神祇类型发生了变化，或者至少人们对同样一批神祇的构想发生了变化。日本出现了新的佛像。在奈良的佛寺中，释迦、药师、弥勒佛、观音菩萨都是大众的、常见的崇拜对象，都是散发着慈悲和仁爱之光的佛像。这个时候除了这些佛像，日本还有一些在某种程度上更加冷漠、严厉的存在，比如严肃的不动佛［不动明王（Acala），印度神湿婆（Siva）的化身］被秘传佛宗视为大日如来的化身。他面容慑人，一手持剑，一手持绳，要捆绑、惩罚邪恶的力量，现存几幅有名的不动明王像就是这个时期的。其中一幅为弘法大师（Kōbō Daishi）所作，现存于高野山。这幅画极其神圣，极少公之于众，少有的公之于众的时候会举行非常尊崇的仪式。一般来说，秘传佛宗极为尊崇的佛像一般都有严格规定的外形，因为秘传佛宗认为它们的面容、姿态、服饰、纹饰代表特有的属性，或者甚至象征着宇宙的真相。受题材和技巧的限制，9世纪的雕像缺少一种自然的感觉，这一点在有些情况下更加明显，因为铜、干漆和黏土等能够表现流畅立体之感的材料已经被木料取代，因此需要精湛的处理来避免僵硬感。我们必须承认，时人勇敢地应对了这一挑战，正如某些千手观音像所显示的那样。在不牺牲自然优雅的情况下再现这样一位象征性人物是一个看似无解的难题，不过不止一位雕刻家克服了这一难题，雕刻出了非常优美的千手观音像，比如室生寺（Murō-ji）美妙的观音像。整体来看，这个时期的雕像虽然技艺精湛，却不协调。我们会觉得艺术家虽然一丝不苟地努力将象征性的图案与现实主义的创作融合，却为创作主题所困扰，如果采用新的、更自由的创作风格，他们会更加高兴。绘画也是如此。宗教冲动已经不再新鲜、简单，而变得复杂，令人有些倦怠。在真言宗神秘教法的影响下，艺术家们努力在绘画中表达复杂的宇宙哲学的观点。他们承担了一项难以完成的任务，通过一种名为"曼荼罗"（日语读作mandara，梵语读作mandala）的图案来图示精神的宇宙。奈良时代的曼荼罗作品相对简单，表现了不同的极乐世界及其居住者。但是受真言宗影响，曼荼罗试图表现极为复杂的体系或轮圈（cycles），这样一幅曼荼罗中依次排列着一位居中的精神实相的多个化身。这些曼荼罗绘画以及表现这些轮圈中的每位佛陀的绘画是弘仁时期最主要的宗教绘画。尽管这些绘画通过提供某种原则、鼓励精美的色调和细致的设计促进了绘画艺术的技术进步，但是它们不利于想象和大胆的创作。不过，它们刺激了世俗绘画，甚至在较小的程度上也让宗教绘画有所反应。据记载，百济河成（Kawanari of Kudara）和巨势金冈（Kose Kanaoda）是这个时期的两位画家。尽管有各种各样的传说描述他们惊天动人的高超技艺，但是他们并没有作品留存，所以可能只是传说中的人物。不过可以确定的是，9世纪有少数天赋异禀的非佛教僧侣崭露头角，他们为皇宫和贵族府邸绘制装饰性的人物画和风景画。他们是藤原时期盛行的各个世俗艺术学派的先驱。

藤原时期小型贵族群体形成了一个远比其他同胞高的生活标准。从这一点来看，这是一个奢华和丰富的时代。平安文化没有得到普及，它明显只存在于京畿地区（此处不包括那些我们现在能看到的此后在个别令制国出现的平安文化），现存的平安文化的遗址主要在都城及其附近地区。日本国内逐渐出现了一种名为"寝殿造"（shinden-dzukuri）的建筑式样，由多个由游廊连接起来的宽敞房间构成；寝殿造建筑的地板、屋顶和可滑动的隔墙板的装饰催生了一个新的世俗艺术群体。我们通常认为这种装饰的基调优雅简洁，但是有案例表明贵族府邸仿宫廷的设计，因此不乏繁复的装饰。只要宗教依旧是其最主要的灵感来源，日本的建筑、雕塑和绘画就都摆脱不了外来的影响，不过现在艺术家可以发挥他们与生俱来的想象力。日本人典型的对自然的热爱流露出来。当时，日本人特别在意花园设计，风景绘画也迅速流行开来，以至于佛教绘画中佛陀的背景都是石头、树木、花朵等自然风景。与背景有严格规定的、单调地描绘圣人的一系列绘画相比，这个时候日本艺术的审美略有偏离，并且逐渐摆脱了外来风格的影响，开始有了本土的特征。此外，到900年的时候，唐朝动荡不安,中国的影响逐渐减弱。毫无疑问,这种变化的出现也与本土文学的发展有很大关系,因为本国语言的使用赋予艺术家以本土情感力量,鼓励他们就近寻找创作主题,与外来的创意竞争。

当然,我们并不是说佛教艺术失去了活力,在宗教艺术领域它极其繁荣,因为一些大佛寺的权力和财富持续增长,它们将大量财富花在精美的建筑和装饰用的珍宝上。净土宗的出现激起了一种新的风格,与真言宗纯朴的艺术风格形成对比。阿弥陀佛像就是最好的例证,现代的阿弥陀佛像通过和善的面容与光滑流畅的外观来体现其悲天悯人的特性,藤原时期早期的佛像雕塑有一种令人愉悦的优雅,而后来的佛像则退化成了没有灵气的、精致繁复的雕塑。宗教艺术中强烈的阴柔气息到处可见。甚至连凶神恶煞、显现愤怒相的不动明王都是一副亲切、良善的面容。或许藤原时期的艺术整体上最吸引人的特征是发展出了世代相传的雕刻和绘画派系。一位名为定朝(Jōchō)的雕刻家创作了许多重要的佛像,他在宫廷深受欢迎,尽管是世俗之人,但是在1022年被授予高阶僧职的职位。他是一脉雕刻家的祖师,不过我们不能认为这些雕刻家的天赋是从他那里继承而来,因为收养一位有潜力的学徒一直是延续家族传统的一种方式。同样地,日本绘画以这个时代的大师为源,出现了多个派系或画脉,目前我们还不是很清楚这些大师的名讳和绘画生涯。不过我们知道当时有巨势派的宫廷艺术家,他们轮流主持官方机构——"绘所"(Bureau of Painting),他们的作品遵循唐朝中国的传统。这个时候的很多艺术家出自贵族氏族。艺术,或者美的享受,是平安时代日本社会的主要活动。自天皇以下,所有人都参与这项活动,因此日本艺术的成就水平非常高,尽管这些人中肯定有很多是业余艺术爱好者。据记载,藤原氏有几位成员是有名的画师,其中一人被视为日本独有的画派——土佐（Tosa）派的创始人。致力于绘画的不仅有世俗的贵族，还有很多高僧，据说很多有名的高僧既画世俗画又画宗教画。尽管我们可以猜测对这些技能高超的高僧的美誉很多时候并非真实的，而是虔敬的人赋予他们的，但是毫无疑问的是，佛寺是美学文化的栖息之地，众人可以安静地在那里发挥自己的才能。撰写《往生要集》的僧人慧心（Eshin，时人称源信为"慧心僧都"），是复兴运动的领导者。这场运动宣扬念佛的好处，他还利用绘画来宣传自己的信仰。人们认为他创作了一幅伟大的画，这幅画描绘的是阿弥陀佛与观音菩萨、势至（Seishi）菩萨共同欢迎一位佛教徒到极乐世界。佛界诸圣众面露喜色，坐在洁白的云上奏乐，而画的前景则是一抹令人愉悦的风景。

整体上，宗教绘画在风格上类似于世俗绘画。那些高高在上的、严厉的让位于那些温和的、优雅的，就像平安时代早期宏大的、晦涩难懂的佛教理念让位于更受欢迎的因信得救的教法。最能突出这种倾向的是僧人觉猷（Kakuyū）的画作，根据口传，这些画作通常会被误以为是他所画。觉猷更为人所知的名号是"鸟羽僧正"（Toba Sōjō，1053~1114）。这幅画作归属衰落的藤原氏。这幅画最好的一个方面是它表现了藤原时期的艺术精神。这位画家是一个令人愉快的人，他的多幅画作描绘了披着僧侣外衣嬉戏的鸟兽，既充满活力，又带有讽刺性的趣味。这些画作是真正的本土智慧的果实，除了隐隐约约有一点较为陈旧的中国艺术传统的影子外，它们与中国并无相关之处；它们证实了我们所注意到的那种对严肃的佛教艺术的反对。宇治（Uji）的平等院（Byōdō-in）是另一个当时审美的体现。它坐落的地方起初是源融（Minamoto）别墅所在地，后来归藤原氏所有。1052年，当摄政藤原赖通（Regent of Yorimichi）在这里皈依佛教的时候，他建造了多座佛堂供奉阿弥陀佛和他的氏族先祖。这些佛堂之中最美的要数坐落在中央的凤凰堂（Phoenix Hall），它非常精美、匀称，看上去仿佛是某种准备展翅高飞的大鸟。凤凰堂及其附属建筑与自然环境巧妙地联结在一起；它的外观线条各异但协调；内部装饰华丽，供奉的佛像出自当时有名的雕刻家之手，其中有一尊定朝雕刻的阿弥陀佛像。在建筑上，凤凰堂巧妙地融合了佛寺式样和宫殿式样；在装饰上，它巧妙地融合了宗教风格和世俗风格。从这个巧妙的融合和精心的景观设计来看，凤凰堂成功地体现了日本本土不受约束的审美趣味。我们可以把它看作平安文化的一个典型体现，因为它是一个精心设计、极其典雅与雄伟的存在。如果说它不够完美，那是因为它缺少某种豪迈的特质。

11世纪后半叶藤原氏没落之时，日本艺术明显有些疲软。①

---

① 有人曾向我表明，这段话没有完全概述藤原时期末期的艺术趋势。我承认这段话是有误导性的，因为它给人的印象是：从11世纪中叶开始，日本的艺术全面衰退。事实上，到11世纪末尤其是临近镰仓时代的时候，雕刻和绘画出现了一种新的可辨识的冲动。但是我认为我们可以说11世纪中叶以后藤原艺术的灵感开始枯竭。学界普遍认为大多数雕刻艺术和毫无改变地延续了藤原早期传统的一些绘画艺术出现了某种明显的疲软。当时的创作情绪受到了悲观的末法（平安晚期的佛法）的影响，在艺术上，这种缺乏建设性的情绪尽管有时候会创造一种令人欣赏的忧郁的平静，但是在我看来，在不那么理想的情况下，这种情绪创造的是一种自命不凡的空虚。这是一个审美问题，学生只有通过察看原作才能更好地解决这个问题。从历史的角度来看，我们只要了解这一点就足够了，即藤原末期艺术的主要趋势清楚地反映了日本的社会和宗教变化——一个专注于美学的都城贵族阶层的没落和一个强有力的武士阶层的兴起，阿弥陀宗信仰的发展以及其他更加积极的教法的反应。尽管在藤原末期，随着与中国的往来得到恢复，日本艺术受到宋朝的影响，但是这种影响主要体现在技术而不是主题和加工上。那些丰腴的、自命不凡的佛像仿照的不是宋朝的风格，而是奈良时代唐朝的风格。

/ 第十二章 宗教和艺术 /

平安院凤凰堂正面立视图

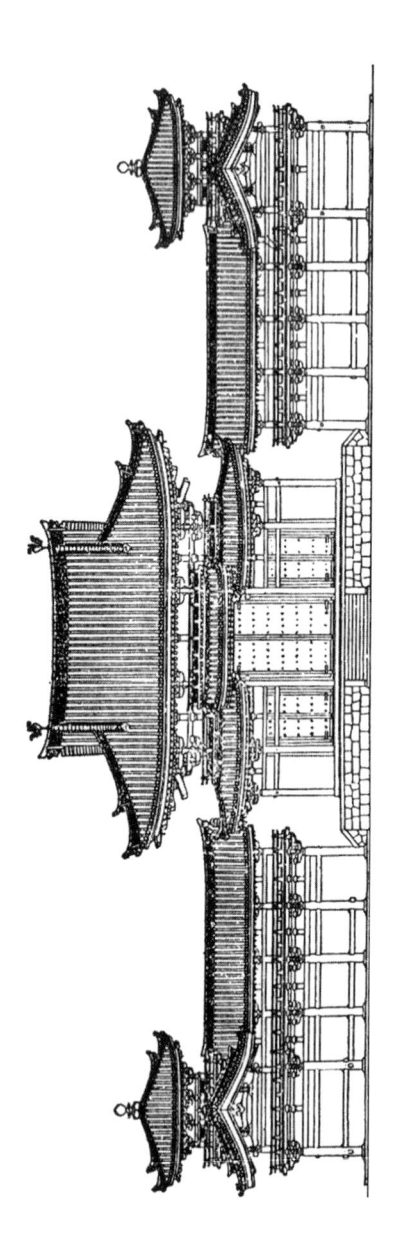

尤其是在雕刻上，对技术的看重超过灵感，在净土宗教法的影响下，佛像变成了一种精心雕刻的、无艺术价值的存在。当时很多丰腴的、自命不凡的佛像仿照的可能是宋朝的美学标准，因为随着新王朝的出现，中国在艺术上的影响力重新恢复。为了满足这样一个奢靡时代的需求，日本在诸如涂漆、金属加工的实用艺术上有了很大的发展。大量的装饰和丰富的设计随处可见，日本的审美和工艺突然转向了过度华丽与奢华。

不过当时还有一种强大的艺术影响始终趋于约束、净化艺术的发展，尽管这种影响的发挥在绘画艺术上表现得最为明显，但是我们从日本人生活的很多方面都能够感知到它的存在。这种艺术影响来自书法艺术。那些不欣赏书写文字的人是无法完全理解日本美学的。书写文字是象征思想的符号，不是表现事物的绘画，因此一个人拿起毛笔描绘文字符号的时候不会被任何想要再现或影射某一具体的真实存在的欲望打扰，他的目的是描绘文字形状，这些文字形状的美在于形状本身，无须借助文字的含义。我们可以说他游走在一个单纯的形状的世界里，只需要考虑抽象的设计。对他来说，优美地描绘就是在解决艺术的根本问题。笔画必须准确无误，笔画和笔画之间必须相得益彰，尽管笔画的力道会由遒劲过渡到柔和，但是绝对不能断断续续，而且这个笔画从头到尾都得灵动。墨水必须与软纸相融，既不能毫无生机地浮在软纸表面，又不能漫无目的地浸透软纸。沾满适量墨水的毛笔在纸上游走，不是像钢笔那样靠手指的轻微挪动，靠的是从肩膀传到手腕的、整个身体的大胆冲动。毛笔能够描绘出多种细微的笔调变化，从最浅的灰白到最深的黑色。在独具慧眼的人看来，这样的变调在一位大师沉着自信的笔触下能够像搭配得极为和谐的色调一样给人以深深的满足感。因此，在日本，书法不只是一

/ 第十二章 宗教和艺术 /

种便宜的手工艺，而是一种艺术，它和绘画并列，而不是其辅助。一位笔法娴熟的书法家已然是一位具备大多数重要素质的艺术家，因为为了学习书写，他已经接受了严格的笔法、构图、设计训练，最后还历经了速度和执行力的训练，因为他所使用的材料的性质不允许他迟疑和犹豫。难怪在一个几乎完全用美学的眼光看待生活的社会里，一种由如此严格、优雅的标准主导的艺术能够崭露头角。对平安时代的朝臣来说，书法不好就意味着几乎不会受人尊敬；写得一手好字就意味着他有教养、有品位。如果没有书法这个不可或缺的技能，朝臣的学识、高僧的虔敬、时髦女性的美丽也就变得不那么重要了。书法是诗歌的伴侣，一节诗的美既取决于字体又取决于措辞。一首诗的旁边经常会有一幅暗示其主题的绘画。这个时期，日本的这种装饰少且花哨，以中国墨为材料的成熟的表现主义水墨画尚未出现。在书法的启示及训练下，水墨画在后来发展成熟。

绘画艺术另一个重要的分支发端于藤原时期末期。[①] 这就是绘卷物（e-makimono），又名"彩色的绘卷"。作为一种绘画形式，它并非日本人原创，但确实在日本人的手中形成了独有的特征。现存最早的绘卷的画师名是从一些不那么可信的传说中得知的；不过也有几幅绘卷可以确定是藤原时期末期的，创作者是宫廷画师和杰出的书法家。其中有《源氏物语绘卷》（*Gengi Monogatari scroll*），描绘的是《源氏物语》的内容；《信贵山

[①] 说大和绘发端于藤原时期末期是不准确的。有名的《绘因果经》（*e-In-gwa-kyo*）是天平时期的绘卷，尽管它其实是一部有插图的佛经而不是一个绘卷，但它明显是绘卷的前身；而且一定还有其他的绘卷可作为例证。
大和绘是以绘卷物为核心发展起来的，这种说法也不完全准确。更好的表述是绘卷物是成熟的大和绘发展过程中一个早期的、重要的阶段。

缘起》(*Shigi-san Engi*)，描绘的是一座佛寺的建立；《伴大纳言绘词》(*Ban Dainagon Monogatari*)，描绘的是当时广受喜爱的一个故事。它们体现了不同的情绪——诗意的、宗教的或现实主义的——和不同的技法；但是它们有一个重要的共同点，那就是有明显的本土特色。我们可以把它们看作一个核心，围绕这个核心发展出了名为"大和绘"(Yamato-e)的纯日本特色的绘画风格。大和绘与从中国绘画衍生而来的多个画派形成对照。

《源氏物语绘卷》是最古老也是最优美的绘卷。它不同寻常的视角起初令人困惑，因为它让你从一只鸟的视角俯瞰室内，室内的墙壁、屏风和衣着繁丽的人看似危险地倾斜着。但是，一旦接受了这种风格，它的不同寻常之处就变成了一种吸引力，你会觉得这不只是一个幻想中的作品，而是一个极其恰当的、不可避免的描绘以这样方式生活的人的方法，因为现实主义无法充分描绘《源氏物语绘卷》中那种孤立的、转瞬即逝的社会中的人物。这种方法是独创的、非常成熟的，一点儿也不稚嫩。我们可以说《源氏物语绘卷》预见了近代欧洲的某些绘画，就像紫式部的小说预见了现代心理学派的小说。

11世纪末，日本做了一次不同寻常的尝试，要在多个令制国内模仿平安文化。藤原清衡（Fujiwara Kiyohira）——陆奥的国司（Lord of Mutsu）于1095年在日本北部名叫平原（Hiraidzumi）的地方建造了一座要塞。他营造了中尊寺（Chuson-ji）并建造了一座城，他希望这座城可以作为一个能与都城相匹敌的艺术和学问中心。他的后代包括庇护源义经（Yoshitsune）的藤原秀衡（Hidehira）和背叛源义经的藤原泰衡（Yasuhira），二人继续主持建造工程并且像君主一样统治着领地。但是这个家族最终于1189年为源赖朝（Yoritomo）所灭，他们的辉煌已不复存在，只剩下藤原清衡于1124年建造的容纳自己遗骨的葬堂。不过，葬堂足以表现这个短暂存在的北方城市的基调是装饰华丽、大量使用金箔。

第十三章　平安时代政治事件概要

第一节　藤原氏摄关政治时期

以下是平安时代藤原氏摄关政治时期发生的重要政治事件。

　　782年　桓武天皇即位。
　　784年　都城迁至长冈。
　　794年　营建新都平安京（今天的京都）。
　　797年　编年史《续日本纪》的编纂完成。
　　802年　成功远征阿伊努人。
　　806年　平城天皇即位。
　　809年　平城天皇退位，嵯峨天皇即位
　　812年　阿伊努人归顺。
　　823年　嵯峨天皇退位，淳和（Junna）天皇即位。
　　833年　淳和天皇退位，仁明（Nimmyō）天皇即位。
　　850年　文德（Montoku）天皇即位。
　　858年　清和（Seiwa）天皇即位，藤原良房（Fujiwara Yoshifusa）成为摄政。
　　876~877年　清和天皇退位，阳成（Yōzei）天皇即位，藤原基经成为摄政，随后成为关白。
　　884年　阳成天皇退位，光孝（Kōkō）天皇即位。
　　887年　宇多（Uda）天皇即位。
　　897年　宇多天皇退位，醍醐（Daigō）天皇即位。
　　901年　菅原道真倒台，藤原时平掌权并完成《三代实录》(Sandai Jitsuroku) 的编纂。
　　907年　官编和歌集《古今集》完成。

914~949 年　藤原忠平（Fujiwara Tadahira）掌权。

927 年　《延喜式》（延喜年间的法律细则）编纂完成。

930 年　朱雀（Sujaku）天皇即位。

937 年　平将门叛乱（Revolt of Masakado），平氏开始崛起。

946 年　朱雀天皇退位，村上（Murakami）天皇即位。

961 年　清和源氏（Seiwa Minamoto）出现。

967 年　冷泉（Reizei）天皇即位。

969 年　圆融（Enyū）天皇即位。

984 年　花山（Kawazan）天皇即位。

986 年　一条（Ichijō）天皇即位。

999 年　日本西部的平氏挑起内乱。

1011 年　三条（Sanjō）天皇即位。

1016 年　后一条（Ichijō Ⅱ）天皇即位。

1036 年　后朱雀（Sujaku Ⅱ）天皇即位。

1045 年　后冷泉（Reizei Ⅱ）天皇即位。

1028 年　平忠常（Taira Tadatusne）叛乱。

1050 年　北日本的安倍（Abe）氏叛乱，这场叛乱以 1062 年源氏武将击败安倍氏结束。

1068 年　后三条（Sanjō Ⅱ）天皇即位，在他的统治下藤原氏的权力受到限制。

这个大事表的第一个典型特征是经常会有天皇在相对短暂的统治之后退位。这种退隐的行为并不局限于皇室。它是在佛教的影响下，在一个权力越大、责任越重、风险越大的时代，所有职业的领导者都会有的行为。退隐并皈依佛教并不一定意味着过圣洁的生活，禁欲苦修，而是意味着逃离公共事业的束缚，自由自在地致力于自己的爱好。你可以选择在某座朴素的佛寺的清静氛围中旅居冥想，从诗歌或绘画中得到宽慰，就像在其他国家疲惫的政客会退隐田园、坐在田园的椅子上写书撰著一样。或者你也可以给继任者提供建议，与外界保持联系。即便他们没有迫使你退隐，也会鼓励你保持退隐状态，不论你怎样选择。在很多情况下，这种退隐是强制性的。这是藤原氏的摄政们孜孜不倦地培养的一种习惯，退隐的天皇往往非常恐惧，或者至少非常谨慎，退位之后不会再干涉政务。当然也有例外，比如宇多天皇因为支持藤原氏的宿敌菅原道真而与藤原氏发生冲突，进而发现更睿智的做法是过真正的宗教生活。不过关于平安时代早期大多数或在皇位上寿终正寝或退位的天皇，他们的执政并无成败可言，不是因为他们没有能力执政，只是因为他们没有机会。桓武天皇似乎是一位天资聪慧、勤勉的统治者，但是我们对在他之后几百年间在位的大多数天皇知之甚少。这些天皇都是诗人，有几位是优秀的学者，有一些是伟大的书法家，有一些是真正的、虔诚的佛教徒，还有少数几位凶狠残酷。或许很多天皇都有执政的才能，但是因为缺乏机会，所以这一能力渐渐消失；因为环境所迫，这些天皇要么变成了业余的艺术爱好者，要么过上了隐居的生活，要么变成了隐居的业余艺术爱好者。

至于藤原氏的摄政们，尽管他们实际上并不是成功的执政者，但是他们往往是极其精明的政客，与其说他们的失败是因为缺少才能，不如说是因为无法逃避时事的压力。在那些沉溺于经济决定论的人看来，藤原氏统治下日本的发展可以作为经济决定论的一个很好的例证。从我们所能了解到的信息来看，藤原时平在短暂的摄政期间努力抑制免税庄园的增加，阻止农民离弃分配给他们的土地、到免税的领主那里劳作或采用其他方式逃避徭役；他还实施了禁奢的法令，减少官员的贪腐。总而言之，他在抑制那些他清晰观察到的正在削弱中央政府的财力和实权的趋势。他修订并增补了法典以应对不断变化的形势，我们可以从于藤原时平逝世后的927年编成的《延喜式》中看到他努力的结果。但是这个时候发挥作用的经济力量过于强大，仅靠立法是无法抵挡的，时平本人身处一个注定失败的体制之中。时平及其后的藤原氏的摄政们在实权由都城旁落到日本其他地方的时候仍然能够保持最高的地位，由此可见他们的政治灵敏度。他们得以幸存，是因为一个特定的惯性，正是因为这个惯性，宫廷的实权虽失但威望还在，而且它有能力运用这种威望，操控对手，也就是那些实力迅速增强但彼此争斗不停，且在政治权谋上尚显稚嫩的充满嫉妒心和野心的豪族。不过，这种令人目瞪口呆的权衡技能终有无法重复使用的时候；同时，随着藤原氏不断扩大，它的凝聚力开始丧失，一些附属的氏族成员开始自立门户。一位名叫藤原纯友的人反抗宫廷和摄政（时平）并取得成功，他在西日本作为首领盘踞了好几年，直到941年被逮捕、杀死。同样，在东日本也有一些几乎独立的藤原氏的领主以及其他一些权贵，时刻准备挑战皇室的权威。这些权贵有些是贵族甚至皇室出身。正如我们已经注意到的，早在平安时代早期，宫廷就开始为没有国司的令制国任命国司，这种极其有利可图的官职通常会落到皇室亲王的手中。其中一位亲王——桓武天皇的幼子——被任命为东日本富饶的常陆国（Hitachi）的国司。这位亲王的子孙后代众多，不是每一个人都可以在都城就职，所以一些人在东部的几个令制国定居。他们在那里专注于增加自己的土地、财富和侍从，同时进行军事训练来保护自己。皇室的这一分支很快成为一个独立的氏族，即平氏。同样，其他几任天皇因无力供养人数众多的子嗣，所以把他们变成了臣民，给他们土地和官职，让他们自我供养，分别作为新的氏族——源氏各个支系的领袖。当时有几个氏族都是这样形成的，他们的始祖是天皇的儿子，所以以天皇的姓氏来区分。因此，有了嵯峨源氏（Saga-Genji）[Genji（源氏）是和制汉字]、宇多源氏（Uda-Genji）、清和源氏（Seiwa-Genji）以及其他几个姓氏。随着时间的推移和成员人数的增加，这些豪族分成了更小的群体，起初只是作为氏族的支系，后来在不同的地方获得了土地和追随者之后逐渐形成了独立的氏族。这些独立的支系有时候甚至会与其他支系不和，但是大体上因为共同的利益依旧相互联系，这个共同的利益就是对抗尚未分裂的一个或两个豪族。平安时代的政治史实际上是诸如藤原氏、平氏、源氏等豪族的运势兴衰史，而日本随后的历史大体上都与从这三个豪族中分离出来的支系的活动有关。因此，源氏的一位成员在下野（Shimotsuke）国一个名叫足利（Ashikaga）的地方定居并把"足利"当作自己的姓氏。按照类似的方式，源氏还分出了新田（Nitta）氏、佐竹（Satake）氏、德川（Tokugawa）氏；平氏分出了三浦（Miura）氏、北条（Hōjō）氏；藤原氏分出了菊池（Kikuchi）氏、宇都宫（Utsunomiya）氏。这些都是有名的姓氏。事实上，它们都是日本的"大名"（daimyō），最初大多数"大名"都是地方名，持有这些"大名"的先祖在这些地方拥有免税庄园。因此，我们可以断定这些庄园在日本历史上扮演的重要角色。

10世纪，尤其是在日本东部，尽管这些地方领主的领地在稳定扩大，但是没有一个领主强大到可以真正地在自我直属领地以外的地方挑战中央的权威。日本的确会有偶然发生的规模相对较大的叛乱，比如平氏领袖平将门的叛乱。平将门在一段较短的时间内是东部八个令制国的实际统治者,他之所以能够成功发动叛乱,和藤原纯友(Sumitomo)的叛乱一样,是因为政府的懈怠而非自己的实力。940年,在察觉到他所带来的严重威胁后,政府在没费什么大力气的情况下就打败了他。封建制度尚处于早期发展阶段,这个时代所呈现的情形就是很多小的领主彼此争斗,努力获得最多的土地和人力。平将门发起叛乱的时候只有1000余人,这1000余人并不都是他的侍从。我们得知,到998年,一位强大的平氏家族成员对邻近的藤原氏发起攻击的时候,部下有3000人,不过这个数量在当时相当大。如果国司是地方权贵,而且有自己的武士的话,那天就有能力在互相争斗的氏族首领之间维持平衡,防止一方吞并另一方。此外,藤原氏有能力授予他人宫廷头衔和官职,而这些对很多源氏和平氏的氏族首领都有吸引力,因为他们虽然定居在各令制国,但骨子里还是贵族。随后藤原氏的摄政们灵活地运用这一吸引力,他们的策略是拉拢都城和地方互相争斗的氏族中有影响力的成员,通常是源氏。但是拉拢这些支持者仅靠受欢迎的宫廷头衔是不够的。他们想要土地,想要免除赋税;还有,当他们没收一座庄园或者宣称自己的某一座庄园为免税庄园的时候,他们的庇护者——藤原氏必须确保针对他们的控诉无法成立。这就是大庄园逐渐形成的方式。随着意识到自我力量的源氏和平氏将原本属于其他主要氏族的、藤原氏代为管理的一些庄园收归己有,这些庄园很快变得更大。藤原氏一直在设法维持自己至高无上的地位,直到11世纪末期。995年,藤原道长(Fujiwara Michinaga)成为关白,接着他的儿子藤原赖通(Yorimichi)于1018~1069年任关白,在都城拥有大量资产,这是藤原氏的鼎盛时期。当时藤原氏是如此铺张奢华,以至于当时一部名为《荣花物语》(*Tale of Glory and Splendour*）的历史小说描写的就是藤原道长和他的儿子们。藤原道长直到退隐依旧铺张；1019 年他病倒，在东大寺受戒后皈依佛门，受戒仪式规模宏大，就像 754 年的第一次受戒仪式那样，天皇和宫廷众臣全部出席。临死的时候，他命一万名高僧受命为他的康复祈祷并宣布大赦天下，免除全国各地拖欠的税款。藤原氏设法获得并维持他们作为领导者的荣誉，而在那个时期这些荣誉几乎不可能是由天皇赐予的。

与此同时，在都城和其他令制国，动乱、罪行和不幸频繁发生。一些大的佛寺与政府不和，因为政府时不时地会尝试阻止它们对免税土地的兼并。那些住持看到其他领主因为有了武力支持在这方面几乎可以为所欲为，所以就训练一些僧人和庄园内的世俗之人使用武器，建立了自己固定的武装。这些佛寺不仅彼此争斗，而且会经常突击都城。藤原赖通任摄政期间（1027~1074），约 3000 人从比叡山突然发动袭击，包围了赖通的宅邸。这个时候皇室的护卫几乎发挥不了什么作用，不愿诉诸武力的藤原氏只得仰仗源氏或平氏等武士家族的成员。在从 10 世纪末到 11 世纪末的这段时间里，武装僧团及其雇佣力量时不时地在平安京的街道上寻衅闹事、制造骚乱、彼此争斗。他们会围困、威胁身为政客的藤原氏甚至天皇。12 世纪初期，有一次两大佛寺即将在京都发起激战，据说双方人数已经达到 2 万人。在这种局势下，藤原氏面临的危险是如此之大，我们甚至可以说藤原氏倒台的促因是僧众的骚乱而非其他氏族的崛起，即便这不是导致其倒台的直接原因。因为只要令制国的领主在远离都城的地方彼此争斗，只要源氏或平氏的武将时不时地给予打击，藤原氏的地位就会相对稳固。但是，一旦藤原氏需要仰仗这些武士家族的保护，他们的地位就变得极不稳固。这一局势有一些讽刺的意味，因为藤原氏

/ 第十三章　平安时代政治事件概要 /

是佛教最慷慨的赞助者，他们建造大的佛寺，赐给佛寺很多昂贵的物品，赠予它们大量的土地和奴隶。

平氏或源氏武将每一次成功的作战行动都会增加他们家族的声望，增加他们的财富，不过他们所拥有的土地的价值和范围无法与藤原氏相比。其他氏族之间的不和与这些氏族内部的争斗延缓了藤原氏倒台的速度。从平将门那个时期开始，整个11世纪，日本东部和西部争斗、劫掠、突袭等因规模而异的军事活动持续不断。平氏、源氏以及诸如安倍氏、清原氏之类的较小的但好战的氏族以一种混乱的、难以理清的合作关系参与这些军事活动。尽管我们不能说到1100年的时候有哪一个氏族处于稳定的支配地位，但是这个时候社会构成已经发生巨大、显著的变化。日本出现了一个新的武士阶层，并且在国中占据重要地位。尽管头衔依旧由宫廷赐予，尽管文官依旧把持朝政、颁布诏令，但是日本出现了在都城以外的其他各地土地比头衔重要、军事力量比法律有效的情况。1050年，安倍氏的一位成员统管着日本北部多片大块土地，他连续多年抵抗中央政府，直到1062年被源赖义（Yoriyoshi）不顾一切的征讨行动征服。赖义的先祖都是有名的武士，但是我们可以把他看作在推翻了平民政权、打败了敌对军事势力之后统治日本长达数百年的多位伟大武将中的第一人。他确立了对战神八幡神的崇拜，从他开始日本逐渐发展出一个独特的军事阶层，他们有自己的传统，有自己的道德和法律准则。不过，第一次抑制平民权势的尝试是由天皇而非武士发起的，因为后三条天皇在1068年即位后立即尝试亲自处理政务中的紧要问题，把藤原氏搁置一旁。

第二节　平氏的兴衰

以下是一些重要的时间节点：

　　1068 年　后三条天皇即位，1072 年退位，1073 年逝世。

　　1072 年　白河（Shirakawa）天皇即位，1086 年退位。

　　1087 年　堀河（Horikawa）天皇即位。

　　1107 年　鸟羽（Toba）天皇即位，1123 年退位。

　　1124 年　崇德（Sūtoku）天皇即位。

　　1087~1129 年　白河天皇退位，皈依佛门，设立院厅，实施院政（Insei）。

　　1130~1156 年　鸟羽天皇即位，继续实施院政。

　　1141 年　近卫天皇（Konoe）即位。

　　1155 年　后白河天皇（Shirakawa Ⅱ）即位，1158 年退位。

　　1156 年　平氏开始占据支配地位。

　　1156~1185 年　平氏由盛转衰，先后历经了二条（Nijō）天皇、六条（Rokujō）天皇、高仓（Takakura）天皇、安德（Antoku）天皇、后鸟羽（Toba Ⅱ）天皇。

　　1185 年　源氏大败平氏，源赖朝成为日本最有权势的人。

后三条天皇亲理政务，不参考关白的意见。他即位之后立即宣布将 1045 年以来建立的以及 1045 年建立的但没有有效地契的庄园收归国有。天皇命人特地将这条诏令传达给已退任的关白藤原赖通。赖通只回答说，如果他名下的地契有什么问题，那他会想办法解决这些问题。面对赖通委婉的威胁，天皇让步，给予赖通拥有的庄园以例外优待。他之所以无能为力，是因为藤原氏名下的土地遍及日本，如果藤原氏反对，那么这条诏令的效力就无法实现，只有那些其他氏族的最为弱小的土地所有者才会上交土地。包括这项改革在内的其他天皇尝试推行的改革措施都遭到藤原氏的阻挠；不过宫廷所能行使的少有的权力现在都在天皇本人手中，藤原氏虽然继续拥有很高的官职，但仅仅是名义上的，并没有实权。三条天皇在位时间短暂，他逝世之后，日本的政治出现了令人惊讶的发展。从1073年开始，在长达半个多世纪的时间里，在位天皇有名无实，朝中的摄政、参议和大臣也有名无实；每一任天皇在位期间，在离皇宫不远的宫殿中都住着一位已经退位、皈依佛门的天皇，他名义上是僧侣，实则是统治者，他主持院厅，有听命于自己的官员。当时国中具有法律效力的是上皇的诏令，而非有名无实的天皇的诏令，以至于人们把上皇的诏令当作那个时期宫廷的诏令来遵从。因此，政府看似由天皇和上皇构成，天皇将权力下放给主管太政官和其他各部省的摄政，上皇的诏令在天皇的诏令之上。但是，这个复杂的政治机制的寿命显然是有限的，因为它无法有效运作。事实是，除了氏族的自我治理之外，宫廷之外并无治理可言。皇室像从前一样源源不断地下达诏令，针对的主要是庄园制度；但是这些诏令起不到什么作用，因为能够执行诏令的那些人正忙于为自己争取庄园权益。法典已经失效，检非违使汇编的法令只有拥有强大军事力量的源氏或平氏武将在自行裁决时才会被使用。各氏族首领维持领地秩序执行的不是共同的法则，而是各氏族的族法。

显然，在这种形势下，一旦处于混乱争斗中的军事氏族中兴起一个强大的、只有一个目标的集团，皇室就会失去残余的权力，而依赖威望和财富而非武装力量的藤原氏，也会跟着皇室一起衰落。阻止这一变化发生的不是皇室有力的反抗，而是氏族之间的争斗，正如我们所看到的那样。尽管藤原氏也有这种内在的弱点，但是他们处于权力中心、偏爱权谋、不看重暴力，这使得他们在某种程度上是团结一致的。而军事氏族的性质决定了他们依靠的是在冲突中获胜。他们的支系遍布日本，虽然源氏的一位成员可能和平氏是近邻，但是他的领地同样有可能和安倍氏或清原氏的领地接壤，或者作为受雇于朝廷的武将，他也可能受召严惩一些本姓的叛乱分子。这种冲突导致的争斗比国家的远景更合武士的心意，因为它们能带来即时的收获和满足感。我们一定要注意豪族的很多分支都和土地密切地联系在一起。他们的利益与领地相关，尽管是贵族出身，但是因为联姻和地产，他们与地方权贵密切地联系在一起，比如各令制国国司的家族大多是世袭的地方首领的后代。整体上，我们无法确定他们是否有清晰的统一国家的观念。事实上，庄园制度的发展不仅催生了经济、政治上的变化，还催生了社会机构的变化。对氏族的忠诚——在民族情感上体现为对皇室的忠诚——被将人与土地连接起来的强烈情感取代，至少被它改变。他们的主要职责不再是对国家的职责，甚至也不是对氏族首领的职责，而是对能够给予他们嘉奖和圣俸的上级或者是能够为他们的土地提供武力保护的军事保护者的职责。换句话说，大化改新只是中止但并未阻断封建制度的自然发展。

如果详细叙述平安时代其余时期的政治史的话会惹人生厌，所以我们可以简单地总结如下：这个时候平氏和源氏之间的对抗激烈且范围广泛，顶点是1156~1160年的一系列血战。

这些争斗的一个直接原因通常是皇位继承权问题，但是表面上的参与者依旧是宫廷各派的领导者，不过这些冲突实际上是武士家族围绕霸权的争斗。1160年以后，藤原氏已不再是威胁，源氏也被制服，源氏一些势力大的武将被杀。日本第一次由

/ 第十三章 平安时代政治事件概要 /

武士家族绝对掌权。天皇和日本全地都处于平氏的支配下。他们的支配地位没能持续下去，因此源氏再次积攒力量，幸运的是源氏出现了一位伟大的首领源赖朝，他们在旷日持久的争斗之后推翻了平氏。毋庸置疑，两个敌对氏族可怕的誓死争斗确立了武士家族的支配地位并促成了武士阶层的形成。面对危险和冲突带来的压力，他们形成了一种独特的行为准则和道德规范。那个时期的历史事件深深地影响了日本人的想象，两个氏族的兴衰对日本人而言或许是真正的史诗。日本的历史中有很多关于忠诚、勇气和牺牲的英雄传奇，而这些英雄传奇激发了他们在艺术、文学上的创作灵感，也塑造了他们的性情。这个时期侍（さむらい）这个阶层形成，他们把忠诚和无惧死亡当作最重要的美德来培养。"侍"是"服侍的人"，对领主的这种绝对忠诚的观念可追溯至很久以前。据日本最早期的书籍记载，日本古代有世袭的陪侍君主的氏族，他们的祖先说过："我们不愿平静地死去，只愿死在君侧。如果我们下到海里，我们的身体必长眠于水下；如果我们上到山上，我们的身体必长眠于草丛下。"这种忠诚的传统赋予各个氏族以凝聚力，让他们对彼此之间的冲突充满怨恨。在当时的日本，到处都是英勇的、残忍的战争、富有浪漫主义色彩的动乱以及野蛮残酷的行为。整个国家，从南到北，因战争、饥荒和瘟疫处于动荡之中，这种动荡因1185年坛之浦海战达到顶点。这次海战中平氏战败，平氏携幼年天皇坠海，幼年天皇丧生。从那时起，直到1868年王政复古，统管日本的是接连不断的军事独裁者，这些独裁者几乎都来自源氏一脉。

我们一定不要认为这些独裁者篡夺了天皇的权威。他们拥有天皇的权力，其中一些独裁者还拥有天皇的仪仗；不过皇位始终都在天照大神的后代手中，不管天皇如何软弱、贫困，真正的统治者都会给予他形式上的尊敬，理论上他的权力也源自天皇。宫廷的生活和从前无异，有持续不断的宗教仪式、官方仪典、宴会、诗歌比赛、赏花或赏月的短游。宫廷的整体生活因围绕优先地位、头衔、官职的争斗和阴谋以及（根据当时的传奇故事）高雅的声色犬马而变得多姿多彩。尽管权力转移到了一个更有活力的族系手中，但这个优雅、人数稀少、没有流血的社会依旧延续了下来，部分是因为它依旧是荣誉的来源，部分是因为它延续了一种已然确定的、武士阶层暗自尊崇的社会和美学传统。与此同时，他们也迅速地发展出一种属于自己的文化，这种文化自然是基于让他们获得支配地位的战争。这种文化有很多值得欣赏的内容，因为它既有阳刚活力又有冒险精神，但是只有最不愤世嫉俗的愤世嫉俗者才会说它推崇的是让那些刚刚掌握特权的人继续把持特权。这种文化最为真实的美德是军人的美德——英勇和服从，因为这是一位封建领主最希望他的追随者拥有的特质，目的是对抗宿敌。因此，武士阶级的荣誉准则忽视其他美德，只强调这两样。我们已经描述的那个时期之后的很多文学，包括以戏剧般的风格叙述的历史传奇，包括大量的细节描写、军队的英勇事迹、惨死在战争中的武士、武将的不平凡事迹、颇具武士精神的交战、忠心服侍的事例、华丽的纹章、精良的盔甲、所向披靡的武器以及战争的盛况、光荣与振奋人心。幕后是不受关注、生活枯燥乏味、耐心耕种且耕地惨遭毁坏的农民；幕前则是手持闪闪发光的剑的武士。

剑并不只是那个时期一个充满传奇色彩的象征符号，而是他们物质文化的一个具体体现。平安时期宫臣的佩剑是礼仪性的武器，鞘上饰有珠宝，富有设计感。但是封建领主的佩剑是利用先进技术生产的致命性武器，这些武器逐渐满足了那些以战争为业

/ 第十三章 平安时代政治事件概要 /

的人的需求。我们对日本采矿业和冶金业的早期发展知之不多，但是庄园制度的发展及武士阶层的兴起促进了采矿业和冶金业的发展，因为开发新的土地、对既有土地进行更加集约的耕种意味着对工具的需求增加。7世纪，铁制器具非常稀少，所以被当作货币使用。比如，我们从编年史中得知，701年一位大臣获赐1万把铁锹和5万磅铁。不过这种记载越来越少，平安时代初期日本有很多地方开发铁矿，并在本地制造铁具，以供在庄园劳作的农民使用。我们知道后来成名的源满仲（Minamoto Mitsunaka）在他位于日本西部的一个庄园里开发铁矿；据记载，他煞费苦心地提高铸剑者的技艺。在历经多次试验后，他终于找到了一位工匠，他在七天的祈祷和禁欲之后，最后铸造了两把非凡的剑，这两把剑成了源氏家族的祖传宝物，在很多英雄传奇故事中都有出现。《平家物语》（Heike Monogatari）这部撰写于1240年的伟大的历史传奇描述了平氏的兴衰，这部传奇开篇讲的就是剑，这显示了铸剑工艺的重要性。我们可以从这部传奇中找到对举世闻名之剑的赞美，以及对其非凡特点的描述。在日本这段时期以及随后的历史当中，人们把剑视为活着的、神圣的事物，所以当源义朝（Minamoto Yoshitomo）战败、在八幡神社整夜祈祷的时候，他问战神为什么离弃他，问战神为什么他的剑失了魂。从那个时期开始，日本发展出了明确的对剑的崇拜。剑被赋予神秘的特质，几乎成了一个被膜拜的对象。它代表了武士的荣誉；实际上剑本身就是武士的荣誉，丢失或污损剑等于丢弃或败坏了他的荣誉。直到今天，铁匠在铸造、锻炼一把旧式剑之前，先要举行一个净化仪式，在锻铸的时候他们要身穿祭司穿的白色外衣，这就是流传至今的强大传统的影响力。

《源氏物语》绘卷局部

/ 第十三章　平安时代政治事件概要 /

日本的铸剑技术有了很大的发展，在硬度和锋利度上，任何一个国家的铸剑者在13世纪以前和以后所铸造的剑都无法与日本的剑相媲美。它无疑是日本对应用艺术的具有独创性的贡献。与此同时，相关的军事艺术也发展迅速。为了应对效能不断增加的武器，日本很早便出现了集高硬度与轻便于一身的盔甲。日本的防御工事似乎直到16世纪在欧洲的影响下才发展起来，不过源氏和平氏借助中国的军事典籍学习了战略和战术，其中最著名的典籍是流行于公元前500年的《孙子兵法》。我们差不多可以这么说，正如剑取代了笔，这些兵法典籍取代了经典，成为统治阶层的教科书。虽然令人感伤，但是这也是一个诱人深思的现象，正是迫于尚武精神的压力，日本才最终摆脱了从老师那里学来的道德教条，开始沿着自己的路线发展。日本人没有摒弃孝道，但是这时对领主的职责先于家族关系；他们也没有摒弃佛教教义，只是佛法必须与时下的实践相适应。所以，一位在征战结束之时遁入空门的身经百战的武将会在僧侣给他念不杀生的戒律时充耳不闻。另一位武士——平氏家族的侍从——在因违反虔诚的天皇不许猎杀的诏令而被宫廷护卫逮捕时会说，他受领主之命为他的餐桌供应野味，因为根据领主的家规，违背领主的命令会被处死，所以他选择违背天皇的诏令，因为违背天皇的诏令，他只会被流放，不会招致更严厉的刑罚。

第四篇

镰仓时代

第十四章　封建制度的发展

官方占卜者和占星者在1159年新一任天皇即位的时候，令人愉悦地漠视现实，将年号定为平治（Peaceful Rule），尽管接着便发生了一场令人极度绝望的战争。另一个更不合宜的年号是文治（Literary Government），这是占卜者和占星者为以1185年为始的纪年所定的年号。从1185年开始，日本武士掌握了业已获得的最高权力，由此源赖朝——源氏家族的领导者——定居在日本东部的镰仓，并在那里建立了名为幕府的政权，幕府相当于军队总部（Army Headquarters）。

对除专业人士以外的其他人来说，描述封建政权的读物往往是沉闷乏味的，但是人们对镰仓政治的研究有一种不同寻常的兴趣，因为我们可以从中找到在日本延续了近700年的体制早期发展的痕迹，这种体制虽然消失在人们的记忆之中，却在近代人身上留下了尚未被抹去的痕迹。

目前我们没有证据表明源赖朝有意制定政策以使自己成为全日本的统治者。甚至在大败平氏的初期，（根据一份记载）他对天皇很是尊重，因为他在朝廷身居要位。大体来看，尽管事实上军事独裁者剥夺了天皇除头衔以外的所有权力，但是他们并不认为自己已经取代了天皇。他们的主要目的是获得尽可能多的土地和侍从。的确，通过获得经济和军事上的支配地位，他们事实上在政治上已经成为最高掌权者，但是源赖朝及其继任者未必有统一国家的构想。这并不是说他们没有清楚的国家和君主观念，因为这个时候日本人已经接受了中国的君主制长达500年之久，在这方面他们比同时代的大多数欧洲人先进得多。但是中国理论还为他们提供了将君主权力下放的理念，所以在源赖朝看来，他的独裁并非反常现象。此外,他的思考点是封地和庄园,而不是民众和政府。他在离都城 300 英里的镰仓定居,因为这里是一个可以让他监管家臣的便利中心。源氏的主要庄园都在日本东部,很多与源氏结盟的氏族的大片地产也在这里,这是他作为源氏家族首领赐予他们的封地。源赖朝的权力并非朝廷赋予,也不是他从朝廷那里夺来的,因为天皇从未在那些地区获得绝对的统治权。只有地方权贵选择承认他们的权力的时候,他们才能够对那些地区行使管辖权。这个时候的源赖朝虽然强大,却依旧依赖封建族长的支持,他的职责是让这些族长遵守秩序,制止任何有可能削弱他地位的行动。简言之,他要牢固确立自己作为封建领主的地位,而不是取代京都的天皇。事实上,他认为在很多情况下利用皇家的权威是合宜的,因为在他掌权很长一段时间之后,我们发现他还是会在形式上非常谦卑地奏请京都的朝廷批准他的这项或那项政策。他在朝廷谋求并获得了高位,被任命为权大纳言和右近卫大将,但是多年以后天皇或者说隐居的上皇才授予他梦寐以求的"征夷大将军"的职位,这赋予他对日本全国所有军事力量最高的、无条件的指挥权。这些细节值得牢记,如果我们想要理解日本随后直到近代的历史。日本传统的、对皇室的敬畏之情非常强烈,这种敬畏之情历经几个世纪的兴衰,虽然被压在心里、逐渐变弱,但从未消失,到 1868 年王室复古的时候这种敬畏之情再次燃起。

这个时期宫廷保留了一定程度的社会声望和某种消极的权威。但是对于任何一个现实的有能之士来说,在宫廷是无法获得仕途的。藤原氏支配下的宫廷总是有供一些有能力的官员以及某类世袭的内政人员发挥作用的空间,这些人擅长诠释法典、起草公文、记录账目等。他们是行政机构的工作人员,但是他们的地位总是低于各部的领导者，这些人获得领导地位凭借的不是能力而是出身。其中一些人厌倦了宫廷生活的空虚，或者因这个时期的阴谋和无序而担惊受怕，于是归隐乡间，过着节俭舒适的生活。一些人成了真正的隐士或云游四方的僧侣。而另一些更有野心的人被在军事首领麾下效力的晋升前景吸引，于是向他们提供服务。镰仓幕府因缺乏行政人才和文学人才，所以非常欢迎这些经验丰富之人，他们既熟知宫内事务和公务技巧，又对政治和法律有大体的认识。因此，东日本倾向于吸收都城有才干的人；这种迁移对权力向镰仓的转移具有相当重要的意义，并使镰仓成为独特的学问中心。

大江广元（Ōe Hiromoto）是参与组织将军幕府的众多学者之一，他出身于一个古老的服侍皇室长达数百年的文人家族。或许 13 世纪日本行政管理的成功大多归功于他和与他出身相仿的同僚。为了清楚地描述他们的工作性质，我们有必要描述一下源氏大败平氏的战争末期的形势。这个时期所有问题的根源一如既往地仍是土地所有制，描述土地所有制就是在描述日本政治和经济概况。在于 1185 年达到顶点的动荡时期，日本各地的私家武士掌握了土地所有权，并且在当地获得支配地位。这是庄园增加的合理结果，这一点我们在前一章中已做略述，但是中央权威的衰弱加快、促进了这一进程。在东日本，随着源氏军事实力的增强，自 11 世纪末开始，很多土地所有者为了得到保护，将他们的庄园委托给源氏的族长管理。事实上，这种操作十分常见，以致 1091 年天皇下发诏令予以禁止，但是这则诏令显然并没有什么效用。平氏倒台以后，源赖朝将从敌人那里夺来的土地赐予他的支持者，日本共有 66 个令制国，其中 33 个处于这些封建领主统治下，此外还拥有 500 块免税领地。他还邀请很多平氏的

/ 第十四章 封建制度的发展 /

旧盟友，请他们转而效忠自己。对于那些归顺的，他赐予新的土地，或者认可他们对旧有土地的所有权，而这些人就变成了他的封臣、家人。因此，源氏领主直接控制或通过其封臣控制的土地和军事力量遍布日本，其中日本东部多一些，其他地方少一些。值得一提的是，他的封臣掌握的土地常常在其他庄园主如亲王、宫廷贵族和强大的住持的领地内①，还有的位于国司辖区内，因为这些官员继续掌管着一些地区，即便他们不作为公务人员，至少也是作为权威或所有权的某种象征形式。在这些领地内，根据不同形势，将军行使的权力有所不同，从名义上的宗主权到完全有效的控制权。但是令人困惑的远不止这些，尽管我们为了简洁，宽泛地使用"庄园"和"所有权"这两个词，但是必须理解

---

① 这些领地的范围和保有期限大不相同。因此，东大寺单从朝廷获得的封地就有大约500块，约相当于遍布日本几乎所有令制国的8000户人家的所有田，这些人家的所有田在50块到250块之间；此外，根据998年的一份存目，当时东大寺在100多个不同地区拥有面积从几杆（一杆约等于5.5码）到几百英亩不等的或捐赠或受托的土地。据官方估计，早在850年东大寺就约有3万英亩稻田。在僧侣体系中，这个持有量并不过分，但就小块适宜耕种的土地而言，其持有量是巨大的。这些数据并不包括附属于东大寺的其他佛寺持有的相当的地产。

至于宫廷贵族的领地，我们可以以岛津（Shimadzu）的庄园为例，这是一个很好的但有些极端的例子。起初在1030年的时候这是一片闲置的土地，后经一位平氏官员开垦并将他委托给当时的藤原氏摄政，后来成为藤原氏的一个分支近卫（Konoe）氏的世袭免税领地。经过各种扩大，到12世纪末的时候，这片领地发展为一个巨大的庄园，横跨三个令制国，面积超过4万英亩，占这三个令制国可耕种面积的一半还多，它的各个组成部分几乎展示出每一种保有性质和每一个免税等级。

东大寺和岛津庄园，虽然就范围而言是极端的案例，却也是典型的案例。从镰仓幕府在1280年进行的一项地籍调查中我们可以得知，大隅（Ōsumi）国约9000英亩的可耕种土地中，只有750英亩是公有的、可征税的土地；常陆（Hitachi）国可耕种土地为12万英亩，公有土地为2.7万英亩；丹波（たんぱ）国可耕种土地为4800英亩，公有土地只有约609英亩；在最后这个令制国中，有近300英亩的土地是属于神道教神社的，有1000英亩是属于佛寺的，还有近3000英亩属于庄园的土地。

的是，日本的庄园和欧洲的封建庄园有几个根本的区别，日本少有对土地的直接所有权。被称为"庄园"的私人领地其实是由多个个体耕种的单元构成的，结构非常松散。这些单元的大小受惯有的农业方式的影响，这种农业方式要求把土地分成小块的修有堤坝的水稻田或者小块的山地梯田。这个农业体系中没有牧场，其基础是个体集约种植水稻，而不是共有的畜牧业。结果，正如日本历史所示，最强大、最稳固的所有权在耕农手中。然而，事实上，耕农只享有耕种土地的权利，从中得到的常常是少量的食物，因为他要满足很多对他的劳动的索求。附着在每一小块土地上的权利不仅繁多而且多样，它们被称为"职"（shiki），每个庄园有各种复杂的"职"。正是庄园的"职"及其衍生物让日本的封建机构有了独有的特征。

"职"应当准确理解为职务或功能，但是它后来被用来指一片土地的持有者的权利而不是义务；有时会被宽泛地用来指代收入，在后来封建社会的文件中指代土地本身。从对这些权利的粗略的升序划分中，我们可以得知耕种小块土地或多块土地的人的权利，管理作为庄园一部分的多块土地的管家的权利，庄园所有者的权利，最后是保护人的权利，保护人处于权利的顶端，他要凭借自己的高位确保庄园不被征税或侵犯。这些权利的渊源和性质各不相同。耕种者的权利源自早期的口分田制下对土地的使用权；源自对荒废土地的占有权，这些荒废土地或是先辈努力开垦所得，或是一些地方要人开垦所得。再有，耕种者的土地起初或许是其作为奴隶的先祖耕种的封地。不过，一般来讲，耕种者的权利不过是生活在这片土地上并予以耕种，在满足更高一级的权利要求后享用剩余的产出；不过他可能会享有某些特殊的权利，比如在灌溉、捕鱼、伐木或猎取野味等方面。庄园管家的权利各

/ 第十四章 封建制度的发展 /

异。在典型的案例中，亲王、贵族或宗教团体在获得或扩大位于偏远令制国的一处庄园后，他们无法亲自监管，所以会将监管之责委托给第三方，这个第三方的权利取决于其职责，而其职责又受诸如庄园面积、位置、免税性质等因素的影响。小庄园的管家可能只是一个小农，监管耕农并将约定的一部分产出上交给所有者。他也可能是一个土地所有者，从庄园所有者那里获得固定的酬劳或一定比例的庄园产出作为回报，他对庄园加以监管，并且如果他是地方要人的话，还要保护该庄园不受邻近土地所有者的侵犯。在一些地方，中央或地方政府要么强大，要么腐败，因此庄园的所有者将庄园委托给一些地方官员，这些地方官员获得酬金、予以管理并记录账目、将收入上缴给缺席的庄园主。反过来，一个大庄园主在本地的地位有时会赋予他指定的权利，让他能够成为地方或中央政府部门的文书或财务人员。所以，我们会看到这些公职被当作隶属于私有庄园的"职"，尽管乍一看令人诧异，但是我们需要记得在乡村地区熟知文字和账目的人才很少。①

随着范围和豁免权的扩大，庄园逐渐变成自治单元，庄园的管理工作包括监管、记账、维护所辖之地的稳定、保护所辖之民不受外来者的侵犯。因此，出现了看守人、治安官、巡视官、领班等职官，所有这些人都靠土地养活。有时候这些职官由地方政

---

① 此外，到 12 世纪末的时候，令制国的国司和地方的管理者通常已经无法再行使行政职能，一些非常有限的职能除外。他们现在只是世袭头衔的持有者，拥有或掌管世袭土地，位居他们之下的徒有其名的公职人员是小地主。地方管理者（即以前的郡司）阶层尤为如此，鉴于他们曾是地方执法官、征税者以及治安长官，他们获得任命是因为其地方影响力，他们逐渐发展为世袭的地主阶层并拥有熟练使用武器的侍从。他们或许是武士阶层形成过程中最重要的元素。

府的官员担任。这些都是"职",都靠庄园来维系。

我们会看到概括地描述为管家之"职"的权利有很多种。1214年一座大佛寺的庄园存目中提到了18个不同种类的庄园职官,不过其中一些职官只是头衔有别而已,一个150英亩的庄园有23名监管人员,共分11类,每类的"职"所管理的土地在最低的1英亩和最高的18英亩之间。这些土地的产出构成他们的收入,以本案为例,这些收入占庄园总收入的7/10。

按照升序,权利最高的是庄园的庇护人。权利的增加有几个途径。他有可能是从朝廷获得赠地的身居高位的要人,也有可能是开垦土地或者从他人手里夺得土地的地方权贵。但是在所有典型的事例中,庇护人都是土地所有者,有别于管理者和耕种者。他拥有主要的权利,但未必是最有价值的。在他从权利中获益之前,这块土地可能已经经过了多层委托,每一层都产生了一个或多个"职",当所有"职"的权益得到满足之后,留给他的不过是象征性的份额。此外,在动荡不安的年代,甚至他以及其他权利较低的土地所有者可能都会依靠大将军等其他强大庇护者的保护,所以可能会产生新的权利或利益。

"职"不仅数量多、种类多,而且为了酬劳可以再做细分,也可以凭遗嘱转让;此外,因为日本的长子继承制发展缓慢,所以所有者倾向于将"职"分给子女;所有者死后,"职"或者"职"的一部分可以传给其女儿,然后就变成了其女儿夫家的世袭权利。因此,随着家族的分流,这些权利不断分化、组合,权利的数量增多,复杂程度增加。

尽管这种围绕土地的权利和职责相互交织、错综复杂,但是也有一定的灵活性。从其中一方面来看,"职"看起来像是一种兑换媒介。它的流通性质及可以以主要作物来准确计算其价值的事实让它在一个货币经济遥不可及的时代在某种意义上有了货币的特征。此外，因为"职"可以细分、转让，在很多情况下可以远距离享有，所以所有权的有效变换可以在不破坏庄园生产平衡、不影响实际耕种者使用权的情况下进行。的确，这个体系独有的一个特征是权利是自下而上而非自上而下发展来的。典型的私家武士是与土地联系在一起的，耕农也同样和土地联系在一起，较低等级的武士与较高等级的耕农之间几乎没有区别。他的军事领主并未将领地切割出一部分作为对其服侍的回报，不过领主承认并保护他的既有权利，这是他身为家臣的酬劳。他的职位并非专门的军事职位，尽管他是领主的家臣，但是他往往还是对另一个人负责的佃户，甚至还是对作为主要领主的平民政府负责的佃户。

在利益攸关的紧要关头，源赖朝为了巩固自己的地位，必须寻找某种方式控制这些利益，让它们于自己有利的同时又不冒犯这些利益的所有者。他在镰仓设立幕府预示着行政体系变化的来临，在这一点上可与645年的大化改新相提并论。但是大化改新是基于一种理论并且是作为一个计划实施的，而源赖朝的举措则主要是经验主义的。他没有试图取代或者推翻现有的机制，而是辅以自己首创的机构，以在察觉到自我需求的时候满足它们。他在大江广元的辅佐下，在适宜的令制国任命军事管理者即总追捕使（sō-tsuibu-shi）或守护（shu-go）（即地方治安官），并且在众多私有或公有领地中指定名为"地头"（ji-tō，即庄园总管）的职官。

战场上的封建武士。头盔上有金色的羽冠,盔甲上有纹章,里衣是银布所制。源自镰仓时代的一幅绘卷

/ 第十四章 封建制度的发展 /

他的举措独有的特点是这些职位并非新的，但是身居其位的职官的职责却有了新的变化。他本人成为首席治安官（Constable-General）兼首席总管（Steward-General），因此位居所有治安官和总管之上，而且这些人都是他的近臣。他即兴设置了这些职位，意在扩大自己在无法直接掌控的地域的影响力。因为封建体制尚不健全，所以像这样的、无法直接掌控的地域非常辽阔。全国上下居住着在本地地位牢固且享有私权的武士，同时很多地区还残留着很多国家权力机构。当这些人的利益与他的利益对立的时候，他有必要予以调和或遏制。因此，守护与身居高位的总追捕使保持一致，共同主管各令制国的军务和警务，并且他们在各自所辖范围内的权力在所有直接隶属于源赖朝的封臣之上。他们的职责包括：为皇家近卫征兵；镇压反叛者；逮捕暴力犯罪者。但是在实践中，在镰仓幕府的纵容与鼓励下，他们还取得了其他很多特权。

在源赖朝的一位武将带着一千铁骑到京都去强调源赖朝的请求时，朝廷才极不情愿地授予他任命总管的权力。源赖朝给出设立这些职位的理由是：为了保护天皇不受叛乱者的搅扰、维持各令制国的秩序，总追捕使必须有任他调遣的有效率的军队，因此要在各地区设置总管，为军队征税。这种税被称为"兵粮米"（hyōrō-mai），税额固定为每畈地 5 升米，相当于总收成的 1/50。"兵粮米"的征收对象不是耕种者而是领主。鉴于征税所得会用于大众利益，所以所有耕作土地不论私有或公有都是纳税土地。这是革命性的一步，因为它意味着日本从此不存在完全免税的庄园。那些没有与源氏结盟的庄园所有者惊慌失措。宫廷贵族一想到他们宝贵的税收豁免权会被总管破坏就非常恐慌。他们的领地因治安官的侵扰而受到威胁，1186 年早期发生了一次地震，都城把这次地震当作镰仓幕府即将吞并他们土地的征兆。至少在起初的时候，源赖朝注意到了这种反对，所以他在一些地区没有任命总管或者取消了任命。不过这个体系虽然因时因地有所调整，但整体上还是被广泛推行。治安官和总管走马上任，履行职责。

　　日本系统的封建制度取代官僚体制经历了很长的一个过程，而这些职位的设立就是第一个阶段。这个过程之所以很长，是因为虽然旧的官僚机构已然腐朽，但是新的体制还很虚弱，需要经过内战的考验和训练才能成熟起来。公共权威被削弱，个人权力增加，总体上和民间力量或军事力量一样强大，并且一旦发生公开的冲突，这些个人会从继而发生的混乱之中脱颖而出，成为拥有最高权力的人。源赖朝手下博学多识的顾问意识到他必须谨慎行事，并且他们所奉行的政策不能直接损害反对者的利益，而是要通过增加自身利益以相对地削弱他人的利益。总管权力的逐渐增加描绘了这一过程，我们可以将这一过程描述为使用楔子而非斧子的过程。他们向其辖下的庄园征税或征收其他费用，（在按照一个不断上升的比例扣掉属于自己的收入）后将所征收的税费上交地方官员或（那些享受税费豁免的）庄园的所有者。在这些方面，他们取代了中央政府官员，同时作为回馈，他们有义务为幕府提供军事服务。这种提供军事服务的能力让他们成为源氏的助力、其他利益方的威胁。每一位总管都可以指挥一定数量的武士、本家族成员或者本地侍从，这样一来在每一个有总管驻扎的庄园，源氏都有一支忠诚的驻防军队。总管征税的权力加上军事实力让他在所在地区处于支配地位；这一支配地位是如此居高临下，事实上后来一些身处离镰仓较远的地方的总管也获得了丰富的土地和人力，他们自身变成了军事独裁者的劲敌。随着时间

/ 第十四章　封建制度的发展　/

的推移，总管在地方的影响力扩大，继而被赋予更多职责。名为《吾妻镜》[*Adzuma Kagami*，又名《东鉴》(*The Mirror of the East*)]的编年史及其他记载表明，到1200年的时候，他们收到指示或自愿决定开垦荒地、监管道路和驿站、逮捕犯罪者、裁决诉讼。那些有从事海岸贸易港口的庄园的总管或许还和中国和朝鲜有往来。他们活动范围的扩大侵蚀了中央政府的权威，削弱了那些并非源氏封臣的大土地所有者的影响力。总管的权力在有些情况下会和治安官的权力冲突，所以一般两个本应互补的职位之间会有竞争。这两种职位后来都演化为可以细分、可以转让的"职"。它们因此有了世袭的特性，但是因为总管的权力明确且有地方性，所以要比治安官更加宽泛且不那么明确的权力更容易细分。继承总管权力的甚至可以是女人。因为这些以及其他原因，长期来看，治安官要胜过总管，在接下来的几个世纪里治安官逐渐发展为大的封建贵族，而总管则变成较小的地方贵族、普通的土地所有者和小乡绅。也有一些例外，那就是总管的影响力与治安官相当，因为尽管总管管理的土地只有十几英亩，但是也有少数总管的辖区像令制国一样辽阔。所以地籍调查中记载的丹波和丹后面积在50英亩到500英亩之间的庄园共1200个，而萨摩、大隅、日向都有面积在1000英亩以上的庄园，也有掌管多个面积如此广大的庄园的总管。既如此，我们从登记册中摘录一段如下。1197年，仅萨摩国总管（地头）右卫门兵卫尉（Uemon Hyōe no Jō）就掌管着18个庄园，总面积为4300英亩，大片土地划分如下：

　　公有领地——理论上属于国家的土地，但是承载了过多的"职"，实际上相当于私有庄园。

征用领地——曾经属于平氏或源氏其他对手的领地。

佛寺、神社领地——右卫门尉代宗教机构主管的土地。

名田（myōden）——一般指带有一些原耕种者名讳的、委托给庄园管理后被其吞并的土地。

兵卫尉是忠久（Tadahisa）的宫廷头衔，忠久是萨摩国有名的贵族岛津氏的先祖。在随后的封建时期，岛津氏对最强大的将军构成威胁。他不仅是这个大庄园的总管，还是一位家臣，他替这个庄园的庇护者——一位藤原氏的贵族代为管理。他还是一位押领使（ōryōshi，英文为Police Commissioner），同时也是岛津庄园所在的三个令制国的治安官。忠久作为押领使听命于九州的总押领使，但是作为三个令制国的治安官，他可以凌驾于总押领使之上，阻止总押领使的部下进犯他的庄园。这显示了那个时代混乱的机制。他的宫廷位阶赋予他名义上的对近卫的指挥权，但是没有镰仓幕府的许可，即便有天皇的诏令他也无法亲临朝中。各地的局势虽然程度有别，但性质无异，都很反常。不过我们无须停下来予以探究，因为我们已经有足够多的了解，这些了解表明围绕土地、军事服务和纳税义务的权利和职责体系是如此复杂，只有不断地予以调整才能保持微妙的平衡。这是幕府的职能。13世纪镰仓幕府建立了完整的行政机构和司法体制，前者制定并执行政策，后者裁决纠纷。我们无须细细予以描述，不过要注意到这个体系与被它替换的官僚体制形成强烈对比。大化改新的改革者试图让现实适应他们的规划，而源赖朝的顾问则让他们的规划适应现实。所以，镰仓的中央管理机构尽管在很多方面变化不定，但是依旧有效运转了好几代人的时间。当时镰仓幕府主要有三大重要机构：军事机构、行政机构和司法机构。

其中，第一个机构侍所（Samurai-dokoro）是一种惩戒性的裁决机构，除了追捕犯罪者外，它还处理武士阶层的事务。它决定升降、奖惩，分配军事任务，一般还会监管源氏家臣的行为。它所做的决定促进了武士阶层道德准则的形成，其决定也体现在这些准则之中。政所（Man-dokoro）是一个行政机关，由一位别当和几位顾问组成，其中有像我们在前文中提到的大江氏那样的世代从政的有能之士。问注所（Monchū-jo）是一个司法机构、诉讼法庭，对那些总管、治安官或将军代表无法处理的地方诉讼做出最终裁决。鉴于庄园制带来的多种多样的权利和义务以及混乱的管辖权，日本自然会出现这种机构。

这三个机构与幕府的其他大多数机构一样，并非源赖朝专门新设的，而是现存机构的延伸。侍所模仿了藤原氏摄政为控制其军事上的拥护者而建立的一个类似机构；政所复制了摄政和其他大领主为管理各自领地而设立的机构的名称和性质；而问注所在本质上与检非违使后来的司法发展类似，也与私家庄园法庭的性质类似，私家庄园法庭负责裁决享受豁免的庄园内部税收权和土地所有权纠纷。因此，这三个机构起初并非官方机构，它们成为公共机构是因为源氏权益涉及范围广泛。这些机构的重要性在 13 世纪先升后降，其他偶然出现的机构超越了它们。但是这三个机构基本上得以保留下来，随着它们的发展和影响力的扩大，君主的中央集权逐渐被镰仓幕府的封建权威取代。中央和地方的执行权分别掌握在治安官和总管手中，官僚政体只剩下部分残留。

镰仓幕府的一个突出特征或许是最高法庭迅速、公正的司法，这在早年间尤为突出。毫无疑问，源赖朝意识到家臣之间普遍存在的不满于他不利，所以他急于让他们学会依赖自己的公正,但这并不是他唯一的动机。武士阶层在经历了内战的进退之后,产生了一种强烈的共同责任感,这一点体现在他们的族法当中;镰仓幕府的法典本质上是大规模适用的族法,其内容涉及众家臣的权利、对彼此的义务以及对其大领主的义务。所以我们在研究幕府法庭的裁决时会发现,幕府法庭很少会为了大领主的利益而牺牲其家臣即诉讼当事人的合理诉求。它们严肃、实事求是,受阶层情感的影响,尽管其理念既狭隘又片面,但是在很多方面它们开明得令人诧异。它们仔细查验证据,谨慎地遵循并记录判例,它们极其重视书面证据。在这个以剑为主的文化中,笔的重要地位引人关注。在司法程序中,口头辩论只占一小部分。诉讼人递交书面诉状,围绕地产和服务达成的协议常常通过起草的特许状、契据、协定来体现。象征性的效忠仪式和授权仪式很少见,取而代之的是书面宣誓和授权。做好一个大庄园的记录和账目需要有相当高的读写能力,所以庄园的发展促进了学问在各令制国的传播。很多封建贵族几乎没什么学问,但是他们的府邸住着很多能写善记的有学问的人。现存的一些封建文档可追溯至13世纪,这些文档中的精美书法可以证明这一点。①

日本早期封建司法的这些特点无疑是受到了从中国借用来的法典的很多影响。这些法典在使用了500年之后已经发生彻底的变化并且失去了影响力,但是它遗留下对书面授权证明的尊重和对专门人才的依赖,从在奈良的大学讲学的明法博士(myōhō-

---

① 因此,当北条泰时(Hōjō Yasutoki)在1221年打败天皇家军队之后,接到了一封由信使带来的天皇的投降信,据《吾妻镜》记载,他当时说:"有谁能读天皇的来信?"他身边当时共有5000人,其中一位将领进前来,说武藏藤田(Musashi Fujita)是一位大学者。藤田受命读信。这也不能怪众位将领,因为天皇室公文所用的是一种差不多只有内行才会懂的语言,非常难以理解。

/ 第十四章 封建制度的发展 /

hakase）到大江、三善①（Miyoshi）、中原②（Nakahara）等有时与源赖朝本人或其身居至高位的代理人同坐的博学多识的顾问，好几代官方学者小心地维系着这个传统。

一位担任旗手（hatasashi or Bannerman）的封建武士，
取自镰仓时代的一幅绘卷

---

① 这里指的是三善康信（Miyoshi Yasunobu）。
② 这里指的是中原亲能（Nakahana Chikayoshi）。

豪族的族法极大地影响了日本制度的发展，通过对这些族法进行研究，我们可以看到这样一个有趣的事实，即日本的封建制度逐渐发展出的一些突出特征可以追溯到早期的家长制，而另一些特征则显示出中国政治理论的影响。我们已经看到，尽管日本人做出种种改变社会结构的努力，但是氏族情感一再彰显，并通过一个又一个强大的氏族的崛起表现出来，这些氏族崛起时常常会作为独立自主的单元。即便是日本改良的外来法典也允许高位贵族享受相当程度的独立，供养家族内由公职人员、护卫、仆人组成的一般的等级体系。随着土地的增加，他们对居住在其庄园内的人员及其地产享有近乎完全的支配权，包括惩治的权力。

一些土地占有形式甚至还赋予了占有者不让公职人员进入的自由。随着这些自治单元的扩大，每一个单元都发展出了习惯法以管理其成员之间的关系。这些习惯法约定了氏族成员的义务、婚嫁事宜、继承权和祖传的仪式，总之它们构成并保留了一个家族的行为传统。武士家族的族法就是在这种习惯法的影响下产生的。举例来讲，那些约束源氏武士对其氏族首领行为的法典和藤原氏及其依赖者所遵循的行为指南属于同一类。所以，我们可以说，起初日本领主和家臣之间的封建关系受到封建时期之前甚至史前时期的家长制的影响。那些使武士阶层处于显要地位的战争自然会强调将领与属下之间的关系的军事层面。不过在幕府建立之后，很长一段时间内领主和家臣之间的关系更多地带有某种家族忠诚的性质，而不是契约责任的性质。随着源氏权力的扩大，他们获得了本氏族以外的他人的支持，当然他们得为新的家臣提供一些物质回报。不过就连源赖朝先前的对手都受邀成为其"家人"，并借此和他建立了一种近似于亲属关系的联系。

尽管我们不能愚蠢地认为封建政体的存续靠的是抽象的忠

诚而不是具体利益,但是在理想情况下我们可以说忠诚是排在前面的。理论上家臣服侍侍主只是因为他是自己的侍主,他并没有要求得到庇护或奖赏,尽管在理性上他是希望得到的。因此,身为源氏忠臣的佐佐木定纲(Sasaki Sadatsuna)及其先祖曾为源氏英勇征战、受苦受难,他在给儿子的训示中如是说:"武士的职责是像僧侣一样遵规守诫,是通过保护主君来保护国家。不管他只有一丁点儿的土地还是掌管着上千英亩的土地,他的忠诚都是一样的。他不能把生命看成是自己的,而要把它献给侍主。"一位侍主可能会偏爱一个并未给他什么辅助的家臣,也可能会拒绝赐封一个曾经辅助他的家臣,因为个人关系存在的基础是彼此之间的依赖与信任,与奖赏无关。这种关于家臣职责的观念是道德观念,而不是实践观念,这种观念自然是封建氏族首领所提倡的,他们从儒家教义中找到了一个非常便宜的、能增加自己利益的依据。的确,从源起和发展来看,中国的教义是用来巩固稳定的官僚秩序的,尽管一般来讲它强调的是忠诚的重要性,但是它主要考虑的还有诸如孝顺、服从等公民道德。在一个好战的社会,这种道德准则很容易就被化归为一种突出武士对将领的忠诚的美德。我们会发现源赖朝的祖父源为义(Minamoto no Tameyoshi)在被召进宫廷面见一位归隐的天皇时说:"我来是因为族长让我来,否则即便有诏令我也不会来宫廷,因为源氏不会侍奉两个主人。"武士不仅只侍奉一位主人,而且他对主人的忠诚超越了他对其他所有人的忠诚。他与其他人的关系是短暂易逝的,但他对侍主的服侍在过去、现在、未来始终存在。当时有一种说法:父子一代、夫妻两代、君臣三代。在典型的日本悲剧中,情感表达主要是通过对上级的职责与自然情感之间的冲突来体现。一位母亲将自己的孩子献上,作为氏族首领孩子的替代品，受她欺瞒的敌人在她眼前将她的孩子杀死的时候，她不露声色。一位儿子会为了将领的利益牺牲自己的父母。一位丈夫会把他的妻子卖为妓女以获得钱财，维护自己作为武士的荣誉。

　　这就是武士阶层的道德准则，早期的作品称之为"弓马道"而不是"武士道"（武士道是近来流行的一个词）。"弓马道"这个术语与我们的"骑士精神"类似。① 不过这种相似性主要是语言学上的。欧洲骑士的道德准则是在宗教热情的氛围中发展起来的，以对弱者的责任为核心，具体表现为对女性的敬重崇拜。日本的封建武士尽管可能会崇拜战神，会虔诚地向佛祖祈祷，但他不会被那种宗教热情鼓舞。他不会带着圣物上战场，也不会打着大使或圣徒的名号，他会大声喊出自己的名字和出身。一位平氏武士在一次大规模的海战中登上一艘敌船并宣称："我是大街小巷连孩童都知晓的平家的盟友，藤原忠清②的次子，下总国（Shimōsa）恶七兵卫景清（Akushichihyōe Kagekiyo）。"甚至连《船弁庆》（Benkei-in-the-Boat）这部能剧中的一个鬼魂都报上了先祖的名号，他是这么说的："我是桓武天皇的第九代子孙，平知盛（Taira no Tomomori）的一个鬼魂。"在充满密谋与仪式的宫廷生活中，女性有着强大的影响力，而且封建庄园的实际管理和女性有很大的关系。但是，日本中世纪传奇故事中的武士不会到野外骑游、拯救受困的少女，他一定会为那种试图赢得一些淑女偏爱的想法而深感震惊。尽管这个时期日本有很多关于高

---

① "武士道"这个术语直到17世纪才得到使用，并有了特殊的含义。在这之前，日本有多个一般用来描述武士的荣誉规范的术语。

② 此处原文是Etchū Zenshi，结合上下文及史实，恶七兵卫景清即藤原景清的父亲应为"藤原忠清"，译文写作"藤原忠清"。——译者注

尚女性的或悲戚或英勇的故事，但是她们的形象不是让人心生敬意、振奋人心的高贵美人，而是忠诚的服侍者和伴侣。

不过欧洲和日本的道德规范都促进了一个特殊阶层的利益，都有严重的缺陷。日本人的道德理想以自己的方式，在有限的范围内促进了强调责任和献身的优良传统的形成。当然，行为与理想是有差距的，甚至在封建时代早期，当军事抱负刚刚出现、规范还没有饱经岁月和贪欲的磨砺的时候，就已经出现了很多令人厌恶的背叛的事例。源赖朝是忠诚之梁的支柱，也曾有过残忍、怯懦的行为。在本阶层的习惯法没有明令禁止的情况下，一个不遗余力地兑现自己誓言的武士也会犯下最卑劣的、最违反常理的罪行。尽管如此，规范依旧促成了一种对抗道德困境和物质困境的力量、一种高度的责任感，这对国家是非常有价值的。

有趣的是，尽管这些道德规范的基础是这些而非宗教信仰，但是我们不能以为武士阶层的思想和行为完全没有受到宗教的影响。禅宗——或许是日本佛教最引人注目的发展——以冥想为主的教法的传播就是始于这个时期。整个封建时代，领主及其家臣频频设立宗教机构，并且大多数庄园内有领主捐助的佛寺和神社，人们在这些佛寺和神社里供奉保护神祇或代死者举行仪式。一位武士在不再征战的时候会剃发并皈依佛门，取个法号，但这通常并不一定说明他们弃绝了俗世和俗物。人们会祈求诸神惩罚违背誓言和违背法律契约的行为。在危机时候，人们会祈求所有的佛教和神道教神祇，祈求在战争中有力量、能胜利。有时候人们会把一位伟大的武士神化，并供奉在由其后代建造的神社中。一般来说，武士阶层慷慨捐助宗教建筑和宗教仪式，不过——如果要在他们的信条和欧洲骑士精神之间做一区分的话——他们所珍视的并不是宗教理想，宗教不是他们行为的主要动机而是附属动机。我们无法推断这种差别是源自内心深处的种族本能还是外界环境。但是我们需要铭记的是，中世纪保护欧洲不被异教徒侵犯的职责落在了骑士的肩上，封建制度作为基督教辖区的捍卫者为基督教会而战。日本没有出现这样可以证实封建、宗教利益的境况。佛教传遍了整个远东地区，甚至在忽必烈可汗（khubilai khan）入侵日本的时候，蒙古帝国也受到了佛教的影响，所以日本没有像隐士彼得（Peter the Hermit）那样的人唤醒源氏家臣，大声疾呼信仰危机临近。

　　前文关于封建时代早期的描述，主要由源自编年史和登记册的乏味无趣的内容构成，描绘的是一幅了无生气的画面。为了真实有趣，我们最好从当时的传奇故事中选取色彩加以填充，使其富有生机。这幅画的背景中应当有稻田，有弯腰耕种田地的耕农；在半山腰的平台上，有令人心旷神怡的树林，林子里光线昏暗的佛寺中有僧侣跪在阿弥陀佛的佛像前念咒诵经；不远处有坐落着茅草房舍的村落，其中一些并不比其他房舍宏伟的是庄园管家及其下属的居所。这幅画的前景中有几辆满载的板车经过，有的靠牛拉，有的靠身着腰布的人竭尽全力地拉；有带着公文从国司府邸赶来的信使；有四处奔走为奈良东大寺寻求施舍或捐助的僧侣；有骑在马背上衣着光鲜，刚刚去狩猎或骑射的一队武士：这是和平时期的图景。而我们可以从《平家物语》中了解战争的色彩与内容。《平家物语》可追溯到13世纪上半叶，以充满智慧的语言描述了军队的功绩以及武士和亲王的生死。写这些故事的僧侣把不同派别之间的争斗史描绘成见证了人类所珍视的一切事物消失的历史，描绘成一幅盛大图景。这个图景揭示了顺序发展的不可避免的事件，揭示了佛教教法的因果关系链。所以，这部伟大的军事传奇的开头是这样的：佛寺的钟声诉说着世事的无常；繁花的色彩验证了盛极必衰的真理；骄傲如春夜里的梦一样转瞬即逝；不久之后，强大的必将倒下，像尘土一样被风吹去。不过，尽管这种哲学强烈地影响着那个时代日本人对生命的看法，但是总是有可供快乐闯入的空间；这些传奇故事向我们展示的，除了愁思和妥协之外，还有征战的快乐、扎营的乐趣、身着华丽衣饰的骄傲、醉人的自夸以及一如既往的对美的敏锐感知。

木曾义仲（Kiso no Yoshinaka）曾是源氏的一员，也是反抗源氏的叛逆者，走到了尽头。"去年他有5万人马，而现在沿河而行的他只有6位追随者。凄凉！再想到他在两个世界之间的黑暗之地游走，愈发凄凉。"他遇到家臣今井（Imai）和少许人马，他们聚集了一支300人的小部队，去迎战一支6000人的敌军。义仲说了一句"势均力敌"，便骑马冲进战场。"那天我的主人上穿红底的锦缎内里，下着用中国丝绸做的裤子，手持装饰华丽的长剑，穿戴着两肩翘起的金制盔甲，头盔紧紧地贴着。他脚踩马镫，马高高翘起前蹄，他大声喊道：'我是武士木曾，你们常常听到我的名字，现在你们得以见我本人了。这就是我，擅长驭马之人，伊予国的领主，旭日将军（General of the Rising Sun），源义仲。①来呀，有本事砍下我的脑袋给源赖朝。"当然，这是一场孤注一掷的战斗。义仲的姜室——美丽的巴御前（Tomoe Gozen）参加战斗并取了一个人的性命。不久之后这一小队人马就被消灭，今井劝源义仲逃走。他骑马离去，"黑夜将至，万物都披上了一层薄冰，所以他看不清哪里是低洼的稻田，很快他的马深陷稻田，脖子以下都被埋在淤泥之中，他用马鞭鞭打、用马刺踢打，都没能驱动马儿。即便身陷困境，他还在担心

---

① 与木曾义仲为同一人。源义仲因在木曾村成长，故又称木曾义仲。——译者注

今井，还回头看他遭遇了什么，这时相模一位名叫三浦石田次郎为久（Miura no Ishida-no-Jirō）的人骑马上前，用箭射穿了他的头盔。他被击中，身体向前倒在了驮马的鬃毛处。这时石田的两个手下扑了上来，砍下他的头。石田用剑叉起他的头高高举起，大声宣告：'全地闻名的恶魔木曾义仲已为我——三浦石田次郎为久所杀。'今井这时还在打斗，听闻此言，他说：'今后在战场上我还能追随谁呢？看啊，东方国家的人，看看日本最骁勇的武士是怎样结束自己生命的吧！'接着他把剑插进自己嘴里，坐在马上，头猛地向前，被剑刺穿而亡。"

上述故事很好地描述了那个时代的战斗精神，那种忠于职守的观念令一位武士追随侍主直至死地。自杀的传统无疑源自那个时期，武士宁愿自取灭亡也不愿被残忍的敌人俘虏或被折磨致残，后者凭取下的可供展示的头颅的数量获得赏赐。但是教导武士死亡胜过受辱的武士准则促进了这种传统。另一个故事能够帮助我们联想到那个时代的氛围，因为故事虽然是传说而非史实，但是都有一个事实作为基础，即便有些夸张，但依旧保留有事实的色彩。故事非常受欢迎，以至于在描述一个时代的习俗之时，也塑造了下一个时代的理想。源义经的故事虽说是老生常谈，但或许是对封建时代早期军旅生活最简明扼要的描述。源义经是日本历史上生涯最具传奇色彩的人物之一。他是源赖朝最小的弟弟，在平氏打败源氏之后，平氏放过了还是小孩子的他，并把他送到佛寺，为成为僧人做准备。但是更喜欢军事冒险的他逃走了。他四处漂泊，总是处于危险的境地，直至得到北方一位友善的贵族的庇护。在两大氏族最后的争战中，他为源赖朝打赢了一场又一场战斗，正是他的指挥才能和勇气让源氏于1185年赢得了推翻平氏的最终胜利。描述他勇猛的故事数不胜数，他在武士中、在宫廷中都非常有名,他们把他看作骑士的典范——精瘦、英俊、才华横溢、英勇。他剑术高超,还是一个孩子的时候就在京都的五条(Gojō)大桥打败了伏击他的身强力壮的僧兵。在传奇故事中,这位名叫弁庆(Benkei)的僧兵后来成为他的同伴和忠诚的亲随。他们俩和源义经的爱妾、忠贞的歌舞伎静御前(Shidzuka Gozen)是经常出现在很多舞台剧中的英雄人物,一些能剧也会描述他们生命中的一些事件。但是源义经的成功只是让他招致了哥哥的嫉妒,后者定居镰仓,这时已经做好了为实现自己的野心而牺牲朋友和亲人的准备,当时他想着这么做不会有什么威胁。事实上,他以惩戒这个叛逆者的需要为名,从宫廷那里获得了特殊的权力,这个我们前文提到过。刚刚打完胜仗的源义经回到镰仓,但是源赖朝不愿见他,尽管他在不到一英里以外的村庄里住了三个星期。最后他给无情的哥哥写了如下一封信:"我为你的不悦徒然地流下血红的泪水……我在这里住了许多天,一直没能见你面。我们之间的血肉亲情被割裂……我出生后不久,受人敬爱的父王就离世了,母亲把我紧紧抱在怀里,带我去了大和,从那天起我始终处于忧虑或危险之中。为了度过这无益的一生,我们在都城四处漂泊,受苦受难,在各种简陋的地方东躲西藏,最后定居在偏僻、遥远的令制国,受到那里粗暴百姓的欺侮。不过最后我被叫来协助推翻平氏家族,在这场战斗中我打败了木曾义仲。然后,为了能彻底族灭平氏,我骑马进入令人蹙眉的险境,面对敌人,不惧死亡。我勇敢地面对危险的风浪,从不顾虑我的身体会坠入海底或被深入的猛兽吞噬。我以马具为枕,靠武器为生……"

源义经与弁庆在五条桥上相遇,源自剧场海报

/ 第十四章 封建制度的发展 /

最后他离开镰仓，启程前往都城。在那里他筹集兵力反抗他的哥哥，由此我们可以判断他的忠诚达到了极限。他失败了，源赖朝仔细搜寻他的踪迹，发现他藏在了深山里。最后，在静御前和弁庆的陪伴下，他们一行人北上，伪装成重建东大寺筹集资金的化缘僧团。位于奈良的东大寺及其青铜大佛在内战中被毁。这时，源赖朝手下的细作正在搜寻他们，护卫把守在所有山口盘查旅行者。靠着万无一失的策略，他们通过了设在安宅（Ataka）的关卡。护卫描绘出了源义经精致的五官和挺拔的身姿，当时弁庆为避免引起疑心，假装很生他的气，斥责他是一个懒惰的小工，痛打他和他的随从。这是一个令人窒息的紧张时刻，但是护卫怎么也不会相信一个侍从会对深受尊重的侍主动手。然后"守关卡的护卫让他们离开，他们感觉自己像踩了老虎尾巴但毫发无伤或躲过了毒蛇的毒牙一样，挺起胸膛，大声说了'告辞'之后，便前去陆奥"。在那里，在源义经幼年时庇护过他的氏族首领为他们提供了一个避难所；但是很快这位年长的人就去世了，而他的儿子惧怕源赖朝的权势。所以，在第二年即1189年他背叛了父亲的客人，源义经在自己小小的要塞里遭到了大批人马的攻击。他没有投降，在杀死自己的妻子和家人之后，他自杀了。他的生命尽管充实，却只延续了30年。

目前我们无从得知当时源义经及其他同时期的封建领主分别指挥多少军队。东方历史学家不是很关注算术，他们的符号体系也会出错。不过，在其他方面真实可信的编年史中提到50支军队，10万人。据说，在源赖朝最后一次征战（1189年）中，为了征服使日本北方处于动荡不安之中的好战的藤原氏，三股力量聚集在陆奥，会合点的人数超过28万人。不过，大规模的激战似乎并不常见，战争的主要内容不是大批人马的对抗，而是小队人马的冲突、突袭、小规模战斗以及各种人与人的对峙，在这样的战争中，一对一的战斗虽不是主要内容，却是令人印象深刻的内容。

第十五章　北条执权

1199 年，源赖朝去世。他的两个儿子先后成为镰仓幕府名义上的执掌者，但是他们都不像他们的父亲那样强大，所以权力旁落。他们的母亲政子（Masa-ko）是一位性格坚强的女子，在她还是女孩的时候就果敢地在自己婚礼当天跟源赖朝私奔，她随后的生涯也与这个"潇洒"的序曲相呼应。她是定居在日本东部的平氏家族的一位首领北条时政（Hōjō Tokimasa）的女儿，肯定也是一个多才多艺的人，因为她在很早的时候就察觉到了源赖朝的聪慧并将自己的命运与源氏系在一起，共同对付自己的氏族。镰仓幕府成立的时候，在源赖朝身后出谋划策的是北条时政，与来自京都的学者一起讨论管理细节的也是北条时政。源赖朝死后，镰仓幕府设立了一个摄政谏言机构，而主掌该机构的则是北条时政。摄政谏言机构的成员争吵不休。不久后，当源赖朝的次子继任将军的时候，时政就变成了唯一一位执权。从那开始，在长达 100 多年的时间里，北条执权控制着历任将军，就像藤原氏的摄政控制着历任天皇一样。因此，在 13 世纪，日本就出现了一个令人诧异的现象，国家中为首的是一个有名无实的天皇，其残存的权力被一位已退位的天皇篡夺，其真正的权力名义上被授予了一位世袭的军事独裁者，但实际上权力的行使者却是那位独裁者的世袭顾问。通过对这一说法进行具体说明和详细阐释，我们会发现这一现象不像表面看起来那样荒谬，但是它依旧引人关注。有人会认为这种多人统治的体系太过异常，不会持续太久；事实上，这个体系最终瓦解，因为那些眼看着权力从一个代理人手中传到另一个代理人手中的人开始认为这种代理过程或许可以有进一步的有利的下延，直到这个过程能给他们带来一份好处。但是执权统治组织有序，且执权都是有能力之人，所以第一波针对执权统治的外来攻击只不过激发了它的实力，使得镰仓幕府的地位比从前更加稳固。当时有几位不满的封建领主几次尝试推翻将军的统治，有时候他们还会和京都的宫廷集团合作，毕竟京都总是有一波人时刻准备密谋攻击镰仓幕府。1221年，后鸟羽天皇——一位尤其有能力、有学问的人——凭着耐心和巧妙的准备聚集了相当多的追随者。他也有一些训练有素的军队。他还精明地设法征募畿内大的佛寺，让它们站在自己这边，而它们并不是微不足道的助力，因为佛寺富有且好战，而且僧兵无疑是历经实战的兵士，因为他们一生都在征战突袭。他散布消息，呼吁大家支持镇压北条执权，他宣称北条是叛乱分子，是法外之徒。他差一点就成功了，但是聚居东部的人行动太过迅速。执权动员了一支力量，从镰仓出发，不到一个月的时间里就控制了都城。天皇和上皇以及皇室的其他几位成员被放逐到偏远的岛屿，而亲王、宫廷贵族以及其他为首的造反者有的被当场斩杀，有的被放逐，有的被收押。被放逐的人中大多数在半路被处死。天皇的密谋实际上变成了一件于镰仓幕府有益的事情。这让他们有机会清理一群心生不满的危险分子，更为要紧的是，让他们有了占有原属于京都富裕家族的大片领地的借口。军队领导者亟须增加土地，因为氏族之间的争斗催生了一个大的武士阶层，他们既不愿意也不适合在自己的庄园里劳作。他们基本上没什么生产力，但是人数众多；在已经逝去的那一代人中，他们的人数自1185年就开始增长，现在已经增长到没有足够的土地予以分配的地步。当时日本的经济形势糟糕透顶，将军的很多家臣生活困苦，他们可以这样对自己说："如果我们造反，处境也不会更差，或许还会更好。"对任何一个社会而言，这种形势都是

/ 第十五章 北条执权 /

危险的，这里更加危险，因为大多数不满的氏族都是乐于以打仗为业的。摄政的顾问们清楚地看到了这些危险，所以他们大方地将没收的庄园分给那些他们希望安抚或奖赏的追随者。在1221年叛乱之前，他们已经尽量不在那些归属于朝廷的近半数令制国的庄园设置总管，至少不再对它们征收兵役税。据说这些被没收的庄园超过3000个，它们为将军忍饥挨饿的家臣提供了丰富的意外收获。土地并未完全被转让给他们，但是他们被任命为总管即地头，他们的食俸也比到此时为止的食俸多得多。在新任命的一批总管管理的土地中，每11英亩中就有1英亩是属于自己的，而且他们可以对剩下的10英亩征税。天皇在1223年颁发诏令批准了这一方案，当然是在胁迫之下。从那个时候开始，尽管镰仓幕府慷慨地对待天皇和某些贵族氏族，但是宫廷贵族甚至皇室的整体财产和实力严重缩水，而且在日本受京都影响较大的地方，军事统治者的诸家臣很难不忠于赐予他们如此有利可图的职位的侍主。在关于1221年叛乱的一份历史记载中，一则轶事有趣地阐明了总管的价值。已经退隐的后鸟羽天皇在去熊野（Kumano）神社朝拜的路上遇到了与14岁和15岁的儿子一起游历的侍（samurai）——仁科（Nishina）。天皇见他的两个儿子容貌俊美，便把他们招至麾下，仁科出于感恩也来到宫廷。当这件事传到幕府的时候，幕府没收了仁科名下的两座庄园，因为幕府的家臣在没有得到允许的情况下和宫廷往来是违法的。这期间，上皇赐予了他爱妾——名叫龟菊（kamegiku）的歌舞伎，两座位于摄津（Settsu）国的庄园，但是龟菊抱怨说镰仓幕府指派的总管欺瞒她。因此，天皇命令执权立即将仁科的庄园归还于他并且罢免冒犯的总管。执权像往常和宫廷进行有力沟通的时候那样，带了一千人马出现在京都，并回复说先皇任命源赖朝为日本全地的总管，而源赖朝又将总管一职赐给了帮助他剿灭与天皇为敌之人的人，这些因为功绩获封的人是不可以被罢免的。这则轶事在说明了总管的机遇的同时，也表明了源氏是如何妥善照顾自己的家臣的。

身着户外衣饰的京都女子，源自一幅描写法然上人生平的镰仓时代的绘卷

写故事的人继续描述道，天皇因执权的回复而震怒，自那以

/ 第十五章　北条执权 /

后便开始筹谋推翻幕府。我们还可以说，如果天皇身边的人都是像维持镰仓幕府运转的人那样有才能且可靠，那他可能会成功。但是京都的生活不是那种能让优秀的、有组织能力的人占据首位的那种，而东日本的领导者都是从鼓励实际智慧的艰苦的环境中训练出来的，至于所需的学问，他们可以依靠从京都吸引来的学者。这时，将军在幕府中的地位比天皇在京都的地位还要低一些。当源氏继承中断的时候，一个从京都来的藤原氏的孩童被授予将军的头衔。从那个时候（1226年）开始，一百多年来将军都是傀儡，所以日本军事力量的最高指挥权和源氏的领导权名义上是由一位既非武士又非源氏成员的贵族行使，这个贵族要么是藤原氏的成员，要么（后来）是皇室亲王。反常之处并非只有这些，因为幕府的实际权力掌握在北条氏的历代执权手中，他们是平氏而非源氏的后代，但是我们要记得这种现象在日本人看来并没有那么奇怪，因为按照他们的习俗，收养能够创造一种与血缘关系性质不同的家庭联系，但是这种家庭联系的强烈程度不亚于血缘关系。

尽管北条执权在理论上是篡权者，但实际上，从那个时代的标准来看，他们是极其称职的管理者。第一位北条执权即时政在他的女儿、意志坚强的北条政子及其儿子北条义时（Hōjō Yoshitoki）逼迫下退位，北条义时继而成为执权。一直到1333年，北条氏连续有9位成员继任执权。我们只须概括地描述一下他们的统治就够了，无须提及个人。但是值得一提的是，这个家族的成员似乎都有一种显著的、遗传的能力，北条政子完完全全地继承了这一能力。在第二个儿子去世后，她皈依了佛教，但是这并没有阻止她参与公共事务，从那个时候开始她被称为"尼将军"（Ama Shōgun 或 Nun General）。在过完充实的一生后，她于1225年去世，时年七十有余。她的一生是一位女性脱颖而出的异乎寻常的一生，但是封建时代早期的日本绝不是没有类似的案例。那个时代，不论是在都城高雅的圈子里还是在更加严格的军事阶层中，女性都有强大的影响力，而且目前没有证据表明当时的女性像后来那样处于次要地位。

源赖朝肖像画（局部）

节取自《地狱草纸》

　　北条执权最值得称道的是他们延续了源赖朝的传统，实行极为严肃、整体上极为公正的司法。1232年，镰仓幕府的政所实施了名为《贞永式目》（*Jōei Shikimoku* 或 *Formulary of Jōei*）的法律，"贞永"为该法律编纂年间的年号，这是执权北条泰时和学者三善努力的成果。它不像《大宝律令》那样，是一个系统的法律体系，也不以任何综合的法律体系为基础，而是一个用来指导裁决者和决策者的准则与规则的集合，它体现了封建体系半个世纪以来的运转经验和结果。从这个方面来讲，它是典型的镰仓风格，实用、直接、基于现实且不受理论的束缚。泰时在写信给身在京都的部下时提到这部式目,并说道:"它没有严格仿效任何一部原作……而是根据公正原则的需要起草的。"事实上,它的有些内容确实得益于先前的法典,但是它所涉及方面与之相当不同,因为它的主要出发点是规范武士阶层的事务和行为。《贞永式目》里面有对诸如忠诚、孝顺等武士阶层道德准则的简单叙述,它既是道德守则又是一部法律汇编。从未有人尝试将它适用于封建领地以外的其他地方。那些并非镰仓家臣的地主、公职人员以及大的佛寺依旧遵守《大宝律令》中尚在使用的律令与业已出现的、杂乱地覆盖在《大宝律令》之上的法律、诏书和敕令,再不然就是他们在各自的领地实施的习惯法。不过,鉴于《大宝律令》是基于很久以前已经消失的环境,封建法典更适合他们的需要,所以《贞永式目》的适用范围逐渐扩及一些私有和公有领地,这不是因为幕府的要求,而是因为《贞永式目》的实用优势。不久之后,一个在事实与本质上是源氏族法的律法就成为日本的习惯法,尤其是在与土地使用权问题及由此引起的其他权利问题方面。在一个农业经济体中,这些问题都是基础性的问题。从它不太起眼的起始来看,《贞永式目》在后来能有如此广泛的影响力真是引人瞩目。泰时在把它发给家臣传阅时写道:"恐怕身在都城的人会嘲笑这部由无知的野蛮人汇编的法典。"

这部法典及其随后的增补条令自然是于封建权贵有益,于小佃户以及官员不那么有益。但是那些编纂这部法典的人,更重要的是那些执行这部法典的人看到,与一部不那么严苛的会被滥用、逃避的法典相比,一部得到公正执行的严苛的法典能产生更好的效果。耕农虽然承受重税,但是知道至少他们受法令保护,不会遭到未经批准的勒索,而且如果他们愿意的话,也可以卖掉持有的土地,迁徙到别处。不过我们不能说他们的处境令人愉快，因为奴役依旧存在，不论是作为一种制度还是作为一种实际状况。但是，镰仓的统治者值得称赞的一点是他们发现耕农是国家经济的基础，并且看到了公正公平对待耕农以及等级略高的其他人的重要性。围绕这个主题，可以写的还很多，但是我们这里只是指出在中世纪的日本，司法观念似乎还不是一种抽象的理念，这种抽象的理念一般由诉讼当事人的权利和法官的职责构成。司法被看作某种便宜的、由当权者赐予的恩惠，而不是义不容辞的职责。这种观点影响到后来封建时期所有的行政管理，以至于我们发现后来法律规定并没有得到普及，而在某种程度上被当作官方机密加以守护。

除了完善自身的司法方式外，镰仓幕府还仔细关注地方的行政管理，以便在其辖区内实施幕府集中制定的政策。巡视官员严格监督治安官和总管，发现任何不合常规的做法都要予以严惩。幕府密切关注地界、用水权和收成，并做出诚挚的努力，根据变化的收成调整税收。这是一个极为重要的考量，尤其因为稻米的产量会因降雨和光照而剧烈波动。出于这个原因，长期以来，稻米种植既是日本农业经济的劣势，又是其优势。稻米是主要的食物，也是标准的作物，其他谷物的种植规模较小。这是因为，直到近代，诸如肉、奶、蛋等食物的供给仍然不足，在收成不好的时候没有办法作为稻米的补充，所以饥荒频发。饥荒的危险早在奈良时代就被发现，当时官方机构不止一次地尝试让耕农种植备用谷物，以便在环境于稻米不利的时候能维持生存。但是他们并未成功，因为他们没能将诏令付诸实施；而且，数个世纪以来，日本的耕民一直习惯于水稻种植文化，因为在正常的时节种植水稻能够有更好的收成，人们也更喜欢食用稻米。在这种形势下，在修有堤坝、需要精心灌溉的小块稻田里，地界和供水对耕种者至关重要，也会激起他们的盛怒。因此，武士阶层制定的保护耕农不受个人欺压的政策展现出那个时期并不常见的智慧。在这个方面，他们要胜过早前的统治者，他们自诩是和善的家长，他们也胜过后来的封建专制君主，他们只追求绝对的效能。

京都贵族的随侍（可能是饲养和训练猎鹰的人），
取自1270年前后的一幅绘卷

镰仓幕府的另一个突出特征是简朴与节制。优雅、阴柔的奢靡生活，社会竞争以及耗费巨大的居所、衣饰，宴饮上的大笔花销毁掉了京都一个又一个自豪的家族。源赖朝及其继任者之所以远离文化都城并在官阶和官职上对自己的家臣予以严格约束，部分是因为此。都城优雅的社会有一种魅力，这种魅力吸引着那些被贵族鄙夷地视作"东方蛮夷"的简朴的武士。源赖朝一定了解自己的下属，并担心那种对头衔的尊崇、那种日本人与英国人似乎共有的等级情愫所带来的后果。确实，当镰仓幕府简朴的生活被潜藏的京都社会标准破坏的时候，执权的实力开始衰退。镰仓幕府在长达一个世纪的时间里保持了自己早期不受影响的状态，保持了不优雅但淳朴、勤勉的作风。虽然镰仓幕府的具体组织机构时有变化，但是这并非因为犹豫不决，而是因为它始终如一地想要针对出现的问题给出正确的解决方案。

镰仓幕府的领导者有一个典型特征，即他们不遵循具体的理论，而是采用试错法。他们会设置一个新的机构，任凭另一个机构衰落下去，但是他们的指导原则是持续的，他们始终追求的是全体的成功而不是个体的成就。因此，以执权为首的政所保持着相当程度的团结。政所关于重要问题的商议都是秘密进行的，它对外发布的命令都是经过一致同意的。责任是共同的，而这有两个优势。① 它不利于帮派的形成和来自政所内外的密谋，它阻止个人获得荣誉，同时也保护他们不受因政所的决策而愤愤不平、图谋不轨的团体的伤害。简言之，政所的顾问可以安全地采取行

---

① 当时的寺院法也是如此。佛寺住持不能决定或者裁定自己职权范围内的案件。他必须将除日常事务以外的其他事务都交由所有参与的僧侣一起裁决。因此，一位名叫圆善（えんぜん）的僧侣参与制定《贞永式目》或许是有重大意义的。

动,不必惧怕或偏袒。如果不是因外来因素而瓦解,这种通过委员会来实施管理的有趣的试验会带来宝贵的成果。在源赖朝的儿子之后继任将军的傀儡不能行使行政权力,但是他们有很大的仪仗,有很多由有着都市品位和仪礼的京都贵族组成的随从。这时镰仓幕府出现了一个宫廷集团,鼓吹与那些执权统治成功依靠的严肃的武士道德相悖的观念和消遣。似乎道德家所向往的一个简朴、节约的社会中总是孕育着衰败的胚芽。它的风俗和行为受到严格规定,这一事实意味着它会因变化陷入危险。不过一个始终不变的文化不是一个活的文化,而且变化本身也是诱人的、令人向往的。毕竟,我们得承认,对大多数人来说,食物、衣饰、绘画、诗歌甚至社会竞争带来的满足,要比持续不变的严格的行为准则和简朴的生活更令人愉悦。所以,在镰仓幕府严苛统治下的很多令制国的武士发现了这一点。执权北条时赖（Hōjō Tokiyori）因简朴的生活习惯而闻名。他在世时流传的一则故事描述了有一天晚上要宴请宾客的时候,他是怎样在空无一物的橱柜中只找到勉强遮住碗底的酱汁和一点红酒的。当时有很多诸如此类的故事,在这些故事中身居高位的要人是勤俭节约的模范。不过对他们而言,行使权力几乎占据了他们生活的全部。而对普通武士而言,既然没有打仗的兴奋,也就没有什么能够耗费其精力了,所以较为年轻的武士在将军的府邸寻得职位,并且逐渐沉湎于更为文雅的音乐、舞蹈以及诗律等技能而忽视军事训练。欧洲和日本的学院派史学家往往会根据简单的标准来谴责这种忽视,但是这种发展并不完全是倒退。封建社会的文化是狭隘的,而且这种文化能够通过对艺术、文学的兴趣,甚至通过京都贵族培养的社交礼仪得以扩展,这是一件好事。

　　东部贵族的生活标准持续上升,而镰仓幕府的统治者竭尽

/ 第十五章　北条执权 /

全力地通过各种禁奢的法令来遏制在他们看来日益高涨的奢靡浪潮。这是整个日本历史上时有发生的现象。某个群体或阶层掌权，鉴于其经济地位往往会上升，他们对物品的需求增加，他们的人数也会增加。不过，尽管他们的消费增加了，生产却停在原地或者没有实现相应比例的增长，因为生产受制于一个近乎恒定的因素——可耕种稻田的数量。于是便会达到一个节点，这个时候统治者努力通过人为方式减少消费，但是这种方式通常是无效的。接着就是消费者之间的你争我夺，这在封建时期表现为内战和权力的重新分配。13世纪后半叶，时势就是沿着这样的路线发展的，但是这种发展被日本境内、境外酝酿已久的动乱打断。尽管北条执权有种种功绩，但是内部局势依旧混乱。1257年，镰仓地区发生了毁灭性的地震。1259年，日本发生严重的饥荒和致命的瘟疫，据说京都的街道上满是已死之人和奄奄一息之人，身在乡野的总管受命免除税收，为以草和根茎为食的难民提供救济。次年，瘟疫依旧在蔓延，幕府不知道该采取什么样的实用举措，于是让治安官命令各令制国的神社和佛寺祝祷、诵经。当时身体健壮的人严重匮乏，所以幕府甚至释放了因杀人而服刑的罪犯。在都城，让事态更为糟糕的是，大的佛寺之间爆发了激烈争斗，僧兵威胁着天皇以下的所有民众。这种事情既不新鲜也不少见，因为早在969年延历寺（Enryaku-ji）就曾以武力威胁宫廷，13世纪延历寺的武装力量蜂拥入城达20余次。1235年、1236年、1256年、1257年、1264年，京都均发生严重的骚乱。镰仓幕府的统治者虽然通常能保持淡然，但是有时也不得不干预。比如，1259年，当僧侣和天皇之间的争端可能会变得严重的时候，幕府派了几百名武士进驻都城。当时战争有一触即发的危险，直到僧侣在重新考虑之后决定放弃，收兵并闭门不出。不过幕府武士必须严密地警惕偷袭和纵火。因此，外人可以断定都城以及大佛寺所在的畿内的局势是怎样地接近无政府状态。我们了解到，在这样的时期，皇宫城墙上潦草地写着嘲讽之语，比如"新年里，凶兆""田地里，灾难""都城中，武士""政府里，不公""宫廷中，偏袒""令制国中，饥荒""河床上，尸骨""神社里，大火"，等等。

如果从国内局势转到这个时期的对外往来上，我们看到的会是一个不稳定的、危险的环境。自菅原道真（894年）以来，日本和中国之间再无官方往来，不过因为中国依旧是日本的文化之源，所以商旅船只依旧会载着日本僧侣和学生到中国的学问中心求学。这个时期，中国在造船、航海等方面遥遥领先，两国之间的人员往来似乎大多是靠中国的船主。不过日本的船只也有跨海而来的，尽管随行的并不都是爱好和平的商人。比如，我们听说1263年高丽（kōrai）是一个国家，唐朝没落之后，它占据了整个半岛，高丽国王曾对他们在朝鲜半岛海岸的掠夺行为表示抗议。

他抗议说，尽管两国商定每年只应有两艘日本船只到访朝鲜，但是来朝鲜的日本船只远超两艘，倭寇掠夺海岸的城镇和乡村。有趣的是，尽管日本人在与他国朝廷的关系上极其敏感，很容易因他们认为不敬的言语而发怒，但是镰仓幕府承认有错的是自己的臣民。这些抢掠是镰仓幕府位于西日本的家臣擅自的行动，他们遭到责备并被责令返还抢夺的物品，主要包括谷物和兽皮。这种状况断断续续地持续了一个多世纪，日本和高丽之间始终有发生战争的危险。战争之所以能够避免，是因为镰仓幕府非常关注国内问题，再加上经济困顿，不能冒险发动海外战争。而这时日本又有了另一个充分的理由不与高丽争斗，因为1263年蒙古帝国可汗忽必烈成为全中国的皇帝以及很多与中国接壤国家的宗

/ 第十五章　北条执权 /

京都贵族的侍者即白丁（Hakuchō），取自镰仓时代的一幅绘卷

蒙古人入侵日本路线

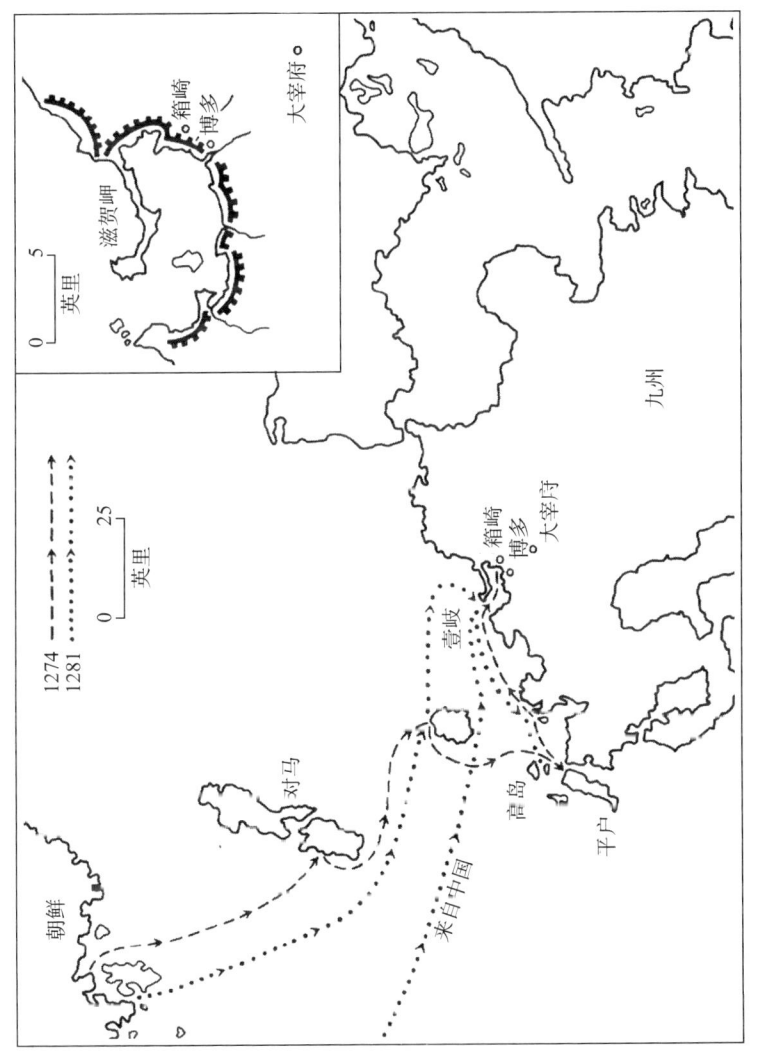

大宰府
箱崎
博多
滋贺岬
英里

1274
1281
英里

九州
箱崎
博多
大宰府
壹岐
对马
高岛
平户
来自中国
朝鲜

/ 第十五章　北条执权 /

主。就像吉本（Gibbon）描述的那样，这些"周围的国家因忽必烈的武力征服或威吓而沦为不同程度上的朝贡国和附庸国"。高丽变成了蒙古帝国的一个易于控制的附庸国，忽必烈将自己的一个女儿嫁给高丽国王为妻。这里继续引用吉本的描述，他说："忽必烈无穷的野心促使他立志征服日本；他的船队两次遭遇海难；这场无果的征战让10万名蒙古士兵和汉族士兵丧生。"这些入侵的故事，虽然有一些模糊不清，但是充满了趣味和令人兴奋之处，不过这里我们必须满足于对这些事件的最为简短的概述。1268年，忽必烈派一名使臣到日本，携带一封"大蒙古国可汗"写给"日本天皇"的信。这封信被交给了位于九州的大宰府的幕府代理人，然后又被火速带至镰仓。信中提议日本应与中国友好往来，并且信末指出，如果国与国之间不能和谐共处，战争就会接踵而至。继这封威胁信之后，忽必烈连续五年发出其他恐吓信件。京都担惊受怕，而镰仓幕府虽然意识到了危险，却没有答复来使，而是把他们遣回了其主人那里。最后，1274年11月，经过一年多的准备，一支蒙古军队从朝鲜半岛启程，乘坐高丽水手掌舵的船只抵达日本。至于这支舰队的规模以及所载人数，日本权威专家持不同的看法，不过一组可信的数据显示，该舰队有450艘船，15000名蒙古士兵以及15000名高丽水手和雇佣兵。他们毫不费力地占领了对马岛和壹岐岛，在那里一小队驻防士兵英勇奋战到最后一人。当地住民遭到残酷对待。这支舰队然后启程前往九州，并在日本的箱崎（Hakozaki）湾海岸的不同地点登陆。一开始日本人犯了轻视敌人的错误。他们十分轻视朝鲜人，认为在自己锋利的剑下他们不过是唾手可得的猎物。但是蒙古人不仅勇猛，而且善于作战，其领导者有长期指挥大批士兵的经验，他们不仅有射程达240码的致命的弩箭，还有可以发射重型投射物的机械。而日本人则处于劣势，因为他们过去常常以松散阵形作战或者压根没有阵形。此外，他们被元朝的火器吓了一跳，这种火器似乎是由某种可以发射易燃性投射物的设备组成的。然而，凭着十足的勇气，他们可以与世界上任何一支军队匹敌，当与敌人短兵相接的时候，即便最敏捷熟练的敌人也无法阻挡他们吓人的利剑。首先与蒙古人交手的是九州的地方首领、庄园主或总管。他们知道大军就在路上，镰仓和西日本所有能被召集的人都被召集起来，但是他们没有坐等大军，而是立即进攻。他们损伤惨重，但是一直战斗到傍晚，然后退回自己的工事等待援军。这些援军并没有派上用场，因为夜幕降临之前入侵者就已经决定退回船上。他们可能会在第二天再次进攻，但是风暴临近，他们也遭到了严重的损失，觉得回到船上更安全。当晚风暴来袭，到黎明的时候，整个舰队都被吹到了海上，也有可能是他们为了安全逃到了海上。在这次逃离中，他们损失了很多船只，回到朝鲜半岛的时候他们发现这次远征损失了13500多人。与此同时，镰仓幕府令西日本所有辖区的治安官征集反抗入侵者的军队。幕府给丰后（Bungo）国（丰后国位于九州中部）世袭治安官的信件内容如下：

> 致大友兵库头入道（Ōtomo Hyōgo no Kami Nyūdō）[1]
> 蒙古人已经袭击了壹岐和对马，战斗即将来临。因此，要派出一支军队。而且，你要向九大令制国的所有土地所有者宣告，对那些战时服役表现优良的论功行赏，即便他们不是将军的御家人。

---

[1] 这里指的是大友赖泰。

/ 第十五章 北条执权 /

　　　　　文永十一年（Bunyei）第十一个月第一日（1274 年 11 月 30 日）

　　如上为将军所令。
　　武藏守（即北条义政）之印
　　相模守（即北条时宗）之印

在这封信还没写的时候，蒙古人就已经撤退到海峡对岸的朝鲜半岛；但是幕府对忽必烈的野心有足够的了解，料想他还会再次尝试。果不其然，几个月之后他派使臣召唤日本天皇到他位于大都的新宫里宣誓效忠。对日本人而言，没有什么比这种无礼的言语更令人愤怒的了，这个使团中的六位使者被护送到镰仓，还没到京都就被斩首示众，以示反抗。似乎当时幕府一度甚至考虑征战海外，"去惩罚海外的强盗"。他们指示西日本沿海令制国的官员召集舵手和水手，准备来年（1276 年）春天对"海外的一个国家"发动进攻，并且做好在命令下发后被派驻到博多的准备。兴许他们的计划是在听闻高丽王组建舰队之后立即袭击高丽的港口，先发制人，因为他们知道忽必烈要靠高丽王运输人马。据高丽的文献记载，日本船只的确于 1280 年袭击了朝鲜半岛海岸，或许它们是在 1276 年发动的袭击，但是确切日期我们无从得知。与此同时，幕府加紧推进防御措施。它令九州地主在箱崎湾的海岸建造石头矮墙。这项工程计划在 6 个月内完工，每个氏族首领负责建造矮墙，有 1 畈地（约 1/3 英亩）就要建造 1 英寸的矮墙。矮墙的建造耗时 5 年。在这期间，忽必烈忙于征战中国南方、推翻宋朝。直到 1280 年他才再次关注日本。他又派了一个使团，邀请或者说要求日本与蒙古帝国往来，换句话说，他邀请或者说要求日本屈从于他，做附属国。幕府砍掉了他的使臣的脑袋，继续推进备战工作。幕府非常了解大陆的事务，因为商船和求学的僧侣继续往返于日本和中国之间。就此而言，忽必烈的意图非常明显，因为他最后一次遣使是最后通牒。

大体来看，封建家臣欣然响应幕府的呼召。很多总管和其他御家人出于自己的考虑在被呼召之前就自告奋勇。据说他们当中有一个人因为错过了第一次进攻而懊恼，他发誓如果10年之内蒙古人不来，他就要跨过海峡去找他们算账。其他人也以书面形式更加冷静但同样真诚地向其领主提议。1276年，九州豪族的氏族［少二（Shōni）氏、大友（Ōtomo）氏、岛津氏］首领奉命从他们的追随者那里获得一份他们所能提供的人员和物资的清单。这些清单中有一些留存至今，从中摘录的内容会比费时费力整理的大事录更能再现当时的氛围。摘录如下：

> 井芹弥次郎藤原秀重（Izeri Yajirō Fujiwara Hideshige），来自肥后（Higo）国的家臣，身兼僧职［法号西光（Saikō）］，恭敬地罗列如下：
>
> 　　上地、人、马、弓、箭以及武器。

稻田	这一栏是一份详细的存目，明确说明了那些他享有权利、负有义务的庄园，其中没有产权负担的剩余土地约有40英亩
	西光，时年85岁，不良于行。长秀（Nagahide），西光的儿子，时年65岁。拥有弓、箭、

蒙古入侵，1274~1281年。图中描绘的是在盾牌之后的蒙古士兵。源自同时代的一幅日本绘卷

人、弓、箭、武器、马	武器。 常秀（Tsunehide），西光的儿子，时年38岁。拥有弓、箭、武器、盔甲和一匹马。 松次郎（Matsujirō），西光的男性亲属，时年19岁。拥有弓、箭和两名侍从。 高秀（Takahide），西光的孙子，时年40岁。拥有弓、箭、武器、盔甲、一匹马和一名侍从。

这些人都听从大人的命令并且忠心侍奉。

敬上。

1276年4月　　　　　　　　　沙弥

　　　　　　　　　　　　　西光（印）

这里描绘的是一幅已退役的中间阶层的武士靠着40多英亩稻田的收成维持三代同堂的家庭生计的图景。下面的案例展示的是一个更加贫困的家庭：

昨日收到（1276年）第三个月第25日下达的书面指令，并得到恭敬的研读。

指令要求列出一份包括人员、马匹、物资等的清单，以备向他国发动惩治征战的时候使用。清单如下：

我的儿子三郎光重（Saburō）和女婿久保次郎（kubo-jirō）会快马加鞭、夜以继日地赶到。他们静候指令。

/ 第十五章　北条执权 /

敬上

北山村（Kitayama Mura）地头 尼姑志那（Shina）

这份文献（偶然提到一位女性担任地头的情况）有少许传奇色彩，让人怀疑它的真实性；但是，毫无疑问，蒙古人第一次入侵之后的几年间广为流传着一种无畏的精神，尤其是九州男子的那种无畏精神，他们承受住了这些进攻的冲击，因其尚武的美德及斯巴达式的生活方式而留名于日本历史。然而，并非所有幕府的家臣都展示出这种爱国热情，必须承认的是，即便那些战斗最勇猛的人当中也有一些人表现出对奖赏的不合时宜的渴求。当幕府查验关于第一次入侵的记载的时候，他们发现一些重要的武士到了前线却没有参与战斗，还有一些武士借口要保卫自己所在的地方而留在了家中。幕府在给予奖惩方面遇到了很大的困难，这种迟延惹怒了一些较为独立的家臣，他们启程到镰仓亲自表达自己的诉求。日本历史学家常常说蒙古入侵激发了日本人的民族危机感，让日本人有了国家统一的意识。从一般意义上讲，这或许是真的，但是我们无法确定生活在一个岛上且与周边国家没有政治往来的民族是否真的有近代意义上的国家概念。

不过，武士阶层按照自己的标准，展现出像样的精神风貌，并且当危险临近的时候，他们以十足的勇气投入战斗。他们没有忽略自己的利益，但是与这个民族中其他奉行不计后果的利己主义的群体相比，他们的行为已经是好的了。正如我们已经了解到的，僧职人员的骚动到了几乎令人难以置信的地步，蒙古人威胁最为严重的十年间，各大佛寺之间的争斗几乎从未中断。1274年11月蒙古人战败的消息刚传到京都，奈良兴福寺（Kōfuku-ji)就派了一支武装力量到都城示威，干涉两大神社之间的土地纠纷。他们在都城停留了一个月，天皇惊恐万分，不敢出现在公共场合，往常的新年庆典和仪式都被推迟。奈良的这些僧职人员被收买，这边刚刚安抚了他们，那边就发生了其他骚乱。1276年，比叡山的延历寺和宫廷之间围绕天台宗的祖师继任者一事进行了激烈的争论，在争议持续了两年之后，幕府不得不出面干预。1278年，延历寺扬言另一佛寺窃取了它的特权，并在京都发动暴乱，暴乱最终被幕府的武士平定。1279年，神道教石清水八幡宫（Iwashimizu Hachimangū）的神官与日吉（Hiyoshi）大社的神官之间生了嫌隙。如果神职人员无法无天，那世俗之人也会犯法，不过他们之间的争斗没有那么暴力。藤原氏有一个支系，该支系的成员都是当时有名的歌人。藤原定家（Fujiwara Sadaie）参与编撰了《新古今和歌集》（Ancient and Modern Verse），他的儿子藤原为家（Tameie）也是当时一位伟大的歌人，他的四个儿子也都是歌人。天皇曾命他的儿子——藤原为氏（Tameuji）汇编一部和歌集，该和歌集于1279年完成。为氏占用本该由其同父异母的弟弟（当时还是一个孩子）继任的某个庄园的地头职位。这个孩子的母亲是一位歌人。她十分厌恶为氏在涉及和歌与地产方面的傲慢行为，于是去镰仓向当地的法庭提起诉讼。短篇纪行文《十六夜日记》（Izayoi Nikki）描述了她的这一旅程。《十六夜日记》流传至今，其中还包含其他一些和歌。这个诉讼案一直拖到1313年，法庭才做出对为氏的儿子有利的裁决，在这期间两个当事人在镰仓去世。和歌在京都生活中是如此重要，以至于由这个地产纠纷引起的敌意影响了文学世界，由此衍生出两个彼此对立的和歌创作学派。

　　1280年末，幕府得知蒙古人将在次年春天入侵。执权（时宗）通过他的治安官发布了一则公告，号召他的家臣准备抵御入侵者。

/ 第十五章　北条执权 /

他承诺要给予那些表现好的人以奖励，威胁要给予那些行为不忠的人以严厉、持久的惩罚。这则公告中的一段尤其有趣，如下：

> 我们得知很多治安官和家臣近年来彼此不和，要么是因各自职责引发的纠纷，要么是因为对法庭的裁决心存不满。心存私怨、无视国家危机是十分严重的叛国行为。所有的武士，自（将军的）御家人以下，都要服从治安官的命令。

在执权的提议下，天皇也颁布了类似的诏令，针对的是那些并非幕府家臣的地主以及那些大佛寺下属庄园的官员。西日本几个令制国中的庄园本该上交天皇的收入现在归军队使用。宫廷也终于意识到了危险的严重程度。他们为即将到来的战争所做的并不只是贡献物资。天皇带头动用所有看不见的力量来帮助自己。他命令全国各地的佛寺和神社祝祷并举行宗教仪式，昼夜不停。所有亲王和贵族都要守夜祈祷。在一些大的佛宗的佛寺当中，住持和僧侣持续诵念他们最为尊崇的佛经，并且念读"陀罗尼"（darani）的咒语，而供奉战神的八幡神宫挤满了各种身份、信仰各异的朝拜者。天皇将自己的亲笔信送到先祖的陵墓前。上皇也这么做了，并且立誓要命人念诵某部多达 1000 卷佛经，这些佛经又被分给他们的亲朋并由他们来念诵。此外，还有特使被派到伊势神社及其他大的神道教神祇的本社。天皇也多次去多处圣所朝圣，祈求胜利。执权北条时宗虽然忙于战斗准备，但是也没有忽略祈祷，据说他还用自己的血抄写圣卷。

---

① 《摩诃般若波罗蜜多心经》。

蒙古入侵，1274~1281 年。蒙古弓箭手。摘自当代日本的绘卷

重击于 1281 年 6 月袭来。两拨令人生畏的人马启程前往日本，一拨约有 5 万蒙古人和高丽人，从朝鲜半岛出发；另一拨有近 10 万汉人，从中国南部出发。高丽的舰队于 6 月 23 日在九州登陆。南方的舰队稍后逐次分批到达。他们在博多湾的岸上设下重兵。我们并不是十分清楚战争进行的路线，不过我们知道，事实证明矮墙是有效的防御工事，在岸上日本人英勇奋战，在水中他们打乱了不那么灵活的蒙古人的船队。我们无法判断他们能否在没有援助的情况下取得最终的胜利，也许他们可以，因为假以时日他们肯定能在人数上超过蒙古人，他们肯定也能打败不情不愿的汉人。从第一次登陆算起，这场战争似乎至少持续了 55 天。然后刮起了一场持续两天的风暴。这场风暴威力无比，能够将大树连根拔起。敌军的大批船只被大风刮得转了向，随着海潮漂入海峡。很多船只困在海峡中无法动弹、损毁严重，其船员成了日本人唾手可得的猎物。据一份文献记载，4000 艘船中只有 200 艘得以逃脱，入侵的 15 万人中活下来的不到 1/5。这或许是夸张的说法，但是毫无疑问，从朝鲜半岛来的主要由蒙古人组成的军队损失了近一半的士兵，而从南方来的舰队损失更为惨重。

接下来对日本人打败蒙古人的一系列事件的详述能够突出三个主要群体的特征，这三个主要群体分别是京都贵族、武士和神职人员，这里我们可以排除耕农，他们从数量上看是最大的群体，但只是听命行事。幕府命令九州的所有家臣修缮防御工事，继续毫不松懈地为打仗做准备。他们不得离开所属地区。外敌再次入侵的威胁持续了 20 年，直到忽必烈逝世后，蒙古人似乎才于 1300 年放弃征服日本的想法。这种持续的焦虑让幕府处于极度的困境之中，它面对很多难题，不仅要应对阴谋不断的宫廷和好战的宗教团体，还要应对忍饥挨饿的家臣。在外敌入侵的时候，那些神职人员停止争斗，专注于为战争胜利祈祷，但是很快再次骚动起来。他们在地产问题上你争我斗，还在努力争取在财富或影响力上占据优势的过程中威胁皇族成员。宫廷群体一方面害怕他们的暴力行为；另一方面希望他们能成功地给武士群体造成困扰。而且，在刚刚打退蒙古人的时候，宗教群体受到包括武士在内的所有阶层的高度尊崇，他们把日本武装力量惊人的成功归功于神祇的帮助，他们认为神祇回应了神职人员的祈祷，才给予他们帮助。神职人员迅速地利用了这种情感，并且呼吁他们比那些仅仅参与战斗的人更值得奖赏。

　　1281年后，军事统治者处于不稳定的平衡状态。一方面，因为战争，他们财力耗损严重；另一方面，越来越多的人向他们索要奖赏。镰仓幕府自建立以来，在一个世纪的时间里度过了一个又一个危机，因为幕府总能在一次内战后将从敌人手中夺得的财物赏赐给支持者。但是与蒙古人的战争不仅没有令其财富有所增加，反而让整个国家陷入贫困之中。在九州，人们的生活和财产遭到相当程度的破坏，军队养护也耗费良多。更严重的是生产的下降，套用一份当代资料中的话："在过去几年，因为蒙古人的入侵，耕农和地主在投入战争活动的同时，几乎已经抛弃了农业活动。"因为这些资源减少，所以那些认为自己有权利为在战争中的付出获得报酬或者为在战争中的花费获得补偿的家臣呼吁幕府满足他们的要求。镰仓幕府惹怒的人多过它取悦的人，这是一个几乎无法避免的后果，因为不管他们给一方什么，都得从另一方那里夺取，结果两方都不满意。他们无法像早期源氏的大领主那样依靠氏族的忠诚，因为北条执权不是源氏家族的成员，尽管他们名义上是将军的代理人，但是在封建等级结构中，

/ 第十五章　北条执权 /

大尝会（Daijōe）祭礼的一部分。天皇仪仗

他们的地位并没有其他主要家臣高。他们试图搁置奖赏的问题，还试图将重担以及令人憎恶的决定转嫁给令制国的高位官员，但是他们成功地引起了普遍的不满。他们引起了很多有影响力的大名的反对或者说绝对的敌意，他们削弱了在战争中受苦受难的不那么重要的武士的忠诚。下面是一则从1296年即入侵战争后第15年的一份请愿书中摘录的片段，表达了当时普遍的一种情感：

　　来自肥前国的黑尾藤原角介（Kuroo Fujiwara Sukekado）呈上。

　　在蒙古人入侵的时候，我——黑尾藤原角介在茅崎（Chigasaki）登上了一艘敌船，并且在受伤的情况下抓获了一名俘虏。后来，在高岛我又抓获了两名俘虏。我将这些事实适时地上报了调查法庭，后者也与证人进行了核实。然而，尽管我获得举荐，予以奖赏，但是在进行总的论功行赏的时候，我却被遗漏了，我极其伤心。这样做的理由是什么？那些只是旁观的人都表达了诉求并获得了奖赏。我受伤的事实就足以向上级证明，那么为什么在奖赏的时候我被遗漏了呢？有人告诉我所有在防御岗位上负责警戒的人都获得了酬谢。为什么受伤的我就得白白等上数月数年，为什么只有我的忠诚服侍得不到回报？……

　　来自各方的难题强加在北条执权身上。他们眼看着就要倒台了。多亏了其创建者的高尚品德，靠着自己的动力，镰仓幕府又运转了25年左右，但是它的厄运在蒙古人入侵的时候就已注定。京都贵族开始密谋推翻镰仓幕府，而那些心存不满的封建权贵则成为他们的盟友。到13世纪末的时候，幕府保留至今的所有品质几乎全部遗失。从前的节约质朴消失了，那种正直也没有了。

　　镰仓的法庭不再进行及时、实际的司法活动，而是变得优柔寡断、腐败堕落。毫无疑问，这种变化部分是因为京都的不良影响，但是真正的、终极的促因则是军事独裁者薄弱的经济实力。他们没有足够的财富来满足其家臣的需求，为了回避这些需求，他们不得不采取孤注一掷的权宜之计。这些权宜之计中的一个就是法庭致命性的做法，即通过推迟处理那些他们知道无法满足的诉求或者对提交给他们的纠纷做出没有定论的裁决。这些措施只会迫使争斗双方使用暴力或欺诈，进而导致封建准则越来越缺乏约束力。或许这个时期幕府的立法最能说明其在面对无法避免的经济压力之时的无助。很多家臣都遇到了经济困难，要么是因为抵抗蒙古人的战争花销，要么是单纯因为保持不断提高的生活水平的花销。他们出售或抵押了自己的庄园，因而无法向幕府缴纳税捐。因此，幕府颁布了《德政令》（Act of Grace）。该法令不仅禁止家臣出售或抵押自己的庄园，而且拒绝受理因过去围绕庄园的交易而产生的归还本金或利息的诉讼。当然，这么做，一是惹怒了贷方，从其本质来看这个群体包括富有的封建地主；二是让借方处境更加糟糕，因为这样的法律很容易逃避。① 这个时期的立法一经实施几乎立即就会被撤销，不过这一事实本身还是很有说服力的，省得我们进一步说明那个时期北条执权身处的无可挽救的困境。

　　同时，在京都，退位这一操作发展到顶点，仅 1300 年在世的上皇就有 5 位，他们都或多或少地占用着原属于在位天皇的权

---

① 这部法令以"德政（とくせい）令"命名。这个时期以及后来的出售或者抵押契约上常常会有一个"德政条款"，该条款规定契约的有效性不受诸如此类法令的影响。

力，并且都希望各自家庭的成员能够继任天皇的职位。我们可以想象围绕皇位发生了怎样的争夺、产生了哪些派别。到1330年的时候，皇位的争夺缩小到两个支系之间，两个支系一长一次。后醍醐天皇为次子，他想要推翻支持长子一脉的继承人的幕府。他于1333年成功地在日本中部、西部、北部和东部获得了武装支持，他甚至获得了镰仓幕府一些直系家臣的武装支持。到1333年夏，镰仓被占领并被火焚毁，执权北条高时（Hōjō Takatoki）及其200多名亲眷和忠侍并没有屈服，他们自杀身亡。摄政政权终结，京都再次成为政权所在地。后醍醐天皇即位，身边围绕着从宫廷贵族中提拔的心腹之臣。但是身在幕后、占据着看上去并不重要的岗位的是一些曾经给过他支持的封建武士。其中有一位是足利尊氏（Ashikaga Takauji），一位强大的源氏家臣。虽然镰仓幕府派他去抵抗后醍醐天皇，但是他投奔了天皇。真正的权力落在他和一些其他封建领主手中。但是，宫廷群体没有看到或者不愿看到这一事实，所以他们连续几年试图恢复封建时期以前的机制，那个时候天皇通过他的大臣和各令制国的官员实行统治。然而，日本真正的问题已经不再是官僚政府和封建制度的冲突，而是对立的封建利益群体之间的冲突，镰仓幕府倒台后近50年的时间里，整个国家因大名之间的你争我夺而饱经摧残，这些争夺假借战争之名来决定皇位继承权。在这些争夺战中，足利氏一般都占据上风，但是他们频频遇到阻碍，直到1392年南北朝对抗的局面结束，他们才坐稳将军的位置。

第十六章　宗教、艺术和文学

第一节　佛教

或许镰仓时代佛教最突出的特点是其作为大众宗教的发展。我们已经暗示了这种变化的原因。我们可以从把佛教主要作为一种美学宗教来发展的贵族群体的衰落，从享有圣俸的神职人员的高傲和贪腐，从武士阶层的崛起，从充斥着死亡和苦痛、抚慰人心的教义大受欢迎的总体上混乱的时代中找到这些原因。无疑，随着时间的推移，一些学问已经从贵族阶层扩散到百姓当中，而且一种简单的本土文字的普遍使用似乎也有助于诸如源信、良忍（Ryōnin）等僧侣的通俗易懂的教义在百姓当中得到传播。12世纪和13世纪，大多数传讲佛法的僧侣用汉字书写高深的论著，也会用日文即"混合假名"书写通俗的著作。比如，亲鸾（Shinran）就曾在他的一本著述中论证了使用日文的合理性，他说："乡野人士不知道汉字的意思，而且非常愚钝。因此，为了让他们能毫不费力地理解，我一遍又一遍地书写同样的内容。文雅之士会觉得奇怪，也一定会嘲笑我。但是我不在乎他们的嘲弄，因为我写作的目的只有一个，那就是让愚钝的人明白我的意思。"

佛教得到普及并逐渐变成全国性的宗教，开始有了一种日本人的特性。镰仓时代一些伟大的法师都用自己的方法表现了当时的情绪，即反对藤原氏正统佛教，通过研习他们的生平，研习者可以清晰地看到这种变化。这种反对主要表现为以下三种不同的形式，即复兴奈良时代的众佛宗，尤其是华严宗和律宗；创建新的重要的佛宗，比如从平安时代的众佛宗中分离出来的净土（Jōdo）宗、真（Shin）宗、日莲（Nichiren）宗；宋朝，随着日本与中国往来密切，禅宗兴起。

复兴奈良时代的佛宗，虽然意义重大，但是这些佛宗却没有回归宗教发展的主流，因此必须略过不谈，但是东大寺却值得一提，它在1180年被焚毁之后，于1190年在源赖朝的资助以及来自日本各地的捐助下得到重建。第一个新创立的佛宗是净土宗。在过去，净土宗的教义已经得到一段时间的传讲，但是著名的法然上人（1133~1212），将净土宗的教义整合成一个相互连贯的整体。法然上人主要是受到源信《往生要集》的启发。他在即将示寂之时写下的一段话表达了他的信仰，具体内容如下："我所教导的获得终极救赎的方法既不是像过去很多中国和日本的学僧那样冥想，也不是像那些已经研习并且理解阿弥陀佛名号深意的人那样反复念诵其名，而是单单相信他的仁慈，反复念诵其名，只有这样一个人才可以在极乐世界获得重生。"那么，他所信的是念佛的完全的效力，而不是其他佛宗所宣称的相对的效力。因此，救赎是面向普通人的，因为信才是唯一的要素，学识或善举几乎是一个阻碍，因为它们会让人骄傲并且依赖自己的努力而不是阿弥陀佛的仁慈。法然认为阿弥陀佛选择把念佛作为得救的途径是因为所有阶层的人在任何时间、任何地点都可以念佛。这种教义既非正统又广受欢迎，因此他决定必须创建一个新的佛宗即净土宗，其创立可以追溯到1175年。他的影响力与日俱增，皈依净土宗的人"像天上的云一样"不断增多。皈依的人包括来自各个阶层的男人和女人。他得到几任天皇的信赖，据说已退位的后白河（Go-Shirakawa）天皇念佛念了数百万遍，死的时候还在念"南无阿弥陀佛"。他的世俗信奉者中有很多贵族，包括摄政九条兼实（Kanezane），很多来自天台宗和真言宗的或高位或低位的僧职人员都来投奔他。权威传记中关于他的几则趣闻逸事表明他的影响力扩展到日本的偏远之地,现存的信件记载了他与镰仓以及其他地方的武士交流对教义的见解。这些武士当中最有名的是熊谷次郎直实(Kumagai no Jirō Naozane),据传他因为在战争中杀死了一个男孩而削发悔过。唉,毕竟只是传奇故事啊!真实记载显示他的动机是因打输一场官司而生的失望。不过一位身居高位的武士皈依净土宗依旧可以表明法然的重要影响力。一般来看,武士阶层运势正旺,不需要宗教的抚慰。但是镰仓早期的生活艰难、惨淡,源赖朝的武士并不都具有其侍主那样久经磨炼的坚强品格。经证实,那个时候似乎真的有一些厌世的武士,痴迷法然教义,选择通过自杀尽快进入极乐世界,尽管他的教义之中并没有可以证明这一做法的合理性的地方。至于他的教义在普通人中得到普及,我们可以从他在临终之前的言语之中找到其合理性:"无论高低贵贱,无论在哪里,只要念佛,我必与他们同在,哪怕只是渔民的茅草屋舍。"

一个既不依赖僧职又不依赖仪式或建筑的新教派的兴起,势必会引起其他旧有佛宗的敌意。这个时期,这些旧有的佛宗嫉妒净土宗的特权,他们诉诸暴力,或彼此争斗,或以最微不足道的借口对抗宫廷。他们请求禁止念佛,尽管法然在一些身居高位的朋友的帮助下暂时阻止了他们的攻击,但是最后他没能阻止敌人的中伤,也没能降低其追随者的热情,后者看起来几乎和前者一样危险。这是日本第一个惨痛的宗教仇恨和迫害的案例,必须注意的是,这种仇恨和迫害源自贪腐、放纵的僧侣而不是偏执于某种教义的人。的确,反对法然的人当中有一些博学多识的僧人,他们认为他的教法具有道德颠覆性。但整体上我们可以公平地说,对他的攻击更多是为了争夺特权而不是争论真理。后鸟羽天皇站在了法然的对立面。1207年初,法然的几位最热心的弟子被杀，其他弟子被驱逐，他自己也被流放，于1207年底获释，但是直到1211年才获准进京。他在都城受到极大的欢迎，但是这个时候他上了年纪且患病在身，第二年第一个月就逝世了。临终的时候，他的弟子将阿弥陀佛的佛像拿到他跟前，并按照阿弥陀佛信众的习俗，将一根彩绳系到佛像的手上，并要将死之人抓住绳的另一端，这样一来佛祖就可以将他带入极乐世界。但是法然拒绝了，说他不需要这样的帮助，因为他已经看见天上有一众佛祖在极乐净土的光辉中等着他。

法然的逝世加快了人们信仰他的教法的速度，而这让奈良和京都的僧人更加愤怒。宫廷在他们的请求下在多个场合禁止念佛，此外还有进一步的迫害之举，即亵渎法然的陵墓。这种敌意持续了一代人，但是净土宗的生命力是如此之强，单靠暴力难以压制，而且继承法然衣钵的是一群不屈不挠的僧人，其中居首的是亲鸾（1173~1262）。法然在世的时候，亲鸾虽然被流放到南方，但是一直在弘扬念佛，这时他回到日本东部，在众令制国弘扬念佛法门。从某种意义上讲，净土宗这时还不是一个确切存在的佛宗，部分是因为它经历的迫害，部分是因为其他与其对立的宗教活动的发展，最后一个原因可以说是它的寄生性，即它可以和其他教法并行不悖。事实上，最后一个特征也是它的力量之源，因为它能让信众在不脱离其他佛宗的情况下信奉它，直到17世纪初净土宗才成为一个独立的佛宗。起初，它只有几座佛寺和少量地产，因为它作为一个有机构的佛宗势单力薄。或许正是由于这个原因，它作为一个信仰才有这么强的生命力，结果直到今天净土宗依然是一个有影响力的佛宗，据说现在有超过1600万信众。这些信众中，有200万为净土宗本宗信徒，其他信众都是自法然逝世后由于分离主义运动而从净土宗演化而来的其他佛宗的信奉者。

这些佛宗当中最为重要的是亲鸾创立的净土真宗（Jōdo Shinshū），他用一个非常有趣且有效的方式改良了法然的教义，这种改良值得关注，因为它表明了日本人面对宗教问题的典型态度。他将念佛法门的理论发展到一个逻辑极端，他主张只要向阿弥陀佛祈祷一次就足以获得救赎，接下来对阿弥陀佛名号的反复念诵都只是为了颂赞阿弥陀佛，可以做但不是一定要做。一旦确定可以进入极乐世界，一个人就没有什么理由投入宗教服侍活动或思考深奥的教义，他就不用崇拜除阿弥陀佛以外的其他佛祖了。他最好去过普通的生活，做父母，做社会的一员，遵循普通的、世俗的、对善行的规范。亲鸾为他的追随者树立了榜样，他既不是僧侣也不是世俗之人，而是沙弥。沙弥这种称呼在平安时代就已经出现，指的是那些过着宗教的生活却不完全遵循佛教诫命的人。他有6个孩子，都是同一女子（据说该女子是摄政九条兼实的女儿）所生，女子名叫惠信（Eshin），是一个尼姑，但实际上是亲鸾的妻子。从他那个时期开始，净土真宗不仅允许高僧娶妻，而且明确地劝阻独身，净土真宗佛寺的僧职通常是世袭的。他认为高僧不是应该追求尽善尽美的人，而是老师，他们不应在衣着、生活方式上与他人区别开来。他甚至不认同师傅和弟子的划分，他认为所有念佛法门的信众都是同一团体中彼此平等的会众。用来形容这些团体的文字表明，从类型上讲，净土宗及由其派生而来的佛宗最初是会众制的佛宗[①]，它们大受欢迎的一个重要原因就是接纳来自卑贱阶层的信众。亲鸾曾在自己的一本

[①] 亲鸾死后为他建造的佛刹后来扩建成了本愿寺（ほんがんじ），本愿寺由其会众共同管理。

著述中说他希望"可以像庄园中或田间最粗野的耕农一样"。亲鸾将宗教行为简化到了极致，但是我们一定不能认为他或许只有最基础的宗教哲学认知。他们都是非常有学识、非常机智的佛学家。他们能用简单的语言向愚钝之人表达自己的思想，但是他们有多卷高深的著述，需要相当多的专业知识才能理解。

　　净土宗还有其他几个重要性各异的分支，但是我们可以说它们都依赖念佛，这与当时大的佛宗不同，比如法华（Hokke）宗。法华宗的创始祖师是日莲（Nichiren，1222~1282），他是日本历史上最伟大的人物之一。日莲的生平和著述更加集中地展示了镰仓时代佛教的特点，这些特点已经在信奉阿弥陀佛的佛宗中有所体现，因为他的教义反对既有信仰形式，有普遍的吸引力，有民族性的目的。我们可以说日莲完成了佛教本土化的漫长进程。他与同时代的其他大师一样，最先研习的是天台教义。但是天台教义太过宽泛，很快便无法满足性情刚烈、行事果断的日莲。大约在30岁的时候，他开始反对高野山真言宗的僧众奉行的神秘主义，反对念佛法门的信众奉行的阿弥陀佛教义，反对奈良众佛宗的戒律（ritsu），反对新兴的禅宗。我们会看到他所谴责的包罗万象，需要注意的是他所给出的自己攻击这些不同的佛宗的主要原因是它们使百姓困顿、国家衰败。

　　受到强烈的民族感驱使的他既是一位政治改革者，又是一位宗教改革者，从其所著的《立正安国论》（*Risshō Ankoku Ron*）一书的书名中便可以看到这一点。他经常在其论述中提到诸如"国家的兴旺"等表述。在一部名为《开目钞》（*Eye-opener*）的作品中，他说："我要做日本的支柱。我要做日本的眼睛。我要做日本的伟大器皿。"这是一种新的提法，因为尽管之前佛教僧职一直影响着世俗势力，但是之前从未有僧人将百姓的精神安

/ 第十六章　宗教、艺术和文学 /

宁与国家的现世命运联系起来。但是野心勃勃、生性刚烈的日莲可能并不惧怕，反而喜欢反抗权威。他的一生就是激进改革精神而非温和的圣僧精神的体现。他打破了日本的宗教宽容传统，因为到此时日本的宗教差异并没有引起或者很少会引起仇恨，但是日莲认为所有其他教义都是异端，是不应该存在的，迫切希望废止这些教义。同时，他还是一名于人有益的老师，是一个学识渊博之人。在旷日持久的研习之后，他确定《莲华经》是唯一内含永恒真理的佛经，是唯一的得救之路。因此，他宣称应当回归天台祖师传教（Dengyō）大师①阐释的早期天台教义的纯粹。深受当时流行的末法时期（Latter Degenerate Days）已经来临的思想的影响，他认为人需要的是一些简单获得真理的方式。虽然他的结论是在艰难的哲学历程之后才得出的，但是他广受欢迎的教义将宗教的本质浓缩成简单地吟唱备受尊崇的佛经《妙法莲华经》的题名，即吟唱"南无妙法莲华经"。

因此，在实践中，法然的追随者和日莲的追随者之间的差别看似很小，前者念诵"南无阿弥陀佛"，后者吟唱"南无妙法莲华经"，但是二者受到的是不同信仰的启示，一种消极被动，另一种生气勃勃、肆无忌惮。日莲宗始终带着其创始人的性情，因而日莲的僧涯不只有传记意义。在确定了真理是什么之后，他便开始了积极的宣讲。他激烈的言辞惹怒了本地的地头，在本村遭到地头追捕，于是他逃到镰仓定居，在那里他在街道上和在空旷的地方向众人宣讲，大胆地抨击信奉阿弥陀佛的众佛宗和力劝日本的统治者。这发生在1260年，当时全国上下的局势确实能够证明这种极深的悲观情绪的存在。1257年，日本发生了一次大

---

① 即最澄。——译者注

地震，一年之后又发生了风暴、洪水、饥荒和瘟疫。北条政权出现崩塌的迹象，武士阶层焦躁不安，神秘佛宗的高僧因百姓的恐慌而获利。日莲将所有这些灾难归咎于当时宗教的堕落，并且预言，如果国家不能转向真理，如果统治者不能废止错误的教义，那么他们还会遇到更多的灾难，尤其是外来入侵。这种引人侧目的言论，兴许是基于先见之明，但只会惹怒那个收到其言辞生硬的陈情表的幕府。他被流放，直到1263年才返回镰仓。他再次比以往更加激烈地宣讲，虽然始终处在危险之中，但是一直有人改信他的教义。他活跃的地点在日本东部，那里是封建主义的大本营，其激进的教义吸引很多侍及侍主前来追随他。他毫不留情地谩骂、抨击，在一贯使用复杂敬语的语言中能够读到这样没有节制的谩骂也是一件趣事。他谩骂弘法大师（Kōbō Daishi）是"日本最大的骗子"，谩骂真言宗的博士是"叛徒"，抨击禅宗是"恶魔的教义"，谩骂律宗的会众是"强盗"，抨击念佛是"地狱般的做法"。在听闻元朝的使臣被处决之后，他写信给朋友说："太遗憾了，他们砍掉了无辜的蒙古人的脑袋，却让净土宗、真言宗、禅宗和律宗的高僧毫发无伤，他们才是日本的敌人。"

从他与他人往来的信件来看，尽管他生性爱挑战权威，但是他与弱者或卑微的人打交道的时候却是温柔的。一些他写给会众的、令人喜爱的友好书信得以留存至今。他的会众既有男人又有女人，因为与较为古老的佛宗不同，他与法然、亲鸾一样，认为女人有能力最终成佛，尽管他确信女人在极乐世界必须首先重生为男人。他承认自己是"日本最难对付的男人"，因此注定会受到迫害。1268年，当忽必烈可汗的使团到达日本的时候，日莲继续劝诫官员和高位僧职，但是高位官员听不得批评，即便那些批评是有理有据的。不久日莲被裁定为叛国者，在奇迹般地逃

/ 第十六章　宗教、艺术和文学 /

脱被处决的命运之后，他再次被流放。他始终相信自己和自己的使命，从未动摇。事实上，在这次被流放期间，他坚信自己是在实现佛祖的预言，坚信自己注定要在末法时期作为信使来揭示真理。他甚至把自己看作被选用的器皿，要在日本创立一个普世的有圣见的佛宗。

虽然日莲被流放，但是他在镰仓还有一些有影响力的朋友，因为幕府中有一些人欣赏他的性格，还有一些人迷信地认为迫害这样一位圣人可能会招致佛祖的怒火。1274年春，蒙古人意欲攻打日本的消息已经人尽皆知，这印证了他的预言，让他更加受人尊崇，所以他们把他召回镰仓。他们向他咨询，他回答说，面对灾难，唯一的保全之策是所有民众接受他的信仰，同时压制其他所有信仰并放逐其领袖。官方同意做出一些让步，但是他不愿妥协。士兵决定仰仗自己的剑和神秘佛宗的咒语。日莲永远地离开了镰仓，归隐山林。对他如此激荡的僧涯来说，这似乎是一个令人失望的结局，但是对自己命运的强烈且奇妙的信心激励着他，他一直活到1282年冬天。在他逝世之前，蒙古人两度入侵日本，但都被击退。而日莲既没有因胜利而欢欣，也没有因预言的失败而沮丧。虽然他是一个神秘主义者，但是他对世事却有着现实主义的看法，他认为击败蒙古人只是偶然，并且他所预言的社会瓦解虽然会因元朝舰队的溃败而有所推迟却难以避免。军队声称胜利是得益于他们的勇猛，真言宗的高僧认为是得益于他们的祈祷，但是日莲却在几个月后写给一位武士老友的信中说："你问问是他们砍了蒙古可汗的脑袋吗？"各种事件证明他对时代弊病的判断是准确的，尽管他可能给出了错误的解决方案。他所谴责的弊病继续扩展、蔓延，政府崩溃，日本陷入长达数个世纪的动荡之中。日莲宗在各种压迫下存活、壮大，其信众一如既往地坚定自信，充满了传教士般的热情。①迄今，日莲宗有300万信奉者。他们沉迷于持续不断地敲打木鱼、吟唱，据说这样能够获得末日的启示，因此他们和欧洲的救世福音派有相同之处。直到近代日莲宗的高僧才宣称有治愈被邪灵附体的人的能力，考虑到日莲宗始祖对神秘佛宗的巫术的恨恶，这一发展带有讽刺意味。

　　读者在阅读了上述关于信仰发展和圣僧生平的叙述后，或许会在其他国家发现很多与之极其相似之处。他或许会带着令人感到悲哀的兴趣发现，那些装饰或玷污了西方编年史的圣徒、殉道者、狂热者、偏执者，都是升华了幻想，玷污了真理。不过他或许会认为日本人在对待信仰上表现出一种近乎冷漠的宽容，而这在欧洲是很少见的。他们的宗教历史中有一方面兴许是很独特的，那就是禅宗的发展。禅宗对日本的影响非常微妙、非常普遍，它成了日本最好的文化的精髓。要描述禅宗对思想、情感、艺术、文学、行为的影响，就要详尽地描述日本精神史中最难以理解、最吸引人的一个章节，这里我们只敢以不那么连贯的概要的形式加以简述。②

---

① 日莲的大多数继任者都表现出这种热情。据说一位名叫日持（にちじ）的继任者于1295年前往西伯利亚传教。

② 禅宗。由于禅无法用语言阐释，只能凭直觉感知，所以对任何一个论述日本思想的作者而言，致力于就这个主题进行准确描述是草率之举。然而，大多数历史学者忍不住希望能够就这个无法定义的主题给出定论。恐怕在本章和稍后的章节（第18章），我就犯了这种草率的错误，遭到禅宗学者的严厉反驳。铃木（Suzuki）教授说我所谓的"禅""一点也不是禅"，西方的思维方式"永远离不开永恒的非此即彼、理性或信仰、人或上帝的二难推理"。他说，对禅来说，所有这些都是要被清理的东西，它们遮挡了我们对生命本真和真相的洞见。面对这样一位权威人士如此的评论，我无言以对，只能说这些证明了日本人对待哲学问题的方式，这种方式似乎是在实事求（转下页注）

/ 第十六章　宗教、艺术和文学 /

"禅"字是从梵文"dhyana"中衍生而来，意思是"冥想"。禅宗与其他佛宗的不同之处在于，它认为只有通过直接的直觉感知才能获得顿悟。它既不依赖神圣的佛语的效力，又不依赖慈悲的救世主的力量，它依赖的是个人为理解宇宙的意义所做的努力。从逻辑上讲，禅宗可以追溯到印度，但是其历史传播路径并不清晰。它或许在很大程度上得益于早期的佛教思想，因为其核心思想是被称为"正觉"（Sambodhi）的精神体验，但是甚至连它所谓的"历史"都是从520年一位名叫达摩的印度僧侣到访中国开始的，它记录了印度佛教教义在中国思想影响下的发展。它清晰地展现了中国人的思维习惯，而老子的神秘主义正是这种思维习惯的另一个体现；不论它的源起是什么，我们都应当把它看作远东特有的产物。禅宗是奈良时期传到日本的，那种认为某些信仰真理是无法用语言阐释，只能靠直觉领会的观念是大多数佛宗，尤其是像天台宗和真言宗这种有神秘主义倾向的佛宗中常见的观念。但是禅宗是于镰仓时代在日本兴起的独立佛宗，它在武士阶层中尤其兴盛。可以说它始于1200年之后不久，以荣西（Eisai）创立临济宗（Rinzai）为发端。

镰仓时代充满活力的社群支持这样一个通常被描述为沉思冥想型的佛宗，乍一看令人诧异。不过禅宗除沉思冥想外，还有其他特质。中国人在早前就用如下词句总结了它的佛理：

教外别传，不立文字，直指人心，见性成佛。

（接上页注②）是的方式和神秘主义的方式之间轮换，而且否定在我们看来是基于理性分析的方式。
计划研习禅的学生应当警惕，用威廉·詹姆斯（William James）的话说，"所有神秘主义的要旨都是不能言传的激情"。

我们会看到，即便从简单、实际的角度来看，禅宗也有很多吸引武士尤其是独立自主的武士的地方。禅宗不依赖佛经，也没有复杂的哲学；事实上它几乎是反哲学的，因为它强调了悟真相的重要性，认为真相是通过内省而非研习他人言语而获得的异象。对于极其坚毅的封建武士来说，净土宗的感情主义肯定是令人反感的，而他们肯定也无法接受其他佛宗形而上学的微妙。因为他们之中的大多数人学识不够渊博，所以无法理解难懂的术语。不过禅宗信徒旨在达到的顿悟（日语为 satori）却是一种非常私密的个人体验。禅宗的大师不读佛经，不举行佛教仪式，不崇拜佛像，他不用长篇大论来教导，而是用暗示和提示来点拨僧徒。僧徒必须自省，自己把握，靠自己的力量在精神宇宙中找到自己的一席之地。禅是不能言说的，禅宗没有著述，其较早的文献虽然卷帙浩繁，但大多是大师的生平轶事和课业的集成。大师用隐晦的语言解释难懂的问题，用似是而非的说法来教导，用拳打脚踢或震耳欲聋的喊叫来使僧徒顿悟。

一个缺乏教条和理论的体系自然能够适应大多数类型的追随者。反对禅宗的人宣称它是谎言、是装腔作势的神秘主义也并不总是无理由的，因为整体上它反对仪式和习俗，倾向于鼓励信众有自己的怪癖，在极端事例中甚至鼓励他们哗众取宠。我们可以适当地怀疑一些禅宗的知名人士在扯真理追求者的鼻子的时候，或在轻蔑地对待求问的当权者的时候，是在"哗众取宠"；无法得到清晰阐释的东西或许根本不值得阐释，这种论点有一定的道理。最初的时候，禅宗遭到天台宗、真言宗和奈良众佛宗的强烈反对，这也是荣西搬到镰仓的主要原因，那里既有的宗教利益群体的势力没那么强大。禅宗的佛寺至少曾有一到两次遭到反对群体的攻击并被焚毁。使较古老的佛宗尤为恼火的是禅宗的"教外别传"。根据文字记载，1295 年一位在朝廷身居高位的高僧对禅宗进行了猛烈批判和抨击，他说禅宗的信众依赖法师的教导，"但是他们的法师无论怎样出众，怎么可以自认为能对释迦的教导加以改进"。他接着说，至于他们所谓的"冥想"，不过是"在自己的座席上打盹，思想一些堕落的、放荡的事情"。自那天起，人们常常暗示禅宗的法师钻营的是骗术，的确他们自以为是的优越令人极为恼怒。禅宗得到了持之以恒的信奉，对两个民族的精神生活有非常深远的影响，那种认为它只是荒唐的骗术的观点是愚蠢的。我们可以更为简单、理性地总结：禅宗以其真实的形式展示了就事论事的中国人和日本人对印度哲学超验思想的独特的反应。正是借着禅宗的形式，佛教才得以与儒学和道教中表达的那种本土的中国思想达成和解，这主要是因为禅宗为一种简单的、实际的社会道德规范留下了发展空间，而印度与日常道德相关的佛教思想往往隐藏在形而上学的层云之中。毫无疑问，正是禅宗的道德元素让它赢得了武士的青睐。有趣的是，中国禅宗的各个派别当中，只有南方的佛宗尤其是曹洞宗（Sōtō）在守旧的日本获得了最大的成功。曹洞宗教导僧众顿悟是突然的，不是循序渐进的，要坚持严格的自律和内省。这样的教导符合封建武士的脾性和理想。毕竟，它们是实用的、即时的。这些教导不推崇抽象的概念，因为它们告诫人们要自我克制，要"查看自己的本性"。它们反复强调沉着冷静、自力更生；在无遮蔽的禅宗佛寺，僧侣自己打扫、做饭；在朴实无华的花园中，他们自己打理、修整。这符合镰仓早期的节俭标准。

　　既然顿悟是一种神秘的个人体验，我们就没必要徒劳地去细究它的性质。不过，我们可以认为它会让人相信充满宇宙的灵只有一个。这种对内在的感知、对自然界万物一致性的感知，融入了民族思想，体现在艺术中。对自然美始终很敏感的日本人在禅宗中找到了一种生命观，这种生命观不仅赋予其审美以合理性，而且赋予其审美以纯度和力度。可以说禅宗在给他们带来了精神启示的同时也带来了美感。

第二节　艺术和文学

在一个封建武士占主导地位的社会，如果京都堕落的上层社会和镰仓简单的封建标准之间有清晰的区分，像一些作者暗示的那样，那艺术或许会面临低潮期。但是，实际上这样便宜的区分并不存在。晚期的镰仓文化在某些方面到了一个毫无新意的衰落阶段，武士阶层的兴起无疑让都市的高雅之士心灰意懒，而它赋予了另一个虽不高雅但充满活力的群体以信心。但是，京都的影响力是持续的、深刻的。都城数百年来一直是文化的中心，是美学成就的真正家园；因为从长远来看，持续的活力终将消逝。镰仓时代的文化并非镰仓文化，除了其独有的封建文化方面之外，也是随着封建势力产生的平安文化的扩展。在前些年的争斗之后，新的统治者急于催生和平的艺术。源赖朝和北条执权对政府和宗教感兴趣。他们尊重知识，即便自己欣赏不了。正如我们所看到的，很多平安的学者在镰仓奉职，镰仓成为重要的宗教活动中心，这些宗教活动都发端于位于西部的都城。当时有两股力量——武士对阴柔的城市生活的反对和与之相抗衡的对都市轻松、高雅生活的羡慕——在发挥作用。所以，可以看到当时的生活方式有两种。这两种方式起初互相对立，后来融合在一起，因为镰仓的武士越来越多地接受了京都的风尚，而贵族也开始关注尚武的生活方式。

这些不同的倾向在建筑上得到了很好的体现。幕府简朴的标准影响了其建筑样式和装饰，不过我们很容易就能证明镰仓的生活并不像通常认为的那样苛俭。佛寺建筑与平安时代相比并没有太大变化，不过有一个例外，那就是在禅宗的影响下，日本从中国引入了名为"唐样"（kara-yō）的式样。这个时期的禅宗佛寺通常简单且少有装饰，但是它们的简单是基于美学原则上的简单，而不是单单基于勤俭节约。据说执权北条时宗曾派建筑家去中国学习正确的式样，似乎那时的建筑非常宏伟，捐助充足。甚至连十分简朴的源赖朝在远征位于日本北部的藤原氏之后，也被平泉（Hiraidzumi）中尊寺（Chūson-ji）的宏伟折服，开始用壁画和雕刻装饰他在镰仓创建的多座佛寺。此外，他并没有止步于镰仓，他还花费大量钱财用于全日本神社和佛寺的修复，并且慷慨资助皇宫的修缮。正是在他的鼓励下，战争中受损的佛寺如奈良东大寺得以重建。总的来说，宗教建筑因封建主义的兴起而受益。至于民居，当时发展出了一种名叫"武家造"（buke-dzukuri 或 military style）的建筑式样，这种建筑通过建造围墙、坚固的大门和用于守卫的营房，做好了防御准备。每个围墙之内都庇护着很多人，所以整个建筑很是宏伟。这些建筑在式样上逐渐接近京都的寝殿造，而且变得更加奢华，但是越来越繁复的趋势因禅宗的简约而受阻。

在建筑上，镰仓时期充满活力的氛围取代了藤原时代晚期的疲软，开启了一个新的时代。宋朝中国的艺术家来到日本，而重建奈良佛寺又赋予其推动力，当时定朝一脉的雕塑家（需要注意的是，定朝是京都人）得以研摹天平时期的杰作。运庆（Unkei）——定朝的第五代传人——为人所熟知的事迹是修复了其中一些杰作，他是当时最伟大的雕塑家，可与其前辈相提并论。尽管镰仓时代有一些延续藤原时代的传统的、不自然的雕塑式样，着色浓重，镶嵌有铜，细节修饰近乎荒谬，但是镰仓时代最优秀的雕塑作品的出色之处在于其栩栩如生的活力。它们极其富有活力且同样简洁，倾向于使用简单的木材，而不依赖色彩或其他形式的装饰。一些最佳的作品体现了逼真的、现实主义的雕塑艺术。从飞鸟时代和天平时代庄严的、理想的雕像到运庆非常拟人的雕像，雕塑艺术经历了漫长的发展过程，尽管刻画的都是圣僧和祖师。这里值得一提的是名为镰仓大佛（1252年）的阿弥陀佛铜像。旅者非常欣赏这座佛像，但是作为一件艺术作品它不值得最高的赞赏。尽管仅就佛像的躯干和微微前倾的姿态而言，它令人印象深刻，但是作为雕塑来讲它的工艺并不高超。

　　早在藤原时代晚期就已经有几个绘画学派沿着现实主义的方向发展，到镰仓时代，绘画在现实主义方面有了进一步的发展。宗教和世俗艺术都表现出这种倾向。的确，很多镰仓时代的佛教画像在类型上属于传统的肖像画，这些画像虽然没有活力，但是画技足够高超，在温和的阿弥陀宗的影响下，画家绘制出一个又一个无精打采、平淡无奇的佛祖。但是镰仓时代还有其他更精美的画作，虽然这些画作不是宗教主题的，但是绘制时却带有宗教含义。这些画作中最出众的是有名的《那智瀑布图》（*Nachi Waterfall*）——13世纪一位僧人的作品。它是世界上最好的风景画之一，恰当地描绘出宗教情感与对自然的热爱之间的联系。瀑布以其有节奏的、永恒的流动，似乎象征或者表达了某种宇宙的真相，朝圣者崇拜瀑布仿佛瀑布就是神祇。人们似乎还把这幅画悬挂在寺庙中，作为崇拜、祈祷的对象，甚至在今天也是如此。当这幅画的所有者将它拿给宾客欣赏的时候，还会用手抚过流水的线条，吟诵一段佛教祝祷词，沿着流水，从高高的悬崖上方一直抚摸到悬崖西边的石头和树木。这个时期及接下来一个时期的风景画的目的不只是描绘一处愉悦感官的风景,还要描绘一种自然美,这种自然美得能够体现遍布整个宇宙的一种精神。东方艺术中这种神秘元素的重要性很容易被高估。但是,毫无疑问的是,将对可见的世界的感知看作一种对终极精神实在的表达一直在促使伟大的艺术家去寻找他们所看到的形态的实质,而不是费心劳力地去实现乏味的对地形的忠实再现。

镰仓时代尤为值得注意的是数量繁多、种类多样的绘卷物（emakimono）。这些绘卷物现存的有几百卷,涉及多个主题,它们为我们形象地展现了中世纪的生活图景。其中一些绘卷物记描绘的要么是有名的神社和寺庙的历史,要么是像法然这样的圣人的生平；一些绘卷物像《平治物语》(*Heiji Monogatari*)描绘的是军旅传奇故事,里面有很多描写小规模战斗的场面；一些绘卷物描绘的是有名的虚构作品中的一些场景,是研究礼仪和服饰的资料；其他一些绘卷物是装饰奢华的佛经；还有一些是教诲式的宗教绘卷物,用图解的方式来处理诸如前世与现世的因果循环等主题。最后这类绘卷物中有一组有趣但并不那么出色的绘卷,即描述六道轮回的绘卷,其中有地狱道、饿鬼道、修罗道以及其他极乐道。这些绘卷显然描绘的是惠心的著述①,也体现了当时盛行的地狱信仰。但是我们无须认为时人严肃、持续地坚持了这种信仰,因为很快地狱成了受欢迎的笑话和轻松有趣的格言中出现的主题。甚至在绘卷中也可以感知到某种黑色幽默,地狱的火焰纵情地燃烧。

镰仓时代后半叶,几乎每个重要的寺庙或神社都有一幅记载

---

① 这里指的是惠心僧都的《往生要集》。

其神奇的创始者或创始者生平的绘卷。这些绘卷物因其主题而获得了某种神圣性，被小心翼翼地保存起来。很多绘卷秘而不宣，还有一些被视作那个地方神灵的化身即神体（shintai）加以崇拜。

当时肖像画非常流行，出现了各种样式的似绘（nise-e），一些是描绘宫廷要人的；一些是画在单张纸上的，这种似绘或写实，或想象，描绘的是某位有名的歌人及其创作的和歌。还有一些画作中使用了绘图术和书法，这个我们已经略有提及。当时委任一位宫廷画师画马、画牛都是常见的。这类画作备受青睐，我们了解到，其中一幅描绘皇后偏爱的御驾牛车的画被悬挂在其家族宗庙最大的祝祷堂里。一些大幅的绘在绢上的彩色肖像画也是于这个时期绘制而成的。现存的绘画中有一幅是当代艺术家绘制的源赖朝的精美似绘。这幅似绘或许是稍晚时期的作品，但是毫无疑问绘制大幅肖像画的传统在13世纪就已确立。

应用艺术的发展不仅没有中断，反而因当时的社会动乱而得到促进。战争促进了金属工艺的发展，因为士兵需要上好的剑和盔甲。宗教促进了雕刻和漆制工艺的发展，因为虔诚的、感到绝望的人们认为他们必须用丰富的礼物来讨诸神欢心。可以说哲学也推动了陶瓷工艺的发展，禅宗的高僧喜欢喝茶，把茶当作守夜冥想的助力。荣西则把喝茶发展成一种仪式，由此衍生出后来的"茶道"。一位名叫藤四郎（Tōshirō）的人在13世纪初期前去中国学习陶艺，回来之后在濑户（Seto）建造了一座陶窑，他烧制了具有观赏性的上了釉的茶罐、茶杯、香炉以及诸如此类的器具。我们可以把他视作日本"陶艺之父"，近代指代瓷器的词是"濑户物"。

/ 第十六章　宗教、艺术和文学 /

歌人业平（Narihira）及其所作和歌。后鸟羽天皇绘制并执笔

尽管武士阶层多信奉斯巴达式的简朴信条，但是像土地所有者那样刚刚发达的人还是需要奢侈品的。总的来说，镰仓时代呈现出一种引人注目的艺术活力，在对其政治特点进行了浅显的研究之后，学者是想不到镰仓时代会有这样的艺术活力的。然而，文学却没有与艺术同步发展。一些学术作者倾向于把13世纪描述为一个贫瘠的时代，但是对主要宗教改革者的论著进行粗略的查阅，可知这种观点兴许是没有依据的。比如，尽管法然和日莲写得都很好、很有活力，但是他们往来的信件和辩论文章通常不会被视为经典。但是从近代审美来看，它们兴许比那些伤

感、夸张的战争故事要好得多，而这些战争故事的作者极有可能模仿的是伟大僧人的笔调。不过世俗学问的确处于低潮，皇室资金匮乏，京都学派发展受阻，而东日本仅有足利大学（Ashikaga College）和金泽书馆（Kanazawa Library）两个教学中心，前者是足利氏于1190年创建的，后者是北条执权于1270年创建的。武士阶层普遍未受教化，很少有人可以用准确的汉字书写或者用高水准的、流畅的日语书写，用日语书写即便不需要更多的学识也需要更高的技巧。但是，他们因为法律、规章和土地交易记录需要而非常依赖书写。早期封建制度一个独有的特征是它建基于大量的公文，这些公文包括特许状、誓言、登记册和司法诉讼记录。满足这种需求涉及不同寻常的语言折中，即为生硬的日语白话披上汉字的"外壳"。它会让前几代研究经典的学者痛苦异常，因为它类似于伪造的拉丁文。但是整体来看，它足够准确且明白易懂，似乎也足够好地实现了它的目的。到后来它变成了官方信件、编年史和法律条文的常见形式。它是两种不兼容的语言的结合，是迫于需要产生的，随着时间流逝和世事变迁，到19世纪衍生出了书写语言。作为大众信仰的佛教的普及将大量宗教术语引入日常口语之中，这些术语到现在依旧是常见的惯用语。因为用佛教理念中的措辞来描述世事，佛教还影响了通俗文学的特性和大众情绪。现在日常用语中依旧能够看到通过这种方式进入日语中的字、词。"缘"（えん）这个字，意思是"密切的关系"，最初是用来表示因果关系的，现在我们在表达命运或宿命的时候也用这个字。

伟大的战争传奇《保元物语》（*Hōgen Monogatari*）和《平家物语》（前一章节已有提及）以及《源平盛衰记》（*Gempei Seisuiki*）都是这个时期的作品，基本上属于同一类型，比严肃的历史作品如《今镜》(*Ima Kagami*)更流畅、更有吸引力。它虽然名为《今镜》,但并不明亮,也无法映射。《平家物语》是用和歌的方式写就的,意在吟诵的时候用诗琴伴奏。从主题和语言来看,接下来多个世纪的很多民谣和能剧都来源于《平家物语》。所有这些传奇故事能够让一个日语听众感动落泪,或让人产生战斗的激情,因此我们必须认定它们的名气是有一个稳定的基础的,但是我们很难理解一个外国人会因不同祖先的紧急召唤而热血沸腾。① 似乎在这个时期只有战争可以持续不断地激发文学创作的灵感。这个时期纯文学除了和歌外,主要是一种名为随笔(zuihitsu)的文体。随笔是随性的思考,往往都是宗教主题,其中最有名的是《方丈记》(*Hōjōki*),这是一位隐居在离都城不远的乡野的隐士所写。《方丈记》是一部不那么重要的随笔,兴许并不值得让那些评论家和翻译家长期以来给予过多关注,但是它灵活地运用了当时的书面语言,是一个好的样本。鸭长明(Kamo Chōmei)——《方丈记》的有名的作者——是一个受过教育的人,喜爱和歌;在12世纪末的一场动乱中,他失去了为数不多的财产和发展前景。他不是一个真正的苦行者,而是一个失意的人,他很明智地充分利用自己的失意,生活在乡野,通过适宜的对佛教中幻灭及往生的思考,为自我的贫困寻找慰藉。

镰仓时代早期,和歌在宫廷的资助下依旧繁荣发展。这个时期的很多歌人现在在日本依旧有名。人们编纂了包括《新古今集》(*Shin kokinshū*)、《百人一首》(*Hyakunin Isshu*)在内的重要和歌选集,其中《百人一首》收录了100位有名歌人的和歌。在随后的时期,年轻人尤其是年轻女人手中都有这部选集或

---

① 言外之意是这些传奇故事很难让外国人热血沸腾。

其他类似的选集，因为了解和歌被视为他们教育的重要一环。日本现在还有一种纸牌游戏，在这个游戏当中，参与者要把和歌与其创作者的名字对应起来。然而，尽管产出很多，但是镰仓晚期的大多数和歌没有什么特色，不过是基于常见主题的灵活变化，其形式也是多个彼此争吵不休的迂腐学派的领导者已经规定好的。它已经变成了一种消遣而非艺术。这无疑令人哀叹；不过在低潮时期用和歌表达是一个令人愉悦的癖好，而且兴许正是它帮助和歌精神延续下去。

镰仓文学引人关注主要是因为它展示了真正的、融合外来元素和本土元素的民族书写语言的形成。《源氏物语》的语言与当代所用的口语并没有非常大的差别，只不过它的语言是程式化的，而且处理技巧极为高超。不过从封建时代开始，文章用语和口语就出现分化，这种分化如此明显，以至于在极端的案例中，一些用某种和制汉字书写的公文在大声读出来的时候，几乎让人无法理解。

镰仓时代政治事件

1185 年　以源赖朝为首的源氏在日本无人能敌。

1192 年　源赖朝成为征夷大将军。

1199 年　源赖朝逝世。

1205 年　北条执权开始掌权。

1226 年　北条氏拥立了一位藤原氏的傀儡将军。

1232 年　《贞永式目》编成。

1274~1281 年　蒙古入侵。

1332 年　"南朝"和"北朝"之间的皇位继承之争。

1333 年　北条摄政结束，镰仓幕府衰落。

1336年　足利尊氏在京都扶植光明（Kōmyō）天皇即位，后醍醐天皇在吉野建立"南朝"。

1338年　足利尊氏被任命为将军，内战继续。

第五篇

室町时代

第十七章 足利氏的将军们

1336 年足利尊氏在京都扶植光明天皇上位，后醍醐天皇逃到吉野建立了与之敌对的朝廷。1336 年到继承权争端终止的 1392 年是日本历史学家们所熟知的南北朝时期。1392~1573 年属于室町时代，这个时期是足利尊氏在京都确立地位之后，以京都的一个地区命名的。

我们会快速地略过第一个时期的政治史，这个时期是足利尊氏不稳定统治的一个令人绝望的序曲，这个时期的冲突和阴谋过于错综复杂，无法详细描述。它表面上看是南北朝之间的竞争，但实质上是以土地和追随者为表现形式的封建特权的再分配。在长达 60 多年的时间里，整个国家因不同等级的封建大名之间的争斗而荒芜，他们或支持这个，或拥护那个，但始终是为了努力满足他们各自的野心和对领地的渴望，只有少数显著的武士精神的典范除外。尊奉武士道的人很难用它来解释那种 14 世纪的公文中清晰且频繁地揭示的背弃信条的行为。封建道德规范并未完全瓦解，但是这种责任感仅局限于狭隘的家族或某个小群体内部。为了增加自己所在单元的财富，武士会无所顾忌地牺牲更广泛的忠诚。事实上，封建纪律取决于领主惩赏的能力，它无法承受无秩序状态的重压。足利氏争夺最高权力，但他们没有能力进行严格的管控，就像源氏的将军们管控其"御家人"那样，因此他们不得不通过与强大的武将交易来获得支持。当时没有受到损害的人可以向公正的封建法庭申诉，皇室不仅权威弱化而且分化成两个派别。结果治安官、总管以及名田的所有者都倾向于达到自己权力的极致，在自己的土地上实行自治并吞并无力抵抗的邻居的土地。尽管很多旧的头衔和官职得以保留，但是它们要么是性质发生了变化,要么是变成了空洞的假象。"职"这个复杂的体系,即大领主、总管和国级官员之间的权力和收入分配体系开始分化,并以另外一种形式组合起来。它被"另一种直白地建立在隶属基础上的新关系取代……所有的领地都变成了上述领主持有的封地,并被他分给了自己的封臣……世俗领主和宗教领主都已不复存在,将军的权威也被人遗忘,先前的治安官即守护(shugo)已变成了大领主,在其麾下的是领主和武士,他们是在一个封建等级体系下按照降序分级排列的持有封地的封臣和次级封臣"。① 换句话说,镰仓幕府尚存的对大的封建领主的集权统治这时已逐渐消失——从某种递减的程度上讲,确实如此。一些大的封建大名瓜分了日本的权力,而足利尊氏对他们的权威若有若无。皇宫丧失了大部分特权、财富,实力几乎尽失。那些到此时能够从令制国的庄园中获得一些收入的京都贵族现在经常处于贫困之中,因为先前的总管将其所管土地的所有权据为己有。即便向将军的法庭申诉索赔也是徒劳无益的,因为将军既不敢向他的拥护者施压也不敢强迫他们。

第一代将军足利尊氏一生都在日本各地征战。第二代将军足利义诠,始终与其封臣不和,其中一些封臣站到了南朝那边。与山内(Yamana)氏有关的记录简明扼要地描述了当时的时代特征,比如连续不断的战争、不断变化的忠心、中央政权的失败以及大领主的崛起。山内氏是源氏的一支,是足利氏的地位较高的旁系亲属。长期以来,他们只是镰仓幕府相对有影响力的家臣,生活在伯耆(Hōki)国和因幡(いなば)国。北条执权倒台后,他们与足利氏并肩作战。但是,在感觉到足利氏所给的奖赏不够多的时

---

① 浅川(あさかわ),这里描述的是涩谷(しぶや)和岛津的庄园。

候，他们又跟南朝谈判，计划攻击京都。1353年，京都被南朝的军队占领，将军携北朝的天皇潜逃。接着足利氏重整旗鼓，夺回都城。山内氏不满南朝所给的待遇，于是撤离。不过其他派系接替山内氏征战，1355年足利氏再次被短暂地赶出京都。这时南朝开始衰落，但是封臣的权力增加。山内氏表面上仍站在南朝这边，在足利氏奋战的时候忙于巩固自己的地位。然后，为了巩固自己的实力，与足利义诠达成和解。足利义诠为了让山内氏顺从，任命山内氏的首领为6个令制国的治安官，他们在这6个令制国处于至高无上的地位。在那个时代，治安官相当于独立的统治者。那个时代的编年史《太平记》(*Taiheiki*)中是这样提及治安官的："现在无论大小事宜都由守护裁定，他是掌管其令制国运势的主人，把幕府的总管及封臣当作属下看待，武力夺走神社和佛寺的庄园，把它们当作军需供应的来源。"到1390年，山内氏已经控制了11个令制国，占日本令制国总数的1/6。到1392年，在事先向足利氏递交了一份宣誓效忠的文件后，他们起来反抗足利氏并带领大军攻击京都。他们最终被打败，他们对令制国的控制权也被剥夺，只有两个令制国（伯耆国和因幡国）除外，他们作为治安官最先掌控的就是这两个令制国。我们会看到，山内氏在1336~1392年几乎一直处于战争状态。在这期间他们至少两次改变效忠的对象；他们从一个普通的位置攀升至拥有很大权力的地位是通过吞并与剥夺他人的土地和权利。他们的经历是一个典型，当时在全日本这个或那个豪族都在重复这样的经历，只有处于身在镰仓的一位足利氏成员管辖下的东部8个令制国以及将军核心实力所在的那些地方除外。

　　接连不断的战火充斥整个南北朝时期，不过中间零星的和平时期容许甚至推动了一种非常独特又有趣的文化的发展。只要军事权力中心在镰仓，地方性的封建社会与大都市的平民社会之间的联系只会是不完美的。但是足利氏搬到京都后，畿内就变成了时事上演的主要舞台，那么两个社会往往会在多方面发生融合。因此，我们可以恰当地把14世纪描述为两个群体融合的时代，或者鉴于它们在很多方面是彼此对立的，我们可以称之为两个群体相互妥协的时代。在这个艰难且暴力不断的过程中，武士阶层似乎处于支配地位，因为他们获得了大部分物质利益，但实际上他们受到较为古老的平安宫廷文化的强烈影响。在镰仓幕府倒台之后，日本各地的武士涌入京都，因为协助推翻了皇位的敌人，所以他们前来求赏。法庭挤满了求赏的人，根据1335年的一篇有名的讽刺文章，京都常见的风景之一就是"带着满筐的文件从乡野来请愿的人"。不过当时的日本法律条文很多，公义却很少，只有通过巧取豪夺和暴力才能获胜。这篇讽刺文章还说："这是一个充斥着特许证的混乱的世界。"在这个世界里，"新贵模仿那些强于他们的人"。这里到处是常见的战争的恶果，俄大名[①]（niwaka daimyō）身着朝服，心神不安，穷困潦倒的武士典当自己的盔甲，人们像发疯一样寻找欢愉，富足与贫穷两个极端并存。成功的武士虽然蔑视宫廷贵族，却也渴求他们的教养和优雅。源赖朝的家臣长期以来与贵族保持着严格的、刻意的区分，这时西日本和东日本的很多封建豪族却在京都定居。室町有将军的官邸，附近分别是细川（Hosokawa）氏、斯波（Shiba）氏、山内氏以及诸如此类的氏族首领的宅邸，他们在战火暂息期间在这里狂欢。因此，《太平记》有一章在描述

---

① 又作"突然大名"，原是一种通过模仿大名或大人物来博人一笑的技艺，这里用来指代那些模仿大名或大人物的、突然上位的新贵。——译者注

了足利氏有力的支持者高师直（Kō Moronao）1348年的大战之后，接着描述了他奢华的生活方式、精美的宅邸和花园以及他赢得那些被他多情的双眼看中的、出身高贵的女性芳心的捷径。即使尊贵如君主也无法逃离来自东日本武士的野蛮。名叫佐佐木（Sasaki）的武士的一众下属大摇大摆地在街道上走着，然后掰断了上皇家花园里的枫树树枝。他们遭到责骂，接着发生了打斗，第二天佐佐木派人放火烧了上皇的宫殿。京都一片哗然，将军不得不责罚他。他被逐出京都，但并不觉得窘迫、羞愧，反而带着一队下属欢乐地启程，所有人都骑着马，衣着光鲜，每个人提着一只被关在笼子里的夜莺。他们沿路频频驻留，吃喝享受，与女人嬉戏。《太平记》说这种行为就是为了表达他们对都城贵族和高僧的不屑一顾。

1392年关于继承权的争端不知怎么就得到了解决，那个时候整个国家进入不稳定的平衡状态。足利氏政权得以以适度的效力运转，不知是因为封建领主疲倦了还是因为他们心满意足了。但是从未能像北条执权发展出的执政机构那样对其封臣进行严格的约束，全国各地零零星星的叛乱又持续了几年。但是整体上，日本稳定了两到三代人，接着社会的逐渐分裂以更大的武装冲突和骚乱告终，这也让室町时代走向终结。通过对这期间的政治事件的调查研究，我们得知足利氏的将军们在京都确立了地位并过着富足、讲究的生活，在这个过程中艺术得以繁荣发展，而国家治理却被忽视，直到他们像平安时代的君主和摄政那样，被一群更粗野但更有活力的人取代。最初几年过去之后，足利氏的将军们与源氏的将军们一样，很快变成了名义上的统治者，他们的封臣成了国家权力的真正行使者。第三代将军足利义满（Yoshimitsu）将这种暴发户的徒有其表发展到了极致，这

/ 第十七章　足利氏的将军们 /

种行为是武士阶层发现自己成了京都的主人之后的典型行为。镰仓幕府的统治者满足于相对适中的宫廷头衔，而义满则担任了作为臣子所能担任的多个最高官职，设法获得了不亚于皇室的荣耀。他在1395年退隐的时候，继续在居所金阁寺（Golden Pavilion）执政，像上皇一样。封建武士也纷纷效仿。帮武士获得荣誉的宫廷头衔并从中抽取微薄的佣金是宫廷贵族为数不多的收入来源之一。不过新的贵族，或者说暴发户，虽然想要获得头衔，却不满足于旧派的朝臣所奉行的朴素的优雅。的确，他们后来受到传统京都美学潜移默化的影响，并且被另一种比自己的文化更根深蒂固的文化征服。不过，在室町时代初期，他们把真正的京都人的理想和消遣视为软弱，偏爱更热情洋溢的娱乐。一位大名在提到登基大典的时候说道："这是一场无益的活动，与时代不符。"总的来说，他和同类人都渴求新事物，在刚刚得势的时候往往会背离传统旧习。这是他们再次将目光投向中国的原因，也是他们接受所有看似最新的事物的原因，比如这个时候流行的宋朝艺术家的绘画、禅宗佛教的最新发展。

各个阶层、各个时期的日本人似乎都非常喜欢新奇的事物，从奈良时期他们就带着极大的热情引入了唐朝的风尚，到平安时代他们夸赞的最后一个字是"今めく"（ima meku），即"有现代气息"。因此，室町时代，在大多数旧有的机制和标准受到挑战的时候，人们对现代性的喜爱发展到狂热的地步是自然的。日本在这个时期再次看向中国还有另一个原因。足利义满及其追随者热衷于建筑和装饰，而且他们非常需要钱。与中国的贸易是一个有利可图的收入来源。过去很长一段时间里，这种贸易断断续续地进行着，甚至在平氏掌权的时候，邻近兵库的海港（离现在的神户不远）就已经得到修缮，为的是鼓励中国商船到访；这时中日贸易往来得到正式的促进。元朝灭亡之后，将军幕府派遣多名使臣到明廷规划两国的贸易往来并承诺镇压漂泊海上的日本人，这些人不论作为海盗还是作为"自由贸易者"，都是亚洲东海岸的祸害。中国人似乎并不是特别急于与日本人贸易，但是这些海盗让他们很是难堪，所以同意每年有一定数量的船只往来，不过按照以往的态度，他们把日本人的货物当作附属国的贡品。将军足利义满并没有让民族自尊心阻碍贸易往来，而是接受了条件，只不过没有遵守中国规定的船只限额。这种贸易往来的一个不同寻常的地方在于实际的贸易活动即货物的收发是由禅宗高僧掌管的，当然将军和一些大的封建领主拿走了一大部分收益，同时也通过征收关税和港口费用将这项工作外包并从中获益。在足利氏政权下，禅宗实际上已是官方宗教，禅宗高僧会就宗教事务以外的其他事宜为将军提供建议。为人熟知的是他们用汉字起草给明朝朝廷的信件并监督与中国的商业往来。

  贸易与宗教的这种密切联系或许让日本人有了面对一个世纪以后从西方来的传教士和商人的思想准备。① 不过耶稣会士只是商人的先驱，而日本的僧人则直接参与了商业冒险。日本船只的航行通常是以某些大佛寺的名义进行，而这些佛寺会抽取一定的收益。第一次（1342年）进行这类航行的船只被命名为"天龙寺号"（Tenryūji-bune），因为这些船要为将军足利尊氏喜爱

---

① 严格来讲，贸易商人是传教士的先驱，他们第一次到日本是在1542年，而第一批耶稣会士登陆日本是在1549年。耶稣会士参与贸易，以至于长崎和澳门之间的丝绸贸易中也有他们的份额，贸易所得被用作传教资金。

/ 第十七章　足利氏的将军们 /

的天龙寺带回宝物。后来这种活动越来越多，1451年的时候有一支由10艘这样的船组成的舰队，其中一些船只以神社名和寺庙名命名，比如"天龙寺号"、"圣福寺号"（Shōfukuji）、"长谷寺号"（Hase-dera）；另一些船以封建领主的名字命名，比如"大内号"（Ōuchi）、"大伴号"（Ōtomo），这些领主都是当时有名的商业冒险家。从日本运来的货物通常有铜、硫黄、扇子和漆器，还有大量的剑、戟和其他武器，在制造武器上日本人当时是无人能及的。[①] 有趣的是，给明廷的礼物都是重要的封建领主以自己的名义赠送的，比如山内氏和细川氏，不过他们通常都会收到至少同等价值的回礼。从中国进口的主要物品是铜币、铁、纺织品和刺绣、图画、书籍、药品，不过日本人一般是以物换钱。足利时期主要的流通媒介是中国的铜币，1432年的时候中国人抱怨他们流失了太多的货币并派了一位使臣，坚持要减少日本来华商船的数量。记录显示，来华的商船约有1000石(koku)的承载量。当时还有更大的船只，不过它们在远海沿海岸航行，难以管理。船员约有100人，并且载有乘客。这些乘客一般是商人，既有僧人又有世俗之人，他们在船上租了舱位。与中国的贸易是有利可图的，因为日本的商品在中国能卖到国内价格的四五倍甚至十倍。

这种有利可图的往来促进了海港数量的增加，这些海港已经在国内贸易中占据了重要地位。14世纪接连不断的战火迫使封建武将改善运输设施，因为他们须移动大批的人员和物资。镰仓

---

① 因此，1483年的时候，日本运往中国的剑多达37000把。现存于日本的宋朝杰作当初是拿运往中国的剑换来的，而这些剑在中国没有造成太大的伤害，想想这个还是挺令人愉快的。

畿内各令制国及城市

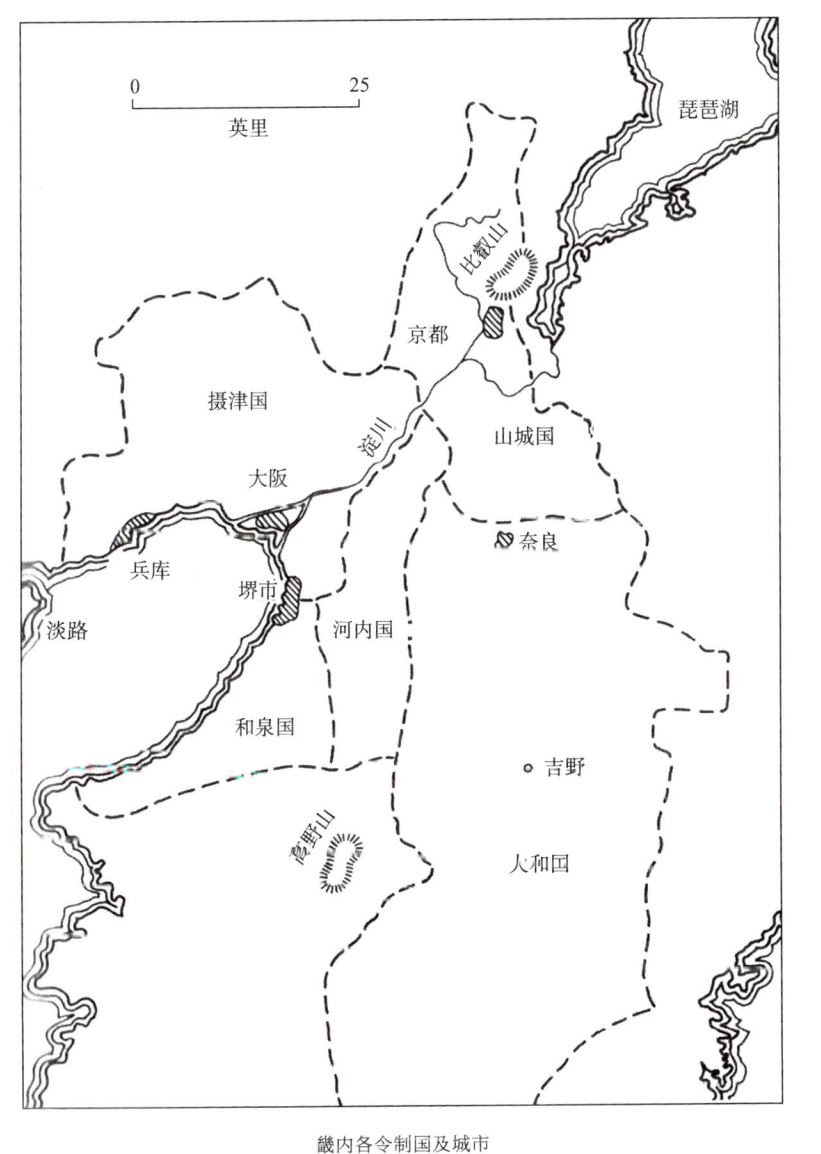

/ 第十七章　足利氏的将军们 /

时代早期，西部大陆和九州的地主尽管远离大海，也不常参与全国规模的战争；不过后来他们的军队在遥远的地区，他们自己也可以在京都和封地之间自由移动。久而久之就出现了一些相对重要的地方性城镇，而那些地理位置得天独厚的城镇后来变成了发达的城市。因此，堺市（近代大阪的港口）起初只是皇室庄园的一个产盐中心，在南北朝时期成为京都和畿内的门户，是从西部和四国（Shikoku）来的武士的必经之地，因此是一个重要的战略点，也是一个军需供应中心。它的地理位置促进了一个由雇佣军和放债者组成的阶层的发展，在成为与兵库相竞争的、海上贸易船只的离岸港口之后，它的繁荣程度迅速提高。

在足利时期，随着时间的推移，堺市的财富增加，而将军的财富减少，所以我们会看到 1543 年幕府向堺市的商人借钱，并以足利氏领地的税收作为抵押。这个城市被授予如此多的特权，在某些方面它很像中世纪欧洲的自治城市。它的居民在某种程度上实行自治并享有一定的司法自主权；而且，因为他们之中很多人是浪人（rōnin，意为"没有侍主的武士"），所以他们知道该如何抵挡入侵者。

这个时期同样也出现了一些其他港口城市，比如周防国（Suwo）的山口、肥后国的尾道、九州的博多。这些城市大多数得到发展是因为它们所在的庄园为有影响力的人所有，而这些人愿意花心思促进其发展。堺市所在的一个庄园归住吉（Sumiyoshi）大社所有，兵库港最初是藤原氏持有的福原（Fukuwara）庄园的一部分，后来为奈良的兴福寺所有，从 1470 年开始兴福寺垄断了兵库港的关税进而获得大量收益。

14 世纪的战火不仅没有阻碍反而促进了国内贸易。封建武将需要供养其军队，而且如果他们成功的话，还需要供养其领地。

尾道港,选自18世纪的一本旅行指南

这些都促进了商品的买卖和运输,而且因为所处的时代动荡不安,所以商人不得不彼此合作,想出能够保护他们自身利益的方法。因此,当时出现了贸易行会及类似的组织,这些组织常常是在很久之前就存在的团体的基础上建立的,只不过现在有了更完善的组织形式。它们往往会接受某个有权势的人或机构的庇护,当然也会为获得的庇护支付费用。这些团体被称为"座"(za),兴许起初指的是神社或寺庙辖区内的市场中分配给他们的"售货摊点"①。它们与宗教机构的关系非常密切而且源远流长。贸易商会依附于某个佛寺,表面上作为佛寺所需商品的供货商,实际上这是他们从事其他活动尤其是放债活动的掩护身份,因为他们发现宗教机构的声望有助于催还债务。室町时代早期的一个特点是放债,当时很多宫廷贵族因为国内战争丢了官职和财产。不过那些从事更合法贸易的商人往往也会形成受人庇护的垄断团体。因此,京都的棉布衣料商行会是由祇园神社辖区内的信众组成的,酵母酒酿造行会附属于北野(Kitano)神社,当因权益受到任何侵害而向法庭或幕府申诉的时候,它们需要这些神社的支持。比叡山的天台寺是仓库管理者行会的庇护者,石清水八幡宫是售油商人行会的庇护者,一些僧兵对都城发动威胁性的袭击是在示威、支持他们的这些主顾。京都的造纸商仰仗的是坊城(Bōjō)氏,金箔制造商仰仗的是近卫(Konoe)氏,甚至连妓女都有一个受贵族久我(Kuga)氏庇护的行会。当时日本地方和都城都有各种各样的行会,而且不同地区的同业行会之间似乎还有一些联络。事实上,日本的"座"和欧洲的"汉萨"(hansa)是并行

---

① 不过其他依附于神社的团体也叫"座",比如歌舞团体;近代用来指代剧院的字依旧是"座"。

发展的,"座"与"座"之间的关系长期以来都被描述为某种汉萨同盟。毫无疑问,进一步的研究会揭示其不同与相似之处,不过"座"显然是足利时期分散化的封建制度下发展出的一个享有特权的商人阶层。它或许已经是这个国家中一个非常强大的群体,但是约于1600年以后统治日本的集权化的封建官僚政治(正如随后章节所讲述的那样)是不允许存在与之对立的自治团体的,因此商业行会的自由权益也会像宗教团体那样被逐渐剥夺。

在一个动荡的时代,被诸如此类的商人和艺人控制的垄断经营,无疑是贸易发展的必要环节,但是易于滋生各种滥用行为。庇护者收取高额的费用,受其庇护的、拥有垄断权的行会成员也会收取高价以弥补亏损。贸易往来的一个严重障碍是各种税费征收体系,或者说是不计后果地增加税费。幕府、治安官、总管、世俗庄园主、武士庄园主和宗教庄园主任意增加关卡,对运输中的货物和人员征税并由此获得收入。在兴福寺的档案中,一份账目显示,将两个华盖运到其位于美浓的佛刹,距离不到100英里,运输费用是1466文(mon),而不少于28个关卡征收的税费高达1496文。运输的总成本(根据稻米价格核算的)约为30英镑,其中一半以上是税费。到室町时代末期,商人有时候靠着协商,有时候凭借武力,来抵制这种不公平的要求,但是他们没能成功废除所有税费。

虽说商人足够强大可以保护自己的利益,但耕农则不尽然,他们无法拒绝公职人员和私人领主的巧取豪夺。尽管如此,室町时代,这些人由于负债的痛苦和对富有之人的嫉恨,不止一次地发动暴乱。这些耕农的暴乱都是紧跟着一场饥荒或者瘟疫发生的,他们攻击的目标往往是一个仓库或一个酿酒作坊,因为仓库管理者往往是典当商人，而酿酒商则囤有人人渴求的商品且富裕得惹人恨。第一次大规模的暴乱发生在 1428 年，此后这种暴乱很是频繁。有的时候治安官能用武力镇压暴乱的耕农，但是他们不止一次地打败军队，破坏了征税的关卡，洗劫了佛寺，抢劫了商人。1502 年，岩佐 (Iwasa) 的治安官及其家人被愤怒的耕农杀害。有时候暴民如此危险，担心他们纵火的大佛寺会敦促幕府让步并宣布所有债款一笔勾销。这被称为"德政"(tokusei)①，但是和北条执权时期的"德政"完全不是一回事。那时实行"德政"是为了保护将军家臣的财产，而这时实行"德政"则是出于害怕，是迫于民众情绪所做的让步。将军足利义政掌权的时候颁布了至少 13 条德政令，更别提由地方权贵颁布的德政令了。军事独裁者能够向饥饿的耕农发起的示威屈服，说明了中央政府是多么懦弱，同样也说明了地方政府是多么混乱。它还说明了暴乱者中有一些贫穷的侍，他们既是武士又是耕农，愿意参加任何形式的斗争或暴动。这时这个群体人数众多，有几位武将将其成员收为己用，变成自己的优势。

这样的暴乱在当时是很典型的，因为人们几乎已经丢弃了忠诚和服从权威的习惯。在社会各阶层甚至最卑微的阶层中都可以看到这种现象。氏族体系崩塌并被家族体系取代，对氏族首领的忠诚被对一家之主的服从取代，甚至还有对同一氏族的其他成员怀有强烈敌意的。当时人们普遍感觉到社会秩序正在瓦解，人人都在争权夺利；那个时期的著作中常常有这样的语句，如"这时

---

① 这个时期的德政条令有很多独特的细节。1457 年，幕府宣布，通过偿还 1/10 的贷款可以赎回被典当的物品，而且为了防止在当铺发生打架斗殴事件，条令还规定只能由妇女在白天取回典当物品。如果发生任何冲突，双方都会受到惩罚。

代位低的约束位高的""当权者软弱,其封臣却强大""主人与仆人之间毫无忠诚可言,当权者无法管控其臣民"。当然,还有常见的对守旧主义的哀叹,这里可以不予重视。不过足利时期的确是一个暴力的、对各阶层重新排序的时期。兴福寺的一位住持在得知一个普通浪人正在努力谋求出云国治安官一职的时候哀叹道:"连一个流浪的人都希望统治一个令制国。"

前面的叙述已经让人对室町时代的混乱和动荡有了一些了解,或许这种不那么连贯的叙述更好一些。它是一个动乱的时代,但不是一个衰落的时代,因为14世纪和15世纪旧的机制中发展出了新的机制,朝着一个比镰仓时代更加成熟的封建制度发展。它最重要的特征之一是作为一个社会单元的家族的重要性增加,近代日本依旧有这种特征的痕迹。在旧有的"职"体系下,权利和职位是可以分割、继承的,这个体系瓦解了,因为在动荡不安的年代,巩固家庭的实力,将其财富交到最强大、最有能力的成员手中至关重要。只要幕府能够保护其封臣远离入侵,一位父亲没有理由不将其财富分给子女,没有理由不相信血缘关系的凝聚力以及大领主的实力。但是当到处都是无序和战火的时候,他不敢,比方说,将自己的财产交给不能保护它的女儿。他也不会允许本属于自己的"职"的一部分传给另一个家庭。相应地,日本出现了男性特权,出现了长子继承的习俗,女性的附属地位就是从这个时期确立的,这与她们在藤原氏政权和封建社会早期阶段享有的高高的地位形成鲜明对比。用长子继承这个词来描述日本流行的继承体系并不准确,因为他们的继承人并不一定是长子,而是最有潜力的儿子;而且如果没有男孩子看似有希望成为这个家庭的荣耀和保护人的话,家主会收养一个合适的人作为他未来的继承人,一般来说这个人会是其男性亲属。当时众所周知的是收养的男子年龄不能与其养父母一样大，或者比他们还大，而且有的时候如果家主觉得自己年迈，无法再积极生活的时候，他会在还在世的时候将财产和家主之位传给下一代。下文是从一个宗教轶事汇编（约完成于 1300 年）中节取的一段，让人可以了解时人对这些事的看法，如下：

> 丹后国有一个人，他虽然是一个小地主（小名，Shōmyō），但是经济状况也不差。他在临死的时候留下了一份遗嘱，得在丧期结束后才能打开。他有很多儿子、女儿，所以当他们打开遗嘱的时候发现他留了一大笔财产给他的长子，给其他儿子的少一些，且依次减少。长子说："既然过世的父亲以这种方式来分配他的遗产，我们无法拒绝……但是如果财产分成这么多份而且（幕府）承认了我们各自的份额，那么我们继承之后会发现自己面临种种困难，每个人的境况都会变坏，无法在世上有像样的表现。因此，最好由我们当中的一人来继承这个家，其他人则在某个合适的地方建造一个隐居之所，皈依佛教，每日祈祷度日，这样可以确保他们在现世和来世得享平安。我自己，虽然是长子，但没什么才能，并且我也知道这一点，所以我希望能从你们中间选出一人来继承这个家。"

最后，这个故事传开了，他们选了第五个儿子作为继承人，其他儿子也定居下来，过着类似僧尼的生活，并且为家主耕种土地。这个有教化意味的故事或许是虚构的，它清楚地表明了那个时代的理想是家族延续、保护家族的财产、增加家族的荣誉，不过这里的家族不是扩散的氏族而是小家庭。换句话说，氏族发展得太过庞大，已经分裂成更小的单元。随着人口的增长、迁移，随着因人口增加、社会结构日益复杂产生的利益分化，氏族自然会分裂。足利时期据说只是加速并凸显了几个世纪以前就已开始的进程，不过这个进程曾因645年的官僚政治改革而有所放缓。这些变化即是日本分裂成一些自治领地的促因，又是其结果，这些领地的聚居者凝聚在一起，其主要原因不再是血缘关系，而是共同利益和近距离。这个群体中的至高者是一名强大的武士，通常也是一个令制国的治安官，依附于他、受他庇护的是那些不那么强大的、在其掌管的领地拥有土地的家族，这些家族与他未必有血缘关系，彼此之间也不一定有血缘关系。大领主的职责是：通过保留其领地内每个家族的实力，并阻止他们以任何于己不利的形式联合起来利用这一实力来巩固自己的权力，攻击其他领主或者抵御其他领主的攻击。次一级武士的任务是确保自己家族的繁荣与延续。所以我们发现，一方面，大领主会不断干预属臣的家事；另一方面，个人会为了家庭的利益牺牲自己的利益。属臣在选择继承家主一位之前，在遗赠任何财产之前，必须获得领主的批准。一些大的封建家族的规章是针对属臣的、围绕这一事宜及其他类似事宜的最为严格的指令。当时尤其注意确保土地或权利不会因为收养或婚姻落到另一位领主的属臣手中。此外，也特别留心武士子女的婚姻以及境况较好的耕农和手工艺人子女的婚姻，以确保他们的土地或劳动不落到另一个领主手中。家族成员依靠家主供养而且必须服从家主，不论他是他们的父亲、兄弟还是一个被收养的陌生人。

家庭作为经济政治单元的发展极其深刻地影响了日本人的生活，现行的民事法律体现了关于财产和继承的中世纪观念的遗留。新的社会结构让首先考虑家庭利益而非个人利益变成一个人的首要义务。因此，它在道德等级中把服从、忍耐、牺牲置于很高的位置；它鼓励养成尊重年长者和权威的习惯，养成言行举止谦恭有礼的习惯；它激励个人保持其姓氏的清白。当然，这些行为理念并不是新的，而是从古老的信仰和习俗之中自然而然地发展出来的。不过封建制度总是倾向于挑出一些看似对它的存续有益的道德理念并加以强调，即便不会否定其他道德理念，也会忽视它们，因此它的规范虽然严格却狭隘。鉴于封建制度的目的是保护经济单元，所以它的基础本质上是物质基础而非道德基础。① 从传令官战时的咆哮和武士的高谈阔论中我们可以听到持续不断的低语：财富！财富！封建阶层领导者既贪婪又保守。因为贪婪，所以它会很容易地宽恕针对这个群体以外的其他人及其财产的罪行；因为保守，所以它催生了一种等级观念，却不怎么鼓励积极主动性。因为家族的利益至上，所以个人的活动受到约束，即便是极其细微的决定也要在漫长的商议和讨论之后才能做出。冷酷无情的社会压力剥夺了思想和行为的独立性，让儿子变成了奴仆，让女儿变成了财产。只有战争才能阻止这个体系走向衰落，因为战争需要迅速抉择、大胆行动。从足利义满掌权的时代到15世纪中叶是不太稳定的和平时期，这之后战乱频仍，甚至和平时期日本全地也会有争斗和冲突。一些大家族在争斗中

---

① 从某些常见词语的历史中，我们可以从侧面获得对封建思想这个方面的不同寻常的认知。比如，家督（かとく）的字面意思是"家庭的统督"，最初指的是一个家庭的家主对其成员的管束，但是从中世纪开始它也指代家主对家庭财富的管理，直到最后人们主要使用这个词的财产继承意义，就像罗马法律中的"家"（familia）后来指代的是家庭房产。与之类似，"总领"（そうりょう）的字面意思是"总的领地"，后来变成假定继承人的称号，在今天的常用用法中，它指代的只是长子或长女。我们已经见到的"职"，虽然最初指的是职位，随后被用来指代土地所有者与土地有关的权利，再后来指代土地。

起起落落，有时候与其他家族争斗，有时候与自己的属臣争斗。这些纷争扩散开来，最后演变成两大敌对的足利氏家族之间的一系列战争，就像足利氏将日本分成两大派别，分别为南北两个朝廷争战一样。1467年，日本爆发了一场大的内战 [这场内战以年号命名，名为应仁之乱（War of Ōnin)]。这场内战主要以京畿或近畿地区为中心，一直持续到1477年，然后战争中心转移到了令制国，直至15世纪末才结束。在这期间，很多古老的封建家族要么败落，要么凭依所剩无几的权力挣扎求存。山内氏在应仁之乱中与其盟友一共集结了近10万人，但是战后变得默默无闻。他们的对头细川氏也是这样。蒙古入侵之后在九州升至高位的少二氏、菊池氏以及斯波氏也几乎销声匿迹。斯波氏在镰仓幕府时期是将军的代理人、北方六大令制国的统治者以及日本中部封臣的大领主。难怪歌人芭蕉（Bashō）在后来的和平年代到访一处有名的战场时说：

夏草萋萋，功名昨日古战场，一枕梦黄粱。
（夏草や兵どもが夢の跡）。

封建家族起伏不定的运势常常会令侍失去持有的地产，因而出现了一些没有土地的武士。那些愿意效忠于另一位领主的武士都能得到好的职位。

其他武士要么漂泊流浪到城镇里，要么加入佛寺成为僧兵，还有一些沦落为足轻（ashigaru），因此催生了一个新的士兵阶层，一种在等级上位列侍之下的雇佣兵。镰仓时代的书籍中就有提到足轻的，不过足轻作为重要的人物出现可追溯到室町时代后半叶。大多数足轻似乎从前都是耕农和奴隶，他们舍弃了负债累

/ 第十七章 足利氏的将军们 /

鸟羽僧正（Toba Sōjō）绘卷

将军足利义持（Ashikaga Yoshimochi）肖像画

/ 第十七章　足利氏的将军们 /

累且被战火破坏的土地。一些封建家族的家规把他们界定为位在耕农之上的一类人,但是他们得穿耕农的衣服。他们是一个无法无天的阶层,为了战利品参加各种民间暴乱,战时既抢掠朋友又抢掠敌人。他们的出现意义重大,因为与之相伴的是封建战争的性质完全改变。源赖朝时期,小地主骑着自己的马,带着一两名侍从参加战斗。而现在战争不是由小规模的骑兵和小规模的近距离厮杀决定的,而是由大批骑兵和步兵的行动决定的。这些变化以及其他一些变化帮助消除了"自由民"和"贱民"之间本就已经很模糊的界限,并形成了两个主要的社会阶层,即士兵和农民。在等级上位居其下的首先是手工艺人,其次是商人。不过总的来讲,内战期间这种阶层还没有确定下来,因为有一段时间人们可以——与从前相比——更自由地从一个阶层移向另一个阶层。

这一时期皇室和室町幕府都没有发动攻击,这不是因为害怕,而是因为他们没有能力。二者之间的区别是天皇贫困潦倒而足利氏过着奢华的生活。或许1500年皇室穷到了极点,因为国库没有钱,所以后土御门天皇(Go-Tsuchimikado)死后六周才得到安葬。同样因为没钱,继任天皇的登基大典推迟了20年。足利氏有很多领地,但是将军们花钱大手大脚,经常陷入财务困境,因为他们一般致力于享乐而不是履行作为掌权者的义务,只有少数例外。足利时期权力的下放达到极限,即便在日本这种权力下放程度都是极不寻常的。这时,几乎已经没有隐居或退位的天皇,主要是因为宫廷无力承担退位和即位典礼的花销。不过,将军因为有"关白"这个头衔,所以是天皇的代理人,他会通过治安官(守护)来行使自己作为军事独裁者的职权,而治安官实际上是自治的。很多情况下连这些治安官都不住在自己的辖区,而是把辖区交给代理治安官管理，代理治安官通过其属臣实施管理，其权力往往比治安官都大。足利氏一直保留着将军的头衔，直到1597年卸任的第15代即最后一代将军死于流放地，就像在他之前的几代将军那样。

第十八章 宗教和艺术

单从表面上看,艺术在这个破坏性的、颠覆性的时代呈现前所未有的繁荣是一个矛盾的现象,但艺术繁荣的原因是显而易见的。首先,日本人不论是出于本能还是出于习惯,始终对色彩美和形式美都有着渴求,这是一种连大灾大难都无法抑制的审美。其次,当时的社会形势不但没有阻碍反而促进了精美物品的创造,因为它们是成功的象征,是满足刚刚得权、得财之人的自尊心所需的炫耀手段。最后,或许这点最为重要,宗教机构足够强大,可以为画家和文人提供庇护。因此,那些小心避开战争和政治的僧侣和世俗之人可以在尚且安全的佛寺画画、写作,或者他们也可以依附于某位选择作为"学问保护人"的大名。我们已经看到封建贵族迫切希望不被当作乡野粗人。京都的高雅之士一直都看不起他们,现在当他们成了都城主人的时候,他们希望能够引人注目。《源平盛衰记》中一个有趣的片段描述了源义经上朝时的情形。书中说:"尽管源义经肤色白皙、举止优雅,在京都如鱼得水,但是宫臣认为他还不如平家的一个废物。"不过现在发生了变化,引领风尚的是武士。伯耆国的治安官名和于1333年护送天皇进京的时候,仪仗盛大,派头十足,被称为"伯耆之仪"。武士阶层不再满足于战场上的荣誉,所以自将军往下,他们开始一边孕育一边享受文化的益处。事实上,他们也的确成功地推动了一些平和的艺术的发展。

不过现实中为之而战的是僧人以及旧制度下孕育的艺术家,因此在描述这种文化的时候,我们最好先描述一下那些使之得以存在的宗教体系。其中首要的毫无疑问是禅宗,它带着镰仓时代武士阶层的热情,得益于武士在下一个时期的绝对支配地位,在将军以及大名的庇护下繁荣发展。就发展程度而言，禅宗即便不能被称为国教，也可以被称为官方宗教。

这并不是说人们为了禅宗的自律而舍弃了其他教义的慰藉。虽然我们得承认侍的道德准则为他们树立了虽局限却崇高的理想，当我们来到记录得相对翔实的足利时期时，我们几乎找不到那种坚忍性情的痕迹，也找不到很多作者喜欢加在武士身上的那种坚定，但英雄传奇故事除外。他们似乎按照职业武士中常见的比例融合了刚毅与多愁善感、坚韧与轻信，他们通常会显现出一种典型的军人在理解政治基本原理上的无能为力。因此，他们受制于精明且博学的僧职人员。足利尊氏与佛寺之间的关系就以一种有趣的方式揭示了封建习俗的这个方面。他的重要导师是生活在1275~1351年、人称梦窗国师（Musō Kokushi）的僧人，是室町时代一个非常重要的人物。尽管荣西可以被视为日本禅宗的祖师，但是在他的教义中融入了神秘的真言元素，而未被更改的禅宗教义是由中国僧人于1214~1280年从其发源地带回的。这种教义被传给日本两大高僧，他们是最早被授予国师头衔的人，一位是大灯国师（Daitō Kokushi），另一位则是梦窗国师。显然梦窗凭借自己的个人魅力和学识极大地影响了很多重要的封建武士，尤其是足利尊氏及其弟弟足利直义（Tadayoshi）。他说服他们仿照奈良时期的国分寺在每个令制国修建一座佛寺和一座佛塔。这些佛寺被称为安国寺（Ankoku-ji），而足利尊氏修建它们的动机有一部分是政治性的。他希望每个令制国都有一个象征着他的影响力已经遍及日本的符号。不过他还希望通过这一虔诚之举让人产生好感，因为此举意在安抚那些在他的战争中死去的人，其中既有朋友又有对手。近代，同样的动机促使大城市的屠夫在迫于职业需要宰杀动物的时候举行佛教诵经法会。梦窗无疑真的影响了尊氏的感情,因为他似乎是出于真正的忏悔而行动的。一些数量惊人的文件留存到现在,有一些是他亲笔所写,文件表明他迫切希望得到救赎。其中一份是他向清水观世音(Kwannon of Kiyomidzu)所发的誓,他祈求观世音怜悯并断言退隐以换取来世的盼望。另一份誓言是他对祇园神社发的,他说自己虽然一直信奉禅宗,但是依旧非常愚昧,他祈求能多活几年,并在此期间觉悟。他感觉或者他宣称自己感觉在废黜后醍醐天皇一事上犯了大罪,所以他做了多种虔诚的事功,以安抚过世天皇以及在战争中死去的人的灵魂。建造天龙寺的目的就是这个,于1354年1~3月抄写全部佛经的目的也是如此。来自各个佛宗的几百多位僧人参与了后一项事功,并且每卷佛经的最后都有由木版印刷的题词,题词是足利尊氏写的。这些案例表明了足利氏及其同僚有着非常广泛的宗教热情。我们不能说他们精通禅宗教义,因为他们还离不开佛经。不过据载,梦窓国师说足利尊氏在一阵狂饮之后总是会在睡前进行长时间的坐禅;的确,禅宗法师对他们的思想有很大的影响,即便禅宗教义对其影响不大。

  天台宗的佛寺为了维护自己的最高地位所做的孤注一掷的努力,显示了禅宗不断增加的权力。自从禅宗成为武士阶层偏爱的佛宗,并且在朝廷迫于禅宗高僧通过将军所施加的压力接受禅宗后,天台宗的处境就变得艰难。一个能证明这种推断的不同寻常的证据是梦窓先后被七任天皇授予国师头衔,其中三次是在他生前,四次是在他去世以后。① 禅宗已经失去早期的那种质朴,也不再满足于简朴的隐居生活。这时禅宗在镰仓和京都都拥有宏伟

---

① 因此他的法号全称由16个字组成,国师二字前有14个字。

的建筑。两地各有十刹五院，在镰仓为首的是北条执权时期建造的建长寺（Kenchōji），在京都为首的则是天龙寺。在这些佛寺佛刹之上的是临济宗的大本山——南禅寺（Nanzenji），它在南部、东部的令制国非常有名，而北部、西部的令制国最偏爱的是曹洞宗。禅宗僧人经常出入宫廷及文武贵族的府邸，他们因学识、智慧以及俳句而备受欢迎，俳句是当时盛行的消遣。总的来说，当时几乎各处都能感受到他们的影响力。因此，他们在与天台宗的众佛寺争斗的时候并不总能获胜这点令人感到诧异。1344年，两大佛宗之间发生激烈争吵，当时有人建议天皇参加天龙寺的落成典礼。我们很难厘清事实，但是显然天台宗的强烈反对导致天皇缺席落成典礼，为了不冒犯比叡山的僧人，他于第二天秘密参加了一场佛事。两大佛宗彼此诋毁，比叡山的僧人得益于长久以来的练习轻松地胜过了禅宗高僧。比叡山的多座佛寺举行各种法会，传阅决议，谴责宫廷与异端往来。这些决议确实穿插着诸如"伪装成僧人的恶魔""错误的见解""邪恶的习俗""国家的敌人"等表述。这一次，天台宗僧人情绪如此高涨，以至于幕府即使完全站在禅宗这边，也不得不妥协。1368年，双方再次发生严肃的争吵。当时幕府支持禅宗的发展，于是天台宗僧人威胁要将他们的神圣标志带去都城。这是他们惯用的威胁形式，一般都会得逞，因为没人敢触怒佛祖，而这些标志象征着众佛的存在。这一次他们一开始并没有吓到武士群体，不得不将自己的威胁付诸实施。他们带着圣辇下山，前往京都，到达由士兵守卫的皇宫，士兵是奉细川氏、山内氏、赤松（Akamatsu）氏及其他有名的将领之命在此守卫的。但是幕府不想动用武力，所以天皇让步，放逐了足利义满的朋友、身居高位的禅宗僧人素川（Sosen）。他们的成功让佛寺受到鼓舞，僧兵发起进一步进

/ 第十八章 宗教和艺术 /

攻。然而，这时幕府已经没了耐心。全副武装的僧兵在再次进入都城前往皇宫的时候遭到了攻击，在损失了一两名僧兵之后，他们丢下圣辇逃走了。甚至在这个时候他们也没有完全溃败，因为他们在对抗南禅寺的时候获得了一些胜利，似乎部分是因为幕府并没有把这些争斗当回事儿，也不在意宫廷狼狈不堪，不过肯定也是因为与僧人相比，在辩论策略上军事将领不过是笨手笨脚的业余人士。延历寺的声望由来已久，被视为都城和国家的守护寺。僧侣深知在与容易糊弄的武人打交道的时候该如何充分利用这些有影响力的特性。而且，必须记住，他们不仅富有而且人数众多。比叡山上一度有3000座寺庙、佛学院以及其他建筑，这些建筑共同构成延历寺。

不过这差不多是天台宗佛寺好斗性最后的闪现，尽管它们继续在可能的时候恐吓京都，16世纪它们在一次内战中覆没，佛寺被焚毁，僧人被剑杀。而禅宗则通过和平的途径增加了自己的权力。我们已经见识到外交与贸易之间的联系是如何紧密。一位禅宗僧人将外交文件汇编成册，即《友邻宝册》(Treasury of Friendly Neighbours)。一个名为妙心寺（Myōshinji）的禅宗佛寺完善了记账方式和佛寺资金的系统化投资。禅宗似乎以其最好的表现支持着一种有用的、实际的智慧，而这无疑让聪明的禅宗法师容易与武士打交道，后者喜欢用简单的答案解决棘手的问题。在一个学识得到重视却不占优势地位的时代，禅宗僧人地位的重要性在于大多数学院在他们的掌握之中。室町时代，尤其是在1400年以后，在上杉（Uesugi）氏的支持以及禅宗僧人的主持下，有名的足利大学的重要性与日俱增。在紧接着的动荡百年中，大部分时间里它都是最大的，实际上也是唯一的中国经典学习中心。它专于哲学研究，其中一个房间还有老子像，当时还有学者从中国来到这里。到 1550 年，它有 3000 名学生，大部分来自日本偏远地区。起初，京都五寺专于研习不那么严肃的内容，比如中国诗歌，后来专于历史研究。简言之，当时禅宗僧人没有渗透的生活部门少之又少，他们的影响力也更大，原因在于他们受人偏爱的地位、实用主义的观点以及其教条所容许的近乎世俗之人的生活方式，这方便了艺术家和文人加入他们。禅宗僧人非常值得称道的是在一个众高僧野心勃勃、众佛宗一味攫取的时代，投身大众的教化。如果我们以当代的喜剧来判断，我们会发现很多乡野僧人是愚昧的、没有文化的，但是在室町时代，寺子屋（terakoya）这种小型的佛教学校有所增加，它们一般是由禅宗僧人管理，负责教导年轻人（甚至是 20 岁的年轻人）阅读、写字。他们还会开设一些简单的道德课程，他们使用的教科书到近代还在使用，其中最有名的莫过于《庭训往来》（*Teikin-ōrai or Correspondence Manual of Home Teaching*）。①

  他们的行为表现出一种日益强烈的民主情绪，假若形势更加有利，这种情绪或许可以改变整个国家的结构。但是这种情绪是在混乱之中产生的，并且最终被武力压制。在这个争斗频频的年代，日莲的追随者很快陷入麻烦之中，从其争强好斗的传统之中我们或许可以料到这一点。日莲指示他的弟子在西日本宣传法华宗，有一段时间他们在京都取得了成功，其中一位高僧日霁（Nissei）甚至被足利尊氏请到幕府，其他一些高僧也得到了像细川氏这样的豪族的赞助。但是当日莲的继仕者日亲（Nisshin）开始于 1440 年以与他的老师日莲一样激烈的方式告诫将军的时候，他被丢进监狱并遭到残酷的折磨。然而，他们在令制国内新

---

① 其道德并不总是值得称道的。比如，它建议那些到京都申诉的人贿赂官员。

增了很多追随者。他们建立了很多中心，作为自治的群体生活在那里，这些群体足够强大，可以抵挡对手的攻击。总而言之，在较为贫穷的阶层中，他们的影响力还是非常强大的。日亲走了几个月才到京都，因为如他所言，沿途的民众太过热情，不愿让他离开。这些追随者大多数是平民百姓、耕农、商人或地位较低的侍，但有趣的是，伟大的画家狩野元信（Kanō Motonobu）也是法华宗的热心信徒。

在遵循祖师亲鸾方针的真宗高僧的引导下，净土宗教义继续发展，其中最值得注意的是莲如（Rennyo，1415~1499），他使真宗声名显赫，位于京都的本愿寺也繁荣发展。不过他不可避免地招致了比叡山天台宗僧人的敌意，1465年他们进攻本愿寺并将其付之一炬。莲如勉强死里逃生，逃到了东北部的令制国。他的教义像野火一样在这些地区传播，因为我们会发现他于1473年在越前（Echizen）一个名叫吉崎（Yoshizaki）的地方站稳了脚跟，他特意选择这里是因为其可作为防守要塞的优越位置。他的追随者（用他自己的话说，他们大多是商人、仆人、猎人和渔人）在这里及其他有防御优势的地方结成了自治团体，并通过进攻及防守保护自己的独立地位，他们与其他佛宗的僧兵争斗，同时也会挑战在其范围内的封建领主的权威。他们对念佛法门及阿弥陀佛全心全意的强烈信仰让他们获得了"一向"（Ikkō）①的称号，他们在16世纪频频发起的反抗和进攻也被称作"一向一揆"（Ikkō Ikki），我们也可以理解为狂热分子的起义。第一次起义发生在1487年，当时他们围困并打败了加贺国的封建领主富樫（Togashi）。自那之后，他们在日本很多地方

---

① "一向一心"是莲如常用的一个短语。

变成了权力最大者,甚至侵夺了封建大名的权利和土地,直到随后一个世纪他们才被打败。

封建领主不止一次与宗教机构联手,有时是为了镇压由土地引起的起义,有时是为了让一个佛宗与另一个佛宗相互争斗。因此,1532年细川氏与日莲宗联合起来攻击一向宗位于山科(Yamashina)的大本营,次年他们进攻位于石山(Ishiyama,今大阪)的本愿寺,不过这座佛寺建在一个有利的位置上,具有防御优势,所以一向宗得以坚守阵地。此外,日莲的追随者最终招致各方的厌恶,并被联合起来的对手赶出了京都。造成如此结果的事件具有非常典型的日莲式特征,它起因于法华(日莲)宗的一位追随者在天台宗的大师宣讲佛法时对其进行责问。这件事发生在1535年。争斗蔓延开来,到1537年的时候,幕府与所有其他佛宗,尤其是一向宗,一起镇压日莲的追随者。不久之后京都爆发了一场大战,大战以摧毁京都21座法华宗的佛寺、杀死很多法华宗的信众告终。这些信众一边打斗,一边喊着"南无妙法莲华经"的战斗口号。双方激战时似乎都不顾生死,因为都相信会在极乐世界得到重生。日莲宗从未恢复其从前的重要地位,这一定是因为它喜好争斗的习性让其内部成员无法形成凝聚力。此外,在日本,净土众佛宗的忠诚力是值得注意的,尤其是从亲鸾那里衍生出的佛宗,它们因对祖师的忠心而凝聚在一起。对祖师的忠心或对祖师的记忆是联结这些群体的一个强大的纽带。它们得以存续不仅得益于其信仰的本质,还得益于其与封建模式的一致性,并且直到今天一些大的本愿寺派依旧是日本信众最多、最富有的佛宗,其源头可追溯至亲鸾创立的早期

/ 第十八章 宗教和艺术 /

教派。①

这一时期神道教的发展值得一提。作为一个由来已久的宗教，它依旧处于佛教的阴影之中，但是仍得以存续，甚至在某些方面发展得很好，这得益于它与佛教教义的融合能力。它的生命力比某些批评者所承认的要更强，这些批评者倾向于将神道教在19世纪的复苏几乎完全归因于政治动机。甚至在最低谷的时期，伊势大社和出云大社都保留着这种古老的信仰，而神道教的基础即自然崇拜有很深的根基，是不会完全没落的。朝廷虽然忽略了神道教仪式，起初是因为热衷佛教，后来纯粹是因为贫穷，但是事实上，神道教的很多神社通过吸收一种极其佛教化的特性，在中世纪依旧有很大的影响力。诸如日吉、熊野、春日（Kasuga）、北野等名字不断在历史上出现，而且我们知道人们也将击退蒙古军队的一部分功劳归于民族神祇。14世纪和15世纪，为皇室运势衰退的形势所迫，神道教似乎出现了某种哲学复苏。北畠亲房（Kitabatake Chikafusa）——南朝的支持者——撰写（约1340年）了一部日本史以及其他基于民族宗教信仰的著作。随后宫廷贵族以及当时最有名的古典学者、太政大臣一条兼良（Ichijō Kanera），基于神圣皇权的象征主义撰写了一部专著（约1470年），糅合了神道教、儒学和佛教的基础教义。与此同时，古老的宫廷占卜氏族卜部（Urabe）创立了一个新的神道教派，名为"唯一（Yuiitsu）神道"。它表面上是激进教派，实际上是一个高度融合的教派。这些运动的折中主义属性无疑有助于神道教的

---

① 根据1928年的官方报告，本愿寺众派共有19701座佛寺，真言宗共有12108座佛寺，日莲宗共有5019座佛寺。他们的高僧人数为16000人，信众估计有1200万人，而日本佛教徒总共有4100万人。

存续。不过需要补充的是，古老的神祇虽然被忽视但并没有被遗忘。它们的名字频频出现在编年史和传奇故事中，武士会向神祇祈求打胜仗，再加上无数古老的传说，人们得以铭记他们。此外，当时动荡的局势也以一种奇特的方式保留了对天照大神的信仰。皇室的悲惨境遇自然让先前的宫廷贵族扼腕叹息，会让他们哀叹尊严尽失，会让他们回首过往而不是展望未来。像一条兼良这样的人开始研究古老的编年史，尤其是《日本书纪》中描述的诸神时代以及皇室血统的由来。一个持保守观点的小团体就此形成，它虽然影响不大，但至少保留了神圣血统。皇室的贫困以一种更加奇特的方式促进了对天照大神的信仰。伊势大社起初是皇室的家族神社，但是当皇库空了以后，神官不得不到别的地方寻找捐助，他们借用了佛教的宗教组织体系（日语称为 kō），即各令制国的信众组织附属于天照大神的神社，并通过少量的供奉维持运转。① 他们鼓励这些组织的成员到伊势神社参拜，并为他们提供参拜的设施，这样一来，对天照大神的祭拜最终失去了排外的特质，变成了大众的、普遍的祭仪，随后几个世纪里大多数日本人觉得他们一生至少应该去天照大神和保食神的神社祭拜一次。伊势神宫的另一个收入来源是出售日历，此前日历一直是专供宫廷的，不过这时它也会准备供大众使用的字符简单的日历。

我们再来看一下足利氏的将军们掌权时期的文学和艺术发展，在这之前我们最好先区分一下几个划分较为合理的文化时期。第一个时期是南北朝时期，止于 1392 年。第二个时期从第三代将军足利义满开始到第七代将军足利义胜（Yoshikatsu，1442

---

① 这种收入来源是如此宝贵，以至于一个神社会将自己的很多信奉者"卖给"另一个神社。现在仍旧存有某一特定组织让渡其一定数量信众的契约。

年）结束，这几代统治者以金阁寺为中心过着奢华高雅的生活；第三个时期是将军足利义政掌权时期，又称为东山时期，因为他在东山建造了银阁寺（Silver Pavilion），并且室町时代的美学之花在东山完全盛开，并在15世纪即将结束、日本又一次陷入破坏性的内部战争时一瓣瓣地凋落。我们不能停下来研究每一个时期的特征，不过重要的是，我们要认识到，短暂的七年间歇期（即从1395年义满退位并搬去金阁寺到1467年应仁之乱爆发，京都变成一片废墟）浓缩为一个极其重要、极其新颖且有活力的文化阶段，就好像艺术急着利用两个极具破坏性的冲突时期中间的短暂和平时期。事实上，从某些方面来说，这个阶段并没有表现出一个面临被破坏的威胁的社会应有的那种焦虑不安与挥霍无度的特征。

我们已经注意到，在动荡年代，是佛教机构保持了艺术的活力。不过必须说明的是，这个时候宗教是它们的"保姆"而不是"母亲"。建筑、绘画、文学都趋向世俗化。或许最能表现这种发展趋势的是关于前文已经略有提及的禅宗机构、名为"五山文学"（Literature of the Five Monasteries）的创作流派的记载。他们的活动可以上溯到13世纪归入日本籍的中国学者，不过他们真正的日本始祖是名叫雪村友梅（Sesson Yūbai）的高僧。他在中国留学20年之后于1329年回到日本，这一年可以被视为"五山文学"流派的创始年。友梅在国外生活期间在各个方面都像一个中国人，中国皇帝为他提供了在一座大佛寺任职的机会，中国文人也称赞他的诗歌，就"五山文学"作品的基本特征而言，这一点非常重要。他有很多继承者和模仿者，其中最有名的是绝海（Zekkai）、义堂（Gidō），二人都是梦窗国师的学生。他们当时非常活跃，在文学界备受敬仰。义堂的文章为他所在的佛寺吸引了大批信众，而绝海在中国待了很长一段时间，作为诗人的他在中国备受尊重。这些人几乎都只从事纯粹的汉文学，尤其是汉诗。他们的雄心是创作能被误以为是中国诗人作品的诗作，尽管我们应对其中国友人的恭维之词不予理会，但是如果我们相信称职的鉴定人，它们的确比藤原时期贵族创作的汉诗要好。虽然这一流派的主要能者是给在京都的捐助者讲学的僧人，但是近代的日本专家说其汉诗"一点没有僧侣的味道"，而是带有最地道的世俗风格。中国模式广受欢迎。封建大领主高度称赞中国的物品。义满喜欢穿中国的衣服，喜欢乘坐中国的轿辇。

这种对中国物品的酷爱是室町时代知识分子界的一个典型特征。当然，当时与中国的频繁往来、对宋朝艺术和文学复兴成果的欣赏，以及禅宗僧人对其中国领袖的依赖都有利于这种酷爱的形成；不过这种酷爱在某种程度上是一种基于当时的焦躁不安以及对异域事物的向往而产生的转瞬即逝的高雅风尚。博学多识、天资聪慧的学者和诗人纷纷效仿绝海和义堂信奉禅宗，但是日本对汉诗的审美品位却随着明朝中国诗歌的衰微而下降。约1400年，"五山文学"流派开始将其注意力放在哲学和历史研究上。其中为首的学者是那些代将军向明朝皇帝写信的僧人；其他学者有撰写学术性神学著述的，有复兴儒学经典研究的；儒学经典研究近年来因古老的京都学派的倒台而被忽视，复兴儒学经典研究的学者或许是这些学者之中最重要的。其中一位有名的人物是禅宗僧人桂庵（Keian），他于1473年从中国学成归国，定居西日本。这个时期将学者从京都和镰仓邀请到自己的领地是岛津氏、大内氏、菊池氏等世家大族的惯常做法，这些学者也更愿意来，因为京都一片废墟，日本中部的生活也不安定。因此，在令制国形成了小的文化中心，它们像早前的国分寺一样促进了知识的传播。不过这个时期知识的获取已不再依赖宗教机构,桂庵虽是一名僧人,但也在萨摩宣讲宋朝流派的中国哲学思想。他将朱熹对《大学》以及其他经典典籍的注解引入日本并在其捐助者的支持下予以复制。这些注解是对中国道德哲学的新阐释,对17世纪的日本思想产生了很大的影响。五山流派的另一大贡献是它促进了历史研究。早期的官编历史只是关于君主的记载,中世纪的编年史更像是传奇故事而不是确切的史记。天台宗住持慈镇(用假名)于1223年撰写的《愚管抄》(*Gukwanshō*)是第一部尝试调查研究而非简单记述过去的典籍。[1]因此,日本的学者开始从哲学的视角来研究历史,如实记载时事,不添加不切实际的修饰。他们大多是僧人。北畠亲房的著作都是支持幕府主张的,所以有强烈的倾向性,不过它在当时是很典型的,因为它呈现出一种以一般原则来详述时事的努力。当时很重要的一类典籍叫"抄物"(shō-mono)。"抄物"通常是僧人所著,内有记录和注解,涉及从儒家哲学到本土历史和文学等多个主题。其中一些"抄物"似乎是他们准备的讲义录,因为是以口语的形式用假名书写的,所以它们是文献学家的重要文献。

对历史的这种新的处理方法其实是对一种与时俱进的新世界观的表达。它预示着中世纪的结束,因为人们只有在旧事物面对

---

[1] 其他同类的重要著作有:《古今著闻集》(*kokonchōmonshū*),完成于1254年,是一部记述平安时期历史的百科全书式的论著;《元亨释书》(*Genkō-shakusho*),完成于1322年,是讲述日本佛教历史的著作,内有传略。当时还有以注解、佛寺记载等形式问世的大量文献,这些文献现在逐渐可以查阅。一些僧侣是非常多产的作家。东大寺的尧年(Gyonen)于1321年逝世,享年82岁,他撰写了127部共1200多册著作,涵盖从音乐到注释再到佛经等领域的知识。
然而,那个时期遗留下来的文献存在令人失望的断层,而这是由战争和火灾造成的。

新事物的压力逐渐消失之时才能够意识到旧事物的有趣之处。对平安时代的宫臣来说，日本没有过去，只有一段野蛮的初创期。他们只关注现在，即便历史对他们而言有些许意义，这里的历史指的也是古代中国的历史、不变的教义、既有的先例；对佛教僧人来说，它指的是圣人的言行举止；对镰仓的武士来说，它指的是氏族之间的争斗故事。不过室町时代日本人似乎产生了一种新的对过去的感知。学者会发现一些能够体现一种对古文物的情感的痕迹，旧的体制摇摇欲坠，他们必须保存自己的记忆，这种感知毫无疑问加强了对古文物的情感。在封建新贵看来，连平安宫廷的繁文缛节都具有古老的珍贵事物的那种魅力；到东山时期，早在14世纪将自己的标准加诸都城的闯入者也在向生活艰难的贵族学习礼仪举止。关白二条（Nijō）教授义满宫廷的先例，足利义政的武将也不再研习《东鉴》之中有关尚武的记载，而是听一位藤原氏的歌人讲述《源氏物语》。

对那些失去财产的从前京都社会的宫廷贵族、官员以及其他成员而言，旧秩序的消逝不只是一种痛惜的感伤情绪，他们的作品中表现的是一种深深的悲观情绪。其中最具代表性的是兼好（Kenkō，1283~1350），他生活在贵族文化向封建文化过渡阶段，是一位等级居中的宫臣。他的作品《徒然草》（*Tsure-dzure-gusa*）由他在隐居之所撰写的随笔组成，他在隐居之所逃避京都的危险和艰难生活；书中有他对生命、死亡、道德和宗教的反思，也穿插着一些奇闻逸事、回忆录和对古文物的简单记载。它向我们呈现了一个心怀不满的、难受地夹在两个社会阶段之间的人物的形象，流露出一丝对近时风尚的感伤和不满。他说："在各样事物上，我带着渴望回顾从前。现代的风尚已从糟糕变成了更加糟糕……至于文学风格，过去的一篇废文都值得欣赏。"他还在一些篇章中简短描述了他过去所在的、现已衰颓的世界之中的繁复的形式主义和美学感知；因为他流畅且带着玩味地描述礼仪之中令人喜爱的问题，他还会在少数语句中提及过去那些打动他的风景、声音和气味。其中有皇室的放鹰者描绘如何向有地位的人呈上野鸡的情节：

> 应当用有花骨朵或者花朵已经凋谢的李树树枝。树枝应有7英尺长，两端粗细均匀，野鸡系在中间。应准备两个树枝，一个用来固定野鸡的鸡爪，一个用来固定野鸡。还有两处需要用爬藤的完整的藤枝处理，先把藤枝的一端剪短，剪到与野鸡长长的尾羽一样长，然后折成牛角的形状。然后在初雪的早晨由一名信使将树枝扛在肩上，仪式性地从中门走过，然后沿着屋檐下的石子路行走，避免踩脏了雪。

此外，还有其他极其细微的细节。按照先例来规范行为的惯例影响很大：尽管封建武士起初不是很耐烦，但是最后也屈从于它，古老的规则继续规范着简单的行为举止。这些反复出现的对审美和理解的看法会使研究成果更丰硕，因为它们浸透进日本人生活的各个方面，深刻地影响了他们的言语和思想。① 它们给美学领域带来了影响深远的成果。它们对行为影响的价值有待商榷，因为它们阻止了自发性的行为，同时也消除了更恶劣的错误行为。

因此，兼好的作品读起来对人也有裨益，它反映了一种由尚好的但有些狭隘的规范塑造的本土情绪，这种规范能引导弱者却不会束缚强者。令他感到喜悦的景象、令他感到感伤的思想，都

---

① 举个简单的例子，表示尊敬的词句源自社会习惯，反过来也会影响社会认知。

曾经感动他的很多同胞。但是作为一位文人，他不是那个时代的代表，而是一位源自前代的幸存者。室町时代的典型文学打破了《源氏物语》的传统，它是对不断变化的社会情绪的一种自然表达，而《源氏物语》则是一个注定消亡的文化的产物。其中最典型但并非最好的文学形式是连歌（renga），它是一种社会现象而非文学现象。一般的连歌由31个音节、两个半句诗行构成，它是自藤原时代以来常见的消遣，第一位歌人给出第一个半句诗行，其他人尝试填写第二个半句诗行。这种惯例一直延续到室町时代，这一时期它已不只是一个受人欢迎的游戏，而是变成了一股热潮，一件需要认真对待的事情，有着极其详尽的规则和复杂的评分体系，这些规则和体系在很多规则和评注文献中都有体现。由此产生了大量专业的老师和裁判［点者（tensha）①，即评点者］，社交聚会中很需要这样的人。对此，一位当代讽刺作家评论道："京都和镰仓到处都是由冒牌歌人和自封的点者混搭的群体。"当时的日志和其他记录表明，几乎所有阶层都会参与这些竞赛。现存的手稿中汇集了一些由天皇和各个等级的贵族起头的连歌，合适的对接诗行会受到青睐，人们会从专业歌人的手中购得连歌，要上战场的士兵或祈求生产顺利的妇女会将连歌供奉在神社中，即便有着低俗的形式，诗歌依旧在日本人的生活中扮演着重要的角色。

人们对通俗娱乐活动的喜爱清晰可见，我们或许应当把日本人对艺术最具原创性的贡献，即能剧归功于这种喜爱。能剧的起源非常早，最初是伴着鼓和其他乐器有节奏地摆弄姿势。

---

① 原文是tensha，实际应为tenjya。——译者注

/ 第十八章 宗教和艺术 /

752年，奈良东大寺大佛落成礼上的乐舞表演（散乐？）

　　这种音乐名叫散乐（sangaku），意思是"散乱的"或与庄严肃穆的仪式演奏相对的不规则的音乐。在752年大佛开眼落成礼上，有各种乐舞表演，这些乐舞被称作中国乐舞和朝鲜乐舞，我们知道在奈良时代和平安时代一些大的宗教庆祝活动中经常会有这种演奏。或许散乐是从中国引进的，不过早期的文献和图画表明它部分是由滑稽动作、特技和杂耍构成的，因此我们可以合理地推测本土的民间舞蹈是在引入之后不久加进去的。喜剧元素一度占据主导地位，我们可以从名字的变化推测出来，"散乐"变成了"猿乐"(sarugaku)。猿乐以及与之类似的模仿舞蹈变得特别受欢迎，当时有名的乐种还有几类，其中"田乐"(dengaku)在镰仓时代发展得尤其好。起初只不过是身穿戏服、扮演传奇人物的人做一些动作，后来逐渐有了戏剧的形式。这中间的发展细节并不清晰，不过我们知道，比如，在1100~1150年，舞者扮演恶魔和龙或者像毗沙门(Bishamon)那样神圣的人物，到室町时代开始频频出现名为"能"的表演，"能"是"田乐"和"散乐"中的戏剧性的插曲，或是由"田乐"和"散乐"演变而来的变体。"能"字义是"能力"，当时指的是一场完成的、专业的表演，是由专业人士筹划、排练的，这无疑与或多或少的语言和动作表演形成了对比。

《太平记》中一个著名的篇章描绘了1349年夏天一场大型的户外田乐能剧表演，当时有上千名观众到场。这场演出的目的是为修桥筹集善款，在干涸的河床上举行。在场的不仅有地位卑下的平民，也有将军（足利尊氏）和摄政以下的身居高位的官员和武将，以及各级神职人员。这场表演是以两组表演者彼此竞争的方式进行的，是当时常见的方式。篇章对场景给予了细致的、看起来相当宏大的描写。舞台上铺着深红色和绿色的布，并以虎皮和豹皮装饰。焚香的气味弥漫在空气中。金色织锦制成的布帘在微风中摇曳，像跳动的火焰。随着绝妙、悦耳的音乐响起，所有人都为之振奋。然后两组表演者排成行走上舞台，跟着长笛和鼓的节拍，年轻俊美的小伙子们从东面休息室上台，英俊的僧人们则从西面休息室上台。小伙子们身穿闪亮的丝袍；而僧人们搽了少许粉、化了妆，并且牙齿也被涂成黑色，[①]身穿色泽艳丽的

---

① 这是京都贵族中流行的风尚。

上了色的且织有绝妙图案的衣服。他们表演了一部新剧作，一个表现山王（Sannō）神社传奇故事的"猿乐"，一群八九岁的孩子在舞台上活蹦乱跳，翻跟头、爬栏杆。现场热情高涨。观众站起身来，又是跺脚又是呐喊，他们用力过猛，一部分临时搭建的舞台塌了，随之出现恐慌的局面，强盗利用这一局面抢劫那些已死的人和奄奄一息的人。剑被拔出，这一天以流血杀戮结束。

这篇描述以及其他叙述清晰地表明当时已经有几个相互竞争的流派，各流派之首是已经有了名气、名字被载入史册的人，能剧经历了很长的发展才成为用音乐、舞蹈和语言来阐述主题或叙述故事的舞台剧。不过它仍然需要几位有才能的人予以完善，其中有观阿弥（Kwanami，1333~1384）及其儿子世阿弥（Zeami，1363~1444）。他们从前文故事中描述的那种舞台表演（即猿乐）中受益，世阿弥说他的父亲总是会归功于在他之前的其他乐种的大师，比如田乐名人一忠（Itchū）。观阿弥是一位神道教神官（职名为"祢宜"，negi），职位不高，附属于受将军足利义满捐助的奈良春日大社。足利义满是一位美学家，他无疑因观阿弥的表演而着迷，不过他也偏爱俊美的男孩子，并且现在有非常有力的证据表明他被尚为少年的世阿弥的魅力迷住。因大师的庇护以及民众对精彩表演的审美的不断提高，长期以来依附于神社和佛寺的贫穷的、被视为与流浪者无甚差别的散乐表演者的社会地位突然上升，他们之中最有能力之人开始与身居高位的人交往并受到厚待。观阿弥的学识似乎并不高，但他的确是一位艺术家。他和他的儿子都因与上层有教养的人物的密切往来而受益。为了满足他们的美学要求，父子二人创造了一种新的戏剧表演。他们的成就在于将现成的诗歌、音乐、舞蹈素材巧妙地融合在一起，因为能剧的这些元素十分传统，近乎平淡无奇，但是观阿弥——一位有着很高的戏剧价值感知的艺术家和世阿弥——一位有才华的创作者，共同从中创作出一种新的、完整的美学形式。

这些剧作的文本很少是原创性的，大多数由常见的和歌片段组成，这些片段被整合成一个叙事体或抒情体的篇章。在描述日本人的诗歌天赋时，常常会有其诗歌天赋没有持久的爆发力这种说法，总体来看这种说法或许足够准确。但是，日本文学中依旧有歌人努力摆脱简短诗节限制的痕迹。长篇叙事诗集《万叶集》似乎并无直接的后继者，不过像《平家物语》这样的传奇故事本质上是具有史诗特质、伴着乐器吟唱的诗歌，而且能剧中的"脚本"，借用那些作品中的事件和语言，或许是对某种想要有一个可以容纳更多内容的诗歌介质的愿望的回应。甚至这个时期连歌的流行也可以被视为人们对简短、单独的诗节不满的证据。信仰阿弥陀佛的众佛宗中更流行用简单的日文写的佛教和赞（wasan），其中一些和赞篇幅相当长。

能剧的弦乐是由长笛和鼓演奏的，我们这里只能说弦乐最重要的特征是节奏及其与吟唱的词特别是演员的动作之间复杂精细的关系。舞蹈是这些能剧中的主导元素，其他都是辅助元素。那些熟悉更受欢迎的戏剧艺术即歌舞伎（kabuki）的人会认识到，在这里，戏剧表演最重要的时刻一般不是生动的语言而是生动的场面。一场戏剧表演会持续发展直至达到高潮，这个高潮以演员摆出并保持一个复杂姿势为标志，因此演员通过姿态而不是语言来表现情感的张力。能剧的舞蹈更能清楚地表明它的源起，因为它在发展的早期阶段就已经定型，而歌舞伎是后来出现的，它经历了更加自由、更受欢迎的发展。

对于能剧的艺术价值，日本作者和外国作者之间存在很大的分歧。不过，它在文化史上的重要地位是毋庸置疑的。虽然它是多个传统的宗教、世俗元素的混合物，但是能剧作为连贯的戏剧形式的确是观阿弥及其流派的创造。从这个意义上讲，它是原创的、独特的。除了元朝和明朝时期舞台剧的普及可能会对它带来间接的有利影响之外，它的源起并不能归功于中国。它引用中国的诗歌和传奇故事，但其素材从来不是明朝中国流行的文学，而是日本人已经熟悉的长达数个世纪的选集，这些选集这时也是他们民族文化遗产的一部分。有人说能剧是由在中国剧院看过表演的禅宗高僧引入日本的，但并没有任何迹象表明禅宗对能剧脚本的语言和观点有直接影响，而脚本中满是当时备受欢迎的阿弥陀宗的思想和术语，而且它们还保留有重要的神道教元素，而这无疑源自它们与各大神社由来已久的联系。不过，毫不夸张地说，禅宗对能剧有间接影响：剧作者和演出者的主要表演对象是那些持禅宗美学标准的人，而且不论能剧的文本内容如何，其结构、表演的方式和气氛与禅宗的审美标准都是一致的。谨慎地避免老生常谈、避免平淡无奇和突出强调随处可见。最强有力的影响是那些通过影射、暗指和限制获得的影响，在这方面，能剧与受禅宗原则约束的当代绘画极为相似。世阿弥在其著作中主张写实［物－真似（mono-mane），意为"模仿事物"］应当是一位表演者的主要目标，不过很明显他考虑的并不是较为粗糙的对形式的模仿，而是更加细腻的对实质的表征。近代能剧表演者蔑视欺瞒观众［外连（keren）］与任何近似于再现欺瞒行为的姿态，如哭泣。这是能剧的精髓，既体现在细节中，又体现在其整体架构上。它们有力地证明了形式美学的重要性，表明了一些看似没有潜力的素材是如何被打造成一种美学类型的。

严格的惯例、僧侣式的风格、刻意的节制都确保它们不会背离纯粹的审美。但是，从另一个方面来讲，它们是对畏首畏尾的正统观念的表达，即便有所改善，它们的效力也还是降低的。或许这就是为什么学习日本艺术的西方学生偶尔会感觉到他所面对的是稍微不那么有活力的事物，他会冒着成为美学异端的风险选择更加任性地耗费精力，选择一种虽无规范但巨大的丰富。不过，如果他偶尔会无法容忍这种刻意的、不自然的唯美主义的话，那么他也会厌恶夸张的表现形式。他肯定会欣赏这个时期精美的水墨画。他可能会把茶道、香道和正式的花道中做作的规则视为令人痛苦的限制，不过他一定会臣服于雪舟（Sesshū）及其流派的令人折服的简洁。

　　从历史上说，这些大师依赖于宋朝的中国先驱。[1] 这一流派最具代表性的是（那些也绘水墨画的无名画僧除外）默庵（Mokuan）和可翁（Kaō），两人都是日本僧人，其创作来源是伟大的中国画家牧溪（Mokkei），甚至近年来他们有时也会被认为是中国人。默庵一直在元朝中国创作，直至去世。进入15世纪我们会发现两大画家吉山明兆［Michō，又名兆殿司（Chō Densu，逝于1431年）］和灵彩（Reisai，活跃于1435年），二人的作品大多是宗教绘画，不过留下了内有禅宗精髓的水墨画。与同时代的、比他们略小的如拙（Josetsu，约1410年生）、周文（Shūbun，活跃于1414~1465年）和雪舟（1420-1506）相比，他们的名气还要小一些。如拙的真迹现存的只有一幅，是足利义满画像。不过他在当时备受敬仰，他的笔名"如拙"（意思是"看似笨拙的"）取自学者绝海的赞誉之词，他以典型的禅

---

[1] 接下来的资料得益于我的好朋友、仙台帝国大学（今东北大学）福井教授（Professor R.Fukui）的出色研究。不过，观点不是他提出的。

/ 第十八章　宗教和艺术 /

宗式的似是而非的语言说他的一幅画"看似拙劣但画技精湛"。雪舟说他画画是跟周文学的，而周文又是如拙的学生。现存有很多画作被认为是周文所绘，但是能够确证是他所绘的很少。不过，五山文学中依旧有对其画作的夸赞，从中我们可以得知他中等身材、性情温和、长相普通，甚至有些傻乎乎的，还可以得知他的长相与其天资不符，因为他非常多才多艺，既是一位有才华的雕塑家，又能用手中的画笔施展魔法。有趣的一点是，他曾于1423年到访朝鲜，而且他是将军的御用画师，将军会给他发放津贴。尽管其他画师名气更大，但是周文才是这一流派的真正始祖，而且一些人认为他才是该派最好的画师。他的名气如此之大，以至于在逝世后仅几年的时间里，他的多幅画作就被挂在了将军的居所，而这一荣誉直到那时都是留给中国大师的。在他之后还有很多才华出众的画师，这里我们只提及最有名的，比如蛇足（Jasoku，即曾我蛇足，活跃于1452~1483年）、启书记（Kei Shoki，活跃于1478~1523年）、能阿弥（Nōami，1397~1476）、芸阿弥（Geiami，1431~1485）、相阿弥（Sōami，1472~1523），后三位是父、子、孙关系，是日本美学历史上的重要人物。能阿弥是僧人，也是将军足利义政的宠臣。义政在1474年退隐后，到东山的银阁寺过着舒适高雅的生活。在这里他和他的小群体欣赏、品鉴宋朝的绘画和珍贵的茶道配件——瓷器，讨论书法的优美，或者在月光中望着庭院，创作合宜的和歌。在这些消遣活动中，能阿弥是一位权威的审美人士。他不仅在熟练地处理主人宝物的过程中变成了一个很有权威的鉴赏家，而且也精通茶道、香道、连歌、造园等难以驾驭的艺术，他还是一位杰出的画家，师从周文，崇拜牧溪。目前留存下来的并无确系他所绘的画作，但是他的美学影响深远、广泛。他确立了严格的评鉴标准，芸阿弥和相阿弥将这些规则固定并保留了下来。他为高雅的品位营造了纯净的氛围，只有像雪舟那样优秀的艺术家才能有所发展。

我们认为雪舟的作品绝妙、清晰地阐述了禅宗的审美标准和世界观。但是反过来，我们不能认为足利时期的绘画源自禅宗理论，或者认为其之所以精湛，是因为时人罕见地独家发现了一个美学奥秘。在讨论外邦的艺术和风俗的时候，我们必须谨慎，以免会强调它们偶然的奇特性，忘记它们与我们自身艺术和习俗本质上的一致性。当下形而上学的观念甚至本土习惯可能会以这样的方式影响艺术家的行为，不过艺术不被哲学束缚是它的幸运。艺术家创作的动力不是理论而是渴望，那些宣传东方艺术始终是异域的、无法理解的人是于真相无益的。这里围绕流派、影响、倾向所做的评论只可被视为一个历史框架下的细节。比如，我们很容易也很乐意详述室町时代艺术的精神元素而忽视当时艺术发展的纯技术层面。禅宗风景画和人物画精妙的简洁肯定是与艺术家看待自然的心境相一致的，不过这种简洁性也在很大程度上得益于他们的工具和材料，比如特别适合绘出清晰线条和渐变涂层的画笔、墨汁、吸水纸；得益于书法训练，艺术家才能以惊人的驾驭能力使用这些工具。飞鸟雕塑的线形拟古主义不是简单的由理论带来的成果，而是将飞鸟雕塑模型中的石刻工艺转化为铜刻工艺之后的成果。

即便如此，东山时期的美学圈是文化史上一个极为重要的现象，其重要性与其规模一点都不成比例。在周围的一切化为废墟的时候，这个小型的贵族、僧侣和艺术家群体——遗憾的是我们对他们的生平细节没有更多的了解——不仅维持而且促进了艺术的发展。他们在平安时代高雅之士偶然形成的且不完全的文雅

/ 第十八章 宗教和艺术 /

以及精妙感知的基础上，新增了一种理性的、更为普遍的美学感知，因此即便他们的头脑充满幻想，但他们还是脚踏实地。激励他们的是这样一种信仰，即自然界的万物都是由同一个灵来充满的①，而它也是参禅之人的目标，即通过净化自我头脑中以自我为中心的思潮，来实现一种平静的、凭直觉感知的与宇宙的同一性。这种不明确的、超验的观念应当始终受到质疑，毫无疑问它们遮盖了很多怪异和虚伪。不过这种信仰确实是一种真正的灵感来源，并且它决定了一大部分东方绘画的对象和处理技巧。

当然，西方文学中也有大量内容表达了这种与自然的亲密感，不过西方文学总是以人类为中心的。华兹华斯年轻的时候面对美好的事物会欣喜若狂，更成熟一些的时候他能听见"无声而忧郁的人性之歌"。不过禅宗画师和歌人——他们的诗歌和画作往往很难分开来讲——认为人和自然之间不存在对立，他们感知到的是同一性而不是亲密性。他们感兴趣的不是生命表面上的不眠不休的运动，而是（如教授姊崎所说）透过变化看到的那种永恒的平静。所以，像能阿弥这样一位优秀的鉴赏家才会高度认可一位评论家这样评论他所尊敬的一位中国画家的作品："它是一幅静画。"雪舟的风景画尽管笔锋遒劲，但是也有这种珍贵的、美妙的平静特质，就像是画家抓住了美的核心和本质，然后以极简的方式将其表达出来。这是对小小一张纸上寥寥数笔水墨的最大方的夸赞。不过我们最好也强调一下这一流派在艺术史上的重要地位；而且不久西方将会更加熟悉雪舟及同时代其他画家的名

---

① 这种信念萌芽于原始的自然崇拜，但在这里，因着佛教法身的概念，它被赋予了一种哲学的形式。法身是佛祖的"真身"，不是他以人的形态出现的化身，也不是他在极乐世界的报身，而是融入自然界万物的那个灵。

字，而不是现在代表日本的那些言过其实的人物的名字。欧洲很久之后才异常罕见地发现日本诗歌中出现的那种对自然的神秘之爱。当布莱克领悟到"一沙一世界，一花一天堂"的时候，他所领悟的是中国和日本的诗人早在多个世纪以前就表达过的内容，这差不多也是禅宗造诣常见的一种境界。同样，当中国和日本的水墨画大师通过精确的简约技法来呈现形状、质感、光线和距离的时候，相较于欧洲绘画，他们的作品中早早就出现了印象主义。

　　有人会问日本艺术为东方艺术做出了多大的贡献。这个问题很难回答。不过可以说，即便它的灵感和中国有细微的关系，那么它也得到了彻底的归化。雪舟在旅居中国（1467~1469）之后回到日本，说他见到了名山大川，走遍400个郡县去寻找一位大师，但是徒劳而返，因为他没有找到能够与周文和如拙相媲美的大师。雪舟或许是一个超越了时间和国界的独立存在，不过周文以后日本出现了一个独有的流派。

　　足利时期绘画的发展方式和整个历史时期日本艺术所展现的发展方式相同。它先是引用一种外来模式，并且忠实地遵循这种模式，直到它在适当的时候受到本土性情的影响，进而由此衍生出一个带有明显的日本特性的流派。宋朝和元朝水墨画大家的声望起初是不容置疑的。水墨画画家的精湛技艺超越了藤原画家以及镰仓绘卷物画家细致的着色和精美的线条，这部分是因为禅宗和道教思想的影响（它们一致偏爱简约的表达形式），不过很大程度上是因为每一位有活力的画家都能够抑制用这种新技法探索令人神往的可能性的愿望，它可以通过简单的材料获得巧妙的效果。全世界的艺术家是一个靠直觉感知的族群，都倾向于先创作然后再做哲学思考。艺术史学家往往会颠倒这个过程。当

/ 第十八章　宗教和艺术 /

然，将这个时期的日本艺术发展归因于禅宗的"影响"是简单且宜人的。不过对大和流派黯然失色的一个更加合理的解释是最伟大的、最有活力的画家被新的技法吸引，而那些不那么出色、机械的画家则延续了旧的风格。现在有一种倾向，即把所有的"水墨"（suiboku）——这是日语对由水彩和线条构成的黑白素描的叫法——描述成"由几笔粗犷线条绘成的简单水墨素描"。这的确如此。但从规模来讲，很多足利时期最好的绘画都是微不足道的。不过其中一幅画作即雪舟的风景绘卷是花费相当大的精力持续创作而成的。它不是多幅素描画的随意组合，而是有一个节律，有自己的构造，可以与一部由相互交织的动机组成的交响乐相媲美。典型的日本流派狩野派的破墨（haboku）技法就是从这种绘画而非禅宗的说教画中衍生出来的，狩野派的创始人是狩野正信及其儿子狩野元信。

日本一直非常重视职业继承，不仅商人和工匠如此，画家、诗人、历史学家、医生、律师，甚至哲学家也是如此。没有合适继承人的家庭依赖收养。因此，我们会注意到一个有趣的事实，即这两大流派的联合是通过狩野元信与当时旧风尚的主要拥护者土佐光信（Tosa Mitsunobu，1434~1525）的女儿的联姻实现的。较早的各个流派中只有土佐派保持活力。在其他传统风格中成长起来的画家如明兆（属于宅磨派）选择了中国技法；而土佐派除了拥有一定的官方地位外，还培养了一批有才华的画家，其中大多数是绘卷画家，这些画家的主题都是从民族历史（宗教史或世俗史）中选取的，所以很难用表现主义的手法来处理。此外，光信也是一位优秀的着色师和构图师，他也用水墨作画，所以在联合的时候土佐派也绝非一无所有。事实上，作为一个独立的画派，它存续了很长一段时间。而纯粹的汉风，尽管影响了后来所有的绘画，但随着东山美学群体遭到战争和混乱局势的削弱而逐渐衰落。不过，在日本居于最高地位长达数个世纪的是狩野家族创立的流派。狩野正信尤其是狩野元信都是技艺高超的画家，他们深入研习了中国的大家，不过他们开创的风格却有着绝对的本土特征。

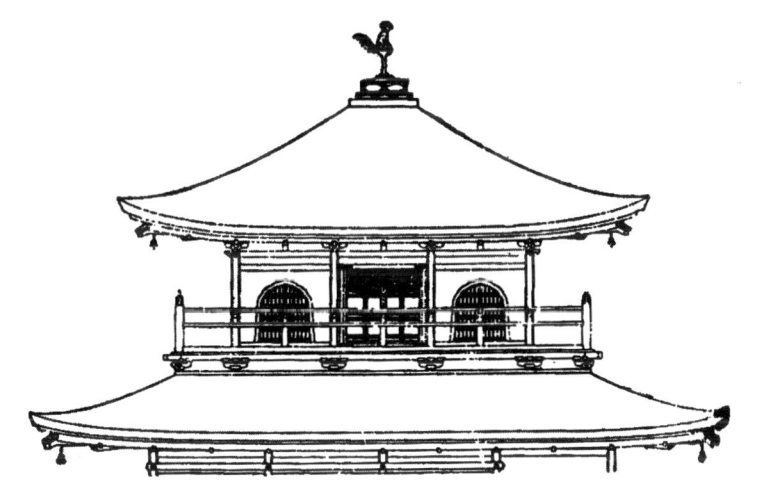

金阁最上层（侧视图）

  简单地浏览一下其他艺术，我们对足利氏的将军们在位时的文化就有了一个完整的研习。建筑以一种有趣的方式表现它的特征。这个时期的少数遗迹中，金阁是最重要的建筑，是与法隆寺与平等院凤凰堂并列的历史遗迹。它坐落在一个庭院之中，俯瞰并略微悬置于一个湖池之上，庭院中原本还有镰仓时代一位京都贵族的乡间别苑。它是室町文化的典范，因为它是一个能够体现刻意的唯美主义的作品。它的设计和选址是为了与庭院相协调，而这个庭院本身也是一个极其刻意的甚至可以说文雅的设计作品。事实上，在设计者的头脑中，建筑和庭院共同构成一个完整的整体，建筑的形状与石头和树木的分布一样重要，这些石头和树木都是精挑细选的，仿造的是明朝的样式，并且被赋予深奥的、有象征意义的名字。通过对金阁及其布置的细致研究，我们能够阐明当代美学理论中的很多要点。不过这里我们只能讨论它的主要特征。金阁一共三层，最底层有起居室，从建筑风格上看是典型的神殿造。中间一层是混搭风格，带有装饰精美的屋檐。中间一层或许是足利义满用来举办乐会、诗会及其他娱乐活动的。最顶层是禅宗式的风格，只有一个房间，被用作佛堂，里面奉有一尊佛像。金阁内部贴满了金箔，正是这样的装饰才让它有了金阁之名。对不知情的游客来说，金阁是一座令人失望的建筑，因为它既没有宏大的规模又没有奢华的装饰，不过它依旧是技术和艺术上的一大胜利。据专家所言，它的技术优势体现在成功地融合了多种建筑风格，并且建筑的轻巧则一定是通过大胆舍弃那个时期公认的安全限度来实现的。至于它的美感，则依赖于协调和精准、恰当的比例，正是因为这种恰当性，所以它无法给粗心的欣赏者留下印象。

金阁和约于 50 年后由足利义政建造的银阁都是我们在那个时期的绘画和戏剧形式中见到的精致的简洁性在建筑上的体现。美一定不能是凸显的，它须是恰当地隐藏于事物表面之下的，等待鉴赏家凭借培养的品位将其召唤出来。鉴赏和创作都有其神秘之处。

我们很难说这些审美标准是从哪里来的。它们不是对一种转瞬即逝的风尚的表达，而是与一种古老的习惯相一致。早期的和歌中，尤其是《古今集》序言之中就有这种习惯的痕迹。这时已经出现"幽玄"（yūgen）一词，后来像世阿弥这样的艺术家常常用这个词来形容他们想在自己的作品中表达的那种特殊的美学特质。平安时代的美学标准，尤其是那些未受佛教直接影响的标准，大体上依赖的是暗示和影射的效力。镰仓时代，禅宗赋予过度柔和的平安文化以纯度和力度。室町时代早期，禅宗的理念更为普遍，且中国文化的影响深入艺术之中。随后这些多种多样的元素彼此融合，形成了典型的日本审美，其他民族没有与之类似的审美。尽管它形式薄弱，却一直延续到今天，渗透进各个阶层。不过必须承认的是，它得艰难地抵抗机械文明的压力。

当然，这是对一种美学发展的粗略总结，每一点都有待确证，不过东山时期似乎确实形成了一种独特的、明确的日式标准。除了禅宗外，其他道德和学术的影响都已经减弱。艺术和文学已经脱离宗教传统，并且在摸索新的表达方式。在这样一个战争时期，人们从茶道那种刻意的简单与宁静中寻求慰藉或许是自然的事情。[①]日本和外国的作者围绕这一主题写了很多内容，但要么片面，要么言过其实，要么荒唐可笑。狂热的人会让人觉得茶道大师能够解答关于审美或举止的所有问题，这是荒唐的，因为研习这一奇特现象的历史的学生会发现它是一个很容易就会陷入空洞且随心所欲的形式上的信仰，或者陷入一种徒有其表的简约。不过它潜藏的观感是值得欣赏的，我们可以在日本人生活中最意想不到的角落里发现茶道的痕迹，所以任何一个学生都不能忽视它的历史。茶道本质上是一个聚会，按照规定的礼仪进行，具有相同艺术审美的朋友简单、安静地围坐在一起。在一个只有

---

① 茶道。将军足利义政在能阿弥的建议下开始接受茶道，能阿弥写信给他说，"有一种名为茶道的艺术"，并解释说僧人珠光花了三十年研习茶道。这表明它在 15 世纪早期还是一个较新的美学流派。

大灯国师（Daitō Kokushi）肖像画

圣一国师（Shōitsu Kokushi）肖像画

/ 第十八章 宗教和艺术 /

少许几件精美物品的小房间里，按照一个严格的规则备茶、饮茶，宾客认真地讨论某件艺术作品的优点，可以是他们正在用的一件器具，也可以是一只有着明亮釉彩的碗，或者是墙上悬挂的一幅看似浑然天成的画，或者是一首诗、一件插花作品。

这样的聚会，尤其是在节俭、克制的早期禅宗信念的影响下，是为了让人从俗世的烦忧中抽身，安静地欣赏美。这种细微的仪式装点能够鼓励人们举止优雅、审美规范。不过这种信仰很快就失去了其简单的特征，至少在富有的人当中茶道开始变得奢华、繁复。将军足利义政在位时期，茶道是一种花费高昂的贵族消遣。禅宗僧人珠光（Jukō，被视为茶道的始祖）确立了茶道的规矩，这些规矩的基调是克制、简洁。但是他自己是一个鉴赏力无人能及的鉴赏家，并且会和能阿弥及其他专人一起帮助义政花费巨资收集瓷器和绘画，并在义政位于银阁的茶室里品鉴、欣赏。

银阁是一座不是很重要的建筑，这与其名称并不相符，不过它是文化史上的一个标志。它是一座三层建筑，没有金阁雅致，也没它华丽，展现的建筑技艺也不及金阁精湛。事实上，它简单到近乎平淡无奇的程度，不过它的这一方面表现了义政圈子的审美。建筑上，它的主要意义在于展现对宗教样式和家用样式的折中，以及一种新的住宅式样即书院造（shoin-dzukuri）——专业人士将书院造视为近代日本住宅的前身。相邻建筑东求堂（Tōgūdō）也采用了同样的式样，被义政用作祭祀的地方。东求堂有一个小房间，这是大小为四帖（一帖等于1.62平方米）半的典型茶室的原型。毫无疑问，茶道对后来日本人的房屋布置有重要影响。比如，常见的壁龛（tokonoma）尽管较早的时候是做装饰用的，并且绝大程度上得益于禅宗高僧和茶道大师的习惯，但他们在其中摆放绘画或花瓶而非神龛。

银阁坐落在东山上,而且足利义政收集的大多数珍宝得以留存至今,被称为"东山御物",这些宝物得到了精心的保护,动荡时期被送至安全之所,历史上每一次易手都要有正式的文凭作为担保。或许其中最有名的器物是一个小茶入,名为古贺(Koga)茶入,是禅宗僧人道元(Dōgen)于1277年从中国带回的。这个茶入起初为古贺(?)家族所有,历经变迁,先后流转到将军、大名和富裕百姓手中。现在它的价值难以衡量,所有者是一位有名的收藏家。珠光本人也购买了几件有名的器物,其中也有一个小茶入,因形似九十九发茄子(Tsukumo Nasu)而有名,义满曾高度赞赏这个茶入,但1615年在大阪被围困之时,这个茶入遭到严重损坏,后经修复,几经流转,最后被近代的一位富商收藏。另一个器物也是由道元带回的,它是奈良一位富人松屋源三郎(Matsuya Genzaburō)藏品的一部分,他因拥有三件极品器物而有名,分别是一个盘碟、一幅画、一个小的茶入。这个茶入就是道元带回的,后来落入萨摩领主岛津氏手中,1928年岛津氏以13000英镑的高价将其出售。

茶道大师教导其弟子的节俭和近乎粗野的简洁也仅此而已。不过即便他们未达到严苛的理想状态,我们也无须控诉。在历史学家眼里,足利氏的将军们通常是不合格的、自私的统治者,他们没有为国家做出什么贡献;作为政权管理者,他们也没什么值得描述的。然而,如果我们将他们与民族历史上更受尊重的人物进行比较,会发现他们似乎也像伟大的武将和政客一样为后世做出了贡献。封建政策遗留的痕迹只有战争,但是义满和义政则通过其应受谴责的纵情享乐不经意间留下了宝贵的遗产。正是因为他们自私地渴望推动对外贸易,日本才有了那么多中国的艺术珍宝,尤其是宋朝、元朝、明朝的绘画和瓷器。正是在他们的资助

/ 第十八章 宗教和艺术 /

下，高雅的艺术依旧能够在一个审美和学问的绿洲中繁荣发展，而绿洲周围尽是战争和暴行的沙漠。几乎所有的应用艺术，尤其是制陶工艺，都得益于他们的茶道，而茶道行家都是要求严苛但慷慨的主顾。尽管他们自己独特的文化很快就消逝了，但也是在它赋予美学传统以形式和实质之后才消逝；尽管经历了诸多变形，但从本质来看，它仍然延续了下来。

足利时期主要政治事件

1338年　足利尊氏成为将军，定居京都，但是内战持续到1392年。

1358年　足利尊氏死后，足利义诠继任。

1367年　足利义满继任，日本开始与中国进行外交和贸易往来。

1392年　皇位继承权之争结束，后小松（Go-Komatsu）天皇在位。

1395年　足利义满退隐并在金阁继续实行统治（死于1408年）；义持继任。

1400年　日本多地爆发封建战争，经济处于持续动荡之中，其表现形式是瘟疫和饥荒。

1467年　应仁之乱爆发，第八代将军足利义政掌权（1449~1474），封建权力再分配。

1477年　应仁之乱结束，但大部分令制国的战争仍在继续；足利氏的将军们无能为力，而皇室几乎已经破产；中央政权瓦解，大多数令制国处于无政府状态。

1500年　整个日本陷入战火之中。

第六篇

战国时代

第十九章　处于战火之中的国家

第一节　政治局势

15世纪末到16世纪末被日本历史学家称为战国时代（Sengoku Jidai）。的确，整个15世纪战火几乎从未中断，从一个地区蔓延到另一个地区。自应仁之乱（1467年）爆发以来，战争都是地方性的，几年之内日本没有一个令制国得以幸免，都陷入贵族领主之间或宗教机构领主之间的武力争斗之中。像镰仓末期那样，整个国家再次陷入围绕封建权力再分配的斗争，不过这一次是决定性的、最终的。

在足利氏将军们统治早期，因为中央政权不论在内政上还是在军事上都很软弱，所以一些有权势的氏族为自己开拓了大片领土，在那里他们几乎是独立的统治者。到15世纪末，日本的封建制度呈现出"被截短"的特征。地方等级制度是完整的，但是国家等级制度却没有最上层，因为天皇和将军都没办法强迫地方领主执行自己的意志。尽管这些地方领主宣称对天皇甚至对幕府忠诚，但他们其实是自治的诸侯，统治着自己的家臣，维持着自己的土地，实施自己的法律。我们已经注意到其中一些大家族的势力，比如于室町时代早期得势而后失势的山内氏。其他一些氏族也应予以提及，他们的名字占据了日本中世纪年鉴的很大篇幅，比如武田（Takeda）氏、上杉氏、大内氏、尼子（Amako）氏、伊达（Date）氏、今川（Imagawa）氏。这些渴求土地、野心勃勃的掌权者始终记得通过进攻或结盟来扩大自己的领土，因此和平依赖的是罕见的权力平衡。显然这种国家状态是无法持续的，未来肯定得有进一步的争斗来推动封建制度走向成熟，而这得通过一个比其他所有集团都强大的单个集团或多个集团的联合体来实现。这场争斗范围如此之广，时间如此之长，完整地描述需要很大的篇幅，不过我们可以简单快速地总结出它的主要特征。应仁之乱前夕，日本约有260个封建家族（大名）；到1600年的时候，除了十几个家族外，其他家族要么消失，要么湮没无闻，而取而代之的得势的家族数量则更少，他们起初往往只是家臣或者位居末端的次级家臣，有的则是完全默默无闻的人。那些幸存的家族大部分是在日本西部或北部偏远地区根深蒂固的家族，在那里他们远离中央权力的影响。这些家族有萨摩的岛津氏、陆奥的南部氏（なんぶし）、先在越后后来迁到出羽的上杉氏。除了这些在近百年的战争之中出现的封建贵族以外，还有一个新的贵族阶层。可以毫不夸张地说，到1600年，日本统治阶层已经重新洗牌。一位权威专家甚至说现代日本人要想从国史的角度研究本国的文明，他只需要追溯至应仁之乱，因为在那之前的国史可以说是外国的历史。这是一个极端的观点，不过它也说明了在这个处于危难之中的年代，政治和社会变革是多么广泛。只需一个案例就能说明它剧烈动荡的局势。12世纪在周防国崛起的大内氏在足利氏掌权的时候变得极其强大。他们在南北朝的皇位继承权争端和其他重要的政治问题上扮演着很重要的角色；他们的军事实力强大到连周边的权贵都不敢发动攻击；他们掌管着大片领地，范围至少涵盖6个令制国。在他们的领地内有一个名为山口的城邑，内有一个重要港口，我们已经看到很多学者和宫廷贵族从荒废的都城迁到这里定居。在16世纪早期，山口是一个繁华的文化中心，甚至也是一个文雅之地。1551年，在大内氏的封地待了几个月的圣方济各·沙勿略（St. Francis Xavier）把大内氏描述成一位君王，日本境内权力最大的一位领主。然而，在不到10年的时间里，大内氏已经不复存在，取而代之的是毛利（Mōri）氏。毛利氏一脉源自大江广元，广元是京都的法学家，曾为镰仓的源赖朝政权建言献策。1550年，他们还只是大内氏的小小家臣，只有1000名侍从。到1600年的时候，毛利氏不仅统管着前任领主的所有领地，还吞并了其对手尼子氏的领地，所以毛利氏是13个令制国的最高统治者；1868年王政复古之前日毛利氏一直是日本最强大的五大家族之一。

类似的过程全日本都在上演。16世纪上半叶，它是一个破坏的过程。从前的集团瓦解，没被破坏的群体重新排序。接着，随着较为软弱的群体在争斗中被淘汰，集团得到一定的重组，而且在16世纪后半叶即接近1560年的时候，争斗演变成6个集团之间的对立，直到1600年才结束，其中一个集团获得霸主地位。

从某种意义上讲，在走向稳定、有序和统一的过程中，应仁之乱之后，日本会不可避免地出现混乱，因为日本人坚定果断、理智清醒，是不会容忍无限期的无政府状态的，而且他们的国家也很小，容不得两位统治者。事实上，正如我们现在所看到的，16世纪的战争和政治动乱虽然有失体面且具有破坏性，却从未导致制度上的衰退。不过，尽管一个稳定的中央政权的恢复是自然之力的结果，但是自然之力是借由伟大的人来发出的，而这些人的天资正是时代需要的。他们当中具有代表性的当属织田信长（1534~1582）、丰臣秀吉（Toyotomi Hideyoshi）、德川家康；下文在讲述他们的成就之时还会简述其生平，并以此作为对重建时期的历史的总结，而这个重建时期以1615年德川家康占据无可争议的支配地位告终。

织田信长的父亲是封建氏族族长，其祖上定居在尾张（Owari）国，出身卑微。他的父亲在16世纪早期在牺牲邻近地主利益的前提下获得了一定的地位，并获得了还算可观的财富和军事实力。信长在此基础上，靠着大胆、巧妙的谋略打败了一些对手，并借此将自己提升到了一个与一些大名比肩的位置，可以追求所有人都垂涎的东西——被皇室任命为将军，或者至少被任命为副将。我们可以认为一位足够强大能够被授予这一头衔的武士已经处于支配地位，这样的头衔只是一个荣誉而已。不过，将军这一职位仍有很大的声望，他至少在理论上拥有对本国所有武装力量的指挥权。那么任何抵抗将军的大名严格意义上讲都是叛逆者，而这样一个事实即使不能抵挡将军极其胆大的对手，也会让他们在攻击皇位的代理人前踌躇一番。将军这个头衔会让持有它的人拥有一个与他势均力敌的其他人所没有的优势。因此，在信长巩固自己在尾张国、三河（Mikawa）国、美浓国的地位，通过联姻和与相邻令制国的其他联盟保护自己的侧翼和后方的时候，他引起了在位的正亲町（Ōgimachi）天皇的注意。处于困境的天皇记起信长的父亲曾在上一任天皇在位时帮助了拮据的宫廷，所以他先后于 1562 年和 1567 年两次暗中向信长求助。在这期间，信长虽然遭遇了一些挫折，但是仍进一步扩大了自己的影响力，而且这时离京都非常近。当时的将军足利义辉（Yoshiteru）在遭到叛逆大名攻击之后，府邸被焚毁，他本人也在府邸自杀。他的弟弟义昭（Yoshiaki）即将军的顺位继承人，成了流亡者。信长在做好了适当的防范措施后，向京都进军，占领了这座城市并且推立义昭为将军。不久之后他本人成了事实上的将军，足利氏不再掌权。① 不过他并没有制服所有的敌人。北部、东部、南部和西部都有虎视眈眈的大名，甚至每个大名的军事实力都与他相当。不过，他有虽危险但明确的优势，即他身处中部且是事实上

---

① 严格意义上讲，足利义昭一直是名义上的将军，直至 1597 年去世。

的皇室代理人，而且极其幸运的是，他的同伴秀吉和德川都是有才之人，二人一个是备受他信任的武将，一个是他的盟友。秀吉是织田家雇佣的一个足轻的儿子，他作为一名普通武士从军，很快就获得了军衔。家康是今川家的一个地位较低的家臣，在侍主被信长打败之后，他投靠了织田氏，并让自己的儿子娶了信长的女儿，在信长南征北战的过程中一直做他的副手。

这三人所面临的任务是征服或说服他们最强大的敌人，尽管这里我们无法详述他们的胜利，但是我们可以提一下，到1573年他们已经打败对他们的后方和侧翼构成威胁的越前国与近江（Ōmi）国的大名，并且控制了畿内。不过他们的控制是不稳固的，而且他们之所以能够维持这种控制，更多是因为信长的运气而不是才能，因为他的两个最危险的劲敌——甲斐国的武田信玄（Takeda Shingen）于1573年逝世，时年53岁；越后国的上杉谦信（Uesugi Kenshin）于1578年逝世，时年49岁——壮年早逝。值得注意的一个事实是，尽管信长有其他需要应对的劲敌，但他还是将所有精力集中在镇压佛寺上。受镇压的不仅包括比叡山的僧侣——他们的好战习性我们在前文已有提及，还有与他的对手结盟且时不时地会让他非常难堪的其他佛寺。有人曾说，15世纪末的时候，佛寺几乎已经快要得到日本的世俗统治权，不过没有足够的证据可以支撑这种对其权力的高估。就像封建武士往往会有派系之分一样，佛教也会分裂，而且没有一个佛寺足够强大，可以独自与一个实力中等偏上的大名作对。有几座佛寺处于极好的防御位置，但是它们的组织不够有序，无法远距离征战，而且就算它们做了很多努力去争取军事支配地位，封建领主也几乎不可能效忠佛寺，他们只勉强愿意效忠将军本人。在日本，以教义为由实施迫害的记录非常少，不过中世纪的历史表明日本的封建领主绝不会允许宗教机构干预重大政治事务。在信仰上,他们宽宏大量,包罗万象,甚至到了荒唐的程度,而且天资聪慧的僧职人员肯定间接地对他们施加很大的影响;不过我们必须考察关于像日莲那样有政治头脑的僧人的记载,为的是探明当他们的活动与封建利益冲突的时候,他们很快就会被镇压。的确,幕府多半出于迷信引起的恐惧,会忍受比叡山众佛寺的种种行为;但是僧侣对都城的袭击只是地方性的,一旦他们开始参与争夺封建最高权力的斗争,崛起的军事领导者就会毫不留情地把矛头对准佛寺,把它当作一股政治势力彻底击垮。信长于1571年派了一支军队去镇压摄津顽强反抗的佛寺,这些佛寺大约在一年前给他添了麻烦。至于比叡山,尽管他的追随者对针对这样一个神圣的地方采取极端措施有所顾虑,但是他还是围困了比叡山上的3000座佛寺,并将其付之一炬。被围困的人要么被火烧死,要么被剑杀死,鲜有死里逃生。他没收了比叡山的土地并在山两侧较低的地方建造了牢固的城池,防止佛寺死灰复燃。尽管这或许是信长极端手段中最为极端的一个,但是在整个生涯当中,他对所有大的佛宗的敌意从未减弱,尽管他与一些禅宗僧侣的关系还算和睦。比如,1581年,他焚毁了和泉国的一座佛寺,因为它抗拒对其土地的调查;同一年,他还威胁毁坏真言宗位于高野山的一座佛寺,因为它藏匿了他的敌人。不过,他最负隅顽抗的对手是所谓的门徒(Monto)宗,又名一向宗,我们已经了解到它们稳稳地扎根于大阪的石山本愿寺以及各令制国,并于15世纪频频发动叛乱,反抗世俗权威。16世纪,一向宗的忠实拥护者肯定阻碍了信长征服敌对者的进程,因为他们经常与后者联合起来。虽然他们负隅顽抗,但是信长最终还是打败了他们。三河国的一向宗非常强大,1560年之后它又连续多年处处为难家康,直到家康在与之敌对的佛宗的帮助下压制了它。1571年，信长在尾张国被一向宗的僧兵击败，次年他再三进攻，但都以失败告终，最后靠着当时流行的卑劣计谋才得以获胜。他假装议和，将他们诱出据点，并设下埋伏，全歼了他们。然后他于1572年进军加贺国和越前国，并击溃了一向宗在那里的僧团势力，一向宗的僧团，自战败封建领主富樫以来，已在那里存续了近100年。甚至这个时候他都未能控制这个顽强的佛宗，因为僧兵在本愿寺加筑工事坚持抵抗。自京都的本愿寺于1465年被比叡山的僧侣摧毁之后，石山本愿寺就成了他们的总部。1573年，信长第一次尝试占领它，但是他的武将因此一役受挫，他未能靠进攻或谋略彻底攻陷它，尽管他用这两种方式尝试了十多年，据说有一次他投入的兵力多达6万人。最终，双方达成妥协，本愿寺搬迁到另一个地区。

可能会有人提出反对，既然一向宗能够抵抗如此强大的军事压力，那么就不能说这个时期的佛教机构没有威胁说要篡夺世俗权威。不过，我们必须记得大佛寺的军事胜利大多数取决于与封建领主的联合。这些封建领主欢迎任何于他们各自的争斗有益的助力，而一旦目的达成，他们就会背叛盟友。本愿寺长期存在得益于它的防御位置以及它从信长的对手——西部的毛利氏和东部的武田氏那里获得的支持。① 此外，从某些方面来看，差一点就战胜世俗势力的一向宗到16世纪中叶已经算不上是宗教机构了。它的僧侣和住持既不遵戒律又不守斋戒，他们结婚，并且像世俗之人一样参与时事，他们之所以能够在封建斗争中对抗世俗势

---

① 比如，毛利氏于1576年夏向被围困的本愿寺送去了700船大米。他非常愿意看到信长忙得不可开交，这样就能延缓他对自己领地的进攻。

力，是因为就其同化程度而言，他们已与封建领主无异。毫无疑问，一些重要的僧职人员如本愿寺的住持光佐（Kōsa）即显如（Kennyo）的目标是获得最高世俗权力，不过事实是他们从未实现这个目标，而且这种情况下这个事实非常有力地证明了他们不可能实现这个目标。

  信长虽然没有完全粉碎但还是抑制了宗教机构的抵抗，因此他和部下接下来的任务就是制服日本中部和西部的大领主。他的军事总部这时位于近江国的安土城，他可以轻易离开位于京都附近的大本营来这里，因为这是一座兴建于1576~1579年的新城池，日本还是第一次兴建这种城池。它与日本当时的其他建筑一样都是木结构，但是它建在一个厚达70英尺的房基上。从坚固性上讲，它比日本先前的防御工事先进得多。这或许是受到了西方城池的影响，因为那个时期日本已经知道了火器，长达一代人之久。自1542年葡萄牙人到来后，他们也对欧洲的战争方式有了一定的了解。如果不对信长与这些外来人的往来加以叙述的话，我们对其生平的介绍就不算完整。当时，耶稣会传教士在日本扮演了重要角色。不过我们首先来探究与其军事事业有关的记载。信长将进攻毛利氏的重任交给了秀吉，他于1577年带着一支精选的强大军队从安土城出发。接下来的五年里，秀吉将毛利氏从7个重要的令制国赶了出去，在1582年一个不满的武将杀害信长的时候，他已经将毛利氏逼到了一个不利的地位。信长在被杀之前已经控制了日本一半以上的令制国——那些环绕在都城四周的、战略上最重要的令制国。他的地位虽然稳固，但也不是牢不可破的。日本要再次实现统一，还需要更多争斗、更多谋略。

  秀吉有一段时间处于危险之中，这种危险既有来自敌人的又有来自从前的盟友的。他与家康出现了嫌隙，不过在一番操作之后，二者达成和解，共同完成了信长开启的大业。1584年，秀吉被任命为摄政（关白），尽管他本人希望成为将军。仅在一年前他感恩地接受了天皇授予的通常由等级较低的朝官担任的四位官职，这一事实表明没有实力、没有财力的宫廷依旧是最令人垂涎的荣誉的来源。他现在开始清除阻止他完成对日本的军事统治的障碍。他镇压了惹人心烦的位于纪伊（Kii）国根来（Negoro）的真言宗佛寺——其僧兵配有火绳枪——他还威胁但最终放过了高野山的佛寺。他与北方的一些大名结盟，然后出发准备击溃位于九州萨摩的庞大的岛津氏。岛津氏（12世纪是贵族庄园的总管）处于全盛时期，实力很强，征战的路途遥远、艰险，所以他号召辖内的所有令制国帮助他筹集了一支25万人的军队和可使用一年的物资。① 秀吉先是给岛津氏开出了慷慨的条件，但是被拒绝了。然后他调动大军，没怎么费力就让萨摩的统管者屈服并效忠于他。他扣留人质并将九州切分给了地方氏族和他的家臣，不过他对岛津氏非常大方，将他们的大多数地产作为新的封赏赐还给他们。这发生在1587年。

现在需要征服的、尚未归顺天皇或摄政的氏族首领只剩下两个。一个是身处陆奥国和出羽国要塞的伊达氏，一个是位于伊豆国、相模国及其周边地区的北条氏。于1500年崛起的北条氏与北条执权虽然同出一脉，但属于不同的家族。秀吉出于惯例，首先给出了友好的提议，提议被拒绝后，他非常审慎、细致地开始了击败他们的活动。三支军队（共计20万人）从京都出发，从三条不同的线路进攻位于小田原的北条氏要塞。北条氏的城池牢

---

① 这些数字看似庞大，但并不罕见。岛津氏的档案表明，1581年他动用了11.5万人围困一位敌对大名的城塞。

固且防御严密，所以秀吉不得不在城外驻扎下来，进行一场旷日持久的围困。京都的高台寺（Kōdaiji）保留有秀吉在驻扎之时写给妻子的一封信。信的部分内容如下：

> 现在敌人像笼中之鸟，没什么危险，你不必担忧。我想念少主（即他尚在襁褓之中的儿子鹤松），但是我觉得为了未来，为了这个国家能够太平，我必须抑制这种思念。你切莫忧虑。我会照顾好自己的身体，甚至接受烧灼术，所以没什么好担忧的。我已经给所有大名下令，告诉他们我们要在小田原驻扎，他们要把妻子接过来。因为我已经宣布要长期围困，所以也想让淀殿（Yodo-gimi，他的妾室，也是鹤松的生母）过来。我想让你告知她并为她安排行程，告诉她，她是除你以外最讨我欢心的……我非常高兴能收到你的来信。我们离城池不过二三百码，并且围绕小田原设了两道防线，不让任何人通过。东部8个令制国的人都被困在防线里面，如果我们攻破了小田原，就打通了通往出羽国和陆奥国的通道。这两国的面积相当于全日本的三分之一。虽然我日渐衰老，但是我必须做对国家最有益的事情。所以我有意做辉煌的大事，我也做好了长期围困的准备，有充足的金银和物资供应，为的是凯旋，留下声名。我希望你能理解这点并告知每个人。（1590年5月17日）

城池于7月被攻破，伊达氏听到这个消息决定宣誓效忠秀吉，近一个多世纪以来日本第一次实现和平。但过了不久秀吉就想再度出征。在一两年之内他重启了一项似乎在1577年征服毛利氏期间构思的计划，即远征中国。①

人们对他的动机存有大量疑问。我们可以确定主导动机是他的野心；或许他觉得他最好把自己创建的强大的物质力量用于某项新的事业，以免家臣再度陷入争斗之中。我们还要注意，自室町幕府时代开始，日本人就喜欢海上冒险，而且日本人的冒险活动并不都是和平的。那些于15世纪和16世纪威胁中国和朝鲜沿海地方、迫使明朝皇帝巩固海防的海盗，并不总是散乱的抢掠者，他们是由领地在西日本沿海令制国海岸边的封建氏族首领控制的有组织的团体。尤其是大内氏，经常会组织甚至指挥海盗大规模地劫掠中国和朝鲜。中国关于1550年前后突袭的记录表明当时有10艘或20艘船靠近其海岸，每艘船载有50~300人，他们会登陆并接连抢掠沿海城镇。在当时海盗是一个受人尊敬的职业，一个贵族的儿子也有可能从事这一职业。当时人们也渴望从事合法的贸易。秀吉授予一些船只文书，允许他们每年去一次安南（即越南）和柬埔寨。而正如我们所提到的，一些大的封建领主急于扩大与中国的贸易往来。他们会耗费相当大的精力实现某种垄断。我们甚至可以说，秀吉夺得霸权以后，各封建领主的领地几乎已经固定下来，对土地的争夺转变成对其他形式的财富的争夺，他们自然会到海外寻找新的收入来源。总之，秀吉很容易就集结了一支远征中国的力量，他要求朝鲜国王允许他借道朝鲜，但是国王没有同意，因为中国是朝鲜的宗主国。一支近20万人的军队在九州的大本营进行了周密的准备之后于1592年乘

---

① 秀吉继承了信长征服中国的想法，信长曾对耶稣会士提及自己的想法。弗洛伊斯（Flois）于1582年写信给耶稣会总会长，说信长"决定在征服了毛利氏、掌管了日本66个令制国以后，组建一支无敌舰队，用武力征服中国"。

船渡过对马海峡，一路北上，一支分遣队抵达平壤（古时乐浪郡的治所），另一支分遣队到达中国东北边界，图们江边的一个地方。中国人开始警觉起来。带着那种有趣的面对所有外敌时的轻视，他们只派了5000人去应对日本入侵者。这一小股力量很快就被消灭了，不过到这个时候日本人已经意识到他们处于尴尬的境地。他们必须赶在中国派出更多的军队之前撤退，几乎在登陆一年之后他们就撤离了朝鲜，只留下一小支军队据守北方沿海地区。中国使臣于1593年来到日本议和，但是直到1596年双方才最终达成和解。不过中国使团到大阪城的时候，向秀吉出示了皇帝的信，在信中皇帝赐予秀吉"日本君王"的称号，不过信中明朝皇帝高人一等的词语表达让秀吉大为恼火，未及回信他就遣走了使团。他的怒火似乎很快就转移到了心怀不满的朝鲜人身上，1597年他再次派遣军队到朝鲜，但遭到了朝鲜和中国军队的强烈反击，遇到了严重的粮食补给问题。到1598年末，日本在一些激烈的战斗中赢得胜利，屠杀了数以千计的中国和朝鲜士兵；不过当秀吉逝世（1598年9月）的消息传来的时候，双方都已经厌战并开始议和。日本人在撤退之后就放弃了远征国外的想法，直到近代。日本放弃这种想法是再好不过的了，因为连续6年的海外冒险让它损失了很多士兵和财富。

  我们可以想到，秀吉逝世后，紧接着就是围绕谁应该作为秀吉继承人展开激烈争论。接下来几年的政治历史复杂而且有些模糊，不过它演变成德川家康及其盟友与一群桀骜不驯的大名之间的较量。家康的敌人包括毛利氏、岛津氏、上杉氏等强大的氏族，他们虽然被秀吉制服，但未被摧毁。1600年10月，双方在关原之战中进行了决定性的较量。家康胜利了，他再次分封了土地，这让他得以避免更多的负隅反抗。在这一过程中，他遭到一些人的坚决反对，直到1615年，在围困大阪的过程中，在摧毁了一些坚持支持秀吉家族继任权的群体之后，他才为德川氏赢得了统治日本的权力，统治时间长达250年。

本多忠胜（Honda Tadakatsu，1548~1610），家康远征时的同僚。来自一幅当代肖像画

/ 第十九章　处于战火之中的国家 /

第二节　与西方的第一次接触

这些就是战国时代主要的政治事件。我们现在可以回顾一下日本社会发展和制度发展的重要方面。信长的一生主要是在做摧毁的工作，为新的大厦的建造清理出了地方，而新大厦的建造是由秀吉开始、由家康完成的。不过信长在世的时候，日本开始了一些给稍后的历史留有重要印记的运动。1542年——具体日期并不确定，三个葡萄牙人乘坐的前往宁波的中国帆船遭遇台风，他们被迫北上，并在种子岛登陆。种子岛是离大隅国不远的一个小岛，当时还是岛津氏的领地。他们受到热情的欢迎，携带的火绳枪也引起了极大的轰动。还没有见过火器的日本人立即开始复制，数个世纪以后火枪在日本仍被叫作"种子岛铳"。周边领地很快听闻了这些人的到来以及他们带来的武器和其他绝妙的物品；与此同时，沿中国和马来西亚海岸定居的葡萄牙人在听闻发现日本之后，立即准备远航去往这个新的市场进行贸易。两三年内——一定是在1549年之前——多艘葡萄牙船只到访九州的港口，葡萄牙人也去往京都。他们将京都描述为一座拥有9.6万间房舍的城市——这是对其他证据的一个有趣的证实。这些证据表明，在经历了使京都沦为一片废墟的应仁之乱后，京都的人口仍旧超过50万人，比当时欧洲任何一个城市的人口都要多。

几年之间，来自澳门和果阿传教团的耶稣会士紧跟着贸易商来到日本。贸易商都是葡萄牙人，传教士也都是耶稣会士，因为这个时期教宗确定了葡萄牙在东方从事精神活动和商业活动的专有权利，而于1540年成立的耶稣会也是在葡萄牙的领土上建立的第一批神学院。从日本和西方往来的历史来看，这两大事实带来了重要的结果，即通过与欧洲贸易商的早期接触，日本对武力扩张阶段的国际商业竞争有了了解；通过最激进、最坚定的基督教派，它对基督教有了最初的了解。

1549年，沙勿略和其他两名西班牙耶稣会士在鹿儿岛登陆，在萨摩领主的全力支持下，他们在那里传教。一个传讲陌生教义的陌生人不仅没被攻击，反而被各个阶层鼓励，佛教高僧也会恭敬地聆听葡萄牙人能够做出的关于天主教信仰的阐释，这一事实表明了日本人的宽容。很快沙勿略就给150位信徒施了洗礼，不过他们对这个新宗教的了解一定很模糊，因为日语是一种非常难的语言，而基督教义又很难阐释。① 或许因为这些早期皈依基督教的信徒没有完全理解相关的教条，耶稣会士最初几年的传教才有了如此快的进展。至少有一份早期公文把他们描述为在宣讲佛法的一群人。他们的仪式与佛教的相似，他们的教义或许看起来也类似阿弥陀宗某种新的令人宽慰的形式，他们崇拜的是与观音相似的慈爱的圣母玛利亚。不过早期基督教在日本取得的成功还有其他更有说服力的原因。就时间而言，第一个原因是封建大领主渴望从对外贸易中获利，一些人认为这也是第一重要的原因。我们已经看到这种动机变得如何强大，从日本人和葡萄牙人早期的记录中我们还可以清晰地看到九州的一些大名为传教士提

---

① 传教士开始的时候遇到了极大的、几乎难以克服的语言困难。沙勿略在第一次布道的时候似乎无意间劝告日本人信奉大日如来，认为大日如来在日语中指的是至高无上的神。对"上帝"一词的翻译是基督教宣教的一个严重障碍，因为汉语和日语中都没有一个词能够确切地表达基督教中的一神论。在中国，传教士围绕"上帝"一词的汉译进行了激烈的讨论，直到克雷芒十世（Clement X）在1715年颁布的《自登基之日》(*Bull Ex illa die*) 中给出界定。不过，康熙皇帝并不认可其中给出的论点，他在《自登基之日》汉译本的书边写道："在读完这个诏令之后，我只能说外邦人是思想狭隘的族群。"
在考虑外国哲学和宗教在日本的发展时，我们应该始终铭记这个语言问题。

/ 第十九章 处于战火之中的国家 /

供特殊设施，因为在注意到商人对传教士的尊重之后，他们希望这样做可以吸引商人将船只停靠在自己领地内的港口。沙勿略来到日本之后，仅仅几年的时间里，我们就发现一个又一个氏族首领命令自己的臣民尊重耶稣会士，更有甚者，让自己的臣民全体皈依基督教。尤其是那些掌管着九州港口的大名——鹿儿岛、平户、大村、船井（Funai）——为争夺贸易商的支持，有时候到了残害佛教徒的地步；不过，当发现没有船只到来的时候，他们不止一次地把传教士赶走并且命令臣民恢复从前的信仰。他们这种心意的突然转变并不总是没有理由的，因为耶稣会士不会细察他人的情绪，他们的热心很容易变成一种咄咄逼人的偏执。不过我们必须承认他们表现出了极大的勇气，而这无疑为他们赢得了武士阶层的尊敬。沙勿略于1550年被逐出当时依旧是虔诚的佛教之乡的萨摩，因为他的偏执最终惹怒了佛教僧人；在大内氏领地的首府山口，他犯了一个大错，坚称所有生前不是基督徒的已逝之人永远处于地狱的烈火之中。对一个从未真正地相信地狱之火、极其尊敬热爱先祖的族群来说，这是一条令人厌恶的教义。不足为怪的是，他的争论在一个有众多有学问的僧侣居住的城市引起一片哗然，而基督教在大内氏的领地遭到禁止。

不过沙勿略及其好友在与西部封建领主的交往中学到了宝贵的一课，因为他们发现在日本天皇的宠爱能够创造奇迹。所以他们去了京都，意在得到天皇的庇护，但是京都正处于战乱之中，他们没有见到一位掌权的人物。1552年，沙勿略离开日本，连续多年耶稣会士只取得了些许进展，在一些地方增加了皈依的人数，而在另一些地方则招致了危险的敌意。自愿皈依的人大多是需要他们给予医疗护理的地位低下之人。1576年，一位传教士汇报说，没有一位有地位的人敢接受福音，在一个封地传教长达 20 年之后，只有一位身患法国病（French evil）的有身份之人在治愈后成为基督徒。不过很快耶稣会士的境遇就有了改善，因为他们说服一些大名改变了信仰，而这些大名又让他们的家臣照做。几乎所有皈依基督教的人都住在日本西部一些小领主的领地上，这些小领主或出于盲信，或出于对贸易的渴望，会毫不迟疑地迫害佛教徒。不过，现在耶稣会士在京都周边也取得了一些进展，一位名叫维莱拉（Vilela）的耶稣会士受到比叡山一位天台宗住持的邀请，于 1559 年去了那里，这位住持急于了解这个新的宗派。在京都，贸易问题没有立即出现，所以人们评判耶稣会士主要基于他们的性格及其所传教义的优点。慢慢地，除了在最初遭到惯于厌恶新宗派的比叡山众佛寺的极大反对之外，一个人数在 12 人左右的耶稣会士团体开始在上层社会取得一些进展，虽然有一些圈子憎恶他们，不过他们还是努力争取到了一个受尊重的位置。他们得到了将军的接纳，促使一些实力弱小的大名改变了信仰，他们变成了最热心的基督徒，事实证明他们的家族联系对传教士有很大价值。在旅居京都和畿内期间，在这个流血事件频发、生命不值一钱的时代，他们忠诚的朋友不止一次救他们脱离危险，这些朋友并不都是基督徒。终于，在 1568 年的时候，他们得到了当时几乎处于权力顶峰的信长的接见，信长对他们态度和善，这让那些认为他严厉、冷酷的日本人大为惊讶。从那时开始直至去世，他与传教士为友，在他的支持下，他们获得了成功，而天皇听从天台僧人禁止基督教信仰则无关紧要。信长是日本最有权力的统治者，但耶稣会士可以轻易地接近他，有时可以同他一起用餐或在给贵族青年开设的神学院中见到没有侍从陪伴左右的信长。这些异域人士在外国宫廷富有异国特色的环境

/ 第十九章 处于战火之中的国家 /

中，获准与有权势的贵族密切交往，近距离观察甚至参与动荡的时势，与他们生平有关的记录（可以通过耶稣会士的信件和日本人的资料来源拼凑起来）差不多比任何一个故事都有趣。

不过从数量上来看，他们的收获并不可观。他们在1582年给罗马教廷的汇报中称日本皈依基督教的人数为15万人，大多数居住在九州，其领主要求他们改信基督教。

长期以来，历史学界对信长及有权势的军事领主准许甚至鼓励这些外邦传教者的动机做出了诸多猜测。每个历史学家都倾向于选择一个原因而忽略其他原因。我们已经讨论过经济动机，可以确定的是，如果没有同胞提供的贸易诱惑，耶稣会士无法取得太大的进展。但是这无法充分地解释为什么信长本人表现出宽容、积极友好且和善的态度。不过，如果我们对他的处境加以考虑，就能清楚地明白他的态度。首先他是一个无法与下属家臣有亲密关系的独裁者，而且他或许喜欢与有着很强的个性和高深学问且对他没有威胁的人打交道。我们有足够的证据表明他很欣赏耶稣会士的勇气。尽管这些耶稣会士偏执到不近人情的地步，但是他们纪律严明，有教养、有学问，还有一些傲骨——这些都是为封建时期的日本所欣赏的特质。出于这些原因，或许还因为日本人的性格中有与拉丁人的性情相对应的东西，在当时可能没有一个欧洲人能够像西班牙的耶稣会士那样给人留下积极的印象。[1] 信长喜欢基督徒的一个可以确定的原因是他憎恶佛教徒。在与耶稣会士往来期间，他正忙于镇压挑

---

[1] 单从长相上看，他们或许没有北方人吓人。多个世纪以前，中国人曾想象未知世界住满了恶魔，在他们的想象中，这些恶魔和人只有一丁点相似，有朱红色的脸庞、红色的头发、鼓起的蓝眼睛。所以，当他们第一次看到北欧人的时候，自然而然地喊道："这是来自外国的恶魔。"

起叛乱的佛宗，他于1571年摧毁比叡山，然后对大阪的一向宗势力发起攻击。

虽然信长与耶稣会士一样恨恶佛教僧侣，虽然他所在的时代佛教出现了明显的衰退迹象，但是这并不是说他积极地促进了基督教信仰的发展。他时不时地会聆听布道，作为统治者，他对任何一种宣扬好的行为和顺从的宗教都有好感。不过他喜欢传教士是因为他们对他有用而且招人喜欢，他更感兴趣的是他们的世俗学识而非教义。他喜欢和他们讨论西方的事情，当然也喜欢他们赠予他的西方器物。他的头盔留存至今，头盔前檐有用葡萄牙制或佛兰德斯制的深红色的布制成的装饰。整体来看，虽然基督教在日本也有圣徒和殉道者，但是基督教几乎没有在国民生活中留下任何痕迹，它对日本人思想和观念的影响也不像朱熹哲学那样深远。日本人也迟迟未能利用西方文化所带来的某些物质好处。或许我们可以说，相比于其教义，日本人更能接受欧洲人带来的土豆和烟草。① 诸如钟表、地球仪、地图和乐器等西方器物似乎引起了他们极大的好奇心，一些学者对学习西方的自然哲学理念很感兴趣，但是我们不能说日本人像7世纪时全盘接受中国文化那样急于接受西方的思维方式。他们似乎并不喜欢思辨哲学，正如一位欧洲观察者坎普法（Kaempfer）在17世纪末的时候说的那样，他们认为思辨哲学是适合懒惰僧人的消遣，不过他们对他口中的"道德部分"很是认可。西方知识分子的最高成就是当时欧洲给他们的大礼，但他们没有做好接受的准备或者不愿接受，因为套用坎普法的话，他们"不了解数学运算，更不了解西方思

---

① 土豆是英国人1615年从爪哇岛（Java）带来的，烟草是葡萄牙人1590年带来的。

想深奥、思辨的部分"。①

　　有人说火器的引入彻底改变了日本的战争方式，而且它帮助确立了足轻这个步兵阶层，帮助调整了策略并推动了配有铁制炮台、城门、桥梁的大规模城池的建造。不过，在日本，火器对社会结构的影响不像在西方那样，因为它没有加速封建制度的瓦解。职业的士兵即以剑为武器的侍，仍旧有很高的社会地位，就像欧洲的骑士一样，他们并未被先是配备长弓后又配备火枪的步兵取而代之。② 自 16 世纪末开始，日本已经确立了稳定的制度，所以统治者的目标就是确保制度不被改变。因此，他们有意无意地拒绝任何会改变既有设置的创新，最后甚至采取闭关锁国的极端措施来规避所有外来的影响。不过这是在他们从欧洲的神职人员和世俗之人那里有了足够多的不好的体验以后才发生的。信长之后，秀吉对耶稣会士的态度并没有变化。在长达数年的时间里，他对他们非常热情友好。传教士前景大好。然后，他毫无征兆地于 1587 年颁布了一条诏令，把所有传教士赶出日本，不过他细心地解释说葡萄牙商人可以继续贸易。他做出这种突然的举

---

① 12 世纪和 13 世纪，中国人在算术上取得了杰出的成就，但是在这之后似乎没有取得任何进展，因为他们无法与 1600 年以后在中国的耶稣会天文学家相提并论。日本人基于源自荷兰人的提示发明了原创的微分学，他们在利用有限的知识上展现出了聪明才智；坎普法就他们的落后性给出的判断理论上似乎是准确的。

② 根据 1636 年的一份名册，在装备较好且尚武的萨摩封地，每 20 名男性还分不到一支火枪。德川家康每次让势力较大的家臣准备的军事小分队的构成都不一样，不过到约 1650 年的时候，小分队是按照如下比例构成的：2 名火绳枪手，1 名弓箭手，3 名枪手，其余的为剑士，总计 23 人，每十名剑士中有一名是骑着马的。那些隶属于将军的小的家臣即旗本（*hatamoto*）要预备 23 人，包括 1 名弓箭手、1 名火绳枪手、2 名枪手。这个时期这些旗本的年俸只有 1000 石米。火器不仅稀少，将军幕府还不鼓励家臣们使用，并且还试图控制火器的制造和销售，不过未能完全控制住。

动,主要原因肯定是政治性的。在他的支持下,耶稣会士的主要人物在践行其争取身居高位的人这一深思熟虑的政策上取得了良好进展,他的一些最强大的大名和最有能力的武将都已经皈依基督教。这似乎让他产生了一些担忧,唯恐基督徒之间形成一种联系,使他的家臣联合起来反对他。不过他没有采取严厉的措施,并且对那些继续待在日本、不加掩饰地小心传教的神父睁一只眼闭一只眼。他们继续取得惊人的成就,一些皈依基督教的人是真的相信,甚至到了狂热的地步,①并且在面临危险的时候始终持守自己的新信仰。不过,从经常会席卷日本的那些风行一时的东西来看,我们忍不住怀疑模仿外邦人的包括信仰在内的风俗习惯已经变成一种风尚。我们知道很多非基督徒急于购买、佩戴念珠和十字架,据说连秀吉本人也是如此;当时流行穿戴外邦人的衣饰,背诵拉丁语祷文。诏令颁布之后的10年里,秀吉一直忍着,没有执行;与此同时,耶稣会士也很谨慎。随着时间的推移,日本发生了很多事情,这证明了他的观点,即基督教是一个政治威胁。西班牙方济各会士和贸易商人,密谋针对葡萄牙人,直至最后,传教团的教派纷争和一艘西班牙大型帆船领航员的吹嘘让秀吉相信,外国传教团只不过是政治扩张的先行者。这个时候他已经非常清楚西班牙和葡萄牙传教士作为殖民事业协助者的策略,所以他决定把所有传教士赶出去。接着日本于1597年发生了禁教运动,与之同时发生的是对基督徒的迫害。6名西班牙方济各会士、3名耶稣会士和17名日本信徒被处决。一些虔诚的耶稣会士依旧留在日本,大多数躲藏了起来,只有少数得到了秀吉的默

---

① 比如丰后国的国守大伴氏,"他像追捕野兽一样追捕僧侣,并把消灭他们当成奇特的乐事"。

许。整体来看，这则诏令严格但并不残酷，并得到了执行。与当代的欧洲相比，秀吉的行为算是开明大度的了。那个时代，宗教裁判所掌权，圣巴托洛谬（St. Bartholomew）殉难，荷兰的阿尔瓦（Alva）惨遭折磨，残忍的奴隶贸易仍在进行。如果秀吉闻到了这些文艺复兴的花朵极淡的香味——他肯定闻到了，因为这个时候日本人已经旅行到了印度和罗马并就欧洲文明写出了报告——那么他可以认为本国的机制更加人性，这几乎是无可指摘的。

在1597年的教徒迫害运动之后，他有所节制，原因是多样的。对西部的领主，他或许不想逼得太紧，他们对耶稣会士很有好感。对基督教，他并没有憎恶之意，在第一次教徒迫害运动爆发之后，他或许对基督徒默默进行自己的神圣事业已经很满意了，因为他可以在任何时间对付他们，而日本人与英国人一样，过去也有一种虽不合逻辑但便宜的习惯，即对违法行为睁一只眼闭一只眼，只要它不是骇人听闻的恶行。此外，他并不确定如果把所有葡萄牙传教士赶出去，他会不会失去葡萄牙贸易商，自足利时期开始，日本人就非常重视对外贸易。我们一定不能认为这种贸易仅限于欧洲商品。相反，这个时期的大多数商品是来自亚洲的。船货中最重要的物品就是绢丝，这些绢丝在质量上比内战中工业受创的日本当时所能生产的要好得多。中国的丝绸、书籍、绘画和瓷器，以及来自中国和东印度群岛的药品、香料、树胶和香水是富有的日本人必不可少的奢侈品。这个时期日本还大量进口黄金，以铜和银作为交换。① 秀吉在计划远征中国之前曾

---

① 这是一个很难阐释的问题，因为贵重金属是双向流动的。不过这一时期似乎可以确定的是，贵重金属流向日本的较多。秀吉想要含金的货币，以抵制铜币，所以努力进口黄金。但这一问题因为黄金和白银价值的波动而变得复杂。

尝试与中国签订商业条约，但是协商失败，葡萄牙人从这一形势中获利，因为他们成为日中贸易往来的运送者兼中间商。或许仅这一点就足以解释为什么秀吉在执行诏令的时候有所犹豫。要是他能找到葡萄牙人的替代者，他或许早就将所有葡萄牙神父赶出国门了，不过他于1597年之后忙于其他事务，在1598年逝世，因而日本的传教士有了喘息的机会。

家康在接管秀吉的权力以后，出于同样的原因，最初给予传教士相似的宽容。他的政策是鼓励增加日本商船的数量，同时不让对外贸易有所减少。通过一位西班牙方济各会士，他与位于菲律宾群岛的西班牙官方机构建立了联系，并提出对西班牙的商船开放东部港口，同时表明他不会实施针对基督徒的诏令。重要的是，他提出互惠互利的贸易政策，并让对方派出造船专家到访日本。显然，他当时无意排斥外邦人，甚至希望自己的臣民能够从事海上贸易。不久之后，他发现西班牙人虽然急于将传教士送往日本，却对与东部日本的贸易不大感兴趣，他开始怀疑并严密监控在其新都江户的基督徒，并寻找其他对外贸易渠道。这发生在1605年。荷兰已经连续多年挑战葡萄牙人在东方的贸易垄断地位，并且派了商船到日本来。其中一艘商船脱离了其不幸的同伴，于1600年到达丰后国的港口。船上刚好载有船队的领航员——一个名叫威尔·亚当斯（Will Adams）的英国人，他得到家康重用，并在与贸易和航行相关的事宜上为家康出谋划策。值得一提的是，家康对地图和威尔能够阐释的"一些几何学要点"非常感兴趣。他还了解了关于荷兰人和英国人的一些知识，亚当斯还告诉了他新教国家对罗马教宗的态度。他自然会觉得在没有外国传教士的情况下进行对外贸易是更可取的，也是可以实现的。他依旧以克制甚至宽容的态度对待传教士，不过他的疑心一直在增加，到1612年的时候他下定决心不再容忍他们。

　　细察中国和日本文献记载中的史实，我们会清楚地发现，作为统治者他无法再理智地做出其他决定。他看到耶稣会士密谋将西班牙人赶出去，看到西班牙人迫切要求将荷兰人排除在外。他了解到方济各会士和多明我会士之间的争执。西班牙人和葡萄牙人的举止或言行不止一次让他有理由担忧他们想要推翻他的政权，甚至企图窃取日本的主权。西班牙人或葡萄牙人不认为他们可以通过武力征服日本，不过传教士肯定希望当时的政权被推翻，希望一个支持基督教的派别取而代之。鉴于耶稣会士在统治阶层中所取得的成绩，这样的事情并非绝无可能，秀吉和家康都觉得这是一个切实存在的危险。所以，当家康发现属下一名官员滥用职权，为一个皈依基督教的领主谋利时，当他偶然发现一些家臣和外邦人联合起来密谋针对他时，当他得知一支西班牙舰队停靠在马尼拉时，当他从派去欧洲的间谍了解到基督教君主的野心和罗马教宗的傲气时，他决定立即行动，不再迟疑。到这个时候他已经没有理由担心失去对外贸易了，因为他知道荷兰和英国的商人都希望到访日本港口，而且尽管中日之间并无官方往来，但是日本商船近来已经去到更远的地方，从中南半岛和其他地方的转运口岸带回中国产品。

　　不过即便到了这时他也没有采取极端措施对付基督徒。1606年、1607年和1611年，他颁布了一些敷衍了事的禁令；1612年和1613年，他颁布了更多禁止基督教的诏令。这些禁令更像是警告性质的，并没有得到彻底落实。对基督徒的打击起初是温和的。在一些封地，基督徒被捕入狱，被拷打、杀害，而另一些封地的统治者或官员，或许是出于对基督教教义的认同，或许是出于一般的人道，只是表面上执行了家康的命令。1612年以前，无论是都城还是德川氏直属领地的外邦，基督徒都没有受到家康的骚扰，甚至在1612年以后家康及其官员虽然拆毁了一些教堂，对武士阶层尤其是身居高位的皈依基督教的人采取了有力措施，但是他们并没有剥夺较低阶层的宗教信仰自由。我们必须了解日本统治者的态度长达多个世纪都是如此。只要宗教不干预他们的统治，他们也不会干预宗教。

虽然这项政策，根据不同的偏好，可能会被归因于信仰无差别主义或宽容，但是我们必须承认它是特别开明的。同样，总是热情友好地对待外国访客的日本人大体上也以极大的尊重和忍耐对待传教士，不过没有人能否认他们往往是令人恼火的、爱管闲事的客人。那些耶稣会士认为留守在岗位上是自己的职责，尽管他们蔑视诏令，但家康没有虐待他们，显然家康也不愿意杀害外国人。这可能是因为他害怕西班牙或葡萄牙的报复。事实是，虽然1615年一位勇敢的耶稣会士在监狱遭受了难以言喻的苦难，但是第一次处决外国传教士的事件发生在1617年家康逝世后。不过，在这期间，日本皈依基督教的信徒处境不佳。德尔普拉斯所著的《官方殉道者名录》(*Martyrology of Delplace*)记录了1612~1613年全日本有一些基督教徒被放逐，有一些圣所被焚毁，还有不超过50人被处决。早在1614年家康颁布另一条诏令之前，一些地区的迫害行为就变得更加激烈。在长崎及其周边地区，这种迫害如此残暴，以致九州最精锐的侍在被征召来协助执行命令的时候只是做做样子。总之，在都城以及大多数大家臣的领地，人们是同情基督徒的，所以诏令只得到部分、适度的执行。1615年末，家康忙于对付由秀吉的儿子秀赖（Hideyori）领导的、在大阪城抵抗他的群体，传教士和皈依基督教的信徒都得以喘息，直至这次战乱结束。直到建立德川氏统治地位的家康于 1616 年 6 月去世,他的儿子秀忠(Hidetada)继位之后,日本政府机构与外国文明之间才出现了普遍、强烈的敌意,这种敌意以迫害告终。正如一位近代日本作者所说,这场迫害的残暴程度"即便没有超越"西方类似的恶行,至少也是"与之相当的"。

第二十章　安土桃山时代

第一节　新的封建体制

我们已经看到了西方文明对日本体制第一波冲击的结果，现在可以回头追溯一下这些体制在 16 世纪的发展以及以大阪城被占领（1615 年）而告终的争斗。我们在前面已经注意到日本最具破坏性的战事虽然会妨碍但不会阻碍日本文化的发展进程；事实上，那种观点是有很大道理的，即认为战争的刺激、敌对氏族首领之间的竞争以及（或许最重要的）阶层之间障碍的消除带给这个时代在和平恢复以后不曾有的发展和变化。

足利氏政权的逐渐瓦解说明它的律法没有奏效，大的封建家族在过去长达数个世纪的时间里遵守的是自己的法则而非都城的律令。在一个混乱的时代，要想保存自己的实力，他们必须通过强硬的手段在自己的领地实施管理，因此在战争期间律法并没有衰退而是蓬勃发展。每一个强大的家族都编纂或修订了自己的家法，或许我们可以说 16 世纪的立法和执法比以往任何时期都多。当时依旧有效的家法中最古老的要数大内氏的家法——《大内家壁书》（*Ōuchi Wall-Writing*）。其中 50 条留存至今，最早的可追溯到 1440 年，最晚的可追溯到 1495 年。最全面的家法是伊达家的《尘芥集》（*Dust Heap*），之所以命名为"尘芥"，是因为它的内容非常多，而不是说它是由杂七杂八的东西组成的。它的条目共 171 条，大多数条目是由伊达氏（第十三代）极为谨慎地起草的，他在 1550 年前后统管着日本北部的大片领土，他的继任者曾于 1613 年派遣使团拜访教宗。《尘芥集》包括非常详细的与诸如借款和抵押等事宜相关的规定。此外，一些家法体现的只是这个家族长期以来的道德规范和政治理念，比如《里见家法》(*Satomi House Law*)里面有一段引言，表明这些规则是前四代家主确立的行为准则。时人一般会在家法里面补充偶尔签发的书面指令，并将家法传给家族成员及其主要的家臣。其他的家法只规定家臣的义务，比如毛利氏于1572年起草的禁令是以誓约的形式呈现的，所有家臣必须签署。

所有的各不相同的家法都是为了满足大名的个人需要和地方需要而拟订的，因此在细节上有很大的差异。但是在本质上它们是相当统一的，因为它们基于同样的社会观念，即地方领主要竭力保护他的领地。结果就是它们都只关注义务，而不关注权利。最早的家法如《大内家壁书》和《尘芥集》的范本是13世纪的封建律法，如《贞永式目》及其补充条例。总的来看，大名有模仿将军幕府的倾向，在自己的封地以较小的规模复制由摄政、顾问、"家人"、总管构成的等级制度。这种自负的行为有利于封建立法的统一性。这些律法的另一个共同特征是压迫性。一人犯罪，他的家人、邻居，有时他所在的村庄甚至连他所在的整个地区都要受到惩罚，从而将共同责任原则推行到极致。这些律法的目的是维持律法制定者眼中的秩序，裁决者并不考虑抽象的公正。所以我们发现，早在1445年就有这样一则声明："严令禁止所有争吵和纠纷。如有违者，不问对错，双方均会被处死。"这种简化的程序，与很多其他专制法令一样，显然是军事管制的产物，它基于这样一个理念，即内部纷争是软弱的源头。战争年代因为没有了社会舆论的束缚，军队里那种对即时的而非正确的解决方案的偏爱很是盛行。与平安时期发展出的相对宽容的刑罚制度相比，这时的惩罚措施变得极其严酷。自室町时代末期开始，我们发现记录中频频提及杀戮、折磨的方式，仅其名称就令人战栗。比如把犯人头朝下钉在十字架上，用竹锯锯掉犯人的肢体，用木桩钉住犯人使其动弹不得，还有烤刑、煮刑、凌迟。不过似乎这些残忍的刑罚欧洲也都有。这些刑罚通常针对等级较低的侍，在某个等级以上的侍会有一个隆重的斩首或者自杀仪式。毋庸置疑，后一种刑罚普及的原因并不是犯人无惧死亡，而是他们理智地想要避免一种更痛苦、更有失体面的死亡方式。要注意的是，僧人不会被处死，而会"失去庇护"或者被放逐到偏远的、不宜居住的地方，所以如果他们不幸死亡，裁决者也不会因违反佛祖不可杀生的戒律而受到谴责。

如果说封建领主对其臣民的控制是严格的，那么他们对从其他封地来的外人可以说是充满敌意的。一些家法禁止臣民与其他领地的人往来，那些准许外人居住的地方也会对他们严加监管。总之，封建领主密切注视其臣民的行踪，以一种惊人的方式支配他们的个人生活，不允许他们在未经自己允许的情况下嫁娶、收养孩子、雇佣仆人或出行。我们可以很容易地想象这样一个建立在不信任和干预基础上的体系对有骨气的人而言是难以忍受的，这无疑也是大多数叛乱、叛国行为出现的原因之一，正是这些行为破坏了后来的封建制度。作为对立法的补充，统治阶层继续像从前那样，培养某种往往能够让他们得到忠诚、持续服侍的道德观。新的封建贵族多半是通过无视与忠诚、感恩有关的成文的和不成文的法律得势的，而他们现在却教育下属坚守讲求孝顺和英勇的、他们自己过去常常背弃的理想。

信长和秀吉的一生充斥着战争和阴谋，他们无暇顾及假设性的立法。信长留下的是任何一个封建领主都会下发给其家臣的指令。秀吉虽然有更确切的执政理念，但是他更倾向于在出现突发事件时采取行动，而且他不受先例的限制。他的大多数律法是以盖有其红色印章的诏令的形式颁发的。这些法令措辞简单，不过在他下定决心的时候，这些法令会得到严格实施，而且它们凌驾于将军幕府传统的法规之上。德川家康通常也会遵守这些法令，它们对德川时代的立法产生了重要的影响。我们可以选取一到两段，以使读者了解它们的性质，如下：

（1581年）固定田赋以及收成在耕农和总管之间的分配比例。

（1586年）在长崎，如果日本人与外国人发生争执，一个人伤了另一个人，官员应对情况予以调查，如果双方各占一半的责任（即双方都有责任），那么应受惩罚的是日本人。

（1587年）一则由19个条款构成的律法对海运做出了规定，它似乎是在堺市商人的建议下起草的。它是日本第二部真实可靠的海运律法，内有特许证、提单、滞期费、损失与损害的责任附属等条款。第一部这样的律法日期不明，但似乎是在镰仓时代末期起草的。

针对基督教徒的诏令就是以盖有朱红色印章的公示的形式颁发的。除了这些公文的悲剧意义之外，丰臣秀吉最重要的立法或许是三则简短的指令，它们之所以值得关注，是因为它们确立了留存到19世纪的封建体制的基本原则。第一则于1585年颁布并在次年得到重申，它规定每一个服侍的人，上到侍，下到耕农，未经大领主的准许，不得离开自己的职位，那些蛊惑他人擅离职守的人会受到处罚。这是对丰臣秀吉、德川家康及其继任者的政策的一个早期阐述，我们可以把它简短地界定为一个决定，是他们在努力推动封建社会发展到一个稳定、有秩序的阶段之后，通过固定其组织架构并禁止变动以防止它被破坏的一个决定。首要之事就是确保没有人离开生来就属于他们的职位。

上述诏令只是禁止侍更换侍主，是对"一人忠于一主"这个封建原则的法律表述。就像妻子生前身后都必须忠于丈夫一样。第二则诏令做了进一步规定，试图确立严格的阶层划分，其颁布日期是1586年，规定侍不得变为平民，耕农不得离开自己的土地成为雇工，地主不得给予流浪者和不耕种土地的人以庇护。我们已经看到，自室町时代以来，阶层出现了极为自由的混合甚至上下颠倒的现象。如果这项诏令在秀吉年轻时实施，那颁布它的秀吉绝对不可能得势，因为他年少的时候是最为卑微的仆人。但是现在他已经征服并重建了日本，他想要以稳定之名恢复先前的严格的阶层划分，那些在战争年代从等级秩序瓦解之中获利的人也和他持有一样的想法。接下来一个世纪，这种目光短浅但自然的保守主义取得进展，并且导致了江户时代除某些都市社会阶层以外的其他所有阶层几乎僵化。第三条诏令值得注意，因为它让人对当时的社会经济理念有所了解。1587年，秀吉宣布所有耕农都必须上交自己的武器，这种被称为"太阁刀狩"（Taikō Sword Hunt）的措施有双重目的。它旨在消除危险的源头，同时强调武士和耕农之间的区别，使佩戴刀剑成为等级的象征。值得一提的是，它标志着武士在和平时期可以耕种自家土地的封建阶段正式终结。事实上，这个阶段已经过去很久，在取而代之的阶段中，侍即职业武士阶层是由自愿参战或不得已参战的耕农组成。在宗教和土地暴乱中，比如在室町时代的一向宗暴乱中，武装耕农对封建领主构成威胁；其他封建领主认为有必要在秀吉开展全国范围的武装解除之前，收缴耕农的武器。这则诏令的语言巧妙动人。它说所有收缴的武器会被熔化并做成钉子、螺栓，用于建造大佛殿，以容纳秀吉将在京都竖立的大佛像。他说，既可免受这些武器的威胁又能意识到这些武器将被用于圣事上的耕农会在现世和来世都感到安全。

在这样对待平民的同时，秀吉还一直努力保持他所建立的封建权力体系的平衡，甚至在他病重的时候也没有停止。他禁止自己的家臣在未经他许可的情况下联姻或有其他约定，他制定了禁奢的律法规范大名的举止，他还让高位官员发誓不会修改他的家法。凭着这些以及其他很多方式，他着手实施抵制变化的立法政策，他的继任者也延续了这一政策。不过他忘记了已经腐朽的体制有比变革更残酷的敌人。

第二节 文化风貌

我们可以把信长位于琵琶湖畔的安土城看作他那个时代的象征，因为它是新造的用金子装饰的宏伟奢华的建筑。它可能是第一座在欧洲筑防理念的影响下建造的城池，一经建成立即超越了先前所有的封建要塞，后者只不过是由土垒、壕沟、栅栏防护的木质结构的营房。几年之内，大多数封地都建造了这种类型的城池。其中最宏伟的要数秀吉于1583~1585年修建的大阪城。这是一座由大块花岗岩修筑的宏伟城池，环绕四周的是深深的护城河和陡峭的斜坡。从规模和坚固程度上讲，它远远超过了日本过去建造的任何一座建筑，不过奈良的大佛殿或许依旧是世界上最大的木结构建筑。安土城始建于1576年，建成于1579年，在设计的时候并没有那么大的规模，不过对那个时代而言，它依旧是一个大工程，而且耗资巨大，在信长的说服下，所有令制国都被迫提供捐助。它是一个防御优良的建筑结构，不过它似乎并没有任何可以抵御火炮的特殊防御设施。那个时期虽然火器的使用遍及全日本，但是火器数量不多，并且射程较远时没什么效用，所以应对火枪壕沟和城墙就已足够；而且当时实际上并没有火炮。安土城不仅是一座城池，而且是领主的居所。其中一些材料和内在装饰是从被废黜的足利氏将军的宅邸运来的。所有居住空间的墙壁、屋顶和栋梁都饰有一层金箔或者涂有黑漆或红漆。障子门上有由诸如狩野永德（Kanō Eitoku）等画家绘制的画作。这并不是第一次有身份低微的封建统治者在得势之后沉迷于粗鄙的炫耀，将新获得的财富大量花费在建筑和消遣活动上；到此时功成名就的武将或早或晚地都遵从了京都的标准，在有钱财可用的时候这些标准是十分奢华的，得益于长期以来优雅内敛的习惯才没有出现奢靡浪费。我们已经了解到，足利氏将军发明了一种与华丽、甜腻的形式截然不同的奢华形式，日本人称之为"渋い"即"涩味"，或许将它比作一种有点酸涩的甜美果实才能最准确地理解这一美学理念。自信长开始，旧有宫廷的影响减弱，新的标准逐渐取代禅宗美学的严苛标准，这在很大程度是因为京都成了一片废墟，其旧社会的成员这时要么四散到别地，要么过着贫困的、与世隔绝的生活。一个金光闪闪的时代到来，绘画又有了颜色，艺术也朝着一种类似于洛可可、巴洛克的风格发展，这种风格成为桃山时代的特征，桃山时代得名于秀吉的宅邸桃山城。

经常会有人告诉我们东方是一成不变的，不过日本历史中能够证明这种非常不可信的说法的史实少之又少。没有什么地方的人能像日本人那样，急不可待甚至无所顾忌地接受新事物和新理念。的确，在官方记载中，我们可以看到对古老体制的深深的尊崇，而且日本历任统治者往往致力于牢固确立其社会秩序。不过他们这样做在某种程度上肯定是因为他们清楚地知道本族人多变的习性——这是一个因为处于与世隔绝的状态，所以对新奇事

/ 第二十章 安土桃山时代 /

物保持尤为开放的态度的族群。我们已经看到日本有史以来受到一波又一波的外来影响，并且随着航海技术的发展，与越来越遥远的文化建立联系。足利时期的海上漫游者开始远航，到1600年的时候日本漫游者几乎到访了东方所有地方，而10年以后相当数量的日本人（有的是商人，有的是海盗）在菲律宾、马来西亚、暹罗、中南半岛经商或打仗。爱德华·米歇尔伯恩爵士（Sir Edward Micheborne）于1604年在私掠巡航的过程中在新加坡附近与日本海盗交战，蒙受了巨大损失，当时他的领航员、极地探索者戴维斯（Davys）被杀。这些冒险者大多是走投无路之人，他们大多不会冒险回国，不过也有一些人回到日本，带回了奇特的物品和更为奇特的故事，这些故事并不都是吹嘘西方的。这些冒险者带回的物品以及葡萄牙人的货物给日本人带来了一些变化。我们已经提到，基督教教义在一开始的时候影响极大，但是从长远来看并未在日本人的生活中留下太多印记，我们现在回到这个问题。不过这个时期某些实物的引进带来的影响是毋庸置疑的。

我们已经提到的有火枪、烟草[①]和土豆。其他外来物品包括西瓜、来自柬埔寨的南瓜以及来自福建的香、蚊帐，这些物品一开始是上层社会的奢侈品，但很快变成了必需品。有一段时间富裕人家中还流行葡萄牙服饰，就像从前朝臣喜欢中国人的

---

① 人们以几乎疯狂的热情引进并接受了烟草。像儒家学者林罗山（Hayashi Razan）这样的道德学家谴责吸烟的行为，不过他却承认自己无法戒掉吸烟的习惯。吸烟变得非常流行，以致被视为公共的威胁，直到1609年（十年后，詹姆斯一世"强烈抨击"粗鄙的吸烟室）幕府颁布了禁烟的诏令，在接下来几年里，这则诏令虽然得到三四次重申，但并没有产生什么效果。它的唯一后果是催生了烟草走私这一不法行为，很长一段时间内，人们以"延寿茶"之名售卖烟草。

/ 日本文化简史：从起源到江户时代 /

衣饰。现存的绘画表明讲究的日本男子会穿着束腰外衣、灯笼裤、长长的披风和高脚帽。我们从当代一位日本语法学家那里得知，当时流行在对话中使用零星的葡萄牙语——他很不喜欢这一点。那个时代的语言也流传到了现代，比如源自葡萄牙语的合羽（kappa），一种雨衣；面包（pan）；骨牌（karuta），一种游戏牌；かステイラ（葡萄牙语为 Castille），一种海绵蛋糕；ビイドロ（葡萄牙语为 virto），玻璃；フラスコ，烧瓶；襦袢（gibão），衬衣；天鹅绒（birōdo，葡萄牙语为 velludo）；其他宗教术语。

这一时期传入日本的欧洲科学中，除了关于火器的知识，不得不提的是印刷术。秀吉 1588 年拆毁京都的基督教建筑的时候把传教士赶去了九州，他们在那里的天草（Amakusa）诸岛建立了一所大学和一个印刷所。他们用日语白话来翻译外国著作并用拉丁字母印刷。除了宗教著作以外，最早印刷的一本书是《伊索寓言》（Aesop's Fables），日语译名为"Esopo no Fabulas"，是由一个日本基督徒翻译的，他是一个麻风病人，从前是禅宗僧人，这本书于 1593 年印刷。① 当然，日本之前就有印刷术。至少在 8 世纪的时候，木版印刷就传到了日本，10 世纪的时候日本已经有了印本。首先引入（金属）活字印刷术的是朝鲜人，1400 年以后，这种印刷术很快由朝鲜而非欧洲传到了日本。② 日本人并不是很喜欢活字印刷，不久就恢复了木版印刷。

整体上，我们不能说在 16 世纪和 17 世纪早期欧洲对日本

---

① 京都也有一家印刷所，管理者是一位名叫"安东尼"原田（"Antonius" Harada）的人。该印刷所（1610 年）发行了一本名为《轻视世界》（Contemptus Mundi）的书。这本书其实是《遵主圣范》（Imitation of Christ），其拉丁字母版在日本发行过，不过现在翻译成了日文版并用活字印刷。

② 现有证据表明奈良时代就已经有了金属活字印刷。

/ 第二十章　安土桃山时代 /

的学术影响深远。从随后的历史来看,影响最为深远的是应用科学——天文学、制图学、造船术以及采矿和冶金术;似乎近代以前,东方一直都很欢迎西方的机械设备,但对西方的哲学则没什么兴趣。中世纪之后日本发生的变化是内部发展和外部刺激的共同结果。起初,当我们读到一个又一个世纪的战争时,我们以为这个国家一定一片荒芜,田地荒废,城市一片狼藉;不过细看之下,似乎其财富和生产力不仅没有减少与降低,反而得到增长和发展。现在我们或许没有足够的证据支撑这一观点,不过某些已知的史实确实是指向这一点的,而且文献中很少有关于永久性破坏的记录。其中一个原因是,除了京都及其他一两座城市外,那里没什么可破坏的。大多数城镇和乡村都是由不十分结实的木质建筑构成的,容易被焚毁,但也很容易重建。稻田的地形不适合作战,所以通常不会遭到破坏,而且因为日本不是畜牧国家,所以没有被四处搜寻食物的敌人杀死的牛羊。佛寺作为地方主要珍宝储藏所,都幸免于难。农业遭到破坏似乎主要是因为敌对双方征调劳役和农产品,这种破坏虽然十分严重,但是几年内可以修复。① 与此同时,我们可以从现存的一份关于参战人员死亡人数的完整记录来判断,战斗似乎并没有那么致命,但一些重要的激烈角逐除外。自足利时期开始,日本经营着可以增加财富的项目。封建大名之间为了权力甚至生存而进行的争夺很容易理解,每个人既要节约资源,又要增加收入。因此,我们会看到他们竞相开展对外贸易,保护自己的耕农,鼓励像采矿业这样的地方工

---

① 据说,1450年前后日本土地耕种面积达到300万英亩;到1500年,耕地面积下降了5%。这些数据未必准确,不过它们表明战争造成的损失不会比歉收更严重,尽管这个时期日本经历了极具破坏性的应仁之乱。

业的发展；而且，海上交通和陆上交通在不断改善，而在像堺市和大阪等得天独厚的中心地区，商业也得到发展。甚至连军队的掠夺也间接促进了贸易的发展，因为人员被抽去当兵，所以国内产出不足，需要来自中国的商品供应，我们在前文关于生丝的案例中就已经看到了这一点。

总之，如果我们将破坏性极大的应仁之乱——1467年前后爆发，持续了一代人的时间——排除在外的话，我们似乎并不能将日本中世纪战争时期视为黑暗时代而不予理会。它是一个虽然动荡不安但是文化有所发展、生产力有所提高的时期。或许封建战争最好的一个结果是将集中在都城及其周边地区的财富、影响力、学问扩散到全国，因为这种扩散实际上消除了大规模破坏的危险。

到秀吉统治时期，日本已经达到前所未有的繁荣阶段。当然，这并不是说它的基础是稳固的，事实上随后的历史揭示了它经济结构上的一个又一个不足。不过表面上看，桃山时代是一个平和的艺术繁荣发展的时期。秀吉规划的项目都是大规模的。他主导开展了日本的全面土地调查，于1583年营建了大阪城，1586年在京都修造了大佛，1587年修造了聚乐第（Jūrakudai or Mansion of Pleasures），1594年建造了桃山城。所有这些项目，与他的征战和野心一样，令人印象深刻，当代作家在其能力范围内极尽盛赞之词都不足以形容他的伟大。大阪城作为历史建筑遗迹，无法与中世纪欧洲的大教堂相比，不过单从规模，从大量石材、木材的运输和营建所耗费的力气，尤其是从建造速度而言，它或许可以比得上西方任何一座建筑。[①] 至于它的美，根本就没有可比性，因为就装饰方案而言，它靠的是繁复的、通常为彩色的木

[①] 据记录，当时有数以万计甚至数以十万计的人参与建造大阪城、桃山城和聚乐第。

雕，靠的是大量使用色彩和金箔装饰的障子门和折叠屏风，而西方没有完全与之对等的建筑。这个时期的城池和宅邸都是这样的风格。或许最能描绘桃山艺术理念的就是屏风画和壁画。现存的原始建筑保存得并不完整，不过我们可以从留存至今的部分——包括绘画在内——了解整个建筑的富丽堂皇。[①] 当时流行大的屏风画，尤其是狩野派永德（1543~1590）和山乐（Sanraku，1557~1635）的屏风画。他们的创作规模宏大，会在整个丝制或纸质的障子门上画满装饰性的作品。亮黄色的墙壁上（大多是亮黄色的）绘有悄然穿过竹林的蓝眼睛的老虎，或在牡丹花丛中嬉戏的彩色しし——一种长得像狮子但友善的卷毛神兽，壁画的背景是黄色的。有优美的风景画，画的是古松和开花的李树，画中鲜艳夺目的禽鸟或栖息在奇石上或漂浮在深蓝色的涟漪中。壁画中有枝繁叶茂的树丛、河岸、鲜花盛开的花园；有长着龙须的蜿蜒的龙，盘旋而上，穿过层层乌云；有掠过月亮的一群大雁；有坐满了古代圣贤的中国宫廷。这些房间一间接一间，展示的是尤为斑斓的色彩、格外丰富的细节和令人应接不暇的富丽堂皇，以至于它们有庸俗化的危险。不过果敢的风格、大胆的笔锋和出色的构思又会将它们从这种危险边缘拉回来。只有把它们与同一流派其他不那么杰出的壁画相比，人们才能发现它们的绝妙之处。这些壁画通常给人的印象是尺寸大、丰富多彩，与足利时期水墨画引人沉思的简洁十分不同，水墨画的绘师暗示的内容，桃山画师会着重明示。桃山时代的雕刻也是一点都不隐晦。桃山时代有一种名叫"日暮（ひぐらし）"的门，之所以叫"日暮"，是因为欣赏它精美的细节需要花费一整天。至于大阪

[①] 京都西本愿寺的一些隔间似乎就是照搬的被毁的聚乐第。

城的配件和器皿，我们知道它们都是用最昂贵的材料制成的，奢华到了荒唐的地步。秀吉喜欢向访客炫耀它们，其中一位访客记录称所有天花板和栋梁都是镀金的，事实上几乎每一种器皿（水壶、碗、茶杯、药箱）都是用纯金制成的，锁、螺栓、铰链以及架子、衣橱、门窗上的装饰物也是用纯金制成的。另一位作者（在1589年）记述了秀吉的土地调查以及他对地租的重新核定，他指出这是他的收入来源并总结说："至于收入的用途，连厕所都用金银装饰，并用上好的颜料粉刷。这些珍贵的物品被当作泥土使用。可悲！可叹！"

秀吉清楚地知道热情好客的功用，所以他经常举办大型宴会，炫耀他的财富和权力。我们有充分的理由认为，宴会远不只是为了炫耀，这是他的一个弱点，他这是有意鼓励大名彼此攀比，希望通过这种方式从经济上削弱他们，让他们对自己的威胁更小。他举办的有名的北野大茶会恰当地说明了他的狂妄自大和当代对室町时代较高的审美标准的背弃。1587年10月，他公开宣布次月要在京都、大阪和其他城市举办大茶会，无论是最富有的家臣还是最低微的耕农都可以参加，他告诉他们只需要带一只茶壶、一个茶杯和一个坐垫。这场茶会持续了10天，有剧，有乐，还有舞。秀吉展示了他的艺术珍宝以及其他当时的重要藏品。他显然喜欢庞大的盛会，因为我们还听闻他举办了规模惊人的赏花会及类似的宴会。事实上，其中一场盛会非常奢华，为了容纳众多宾客，他修复并扩建了一座古老的寺庙——三宝院（Sambō-in）。一个令人欣喜的结果是，现在京都郊区还有一组坐落在精美庭园中的别致的建筑群。在他举行的另一场宴会上，他把堆满金、银的托盘递给宾客，有的宾客收到了数以千计的金块。这种前所未闻的奢华无疑是秀吉狂妄自大的表现，不过它似乎也与当时的氛围相一致。那是日本最为慷慨大方的时代，那个时代没有小巧的痕迹，不乏宏大的规划和果敢的执行力，虽然有人说缺乏宏大的规划和果敢的执行力是日本国民性格的缺点。延续自第一代足利将军就有的茶道的发展是有益的。在足利氏的将军们那里，茶道是一种贵族风尚，虽然昂贵但本质上还是一种克制的美学。而在信长和秀吉那里它变成了一种炫耀的手段，近似于一种拙劣的模仿。富有的大名疯狂地争抢茶碗、茶罐以及诸如此类的茶道仪式的附件。物价暴涨，人们会为未必精美但稀少的物品支付离奇的数额。松永弹正（Matsunaga Danjō）——信长的一位治安官——在自杀之前，把一只珍贵的茶壶摔得粉碎，为的是不让与自己竞争的收藏家得到它。泷川一益（Takigawa Kadzumasa）——信长最勇猛的武将之一——被指派到一个重要但偏远的令制国，他写信给都城的朋友说，"我猝不及防地掉进了地狱"，并解释说自己处于极度绝望的状态，因为他远离文明社会而且没有精通茶道、可以与之讨论美学的密友。在那个充满活力的时代，成功人士甚至在高雅的才艺上也是没有节制的。不过这种对室町时代严谨的美学标准的背弃只是暂时的，在封建权贵沉迷于自大的炫耀的同时，日本形成了更加严格的标准。有趣的是他们最终还是遵从了这些标准。桃山时代最重要的人物之一是千利休（Sen Rikyū），他不仅是花道行家，而且是茶道大师，还是审美权威人士。在他的影响下，艺术中严格的美学风格得到促进，尤其是在陶瓷艺术中，因为为了满足茶道严格的审美要求，需要特殊品质的茶碗、茶罐以及其他器具。这个时代出现了很多有名的陶艺大师，比如祥瑞（Shonzui）、长游（Chōyu）、六兵卫（Rokubei），这些艺术家展示了其在形状设计和釉彩把控上的精湛技艺。① 他们的作品必须让挑剔的主顾满意，稍微有一丁点儿华丽，主顾就会气得发抖，所以他们的瓷器有一种自然的暗淡之美。不过当时还有其他陶瓷艺人，他们的作品更受大众的欢迎。在一次远征朝鲜的时候，日本人被朝鲜人的瓷器和彩陶迷住，秀吉的一些指挥官带回了一些朝鲜手工艺人，并在自己的领地建造了窑炉。有名的萨摩烧、锅岛（Nabeshima）烧、八代（Yatsushiro）烧、伊万里（Inari）烧等都是以此为开端的，与严格的"茶"具不同，这些陶器的颜色、形状和图案设计多种多样。尽管普遍认为它们很少能达到中国名瓷的雅致，但我们必须注意的是，日本的陶瓷艺人必须克服一些技术性困难，主要是原材料供应的困难，而中国的陶瓷艺人从未遇到原材料供应的障碍。不过仅这一个缺点不足以解释这样一个奇怪的事实：总是急于模仿中国艺术的日本人，为什么会在陶瓷艺术的发展上落后于中国长达数个世纪，直至秀吉时期。在那之前，漆器或朴素的陶器通常能够满足民间和宗教的使用需要。不过在这之后，由于局势稳定、运输安全，最重要的是都市群体的繁荣发展，对精美瓷器的需求逐渐增加。或许陶瓷艺人手工艺的缓慢提高预示着和平时期的来临，在这样的时期，易碎的、精美的器物才不会遭到破坏。

战国时代主要政治事件

1534年　织田信长出生（殁于1582年）。

1542年　葡萄牙人发现日本，火器传入。

---

① 1513年，祥瑞从中国带回了精致的样品；长次郎制作了有名的乐烧（rakuyaki），这是一种以秀吉的聚乐第命名的瓷器；六兵卫约于1580年制作了质朴的备前（Bizen）烧。

1549 年　沙勿略到达日本。

1568 年　信长成为事实上的将军。

1571 年　信长摧毁比叡山佛寺并对佛教机构开战。

1576 年　兴建安土城。

1577 年　秀吉奉信长之命对西日本的封建领主（毛利氏和岛津氏）开战。

1582 年　秀吉接管信长的权力。

1587 年　第一次基督教迫害运动。

1590 年　秀吉通过成功围攻小田原征服了其余的封建领主，扩建江户城。

1592 年　秀吉派军队远征朝鲜，失败后撤退。

1597 年　第二次远征朝鲜，1598 年战争中断。

1598 年　秀吉逝世，家康接管其权力。

1600 年　家康取得关原之战的胜利。

1603 年　家康被任命为将军。

1615 年　围困大阪，家康获得胜利并成为日本最高统治者。

第七篇

江户时代

/ 第二十一章　德川幕府

第一节　本国的排外政策

我们已经看到，在日本整个历史当中，其封建统治者是如何尝试阻碍变革进程的，他们通过永久性的法律、通过培养一种道德规范来稳固以自己为首的社会秩序。① 德川家康及其继任者以一种极为彻底的方式来推行这种注定会失败的政策；从一开始，这种失败的迹象就清晰可见，而我们可以把德川时期的历史看作一个教训，一个竭尽全力抵抗强大的、未知的力量却无疾而终的教训。

家康在秀吉的建议下把江户作为自己的军事总部，随着时间的推移，江户发展为日本最大的要塞和最重要的城市。② 家康于1590年起就定居江户，但是直到关原之战以后他才最终将江户定为都城。这是一个重要的决定。它意味着此后他摆脱了京都，

---

① 在思考导致闭关锁国政策产生的原因的时候，我认为，还应当考虑当时导致德川统治者想要锁国的强有力的国内政策。在经年累月的封建战争之后，他们才刚刚能够对强大的封建对手施加威力。他们认识到，如果那些对手尤其是西日本的重要封臣能够获得外国人的帮助并且购得火器，获得火器制造和船只制造的技术支持，甚至获得实际上的军事援助，统治家族很容易就会成为内外联合起来的暴乱和干预的受害者。这些事实倾向于表明令他们关上国门的令人信服的理由不完全是孤立主义的思维习惯。的确，在整个日本历史上，日本人一直希望能够保持本土的体制不被改变、不被破坏。但是这从来没有阻止他们遵循侵略性的、扩张主义的政策，他们海外冒险的记录可以证明这一点。从史前时代对朝鲜的袭击到以贸易者或海盗的身份在太平洋上航行，他们海外冒险的规模越来越大，直至禁止海外航行的法令颁布。

② 虽然在那个时代江户只不过是一个位于沼泽地带的村庄，但是它有一段还算可以的历史。与日本其他地区相比，江户周边地区分布的新石器遗址更加密集。它位于海湾前端，其后方地势险峻，难以通行。对于意在支配东部各令制国的武士来说，江户的地势很有战略价值。早在足利时期一位名叫太田道灌（Ōta Dokwan）的武士就看到了这一点，他于1456年在江户建了一座城池。

从自己的军事权力中心统治日本。很久之前,源赖朝刻意在远离京都的地方确立了自己的地位,我们可以将随后几个世纪将军幕府的衰落部分归咎于其后代没能远离宫廷生活的诱惑和宫廷密谋的威胁。家康决定不重蹈他们的覆辙。在封建制度尚不成熟、京都的文官政权尽管式微但仍在运作的时候,镰仓就已经是封建权力的中心。不过家康的政策不仅使江户成了军事和政治之都,还使它成了日本的经济和文化中心。德川幕府开垦了大块的土地,并为封建领主分配了住宅用地,同时还为商人做了安排,他们自然是受新建都城的吸引,从京都和大阪来的。家康建造了一座巨大的城池,比大阪城还要宏伟,他要求他的大名们在这样的项目上给予资助。他通过这种方式及其他类似的征税榨取他们的财力,而他们却不敢反抗。家康的首要任务就是确保没有一个领主富有或强大到足够挑战他的程度,并防范可能会威胁他的地位的联合。为了达到这些目的,他采取了非常坚决的、值得一提的措施,因为它们不仅是德川家康封建政策的基础,也是江户时代很多最为典型的机制的基础。

关原之战(1610年)后不久,他迫使领主签署了一份书面效忠誓约,他们发誓服从江户下达的所有命令,不为幕府的敌人提供保护或避难所。这是一份极其重要的文件,其得到签署这一事实表明了家康对其家臣的绝对支配权,因为虽然有很多不幸的、背弃早前的封建忠诚原则的行为,但是日本武士一般都遵守了这份誓约。因此,当家康通过围困大阪(1615年)征服了剩余的敌人时,他的地位比先前任何一位将军都要稳固,并且他继续利用各种能够采取的手段巩固自己的地位。家康本人于1616年逝世,不过他的继任者、第二代将军秀忠(1616~1622年在位)和第三代将军家光(Iemitsu,1622~1651年在位)延续了

1615年江户街头售卖的大幅报纸的片段，表现的是大阪城的陷落

/ 第二十一章　德川幕府 /

他的政策。我们会描述他们所颁布的法令但不会特别提及颁布者，因为这些法令是幕府机制的结果，它们所表达的不只是单个统治者的观点，而是当时的封建社会观念。这里我们顺便指出，虽然这个时代欧洲的封建机制已经崩溃并被中央集权的君主政体取代，但是日本的封建制度刚刚成熟。此外，虽然政权比从前更加集中、更加专制，但是执掌政权的是一位至高无上的封建氏族首领，而君主政体则处于被搁置的状态。

将军幕府采取的第一个举措是起草约束天皇和宫廷行为与职能的规章。德川家康对皇室相当慷慨，分给了他们足够的收入，然而所有大名——除了最不重要的以外——都比天皇及其家族富有，而且后者不能拥有土地，其收入也只能是实物。天皇没有任何行政职能。有权势的幕府官员住在宫廷进行监督，实际上是指挥天皇，天皇仅剩的特权是任命将军和其他特定的幕府官员。这些纯粹是形式上的，而且天皇这一职位虽然仍被赋予自古就有的尊贵，但完全是礼仪性的。

为了防范家臣抗命，德川幕府的将军们采取了非常谨慎的措施。他们在对待大名的时候做了区分，将他们分为在德川氏还是地方贵族的时候就与他们并肩作战的大名和在关原之战之后才听命于他们的大名。前者是谱代（fudai）大名，后者是外样（tozama）大名。外样大名个个都是最富有的、表面上最高贵的家臣。将军在感觉地位稳固之前，在礼仪上把他们当作几乎可以与自己平起平坐的人来对待，事实上，他们也确实与将军相当，因为从出身来看，将军比不上前田（maeda）氏、岛津氏、伊达氏等贵族氏族的家主。不过，与之同时，他也竭尽所能地削弱他们的攻击力。正如我们已经看到的，他们被迫大笔资助庞大的公共项目；而且为了避免他们在自己的领地制造麻烦，当时幕府逐渐形成了人质扣押制度,最终实行了名为"参勤交代"(sankin kōtai)的制度,即每位重要的大名每年必须在江户待上几个月,在他返回封地的时候必须把妻子和家人留在江户。谱代大名虽然没有主要的外样大名地产多,但是他们分到的土地位于具有战略意义的地方,控制着交通要道和主要的市町,或者位于与将军潜在敌人的领地接壤的地方,为的是在他们哪天冒险向江户进军的时候,对其侧翼或后方构成威胁。幕府严格限制封建城池的建造甚至小规模的修复。在欧洲,像威尼斯这样的大城市或者像汉萨这样的城镇往往会保持或增加自己的特权。而在日本,这一进程颠倒过来,像大阪、堺市、长崎这样的贸易中心以及其他从政治角度来看有特殊意义的地方,比如祭拜皇室先祖的地方即伊势的山田,却被置于幕府官员的直接统治之下。主要交通要道上的关卡依旧存在,为的是监视往来的旅者①,而政府有意不在通往江户的要道上建造桥梁和其他促进交通的设施。他们甚至扩大了削弱潜在敌人的政策,以致到了干涉宗教的程度,迫使本愿寺的佛宗分成两个支系,将威胁减半。从本愿寺先前的经历来看,它们惧怕亲鸾教团人多势众的后来者也是有理由的,这个教团是由相信阿弥陀佛慈悲的温和的信众组成的。

  德川幕府的将军们计划通过这些以及类似的其他举措确保其统治的延续;不过他们谨慎地强化我们所称的至高统治权的物理特征,所采用的方式用现代术语来描述的话就是普遍、密集的文化宣传。虽然1615年大阪被攻破以后,日本有了几乎没有间断

---

① 查验的官员特别防范违反"入铁炮出女"(de-onna iri-deppō, outward women and inward guns)的人,因为任何计划叛逆的家臣可能首先会将作为人质的家眷带出德川幕府的领地并将火器带入。不过一般来说,封地之间的往来是不被允许的,每个封地都想保持独立自主,不让自己的产出流出,也不让潜在的细作进入。

的和平，但是连续几代统治者都是尚武的，他们行政管理的立足点实际上是战争，而且盛行的法律本质上是军事管制法。幕府本质上是一个军事独裁政权，武士阶层地位最高，其他所有阶层，无论农民、手工艺人、商人、雇工，都须为武士阶层的利益服务。这是他们的职责，也是他们遵守的规范。他们只需要顺从即可，而处于支配地位的侍则需要一个特殊的法律和特殊的道德规范。当然，这些法律和规范存在于我们已经看到的于11世纪的氏族争斗中缓慢形成的传统之中，它们在旷日持久的内战中迫于混乱状态的压力而衰落，但是在某种程度上一直存在，并且随着社会秩序的恢复而逐渐复兴。将军幕府要做的是赋予这种传统以确定的形式和权威，很快他们便开始对影响侍的职责和举止的要点进行极为细致的立法。我们稍后会对他们的法律进行回顾，不过这里我们可以说幕府多次颁布约束上到大名、下到足轻的武士阶层行为的法律。它们本质上是三河国领主德川氏家法的延伸，因此与我们在探讨信长时期和秀吉时期的封建法律时描述的家法类似。不过在德川时期，这些律法不仅更为详细、明确，而且在全日本都有效力。此外，学界一直恰当地称之为德川时期的日本宪法。值得重申的是，在幕府看来，这部宪法从根本上是不可更改的。每位将军在继任的时候，都会在所有家臣参与的庄严的仪式上重申这部宪法。虽然迫于形势，他们有时不得不做细节的改动，但他们从不允许也不会考虑改变它的根本原则，他们会毫不留情地惩处违反它的人。

　　只有参照他们保存所掌控的封建政体的决心，我们才能理解家康继任者的很多看似不理智的行为。最先吸引学生注意的、在日本随后的发展中造成巨大影响的是对针对基督教的诏令的最终落实和为幕府"加冕"的彻底的锁国政策。

家康逝世的时候，宗教迫害在一定程度上得到缓和。虽然在某些地方基督徒痛苦地殉道，但是对基督教的敌意并不普遍，一些上层人士甚至存在对基督教的同情。律法轻易变成了形同虚设的规定，基督教有了其他宗派通常会有的信仰自由。这个时候幕府的地位足够稳固，可以应对颠覆性的政治活动，并不是很在意百姓信什么教，只要他们温顺即可。此外，在德川氏确立了自己的霸主地位以后，他们的方针是不干涉直属领地以外任何一块封地的内政。大名对其百姓有绝对的管辖权，他可以随意压迫或爱护他们，前提是他的行为不得危及幕府的主要政策，即维持稳定和秩序。不过第二代将军秀忠认为他在管辖范围内察觉到的正是这种危险，即便不是来自基督徒，起码是来自欧洲人的。这个时期，葡萄牙人、西班牙人、荷兰人和英国人都在争夺贸易特权，每个集团都情愿诽谤另一集团的人，并且让幕府官员意识到欧洲国家对东方领土怀有不好的意图，这种暗示足够真实。西班牙人占据了菲律宾，葡萄牙人占据了澳门，荷兰人占据了台湾岛，英国人占据了马来西亚，而且并非所有的领航者都对土地或海洋的所有权有严肃的认知。英国商人考克斯（Cocks）在他的一封信中描述了他是怎样于1616年在江户"呼吁免除西班牙人的特权"，他指出西班牙人指望基督徒大名叛乱，信奉天主教的日本人都能聚集在他们的旗下，指望他们夺取一些据点并将其占据，直到海上援助到来。他说，西班牙人已经准备好了载满人员和珠宝的船只，为的是实现这个目标，所以他们"既不缺少实现这计谋的财力，也不缺少人力"。

这种说辞无疑加深了秀忠脑海中已有的疑虑，因为在听到这种说辞之后不久他就颁布了反基督教的新令。这则诏令让所有神父遭到放逐，无一例外，并且禁止日本人与基督教有任何联系，违者处死。因为家康的葬礼，宗教迫害暂缓，不过到1617年，迫害重又开始，而且在负责执行诏令的官员发现普通的惩罚措施完全无法阻止神父布道、阻止其信徒信教的时候，迫害日甚一日。与继而发生的令人作呕的折磨和残酷的杀害有关的记录太过惊悚，此不赘述。我们可以这样说，如果它见证了人性以法律和秩序为名能堕落到何等阴暗的程度，那它同样也是一个令人悲痛却又令人动容的证据，证明了人类为了捍卫理想所表现出的英勇。对英勇的奥古斯丁会、多明我会、方济各会和耶稣会最大的回馈莫过于其信徒感人至深的坚定，他们大多是没有受过教育的耕农，他们从小被教育要像英勇的侍那样，勇敢、平静地面对恶魔般的残暴行为。数以千计的男人、女人常常哼着赞歌走向拷问台，走向火刑柱，走向十字架和深坑，并勉励他们的教友永远不要退缩。连续数年，这种迫害的残暴程度分毫未减，直到最后它影响了基督徒的人数。有一点很重要，即使在这个糟糕的阶段，当局也不愿意以死刑处决外国传教士。但凡有可能，当局会驱逐或者把他们丢到监狱里，只有在其顽强反抗的时候才会采取极端措施。不过，到1622年，将军有理由怀疑罗马天主教会与西班牙密谋入侵日本，大约从那个时候开始他对神父更加严苛，并且重新制定了反基督教的法令。所以，稍后放缓的迫害活动死灰复燃，从西日本一直蔓延到德川幕府的直属领地。1624年，他下令驱逐境内所有西班牙人，不论他们是神父还是世俗之人，并规定日本基督徒不得到访海外。不过仍有传教士来到日本、受难，在到达和受难之间的简短时间里使人皈依基督教。关于这个时期日本的基督徒人数意见不一，教会历史学家也并不是完全可信的，基督徒最多的时候很可能达到30万人。我们难以确定这些人中有多少人受难；因为肯定有一大批人即便不是迫于领主之命,也只是接受了基督信仰而并不是深信,有可能这些并未深信的皈依者在放弃信仰之后很快得到宽恕。不过,毋庸置疑的是,当时肯定有数量可观的日本人以一种令后来的旁观者不解的顽强坚守自己的信仰。这些旁观者或许被信众对礼拜日的轻松态度误导,误以为这里没有深植的宗教热情,只有非基督徒的轻率。然而,沉重并非信仰的必要元素;我们已经在日本的佛教记录中多次看到士兵和耕农带着即将进入极乐世界的信念面对惨烈的结局,或者为了守护《莲华经》英勇抗争。这些人无惧死亡。或许是因为性情之中潜藏的悲观情绪,或许是因为贫困、绝望,他们觉得生活并不甜美。

我们很难区分日本某些宗教运动中的精神因素和经济因素,因此我们很难说15世纪的一向宗暴乱在多大程度上算是与土地有关的动乱,有基督徒参与的岛原之乱也是如此。这场暴乱于1637年爆发,是日本与外界断绝往来的直接促因之一。约从1627年开始,迫害的势头逐渐减弱。基督教看似要么被禁绝,要么被迫转入地下。不过在一些足够远离官员密切监视的地区,信徒依旧暗中信奉基督教,他们可怜地采用骗术以躲避盘查。他们会崇拜做得像观音的圣母玛利亚的小像,并把它放在家中的佛龛或神道教的神棚(kamidana)里;他们还会在农舍灶房的漆黑凹陷处摆上刻有圣像的器具。基督教信仰存续时间最长的地方是基督教最早传入的地方,而这些地方中为首的是那些靠近长崎的地区。长崎周边地区的迫害活动最为严重。到1637年末的时候,居住在天草岛和岛原的人发动暴乱,这吸引了周边地区的基督徒。很有可能就像一些编年史家所说的那样,封建领主的压迫让他们极度绝望,因为他们与日本其他很多地方的农民一样,要缴纳的赋税逼近了其所能承受的极限;不过似乎让他们有勇气奋起反抗的是其基督信仰，因为他们相信无论如何死亡或患难都是命定的，他们也相信未来会有喜乐。1638年初，几千名基督徒，其中有男人、女人、孩童，联合起来占据了位于岛原一个陡峭海岬的破旧城堡。领导他们的是五个心生不满的侍，他们从前跟随信奉基督的武将参与封建战争，但这时已经没了侍主。很多叛乱者和他们一样，并非单纯的耕农，而是因内战局势身陷困境、前途未卜的老兵。他们坚持了两个多月，抵抗被派去镇压他们的人数众多的军队，他们的旗帜上绘有耶稣、玛利亚、圣雅各（St.Iago）等传奇人物的肖像以及圣餐礼（Louvado Seia O Sactissimo Sacramento），在弹尽粮绝的时候旗帜才倒下，几乎所有人被杀。经过这场屠戮，日本的基督徒基本上被消灭殆尽，尽管少数几个乡野群体仍在暗中信奉基督教，但是直到19世纪中叶才敢公开。①

毋庸置疑，对诸如此类叛乱的恐惧，正是在日本统治者中势头日盛的排外运动的最后一个推动力。现在在他们的认知中，基督信仰是与外敌入侵联系在一起的，为了规避基督教渗透和外敌入侵的危险，他们决意切断与西方的所有联系。需要注意的是，他们经历了漫长的过程才得出这一结论。在对待外国人的时候，无论是神父还是商人，他们从一开始就表现出值得称道的宽容大度。这种种族敌意和国家敌意的缺乏，可以部分归因于他们对物质利益的渴求，不过肯定也可以归因于他们根深蒂固的、面对外人时的友好习性及强烈的热情好客的责任感。最终让他们背弃其高标准的是恐惧这个一切恶的源泉。1624年，幕府驱逐了

---

① 根据一份可信的记述，当时投入的兵力多达12.5万人，而被围困的基督徒约有3.7万人。据说这些人中只有105人幸存。

西班牙人，1638年驱逐了葡萄牙人（主要原因似乎是怀疑他们是岛原之乱的共谋）。一旦排外运动正式开始，一旦认为本国的安全危在旦夕，他们对待外国人的方式就变得残酷起来。1640年，被派来要求重启贸易往来的葡萄牙使臣被当即处死，惨遭与1280年被派来的不幸的蒙古使臣同样的命运。他们惨遭厄运的原因相似，即日本人想要表明他们的决心是不可动摇的。必须补充的是，即便在实施针对外国人的极其严厉的措施时，日本官员也表现出对恰当、得体的强烈感情。因此，在对律法的漠视迫使幕府采取极端措施之前，被定罪的神父在被处决时会得到日本身居高位的人才能享受到的仪式与待遇，我们甚至可以说，日本人是带着敬意处决他们的。幕府官员向他们充分解释了驱逐的法令，还细致周密地处理了那些按照法令离开的人员的财产。英国人和荷兰人并不在法令规定的范围内，不过英国人的贸易平台因为管理不善于1623年关停，所以到1640年的时候，除了一些获准留下的中国人和被限制（与囚禁差不多）在长崎一个小型定居点的荷兰人以外，日本已经没有外国人了。在长崎，每年会有少数遭到严格限制和密切监视的贸易船只来访。在200多年的时间里，这些稀稀疏疏的外来物品和外来理念是日本与整个世界仅有的交流①，因为1637年幕府规定臣民不得离开本国，一旦离开，不得返回。每一个尝试离开或尝试返回的人都将被处以死刑，而且为了确保这条法令得到充分落实，幕府禁止建造任何载重量在500石以上的船，即禁止建造任何足以在

---

① 1647年葡萄牙一个出师不利的使团，1673年英国的一艘船和这之后间或到访的几艘俄国和美国的船只除外，这些船只在短暂的停留之后都被赶走。英国船只被拒绝入内的原因是英国国王娶了信奉罗马天主教的葡萄牙公主为妻。

海上航行的船。

通过这些法令,日本选择将当时西方所能提供的礼物都拒之门外。猜想这个抉择让日本损失了什么并非没有好处,因为如果知道了其中缺少的元素,我们能更容易理解他们的文化。考虑到 16 世纪葡萄牙人第一次到日本的时候欧洲的局势,一位冷静的评判者很难承认日本人当时在个人或公众的实用性道德上有任何需要向欧洲学习的地方。他们的道德准则和统治理念是得到遥远的古代认可的,并且在这之后也一直经受住了考验。他们会合理地争辩,称自己的宗教在理念的绝妙程度和教义的宽慰效果上都不亚于基督教;假如他们研读了一些神父的著作,那么天堂的景象一定会让这个崇拜先祖的族群感到惊恐,在天堂里被选之人主要的乐事就是对被诅咒之人的痛苦幸灾乐祸。在艺术上,他们继承了一个极好的传统;在审美修养上,他们已经达到欧洲与之同时代的人想都没想过的文雅。甚至在欧洲当时引以为傲的杀戮方法上,他们也不需要别人来教,就像 1605 年米歇尔伯恩在其汇报中所评价的,"日本人登陆印度任何一个地方的时候都不被允许携带武器,因为他们是如此不顾一切、大胆勇猛,以至于所到之处没有不害怕他们的"。这样的话,我们或许可以认为,除了种种不公正的行为,欧洲没有其他什么可教日本的。不过这是一种非常错误、片面的观点,它忽视了以文艺复兴的辉煌为高潮的所有精神上、思想上的重要成就。我们可以撇开宗教这一难题不谈,只看基督教教义即关于爱和谦卑的教义的精髓,但它似乎并没有拨动日本人的心弦,或许是因为他们没有完全理解这个教义。虽然他们渴求,但是他们通常不愿意或者尚未准备好接受欧洲的精神财富。到 1600 年,当很多传教士在日本进进出出的时候,欧洲的文艺复兴正如火如荼,而推动其发展的则主要是葡萄牙人航行到东方所获得的知识和财富。当时的日本前景如此广阔，它即将获得的财富能够彻底改变其经济形势，而它却自愿地将所有这些前景拒之门外。那个时代，莱昂纳多·达·芬奇（Leonardo da Vinci）已经为实验法奠定了基础，进而为近代科学探索奠定了基础；哥白尼（Copernicus）已经宣讲了一种新的宇宙观；哈维（Harvey）已经发现血液循环；吉尔伯特（Gilbert）已经开始对电进行研究。不过因为难以接受这些发现，宗教法庭烧死了布鲁诺（Bruno），关押了伽利略（Galileo），所以日本人不可能从传教士那里了解这些发现。①的确，一种把人从宇宙中心挪去的宇宙观肯定不会在熟知佛教思想的僧人和学者之中引起轰动。不过直到驱逐法令颁布，日本国内似乎没有什么痕迹表明他们知道当时正在改变欧洲思想生活的运动。我们已经提到日本人接受了一些应用科学领域的发明，尤其是那些与战争有关的应用科学，如造船、航海，不过对精神领域、对那些探究人是如何出现的科学的方法，他们了解得极少。因此，1640年以后，当他们切断了获取新知的渠道的时候，他们自然将注意力放在自己身上，精进、改良自己的文化。这种文化依旧如此非凡、独特，其本身就是对那种常见的论断——日本人是一个缺乏创造天赋的族群——的回应。还有什么比创造一个与众不同的文明更能证明其创造性的呢？不过，我们没必要将日本文明在16世纪之后的历程，将它未能发展、繁荣归因于种族

---

① 有关罗马天主教会对科学发现的态度，有些读者不认同我的表述，不过我认为没有改变表述的理由。我知道克雷芒七世于1530年认可了哥白尼的论述，莱昂纳多·布鲁尼得到教会的宽大处理，严格意义上讲伽利略只是被囚禁了而已，等等；不过我认为，无可否认的是，到1550年前后的时候，教会已经变成保守派并且捍卫以人类为中心的哲学，反对新的宇宙观，偶尔还会有迫害行为。

天性这种不可信的存在。我们可以很容易地用其他理由来解释这一点。促使欧洲发生文艺复兴的间接原因、直接原因在日本并没有出现。日本的文化是从中国引入的，中世纪欧洲国家的文化不是引入的，而是直接从古代世界继承而来的，除了战争和瘟疫外，欧洲西部的文化发展是连续的。从经院哲学到人文主义的过渡之所以容易，首先是因为一种共同的口语和文字媒介即拉丁语的广泛传播。这一因素的重要性是无法估量的，因为它让欧洲西部接触到了那些有可能会被埋没在遥远地区的人类的智慧。单从算术上来看，因为更多的人来思考同样的问题，所以取得进展的可能性增大，而不同国家之间的相互影响与竞争更增强了这一优势。西方文明在形成过程中，从希腊人、罗马人、拜占庭人、希伯来人、阿拉伯人那里汲取了惊人的养分，同样也吸收了源自近代欧洲各个国家的养分。在考查欧洲文化史上的伟人时，学者往往会猛然意识到他们出身的多样性。阿维森纳（Avicenna）生长于布哈拉（Bokhara）；阿威罗伊（Averroes）是科尔多瓦人（Cordovan）；哥白尼是波兰人；第谷·布拉赫（Tycho Brahe）是丹麦人；伽利略是意大利人；牛顿（Newton）是英国人；笛卡儿（Descartes）是法国人，他在荷兰工作，在瑞典去世。与之形成鲜明对比的是日本人的处境，其所处的位置决定了他们只能从几乎静态的、统一的中国文化中获得直接的灵感。甚至连从亚洲其他地方获得的宗教和艺术也是在受到了中国的影响之后才传到他们这里来的。

　　这并不是阻碍日本文化发展的所有原因，或许最大的障碍是它自己颁布的抑制经济扩张的法令。促进文艺复兴发展的一个主要因素是，随着对外贸易的发展，财富涌向欧洲国家；因为就其最宽泛的意义而言，发明不是迫于需要的产物，而是闲暇和富足的产物。自足利时期以来，日本人在渴望海上冒险的时候就隐隐预约地知道这一点；一个引人关注的事实是，当时日本虽然内部动荡不安，但仍然有着重要的文化活动。当日本与世隔绝的时候，这种文化活动终止，或者说被限制在毫无新意的表达方式里。这时候日本面临的问题不再是如何获得并利用源自国外的财富和智慧，而是如何保存、增加自己的资源。这个问题因日本从农业经济向重商经济过渡而变得复杂，要解决这个问题，我们必须从德川时期的日本历史当中寻找答案。

第二节 政治和法律

在对江户时代的经济变革以及它们对社会体制的影响进行调查之前，我们最好先来完整地描述一下 17 世纪的那些体制。我们已经看到信长、秀吉和家康为牢固确立自己的政治和社会等级而先后采取的举措。到 17 世纪中叶，他们的继承者则致力于完善机构设置，尤其是在第三代将军家光执政期间，封建体系达到顶峰。我们无须讨论德川幕府机制错综复杂的细节，不过要想知道它是如何运转以及最终为何会瓦解，我们还是有必要了解一下它的基本原理。

将战争时期的最高指挥权延续到和平时期，这就是德川时期中央政府的开端，它以这个状态延续了几十年。它不是基于任何国家理论，而是基于 645 年从中国引入的体系。它采用了既有的制度安排，本质上不过是将单个封地的封建大名管理家臣和百姓、维持军事实力的种种方式应用于整个国家。我们甚至能从将军幕府重要官员的头衔中看清这一点，这些头衔都有一种家庭的味道，用当时一位作者的话说，德川幕府的将军们"像村长一样"处理事务。当时有由 4~5 位老中（toshiyori）组成的政务委员会，由其中一位老中主持。他们处理涉及高层政策的事务，包括处理幕府与皇室的关系，以及幕府对大名的管理。位列他们之下的是4~6位若年寄（waka-doshiyori），他们的职能多种多样，但主要是监管位列大名以下、直属将军的家臣，即旗本和御家人，他们囊括了大多数听命于德川氏的没有封地的侍，包括那些品级最低的侍。隶属于老中的是头衔为大目付（metsuke）的官员，他们的职能常常会被误解。他们一直被说成是"间谍"，但把其头衔翻译成"审查员"会更好。他们的职能起初是军事性质的。战争时期，老中是军事参谋，而大目付则是他们的情报人员。在封建战争中，情报活动起着重要的作用，广受武士研习的中国和日本的军事经典，都尤为关注这一问题并且提供了获得敌人机密或调查敌人私事的方式。在和平时期大目付的职责变为监视大小家臣的行为举止，他们必须向中央政府汇报大名和百姓的举止，以便做好应对任何颠覆性活动的准备；此外，因为统治的基础是压制而非赞同，所以这个体系自然会发展成为一个情报网络，内含各种情报机关、暗黑组织、告密者和密探等独裁政体特有的设置。

　　位于老中之下的是被称为"奉行"的行政官员、执法官员和司法官员，"奉行"是一个灵活的称呼①，我们可以把它翻译为"政府要员"，它是对国务大臣、文书以及地方和市政行政人员和司法人员等多种职官的统称。有掌管幕府财政的勘定奉行（kanjō-bungyō），有身为主要城市警务、政务官员的町奉行（machi-bugyō），有负责寺院及神社事务并解决其争端的寺院奉行（jisha-bugyō）。德川政体不是条理分明、自成体系的，

---

① 即奉行前可以加前缀。

尤其是在早期阶段，它是针对实际需要以一种无序的方式发展起来的，学界一直把它比作街道错综复杂、与古代布局匀称的都城形成对比的江户旧城。德川政体没有对职官的职能做出清晰的界定。此外，它的设计存在严重的缺陷，不利于主动性的发挥，因为高层机构要么是重合的，要么就是职能由理事会而非个人承担，因为当时幕府觉得有必要防止个人垄断权力。再者，轮换体系阻碍了政体的运作，在这个体系下，老中和身居高位的奉行每月轮流当值，因此政体的运作常常乱作一团或被耽搁；这一缺陷往往会导致真正的权力落入幕后之人手中，比如内侍、司仪甚至在女眷居所服侍的人员。总而言之，在研习德川政体运作方式的过程中，学者会觉得这个政体是在一个多疑的、不信任的氛围中运作的。需要补充的是，鉴于德川幕府的目标始终是保持德川氏及其伙伴的权力和财富，所以高层职位通常都是由谱代大名的家族成员世袭享有，只有在例外的情况下，外样大名的家族成员才有可能获得这些职位。糟糕的是，严格的阶层划分导致有才之士与所有的职位绝缘。在这样的情况下，政府不管在理论上如何开明，在实际上注定会有所偏颇并且会忽视国家整体的利益。

　　地方政府整体上仿效中央政府的模式。在各自的封地中，大名享有完全的自治权。幕府只会在某些大城市或它的直属领地派驻官员，这些地方大部分位于日本东部和其他地区具有战略意义的地点。不过将军幕府虽不干预，却常常会密切关注领土的动向，而且大目付及其巡视员的主要职责之一就是汇报封地的事务。出于这个原因以及其他类似的原因，大名往往会将自己的行政和司法方式与中央政府相融合，而且将军制定的法令很快开始取代封地的家法，并且没有与当地的情感和习惯发生冲突。部分是因为将军幕府只是规模更大的领主政府，部分是因为较小的领主喜欢模仿较大的领主，即便是在很小的封地上，领主之下仍设有由年长者组成的政务委员会以及其他有着重要头衔的官员。因此，日本全国的法律逐渐趋于一致，尤其是因为幕府早就规定"各令制国、各地区在各样的事务上"都要遵守"像江户法律那样的律令"。只有像岛津氏和前田氏那样足够强大的豪族才能抵制这种趋势，甚至连他们也会小心翼翼地行使自己的自治权，不会公然反对幕府的政策。同样，尽管开始的时候江户幕府不会干涉宗教团体、贸易行会、乡村社群等自治组织的内部安排，但是它后来废除了所有的私有管辖权或者至少把它们限制在非常小的范围内。因此，我们可以认为全日本通常采用的都是下文概述的德川幕府的立法和司法体系，并且在17世纪得到采用的细节越来越多。

法律的主要特征体现在它是恐吓性的、压制性的，因为从其源起和早期发展来看，它是在战争时期处于支配地位的氏族首领的意志的体现。不过，随着秩序建立，他的至高权力得到保障，律法的很多方面变得更加宽容，但本质上它依旧是军事法律在和平时期的延续。它的基本设想体现在秀吉颁布的确立以武士为首的严格阶层划分的《刀狩令》（Sword Hunt）中，体现在1615年大阪陷落之后德川家康颁布的《武家诸法度》中。它像早期公式集和家法一样，并不是一个系统的由具体的指令和禁令组成的汇编，而是一个语言表达有些不明确的箴言集，支撑它的是从中国和日本经典中提取的高深的片段。它一共有13个条款，前两个条款确定了武士阶层的行为准则，即他们必须认真研习文学和军事，必须克制自己，不得纵情酒色。接下来三个条款（第3款至第5款）涉及封建领地秩序的维持和领地之间的关系。之后的三个条款（第6款至第8款）是针对大名之间的联合或其他可能危及将军幕府的活动的。当然，在日本，一种出于政治原因经常进行的联合形式是联姻；第8款规定："不得为了自己的好处订立婚约。"紧接着是对它的解释，引用的是《易经》和《诗经》中的内容，即婚姻取决于阴阳相合，所以一定不能轻易订立婚约。再后面的三个条款（第9款至第11款）规定了适用于每个阶层的随从、衣饰、坐辇等。最后两个条款吩咐侍要节俭和劝诫大名不要徇私舞弊，要选贤任能。这两个劝勉的条款古代的统治者就多次强调过，并且时至今日依旧能够引起共鸣。看起来那些大权在握的人始终有一些担心，因为他们知道自己的臣民沉迷于肆意花销，喜欢善待邻居和朋友。

我们会看到，正如我们所理解的那样，这些条款并不是具有法律效力的法令或法典。它们只是对支撑习惯法的一些原则的书面表述，并没有取代习惯法，只是对它的补充。从德川时代中期开始，成文法和法规大量出现，不过大多是以判例注解或判例汇编的形式出现，虽然渐成体系，但是其特性与近代法律截然不同。或许我们可以公正地说，一位英国法官会从一条法律的文本中判断它的目的，而一位日本法官已被告知法律的目的，他需要自己判断是否要让它产生效力。这种对比——这样表述肯定是有所夸大的——或许能够解释那种针对日本体制的生动但不准确的评论为何频频出现。经常有人说德川幕府故弄玄虚，甚至不向公众公开它的法律，因此公众永远都不知道自己是不是在犯罪。这种说法有一丁点儿的合理性。儒家教义教导众人按所吩咐的去做，不问缘由；而且肯定没有日本统治者会特地向他最卑微的百姓解释自己的指令。因此，《御定书百个条》有如下背书："这些条令已经呈给将军并获得批准。除了奉行以外，他人不得擅

/ 第二十一章 德川幕府 /

阅。"但是这并不是说整部法典都是隐秘的，每个法条都由一个禁止性的条款和惩罚性的条款构成。通过口头宣告和告示栏，那些禁止性的条款得以公之于众。只有那些旨在引导法官做出裁决的条款没有公开，比如那些指出他们在量刑的时候可以自行决定的条款；而且因为是习惯法，所以刑罚是众所周知的。显然，随着时间的推移，人们对法典越来越熟悉，到德川末期的时候，书店已经开始出售这部法典，黄色的封面，像当时流行的小说那样。

整体来看，德川幕府的统治者并不认为编撰一部条理分明、具体的民事或刑事法律并予以强制执行是他们的职责。他们原则上甚至反对基于法理学的细节的法规。他们似乎更喜欢沿着经验主义的路线，在必要的时候制定法律，而不是预先制定好。我们更有可能在他们持有或宣称的某些道德准则中找到其法规中的合理化的要素。正如我们在描述整个封建时期的局势时所注意到的那样，首要的道德准则便是忠诚，即主人和仆人之间的责任关系。起初，这种忠诚只是一种封建美德，几乎是军队中独有的一种关系。不过江户时代，在和平年间，忠诚变成了各个阶层追求的理想，并且被视为检验行为的试金石，不仅是领主和家臣之间的试金石，也是农民和雇工之间、商人和记账员之间、手工艺人和学徒之间，甚至是投机者及其弟子之间的试金石。有一次，幕府计划将一些农民从一块封地迁移到另一块封地，他们拉起写有"一个农民不会侍奉两个领主"的横幅示威，这是对那种令人引以为傲的品质的具有讽刺意味的运用，这种品质曾让侍跟随侍主出生入死。不过，和旧时封建氏族首领与其家臣或扈从的那种联结相比，这时主人与仆人之间的关系更加密切、更加具体、更加实际。旧时的家臣或扈从在被征召入伍的时候会舍弃稻田，穿着打有补丁的盔甲、带着生锈的长戟和瘦骨嶙峋的战马赶赴前线。而德川时期的侍是职业士兵，他们生活在驻防的市町里，装备精良并且有固定的军饷或给养，作为回报，他们任凭领主调遣。赋予这种契约关系以道德特征被认为是恰当的，而且必须承认的是，日本的统治者会不遗余力地反复灌输忠诚的信条，他们发现总有人愿意从道德的角度来看问题。他们取得了成功，甚至到了法律、文学、艺术被这种封建理念支配的程度，且不谈它对社会和家庭关系的影响。客观地说，他们将义务上升到道德的制高点，以致曾经最为重要的孝顺变成了忠于主人和恩人的一个方面。

鉴于德川幕府的统治者认为百姓的行为不应基于法律规范，而应基于道德规范，所以他们的法规常常都是以劝诫性的告示（即"札"，日语读作 satsu 或 fuda）的形式公之于众，张贴在位于各个市町和乡村显眼地方的高柱上。① 其中最有名的是《亲子兄弟札》，因为它劝诫家庭成员要保持和谐的关系。它还说仆人应当忠诚，主人应当公正；每个人都应当节约、勤奋并且一生持守自己的身份地位。总之，要品行端正。诸如此类的札是很常见的，尤其是在 1700 年前后的时候，先前专制的、纯粹的封建政体开始转变为一个更加温和的官僚政体。不过直到那个时候针对某些罪行的法律依旧严苛，而且完全是威慑性的。无论是通俗的语言还是当时的法律论著，都坦率地承认这一点。不可否认的是，针对罪行设计的刑罚就是为了使人心生恐惧。当时不仅有直接枭首示众，还有五马分尸，以及其他痛苦的死刑。一些罪犯腰

---

① 因此被叫作高札（kōsatsu）。现代东京一个名为"札の筋"的街道，意思就是张贴札的十字路口。

雪舟所绘的有名的风景绘卷的一部分

以下的部位被埋了起来，任何一个围观的人都可以在他们被处决之前拿竹锯削他的肉。罪犯的尸体常常任由侍处置，为的是让他们测试自己的剑。火刑是留给那些犯了纵火罪的人的，这是罪与罚相符的案例。被拷问的罪犯经常被折磨，被囚者会遭到残酷的对待。想要了解更多这种性质的惊悚细节，读者可以查阅已故的J.C.霍尔（J.C.Hall）关于日本封建法律的论文，不过最好同时也查阅一下17世纪甚至更晚时期关于英国刑罚措施的记述。

　　德川幕府民事和刑事法规的典型特征是遵循了其政体的阶层划分。侍和平民量刑不同，刑罚方式不一。江户时代早期，"像町人或农民那样等级低下的人言语粗鲁，举止无礼，如果这种情况出现，他们就会被处死"。这条法则也许被称作"切舍御免"（kirisute gomen），即"允许武士（当即）斩杀无礼之人，然后离开"。随着时间的推移，对这条法则的解释越发严格，不过它清楚地表明了封建统治者是怎样看待武士在国家中的地位的。围绕婚姻和继承权，当时有两部法规，一部是针对侍的，另一部是针对平民的。同一种罪行，犯罪者如果是侍，则被视作"过失"；如果是平民，则被视为"犯罪"。德川时期的一部官方的法律汇编写道："所有罪行的刑罚都要根据社会地位来决定。"通过调查德川时期实施的刑罚，我们可以发现这一原则得到了遵守。同样的罪行，侍往往会被轻易放过，农民则会受到刑罚，甚至是被处以死刑；此外，侍可能会因某一罪行被放逐或被迫自杀，但同样的罪行在平民身上则是轻微可宽恕的。这条法律践行了一个社会理论，即农民和町人是为武士阶层而存在的。

第三节　经济形势

从前面的概述中我们可以清晰地发现：当德川幕府决定继续

在和平时期实施军事管制的时候，它令自己陷入了相当大的经济困境。他们要确保人数众多的特权阶层得到供养，这个阶层不仅没有产出，还需要与之尊荣相配的武器、居所、衣物和食物。排外的法令切断了外来的供应，所以只能依赖国内的产出，而且恢复和平之后，人口有所增加，生活水平也有所提高，需求量日益增大。因此，他们面临供应和分配这两大难题，从根本上讲它们是同一问题的不同方面，所以我们把它们放在一起考量足以达到目的。

直到18世纪以后这一危险形势才变得严重。战后，功成名就的大名及其家眷定居下来，享受他们的土地和特权。当时农民似乎没有理由不继续恭顺地耕作，以供等级高于他们的人消费，商人也没有理由不恭敬地供应其他商品。有一段时间甚至还出现相当繁荣的景象，这种繁荣起初是真实的，后来就只是表面上的。18世纪初，日本政府的收入估计有2800万石米（约合14000万蒲式耳）。财富是以大米计量的，因为它是当时最重要的交换媒介，也是主要的食物。在上述2800万石大米中，有800万是属于将军的，剩下的（除了分给皇室的4万石以外）属于那些切分整个国家的270位大名。① 大名实际上是家臣，要么获赐了一块产值在1万石以上的土地，要么他对这样大小的土地的所有权得到承认。其中有像前田氏那样强大的外样大名，年收入超过100万石，紧随其后的是岛津氏、伊达氏和其他大名，而世袭家臣（谱代大名）的平均收入约为10万石，谱代大名人数约为150人。自将军以下，所有大名都掌管着相当大的领地，而且必须供养人数众多的家臣，上到主管政务的家老，下到最卑

---

① 随着家族消亡、封地被将军合并或切分，大名的人数会发生变化。

微的足轻。因此，重要大名手下主要的侍往往能获得 1 万石的收入，甚至其下属的足轻往往也能分得定量收入，这份收入能够让他过上像富农一样的生活。位列大名之下的是将军的其他家臣。当时有 5000 名旗本，其收入不高于 1 万石；有 1.5 万名御家人，其收入只有 100 石。我们会看到，那些被客气地称为有闲阶层或食利阶层的人非常多，极大地消耗了国家的资源。他们的食物几乎完全来自农民的劳动。大领主的官员极为细致地调查了领地内的所有土地，根据地理位置、土壤性质、耕种人数估计产量，在一些情况下根据试验田的产量来估计。然后大领主会抽取他的份额，按照四公六民（shi-kō roku-min）的惯例进行划分，即领主与农民的所得之比为 4∶6，不过有时候为 2∶1。调查、评估和分配的过程中有足够的滥用职权的空间，所以在很多领地，腐败或过度热衷于职权滥用的官员的压迫会导致农民起义。即便在形势最好的时候，农民的处境也是很糟糕的。江户时代的小说、剧作和绘画会让人联想到那个时期乡村的生活有一种闲适、恬静的魅力。在描绘充满魅力的乡村的绘画中，我们可以看到十分健壮的农民一边插秧一边快乐地哼着民歌，可以看到他们在斋日穿着上好的衣服成群结队地去寺庙，或者在播种和丰收的间隙，坚定地长途跋涉，到远方的神社朝圣。毋庸置疑，他们肯定是拥有简单的快乐的，而且我们不应毫无保留地接受经济论者里一些有待证实的说法。不过整体来看，证据确凿，难以否认。首先，统治阶层对生产者的态度是确定无疑的。他们只是嘴上强调农业是国家的基础这一理论。农民的地位次于侍，并且在手工艺人和商人之上。在德川时期的文学中，我们经常能遇到诸如此类的说法："一个农民抵得上两个侍，两个穷人抵得上四个町人。"不过这只是古代理论的残余，在现实中，耕农被视为并被当作生产供侍食用的大米的机器。官员看重农业,却不看重农业生产者。德川时期早期的诏令总是有这样的开场白:"鉴于耕农是愚民"或"鉴于耕农是没有理智或远见之人"。当时的看法是:恰当的治理方式是确保"农民拥有刚好够生存的即可"。这句话是家康时期一位政治作家说的。此外,统治者总说要干预耕农的个人生活。1649年颁布的一条臭名昭著的公告命令他们早早起床,一直工作到晚上,不要吃米饭,而要满足于食用粗糙的饭菜,不要喝茶,不要吸烟,并且如果他们的妻子轻浮且爱去寺庙或者爱在山上晃悠,那就立即休掉她们。如果正常时期大多数人是这种境遇,那么我们可以轻易地想象他们在干旱、饥荒和瘟疫之时会是多么痛苦;而且,他们以温和、友善、谦恭和与世界各地的农民一样的节俭熬过了几个世纪的试炼,这说明了他们高尚的品格。值得补充的是,几个封地的统治者足够开明地研究农民的利益,还有一些封地的侍保留着旧时的简朴,并不会不屑于耕种土地。

不过整体来看,我们确实可以说农民受到了武士阶层的沉重压迫,而不久之后武士阶层反过来又被崛起的商人阶层剥削。然后,当大名和侍试图将他们的重担转嫁到已经不堪重负的农民阶层身上的时候,农业经济崩溃了,取而代之的是一种日本无力承担、需要请求外界支援的商业经济。这句简短的评论总结了日本200多年的历史,我们接下来会略微展开论述。

日本第一次还算准确的人口普查可追溯到1726年。因为有遗漏和重复,所以它并不完美,不过足够准确,可以让我们相对确定地估计德川时期后半叶初期的人口数。当时的人口总数在2800万~3000万,随后的记录表明人口数量在1725~1850年几乎一直处于这个水平。我们不知道德川时期上半叶的人口变化,不过这种现存的不完全的数据证实了一个先验假设,即

1600~1725年日本人口出现了适度的增长。在这些年间，日本有和平，有闲适，有持续的工业和商业发展，有稍微自由的商品流通，而这些都有利于生活水平的提高，因此出生率远高于死亡率。不过这些发展是有一个无法超越的上限的，其原因多种多样。首先，1615年以后，人口构成经历了重大变化。将军幕府的都城江户和二三百位大名所在的城池现在成了大名及其家臣和下属大多数武士的长期居住地。结果就连最小的封地也得供养人数众多的非生产人群，其中不仅有侍，还有他们个人的扈从及家仆，值得注意的是，这些人这时也不再从事农业生产。为了满足这些群体的需要，日本出现了一个由商人、手工业者和雇工构成的阶层，在一些较大的城市，这个阶层达到相当大的规模。大阪、堺市、长崎及其他几个地方曾经就是贸易中心，在和平时期，它们自然会繁荣发展，在将军幕府的直接管辖下，它们几乎成了独有的工业和商业城市。不过江户才是发展速度最令人惊异的城市。1600年以前，它还是一个可怜的、难以维系的村落，在德川氏的管理下，它不仅成了容纳所有幕府官员府衙和宅邸的统治中心，还是大名的居住地，后者每年大部分时间在幕府轮值。他们连同其数以千计的士兵和家仆涌入江户，在短短的时间内，他们的宅邸、军队的营房、商贩与商人的店铺与住宅遍布各处，江户被扩展成一座大城市。虽然没有准确的记载，但是我们知道1723年江户的人口超过50万，这还不包括武士阶层，登记簿上没有他们。据说，到1800年，人口已经远远超过100万。为这些人供应食物就需要大规模的交通运输设施，虽然幕府依旧坚持其政策，不让改善通往江户的交通路线，但是主要的交通要道挤满了往返于封地的大名的随从人员，去往大阪、京都或其他由幕府控制的地方的官员和信使，以及各种商人、小商贩、朝圣者、表演者及其他四处奔波的人。沿着交通要道兴起了一系列市町，主要有商店、旅店、饮食店以及其他满足旅者需求的设施，北齐（Hokusai）和广重（Hiroshige）随后在像为人熟知的《东海道五十三次》（*Fifty-three Stages of the Tōkaidō*）那样的浮世绘中描绘了这种熙熙攘攘、多姿多彩的生活。日本的水路运输也经历了快速的发展，通过海运，日本其他地方的商品得以运往江户，而这也给享有特许权的船主行会带来了巨大的财富，它们实际上控制了这座城市，因为江户平常的食物运输几乎全靠它们。

我们很容易看到，这些因素组合起来不仅使町人的数量有所增加，同样增加的还有他们的财富和影响力；随着交通的改善、市町生活复杂程度的增加，为了满足消费者多样化的需求，日本产生了更多种类的町人以及不同种类的商人、商贩、手工艺人。

不过比起种类和数量，更加重要的是逐渐发生的不可避免的支付方式的变化。市町生活和远距离运输无法以物物交换或实物支付的形式进行。人们需要不那么麻烦的交换媒介，结果，不久之后货币就取代了大米在商业交易中的地位。早在 7 世纪，日本就有了银币和铜币，不过它们的流通非常有限，直到 15 世纪和 16 世纪日本才有了一种勉强称得上广泛流通的货币。对外贸易的增长极大地刺激了货币的进一步使用，因为葡萄牙和西班牙商人以及后来的英国和荷兰商人最想从日本得到的就是金、银等贵重金属。秀吉和家康以及几位大名铸造金币和银币，同时还推动了冶金业的发展，所以到 1600 年前后的时候日本已经有了足够多的金属货币——金币、银币和铜币——供应。不过金属货币的使用仍旧受到限制，并且它的价值也不固定。从那之后，因为我们前文所述的那些原因，"随着金属货币进入人们的经济生活，大米失去了作为交换媒介的功能，到 17 世纪末这种交换媒介被彻底弃用"。

这里我们没有必要详细追溯货币经济的渗透给日本社会和政治体制带来的影响，不过可以毫不犹豫地说它引起了一场缓慢的但势不可挡的变革，最终以封建政体的瓦解和恢复与外国的往来告终。这时，日本已经闭关锁国了200多年。打开日本大门的并不是外部的呼唤而是其内部的爆发。这里我们只需考虑新经济力量的更为即时的效果。它的第一个效果是增加了町人的财富，这种财富的获得是以牺牲侍和耕农为代价的，如果这个受压迫的阶层还有什么可被榨取的话。大名及其随从把钱花在了由手工艺人所造、由商人售卖的奢侈品上，所以，据说到1700年前后的时候，他们所有的金和银差不多都落入了町人手中。然后他们购物时开始赊账。不久之后，他们就欠了商人阶层很多钱，于是不得不抵押或被强制出售自己的禄米。当时一位有名的学者断言，到1700年的时候，仅大名的欠账就已经是整个国家总收入的100倍；我们不必猜想这个预估是否只是一个大胆的猜测，毫无疑问的是，信贷的扩张很是厉害。滥用行为和灾难纷至沓来。商人做起了大米掮客，然后又做起了投机买卖，导致有时大米的价格会被压低，耕农和大名都因此沮丧、难过，因为双方的收入都是以大米而非货币为单位确定的；有时大米的价格会被抬高，其他商品价格也随之上涨，导致那些靠现金收入生活的人陷入贫困。政府试图通过重铸货币或政令来控制大米市场以缓和事态，但前者通常意味着贬值，而后者也只不过是徒劳而已。事实是，政客和百姓，没有人能够理解这种新现象。① 比成卷的经济史更有说

---

① 说没有人理解当时的经济现象是夸张的。像新井白石、三浦梅园（Miura Bien）、荻生徂徕都掌握了经济理论的某些基础要点，并且他们的经济著作有相当多引人关注的地方。

力的是下面这个大米价格波动图。① 这个极不正常的图表明了身处这一陌生境遇的他们是怎样的手足无措。

能够从这样的形势中获利的只有其中一个阶层的一部分成员。这些获利之人是商人，尤其是掮客、放债者和受人鄙夷的町人。理论上，任何一个侍都可以杀掉对自己言语不敬的人且不会受到惩罚。他们的社会地位依旧低下，但是他们掌管着钱财，而且影响力越来越大。到1700年的时候，他们已经是国家中最强大、最

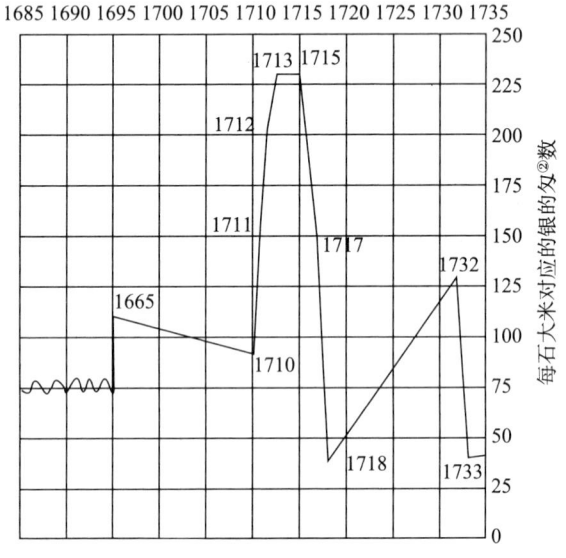

公元
1685 1690 1695 1700 1705 1710 1715 1720 1725 1730 1735

每石大米对应的银的匁②数

以银计量的大米价格

---

① 粗略估计，基于 K. 中村教授和本庄荣治郎（Eijirō Honjō）教授著作中的数据。
② 匁（momme），计重单位。——译者注

有进取心的群体，而武士阶层则逐渐失去了影响力。经济和社会的蜕变更进一步，而且势头越来越猛；不过我们会把随后的发展放到最后一个章节讲述，并尝试考察18世纪初的文化景象。

第二十二章　元禄时代

元禄指代的是1688~1703年这段非常短的历史时期，还指代世纪之交达到顶峰的一个确切的文化阶段。到这个时期，前文所述的那些经济变化让平民上升到一个真正重要的位置，武士阶层已经从这个位置跌落下来。侍仍然有其尊严，有那种社会地位很高的感知；但是，平民拥有大多数的钱财和乐趣。需要理解的是，这里的平民指的不是农民而是町人，因为商人从农民身上获得的与武士从农民身上榨取的数额相同。

通过对比幕府针对农民颁发的压迫性法令与其为了引导商人走向节俭而发布的温和的告示，我们可以清晰地看到官方对农民和商人态度的差异。"町人不应穿丝绸"，"町人不应穿布制斗篷"，"商人不应过奢华的生活"，"商人不应主办奢侈的消遣活动"。不过这些恰恰是商人选择要做的，所有的幕府诏令都没能阻止他们享受用自己的钱财换得的快乐。招摇的商人或高利贷者时不时地会没收幕府的财产，让幕府大为震惊；有的时候幕府的官员也会尝试实施将军禁奢的法令，逮捕衣着华丽的商贩。不过奢侈的习惯太过根深蒂固，难以抑制，而在外在的炫耀被禁之后，商人只是把钱花到不那么明显但更加耗财的地方。因此，一个在市町闲逛的年轻人会穿着看似素净但内里是用昂贵的材料制成的长袍，而他的妹妹穿得像个女仆，但她的里衣却是用最华丽、最昂贵的丝绸制成的。近代日本人的服饰中也有这种被强加的低调的痕迹，需要补充的是，这与追求克制的古老传统相一致。

然而，在江户和大阪等未受严格军事标准影响的地方，克制并不是元禄时代社会的一个注脚。正如日本历史中常见的那样，我们会看到这个时代人们勉力维持那种严肃的、节俭的认知，抵制玩乐和奢华，但通常是徒劳的。我们甚至不能说统治阶层都是勤俭节约的典范。虽然他们做出了各种正直的声明，但是疯狂消耗金银的还是他们，而且正是他们起了头，町人才乐此不疲地效仿。他们投入使用的那些货币后来让商人获得了衣服和消遣，让日本产生了新的贵族。事实是，有人认为元禄时代以及后来的大众艺术是一种粗俗的、无知的阶层的艺术，这是与事实最不相符的看法。欧洲收藏家中曾流行收藏日本彩绘和瓷器，紧接着出现了一种自然的反应，一些人倾向于认为这些东西只不过是无产阶级的垃圾，不值得鉴赏家关注。不过这种傲慢的观点是错误的。从天平时期的雕塑到足利时期的绘画，日本的艺术大多具有"中国气息"。这种气息未必不受欢迎，而且事实上随着时间流逝会越来越淡。不过造型艺术即通常的艺术很少有不受中国影响的，主要是因为它们是由小范围的群体创作的，而这个群体的学问的基础是中国学。不过元禄时代及其前后，艺术的推动力更加广泛，不那么受习俗的束缚，甚至可能比前些时期更有活力，而且它无疑体现了真正的本土精髓。此外，它的赞助者都是富有的、精致的人，图案模糊的衣饰、形状欠佳的茶壶、粗制滥造的戏剧海报或表演拙劣的剧作都无法令他们满意。元禄时代大阪的米商淀屋（Yodoya）拥有50幅金制屏风、360块地毯、数不胜数的宝石，他的宅邸、粮仓、仓库遍布各地，还有数以十万计的金制器物，他的财富多得令将军心生不快，所以被没收。当然，他是极为富有的，不过当时还有很多富商与他相差无几。商人和技艺精湛的手工艺人的生活水平都极高，他们会大量雇用农民作为廉价的雇工和家仆，而正如政府以为的那样，这些农民急于摆脱贫困的乡村生活，享受城市的乐事，并且经常食用在家的时候自己种植却无法享用的大米。

我们无须就这一主题做过多的叙述，可以理所当然地认为，到 1700 年町人的财富和文化都达到了一个较高的阶段；尽管侍可以假装町人是低阶层的人，有着不光彩的职业和低级的审美，但是町人对好的书籍、剧作、绘画以及好的行为有非常清晰、确切的界定。同样，到 1700 年的时候他们已经有了足够的时间确立一个值得尊重的传统，因为大阪和堺市作为贸易中心此时已经有了很长的历史，它们在发展过程中还算自由，没受到太大的军事影响，因此能够形成自己的文化。而京都虽然经历了很多战争并且是军事派别频频争夺的目标，但始终保留了一些古老的民间声望，尽管这种声望已经变弱，并且它的平民还保留了一些大都市的源自宫廷的高雅。因此，与町人有关的早期江户文化是从日本西部移植过来的，不完全是土生土长的。不过，它很快发展出独有的特征，这是其物理环境和社会环境的产物。因为江户的气候和环境不同于大阪，除了早些时候从西部城市移居的商人，这座城市聚居着从日本各地来的各种锐意进取的人，其中有一个认真顽强、争强好胜的群体来自东部令制国。因此，元禄时代日本西部城市和江户人的性情就已经有了明显的差异。大阪人，尤其是京都人，更优雅、更温和，或许也更传统；而江户人更粗犷，更急性子，更爱争辩。所以，典型的"江户子"（Yedokko）就是他们的后代，操着江户口音、灵敏、爱挑剔、爱说俚语、脸皮厚。这些差别看起来不重要——当然这只是笼统的比较。不过它们表明普通百姓开始形成一种强烈的阶层特征和阶层意识，这让他们与武士阶层形成了近乎对立的对比。后者依旧佩戴刀剑，町人仍得在表面上尊重他们；但是到 17 世纪末，两大阶层发生利益冲突，持续出现摩擦，这种摩擦因侍的经济实力的逐渐下降以及两大阶层的融合而有所缓和。到 19 世纪，两大阶层实现了彻底的融合。不过，在元禄时代，侍不顾一切地把持着自己的特权，努力保留自己的传统，而町人既没有特权可把持，也没有限制性很强的道德和社会规范的约束，所以可以心血来潮，可以不断尝试。因此，我们会发现这个时代有两种独立的文化，一种是旧文化，是对传统标准的延续；另一种是新文化，是受欢迎的、不受限制的文化。

町人文化本质上是致力于享乐的富裕的中产阶级的文化。他们的艺术围绕的中心在近代语言中被称为"浮世"（Ukiyo）。这是一个充满了转瞬即逝的快乐的世界，到处都是戏院、餐馆、柔道馆、妓院，定居在此的有演员、舞者、歌者、说故事的人、逗乐的小丑、妓女、汤女以及四处奔走的供应商，混在其中的有富商的浪荡子、风流的侍以及放荡的学徒。当时的通俗文学"浮世草子"（ukiyo-sōshi）和绘画"浮世绘"（描绘浮世的墨折绘和彩绘）描绘的主要是这些快乐场所及其住民的生活，而表演及所有辅助舞台艺术的发展则迎合了这个生机勃勃的群体的审美。很容易就能看到这种不负责任的生活方式，这种直白的纵情声色是较为严肃的侍所反感的，也是统治阶层所厌恶的。在意识到町人享乐的花销是从他们那里榨取的之后，他们就更加厌恶。因此，他们竭力通过前文提到过的禁奢令抑制平民当中的奢华享乐潮流；而且他们倾向于沉浸在自己的高贵里，延续传统的追求，就好像平民的消遣娱乐不值得自己注意一样。从长远来看，他们失败了，并且屈服于超出自己掌控的强大的经济和社会力量；不过某些传统艺术——事实上，是以稍微有些僵化的形式留存下来的——以及其道德规范中非常重要的元素得以幸存正是因为他们的保守态度。在研究元禄时代势头日盛的通俗艺术的发展之前，值得关注一下这些内容。

仅就艺术而言，值得记述的并不多。在建筑、绘画和诗歌方面，旧的文化形式毫无生气地延续着，只有在道德层面，侍文化才显示出一些活力。

奇怪的是，像江户这样重要的城市的发展居然未能推动建筑业的发展，不过德川早期或晚期也没有什么值得称道的。一些极其重要的宫殿和宅邸都是缺乏创新的桃山时代建筑的复制品，佛寺和神社的建筑都倾向于一种名为"权现造"（gongen-dzukuri）的建筑式样，即一种以善光寺（Zenkōji）为样本的了无生趣的式样。江户时代最有名的建筑遗迹是位于日光（Nikko）的将军陵墓。严格来讲，这些建筑是权现造的简版，虽然颜色华丽、细节绝妙，但是它们在美学上无足轻重而且构思不够巧妙，不过因为坐落在参天大树之间，且奢华得令人印象深刻，所以倒不显得低俗。江户住宅建筑审美标准的下降可能是因为其快速发展以及频频发生的、让大片区域沦为废墟的大火。据说江户人口从1624年的15万人增加到1693年的35万人，再到1700年的50万人。1657年，江户几乎被一场大火彻底毁坏，一年后这里又发生了一场大的火灾。随后，这座城市得以重建，重建规划较从前更加合理，不过其关注点在便利而不是美观上。

那个时代宗教雕塑也衰落了，除了几座二流的佛像外，没有什么值得关注的。不过必须承认的是，装饰性木雕的发展达到了令人难以置信的灵巧程度。它复杂精细的细节只会让宗教建筑显得花哨、不合宜，因此最适合作为玩物和"浮世"的小件个人装饰品，所以这个时候正是在世俗环境中雕塑才得以蓬勃发展。旧派的绘画沿着与建筑和雕塑相同的路径发展，倾向于单调地重复桃山时代成功画家的主题和技法。不过因为有了像本阿弥光悦（Honami Kwōetsu，逝于1637年）、俵屋宗达（Tawaraya

Sōtatsu，逝于1643年）和土佐光起（Tosa Mitsuoki，1617~1691）这样无与伦比的花鸟画家，老派绘画才得以留存；而京都流派的三乐（逝于1635年）转向了人物画，他的人物画更多地延续了大和绘这种旧的绘画传统，而非自己的风格。我们无须继续罗列下去；不过值得注意的是，尽管三乐和另一位狩野派的学生英一蝶（Hanabusa Itchō，逝于1724年）严格来说或许是大和绘画复兴的领袖并且挽救了古典的优雅，但是他们的绘画之所以受到欣赏，是因为他们偏离了旧的惯例并且靠近浮世绘那种生动的、主题性的现实主义。浮世的春风也以同样的方式赋予像尾形光琳（Ōgata Kwōrin）这样的设计大师的作品以清新的活力。尾形光琳也是一位伟大的漆画艺术家。

或许侍的最后一个美学避难所和要塞是能乐。它是由家康赞助的。家康邀请了四大主要流派[①]的剧团在他位于京都的府邸表演，从那个时候开始，能乐表演就成了重大场合中幕府仪式的一个固定环节，比如新年宴或招待朝鲜使臣的宴会。后来的一些将军将对能乐的嗜好发展到了极致。他们自己会参与能乐表演，或者授予自己喜爱的演员以侍的头衔，这些演员甚至可以经常出入府邸最隐秘的地方。1700年之后不久，一位儒学大家、将军幕府正式的道德说教者新井白石，向他的主人进言（写了三份陈情表，其中一份约有50卷），说能乐对国家是一个威胁，将军因而勉强同意在1711年的宫廷宴会上用某种白石认为更有益的古代音乐取代了能乐。从此以后，能乐似乎失去了其官方声望，只存在于一些保守的地方，部分是因为作为上层社会的消遣，它具有某种特质，部分是因为它真实的美学魅力。尽管历史上它是一

---

① 观世（かなぜ）流、金春（こんぱる）流、宝生（ほうしょう）流、金刚（こんごう）流。

/ 第二十二章 元禄时代 /

种贵族而非大众的消遣，但是这个时候大多数圈子都已经熟悉能乐的脚本和表演技巧，所以平民当中很多业余的人乐意学习舞蹈和唱念，因此为专业的老师提供了收入，也确保一种原本会消失的传统得以延续下来。通过这种方式，能剧不仅作为一种独立于艺术以外的形式存活了下来，还对通俗剧作的发展产生了重要影响。在与能乐同样的美学环境中繁荣起来的茶道，这个时期则没有得到发展。它失去了显著的纯粹和优雅特征，倾向于退化成一种空洞的艺术，这对平民来说太过繁复、精细，而他们偏爱一种更活泼热闹的娱乐活动。

先前处于支配地位的阶层的文化特权大多遭到了同样的命运。它们逐渐陷入形式主义，并且只有在通过与平民的活动联系而变得更有活力的时候，它们的生命力才得以留存。古典和歌已经消亡，甚至一度盛行的连歌都被更加不规则的、让贯之（Tsurauki）气得直哆嗦的和歌样式取代。至于佛教，它似乎已经从江户时代的历史场景中销声匿迹，这时没有任何宗教文学活跃的痕迹，事实上也没有任何来自佛寺的文化贡献。信长和秀吉摧毁了佛教势力，而家康则通过律法确保它处于无力状态，从家康时代开始就没有什么有名的高僧或伟大的宗教改革者了。佛教的突然崩塌令人难以理解。我们这里不介入对这个问题的探讨，只是说一下，尽管这个时候佛教的某些理念已经深入民族意识之中，某些佛教仪式已经变成日常生活的一部分，但佛寺作为一种机构似乎不合时宜。当代文学中有很多轻视佛教的内容，从中我们可以清晰地看到平民不喜欢僧人，有学问的人也看不起僧人。

尽管曾经滋养了日本学术的佛教这时已经式微，但是中国学尤其是哲学领域的中国学却迎来了强势复兴。在远东，哲学领域通常指的是政治和社会伦理学领域。多个世纪的战争之后日本

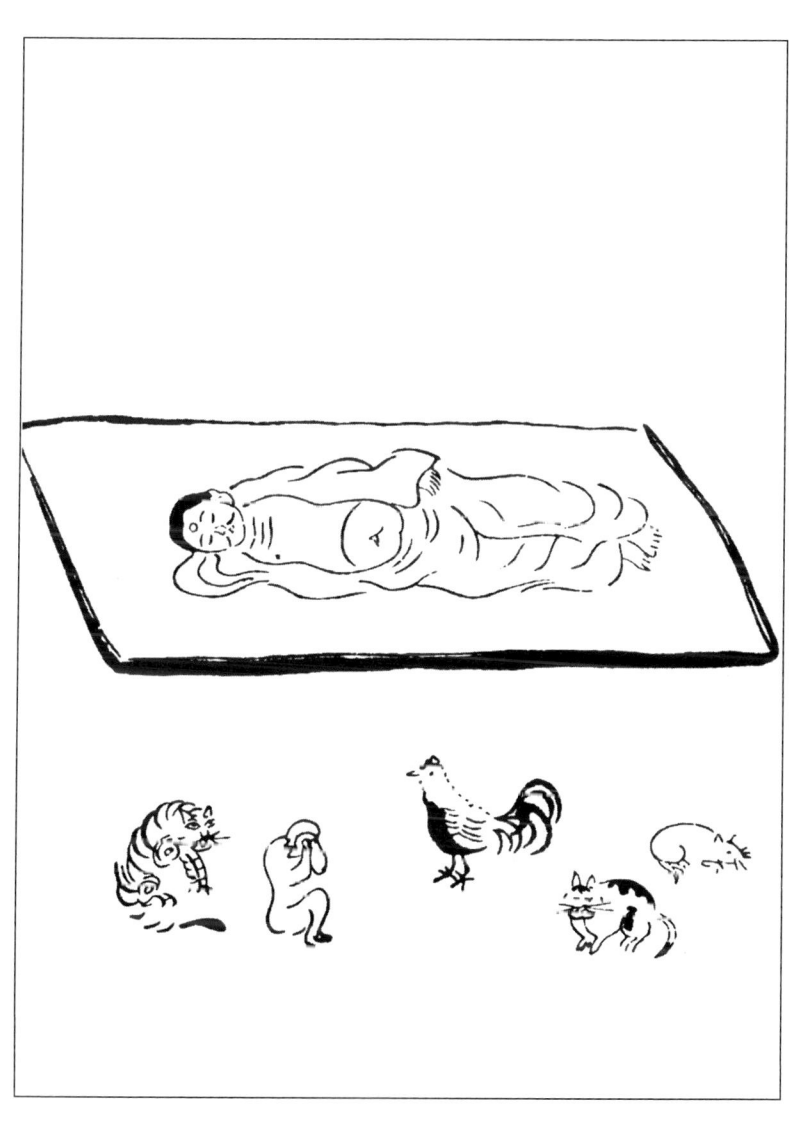

江户时期的民众佛教。一种名叫"大津绘"（Ōtsu-ye）的
民俗画。描绘的是进入涅槃的情景

/ 第二十二章　元禄时代 /

迎来了和平，其思想领袖也开始关注国家治理问题，努力寻找适合统治者和臣民的行为规范。他们中的大多数人被灌输的是封建意识形态，无法靠近这些严肃问题的解决方案。不过他们竭尽全力地推动了一种一以贯之的、明确的道德标准，它左右了武士阶层中重要群体的思想，并且对各个社会阶层的行为标准产生了相当大的影响。这种哲学思潮深刻地影响了后来的政治潮流，所以稍后一定得加以论述；不过现在我们只需要提一下元禄时代的行为方式留下特殊印记的特征，元禄时代的文化被视为早期江户文化的代表。我们可以简单地把上述思想运动归结为对儒学的回归。不过它们包括很多儒学无法辨识的元素，而且不同学派之间的观点虽说不上尖锐对立，但也存在相当大的分歧，不过它们普遍展示了基于忠诚和忠于职守的公共和个人伦理概念。各个学派对美德的界定不同，但是一致宣称一个人首要的考虑不应该是自己的利益而应是其所属集体的利益。我们不要认为这种信仰能够消除人性的弱点，可以很容易看到，在没有确定集体的真正利益之前，它只不过是在推动对既有秩序的顺从；不过它的确确立了一个守规矩的、无私的行为准则。日本对此有一个传统的认可，公共生活中也能接受哲学家的信条。侍被反复灌输这种信条，诏令中对其加以引用，平民百姓也通过简单的阐释了解了它们。所以，我们会发现心学在18世纪末得到广泛传播。心学既包括基于王阳明哲学的伦理学，又利用了佛教和道教的教义，同时还强调了顺从和孝顺两种美德。江户和京都都有心学学派，街道上也有公开的宣讲。在此之前，著名的儒学学者贝原益轩（Kaibara Ekken，1630~1714）尽管主要向武士阶层讲学，但也用简单的语言撰写了大量关于教化和实用性伦理的论著，这些论著得到广泛阅读；甚至连一些最欢乐的地方喜欢的伟大的剧作家近松（Chikamatsu，1653~1742）和小说家西鹤（Saikaku，逝于1693年）的一些作品里面也充满了儒家思想。总而言之，我们可以说中国圣人的伦理观被日本人系统化并加以修改以迎合日本特有的上层社会，并且这种伦理观到18世纪初的时候已经传播到所有阶层。统治阶层给自己设立了一个比耕农和商贩的更加不近人情的完美标准，哪怕只是为了和普通大众划清界限。不过当平民百姓的行为被约束的时候，约束他们的是大致一样的对错观念。

即便不从欧洲的实践而单从欧洲的标准来看，町人的生活，尤其在元禄时代，看起来是极其放荡的。不过必须记得，与许许多多的勤劳的耕农相比，他们的人数很少，而且我们从书中和图画中了解到的主要是他们较为奢侈的消遣活动。再者，他们的道德规范不是基于宗教情感，也不因对神祇惩罚的惧怕而受到影响。在日本思想史上，个人的罪感无足轻重；而在西方，人们有清教徒情结，并且把它发展到了不眠不休地寻找和绝望两个极端状态。① 日本人不怎么在意善与恶的抽象概念，不过他们始终都

---

① 恐怕读者对这一段有所误解，甚至理解成了日本人不会区分对和错！这肯定是一种荒谬的见解。我想要表达的是，尽管他们清楚确切地知道什么是对的行为，但是他们通常似乎不会考虑个人的道德判断和道德责任。他们有很多用来指代诸如孝顺、忠实、忠诚、仁爱等具体道德的词语；但是，就罪、良知、忏悔、饶恕或赎罪等概念在基督教教义和宗教著作中的意义而言，日本人的语言中缺少表达这些概念的词语。我们很难将"神啊，饶恕我们这些可怜的罪人！"翻译成能够让一个从前不了解基督教思想的人理解的日文，而且即便他不会反感，也会觉得用羔羊的血洗净罪这样的象征极难理解。需要注意的是，佛教的灌顶礼（abisheka）不是一种洗礼，而是进入某一层级的仪式，对普通信众来说并非必不可少。神道教仪式中常见的洗礼和洒水礼是净化仪式，不是为了去除原罪的污秽，而是为了洗净由不洁的东西带来的污秽。我认为，正是因为这样，日本精神病院中才几乎没有宗教抑郁的案例，而其他形式的抑郁案例却很常见。（转下页注）

很关注行为问题，把它当作一个人对所属群体的义务问题而不是他对自己的责任问题。因此，那个时代最有影响力的道德学家，尤其是山鹿素行（Yamaga Sokō）和荻生徂徕（Ogyū Sorai），持有权力主义的观点也就不足为怪，我们可以从霍布斯的著作《利维坦》（Leviathan）中发现这种观点。一般而言，中国和日本的哲学家倾向于相信"人之初，性本善"。他们认同人需要指引，而且非常重视礼仪。不过他们大多只会谴责给社会带来直接不良后果的行为。

在研究江户的浮世生活的时候，我们要记得这些要素，因为——令人遗憾的事实是无法遮盖的——它的主要人员是妓女和演员，而在其余的人中还有混迹于风月场所的拉皮条的人。早在江户时代早期，在一个名叫苇原（Yoshiwara）的边缘地带就有一个町人常去的看剧、看舞的场所；妓女在这里从事自己的职业，直到被幕府查禁。1617 年，一位有魄力的町人从官方获得了许可证，再次开始营业，并且成功地将大批民众吸引到这个地方。因为意识形态的变化，他将这个地方的名字改为吉原。不过，因为竞争不过当时出现并流行的一个名叫"汤女"的阶层，

（接上页注①）日本大众佛教对因果教义的理解有可能阻碍了个人罪感的发展，因为一个人的本性是受其前世的行为影响的，因此他无法为自己的行为负全责。不过，这并不是严格的佛教教义，因为据记载，佛祖已经摒弃自由意志和宿命论之间的悖论，认为二者之间并不存在需要解决的矛盾。事实上，值得注意的是，日本的思想史中很少出现这个问题，而且我认为，通常远东的思想史中也很少出现这个问题。日本的思想家肯定会认同洛克（Locke），或许是出于不同的原因，他们都会认为追问一个人的意志是否自由"就像在问睡觉是不是快捷的或道德是不是方形的一样"（这里理解为"问一个人的意志是否自由"是没有意义的——译者注），这不是大众佛教的观点，不过我们或许可以认为，如果不存在关于人的自由意志的争论，那么关于人对自身行为的道德责任的问题也就没什么意义。

吉原的妓院很快就倒闭了。汤屋变成了娱乐场所，其客户衣着时髦，既有町人，又有等级较低的侍，招待这些客户的是衣着十分俗艳的汤女。其中最有名的一个汤屋——"莫"建在一位重要大名的府邸前，这种公开张扬的违法嫖娼行为促使幕府在1650年取缔了汤女这一职业。1657~1658年的多场大火之后，吉原迁到了一个新的地区，在那里汤女和其他人再次聚集。到元禄时代，吉原极为繁荣，据说仅妓女就有2000余人。被称为"不夜城"的吉原几乎是一个独立自主的地方，因为除了妓女以外，还有她们的随侍、歌舞伎、逗乐小丑和其他演员，以及供应他们所需的各种商贩。常来这边的不仅有年轻的町人，还有乔装改扮的侍，甚至还有将军的高阶官员或家臣，而富有的商人则在自家宅邸举办昂贵的、极好的娱乐活动。因此，日本发展出一个与众不同的市町，有自己的习俗，有自己的行为规范，甚至还有自己的语言。在这个自由、混乱的世界里，一切却又高度井然有序。汤屋及其客户之间有正式的礼仪。妓女中也有严格的等级，她们严格遵守自己的等级和名号。她们很受尊重，得到多位衣着艳丽的侍女服侍，被各种繁文缛节环绕。她们时不时地会公开穿过当地的街道，以缓慢优雅的队列前行，数以千计的看客会从城市的各个地方赶来围观。所有这一切都让旅居这里的客人感觉周围都是细致周到、心思细腻的人。当然，它在本质上是个粗鄙的营生，却似乎被赋予了魅力，甚至还有一种典雅。或许因为女性的从属地位，家庭生活方面的社交除了形式以外，并没有什么发展，町人被禁止参加公共宴会，所以他只能去那些有灯光、有颜色、有女性相伴的、环境奢华的地方。不管怎样，娱乐场所是城市生活的显著标志，在江户如此，在京都、大阪和很多较小的市町也是如此。京都有有名的岛原（Shimabara），大阪有值得吹嘘的新町（Shin-machi），较小的市町中有位于交通要道的较为重要的驿站。大多数娱乐场所都是于很早之前建立的，但是在元禄时代，套用18世纪一部作品中的描述，"它们富丽堂皇，白日像天堂一样，夜晚如龙宫一般"。它们的繁荣促进了各种演艺形式的发展，比如器乐、歌舞，更不用说杂技和滑稽戏了。它们形形色色的生活吸引了放荡不羁的艺术家。风月场所为画家提供了最有吸引力的样板，如来来往往的人群、各色各样的服饰以及以美色为生的女人的身姿；剧作家和小说家能在那里找到他们想要的所有悲剧和喜剧；因为有名的妓女和主要的浪子即她们的主顾的名字家喻户晓，城中流传着关于他们的各样传闻，所以描写他们恋情和奇遇的书籍和绘画有很好的销路。

戏院吸引了众多与妓院相同的主顾，不过戏院的观众当中有一部分是町人的妻子和女儿。如果我们从元禄时代及其后较短的时间内写成的剧本来看，当时戏剧的普及达到了令人惊叹的程度。歌舞伎的起源不详，它较早的发展是在京都和大阪实现的，那里的歌舞伎包括露天的舞蹈和音乐表演，有一个大致贯穿始终的主题。名为"狂言"（kyōgen）的滑稽剧是常见剧目。歌舞伎和能乐之间似乎并没有很大的联系，它与能乐一样发源于猿乐，不过歌舞伎没有能乐那种严格的标准，而且为了满足那些想看浅显易懂的、生动活泼的表演的观众，它越来越贴近现实，越来越亲民。歌舞伎的发展与一种名为"净琉璃"（jōruri）的有韵律的传奇故事的发展联系密切，之所以命名为"净琉璃"，是因为早期一部描写皇女传奇生平的剧作的主人公就叫净琉璃。室町时代就已经有了净琉璃，唱念的故事在某种程度上更像诸如《平家物语》之类的古代军事传奇；在加入了新的乐器（三味线）以后，净琉璃有了更多音乐的特性，很快便流行开来。木偶戏的发展更是提高了净琉璃的受欢迎程度。木偶演员熟练到能够——他们现在依旧可以——创造出一种令人惊奇的戏剧错觉。对一个近代的观者来说，被身穿黑色长袍和斗篷的人操纵的小小木偶，昂首阔步，趾高气扬，就好像它们才是被命运玩弄的对象。管乐和声乐伴奏激动人心、意味深长，不过作为一种音乐，西方人有时候听起来很痛苦。因此，我们很容易理解为什么木偶戏会取得如此大的成功，为什么净琉璃会成为木偶戏的重要附属。木偶戏院的繁荣发展部分是因为男女演员放荡的行为。女演员遭到法令禁止，而男演员也不止一次因其恶习与官方发生冲突，所以对戏院经理人来说，木偶戏院是更加安全的投资。元禄时代，木偶戏和净琉璃在江户、京都和大阪都极为流行。在技术上，木偶戏取得了重要进展：木偶可以转动眼珠、挑起眉毛、摆动手指，乐者也努力完善唱念技巧和音乐伴奏，而文人也致力于为木偶戏院撰写脚本。当时有名的戏院位于大阪的道顿堀（Dōtonbori）。日本最伟大的剧作家近松门左卫门（Chikamatsu Monzaemon）主要为这家戏院写脚本，写了30多年。他特别为一位名叫竹本义太夫（Takemoto Gidayū）的净琉璃歌者创作脚本，竹本义太夫是当时有名的演奏者，他的唱腔以他自己的名字命名，称作"义太夫节"，今天仍在日本上演。

如果不对映射了元禄社会的戏院做一番论述的话，我们对元禄社会的描述就不是完整的。我们首先要关注的是脚本。值得注意的一个事实是，最好、最有名的脚本都是为木偶表演创作的，这就解释了这些脚本在结构和文本上的某些独特性。它们理所当然地含有很大篇幅的唱念内容，需要补充木偶的动作；此外，它们的重音部分是根据机械的、不能说话的表演者的需要来决定的。因为很多为牵线木偶写的脚本后来被改写，用于普通的舞

/ 第二十二章 元禄时代 /

台，所以日本的表演技巧流露出受木偶戏影响的痕迹。在研究日本戏剧的时候，我们要始终记得这些事实，在研究脚本的文学价值的时候也要考虑到这些。欧洲的学生在读到日本人喜爱的那些剧本的时候是失望的，或许因为他们希望能够从中找到欧洲文学中有的东西，而这些他们是找不到的。不过近松门的脚本有很多是值得称道的，里面充满了他的观众喜爱的插曲，巧妙地表现了源自其渊博学识的素材，偶尔还会展示他滔滔不绝的雄辩。他极其多产且多才多艺，从他大量著作中任意抽出几部，单从它们的标题就可以看出来。《国姓爷合战》（*Kokusenya Kassen*），讲述的是一位国姓爷也是一位海军将领的冒险经历；《生玉心中》（*Ikudama Shinjū*），讲的是一个妓女尾佐贺（O Saga）和瓷器商人的儿子嘉平次（Kaheiji）的故事；《日本振袖始》（*Nihon Furisode-hajime*），是一个奇特的脚本，讲的是日本诸神时代的神话以及诗歌和舞蹈的来源，并以神祇须佐之男斩杀八岐大蛇结尾；《大织冠》（*Tai-shoku-kwan*），以摄政藤原镰足为主人公，讲的是藤原时期的宫廷生活；《忠臣藏》（*Chūshin-gura*），讲的是当时的一个故事，以 47 位浪人的复仇为主题。这些脚本的语言和结构清楚地表明他们的作者受到了能剧脚本的影响。近松门的戏剧"脚本"①中包含很多篇章，如果单独来看的话，这些篇章可能是从能剧中节选出来的，而且其舞台说明用的也是能剧的术语。不过这种相似性只是表面的，甚至当歌舞伎的脚本选用经

---

① 为了方便，我们可以把它们称为戏剧，但严格来讲它们是净琉璃。舞台版通常是经理人和演员基于净琉璃创作的，他们或予以删节，或加以扩充，或重新编排。很多有名的日本戏剧并不是成文著作，而是围绕一些常见的主题，由演员和乐者创作，而且大多数是通过主要的演员世家口头传承的。这些世家当中有一些从 18 世纪早期延续到现在，当后继无人的时候，他们会收养外人。

用来表现演员第一代市川团十郎（Ichikawa Danjurō）的木偶。
元禄时代这样的木偶很受欢迎

典主题的时候，它们也会用一种世阿弥肯定难以容忍的、华丽的、冗长的方式来呈现。在歌舞伎中，任何强调的效果都是可以实现的。在歌舞伎中，没有难以理解的象征主义，没有令人难忘的面具，没有仅能看见影子的动作，只有流出的鲜红的血液、演员慷慨激昂的旁白以及满富活力的鬼脸动作。江户的观众尤其喜爱吵闹、打斗和刺激，所以元禄时代最受欢迎的演员是市川团十郎，他因荒事（aragoto）①出名。这部分是因为江户是一个

---

① 歌舞伎中以勇猛的武士或超人的鬼神为主角的狂言。——译者注

军事都城,喜欢有很多打斗、剑术和英雄的历史剧,而京都和大阪的观众则喜欢能够调动他们细腻情感的表演,因此喜爱像坂田藤十郎(Sakata Tōjurō)这样的演员。坂田藤十郎是濡事(nuregoto)①的行家。不过我们不能以为这些地方的戏剧观众会接受只有激情表演的剧目。表演的标准快速提高。观众变得挑剔,而演员也创造出了一种极为巧妙的、只有经过长时间痛苦的训练才能掌握的表演技巧。当幕府禁止女性出现在舞台上的时候,女性角色则由男性来扮演,这些男演员迫使自己做最严苛的准备,甚至私底下也像女人一样生活,模仿女人的言行举止,穿着女人的衣服,以便在他们登上舞台的时候能够自然而然地做出女性的动作。他们有着极高的艺术良知,并且在独有的传统风格施加的限制条件内,实现了训练有素的、简单的优雅,这在欧洲是罕见的,或许只有从小就经受严格训练的少数芭蕾舞者和演员能够与之相比。事实上,日本的通俗戏剧以一种惊人的方式呈现了艺术中的一种非理性,不过这并没有阻碍艺术的表达,反而帮助它作为一种独特的结构被人理解。

  鉴于戏剧在美学历史上的重要性,我们以相当的篇幅加以描述,不过作为一种社会现象,它还有更大的、不应忽略的重要性。一些净琉璃是围绕情色主题的,它们以相当大的自由度来呈现这些主题,所以有的时候也会因为这个原因遭到禁止。不过近松门的剧作都是极具教化意义的。道德总是会大获全胜,即便偶尔因为剧情需要,不能有快乐的结局,道德或社会规范也会因违反者的自杀而得到维护。当代儒家伦理中最严格的规范自始至终都得到了宣传——在历史剧中得到宣传的是现在被称为武士道的

---

① 指歌舞伎中表现男女艳情的表演及其编排效果。——译者注

规范，在家庭剧中得到宣传的是忠诚或孝顺的义务。事实上，我们可以说悲剧中常见的危机总是由自然情感与社会要求的冲突引起的，这种自然情感可以是友情，可以是爱情，也可以是激情。这也是为什么几乎所有的戏剧要么是关于封建忠诚与家庭情感之间的冲突的，要么是关于私奔和双双赴死的。前者受町人欢迎，是因为这把他们带入了上层社会圈子，让他们一窥华丽的服装和羽饰；后者受欢迎是因为这接近他们的日常生活。一个年轻的、婚约已订的商人爱上了一个绝妙的吉原妓女，而这个妓女又是富商的庇护对象。为了花钱去见她或者将她赎出来，他挪用了雇主的钱，害怕被发现，然后认定自己无法调和人情（ninjō）与义理（giri）。所以，最终这对恋人决定一起赴死。他"拿起匕首，刺进了她的身体，念叨着'南无阿弥陀佛'。她呻吟着倒下了，他转动着匕首，直到她的四肢不停地扭动。他又刺了一刀，痛楚临到她的身上。他一次又一次地转动手中的匕首，直到她的眼中失去光芒，她吸了最后一口气，走上了黄泉路"（《生玉心中》）。

值得注意的是，这里没有宗教问题，主要的动机是一种社会伦理。在上面引用的这部剧中，这位不幸的年轻人在送别了爱人之后拿起匕首，在刺进自己的身体之前擦了擦。接着他想起这把匕首是父母送给他留作纪念的，把它用在自己的身上是对孝道最大的背弃，于是他拿起恋人的腰带上吊了。尽管他这么做是出于儒家思想，但他的决心却因一种深刻的佛教信念而得以坚定，即他相信他和恋人因为在前世犯了错，所以他们今世必须承受苦痛，不过来世他们一定能成为夫妻。这是佛教中的因果教义，这种教义以一种通俗的、非哲学的形式呈现，并在日本得到普遍接受，深入常见的情感之中。

这种故事常常是当代的插曲、时下流传的话题的理想化版本，

/ 第二十二章 元禄时代 /

就像《梅川忠兵卫》[*Umegawa Chūbei*,又名《冥途的飞脚》(*Post-Haste to Hell*)]那样。反过来,它们对那些容易听信他人的大众的思想产生了很大的影响,以致恋人自杀、挪用公款和私奔的频数以惊人的速度增长,直到将军吉宗(Yoshimune)这个一板一眼的人害怕下属的侍的道德受到影响,于1739年禁止了更具煽动性的净琉璃。不过,毋庸置疑,这些戏剧是符合大众审美的,而且尽管歌舞伎理论上不值得侍关注,但很快便吸引了所有阶层的成员。① 甚至一些正经的儒学学者也认可近松门的一些剧作,他们认为它们有教化意义。然而,大众喜欢的不是戏剧的道德教训而是其激动人心的部分。18世纪,戏剧对日本各个方面生活的影响显而易见。不仅戏剧的剧情与语言影响了当代的言行举止,而且演员的衣着打扮和行为也受到极为密切的关注,决定了当时的潮流。布料的图案、发型的样式、穿斗篷戴帽子的风格也因一些备受欢迎的演员和妓女以及名字至今依旧为人熟知的其他人而流行起来。现在被称为"元禄"装扮的迷人的粗条纹或格子图案是对那个时期剧院或风月场所俗艳装束的回归,全世界都知道彩绘大师正是在戏剧舞台上或吉原找到的样本。我们对这些画家及其作品都很熟悉,这里不再赘述。我们只需要提及一点,即正是在元禄时期,菱川师宣等画家创造了具有特色的浮世绘。可以说他们引领了对老式画派尤其是那些模仿中国的画派的普遍反感。他们会在自己的签名前加上"大和绘师"(Yamato Eshi)几个字,他们的目标不是描绘想象中的中国景象而是眼前转瞬即逝的生活。因此,他们画的大多数是演员、柔弱的女子或

---

① 师宣(Hishigawa Moronobu,1645~1715)创作了一幅有名的画,画的是一位在剧院打架斗殴的侍。其他绘画画的是侍和他们的家人。

18世纪江户一个剧院入口处的街景

/ 第二十二章 元禄时代 /

元禄时代一家木偶剧院的演员休息室，图中是净琉璃歌者

者风月场所出了名的常客。江户艺术最显著的杰出成就之一是它对服饰的细致描绘。这不是一个新发现，因为藤原时期的画家就爱画朝服的线条和色彩。后来，在室町时代，当葡萄牙人来到日本的时候，画家、漆画艺术家和陶艺家抓住了葡萄牙人奇怪衣饰的绘画价值，并且通过放大葡萄牙人四肢的长度、臀部的凸起和神气活现的鼻子曲线，创作了令人喜爱的图画。而在元禄时代，有关服饰的绘画以及服饰本身都成了精致的艺术。自然，浮世绘画家在诸如演员休息室和吉原等奢华的地方找到了最有魅力

的模特。他们的审美或生机勃勃的时代特征对传统学派产生了一定影响，催生了像英一蝶这样的画家，我们前面已经提到过他起初接受的是狩野派的训练，后来转向大和绘派。他保留了古老诙谐的大和绘风格，但是专注于热门话题，他娴熟、忠实的笔触因讽刺性的洞见而更加突出。他描绘的街景，有吵闹的学徒、瞎眼的洗发工、闲逛的歌者；他笔下的渡船上挤着上百种不同的船客。他的绘画是对同时代书面描述的令人喜闻乐见的补充。他成为当时一些放浪形骸之人的近友，而这在艺术领域是一个典型的新的趋势。他大多数时间待在吉原，与有名的挥霍无度的人和某些放荡风流的大名为伍；同时，他还是一位优秀的诗人。我们可以把他看作阶层混合的一个象征，象征着受到上下阶层影响的中间阶层的形成。在接下来几个世纪逐步改变整个社会的正是这个阶层。它催生了一个有教养的中产阶级，即艺术的赞助者。它们是通俗甚至有些低俗的艺术，而欣赏这些艺术的群体是由很多富裕的、有鉴赏能力的人组成的。彩绘画师并不是无知的手艺人，而是接受了一定教育的人，他们因为继承了一个古老的美学文明而受益匪浅。他们的画作、海报和大幅报纸，在江户街头只需少许现金即可购得，为德·龚古尔（de Goncourts）和惠斯勒（Whistler）提供了新的绘画处理前景，但对日本的艺术家而言，这只是一种非常自然的表达方式，其基础是数个世纪以前确立的原则，时人只不过稍微做了调整以迎合当时的氛围。

那种氛围是充满活力的、幽默诙谐的，对旧的习惯和束缚不屑一顾。这种氛围既体现在绘画中，又体现在文学中。当时有代表性的文人是歌人芭蕉和小说家西鹤。芭蕉创造了俳谐（haikai）和发句（hokku），它们是无须遵守古典和歌严格标准的讽刺性短歌。任何一个有一定天赋的、词汇量一般的人都可以即兴地围绕一些最常见的主题创作短歌。在普通人手中它们是令人开怀的室内游戏,在像芭蕉这样的大师手中,它们变成了凝缩的诗歌精华。芭蕉本人喜欢以自然为主题,不过他的一些效仿者在浮世之中找到了素材,并创作了带有浮世风格的尖锐的讽刺短诗。它们的语言或主题并不总是温和的,从这个方面来讲它们也是时代的产物。小说家西鹤偶尔会进行道德说教,他写出了带有教化意味的《义理物语》(*Giri Monogatari*)和《本朝二十不孝》(*Nijū Fukō*)。不过,他更加擅长在小说中描写商人的掠夺和放浪形骸之人的恋情,而且他最出名的也是这些小说。他是一个学问不深但技巧娴熟的作家,能够熟练地利用他的写作介质。不过仿效他的人大多好色,所以很受欢迎。那个时期还没有谈性色变的行为。出版商和画师因出售色情图书和图画而发达,观众也希望表演者能够在他们的表演中增添大量的情趣内容。当一位受欢迎的在街角讲故事的人用一个大的木质阳具为自己的讲述打节奏的时候,听众会报以热烈的掌声,并且在舞台上一些性爱片段的语言和动作尺度都是非常大的。幕府一如既往地担忧下属的侍的道德品质,一次又一次地尝试抑制这些滥用行为。他们没收色情图画,用春画(Spring Pictures)来指代它们。1723 年,幕府查抄了好几千册淫秽图书,不过很多情况下幕府既找不到出版商又找不到画师。幕府官员的努力并不是很成功,而且他们的忧虑或许也是多余的。的确,侍甚至大名都喜欢低俗的消遣活动,喜欢去剧院,作不合宜的诗,唱通俗的歌。老派的人说,比起针线,他们的妻子更熟悉有名的演员的名字和年龄。甚至在威严的皇宫之内都能听到时兴的民谣,这令贵族们惊慌不已,其中一位贵族(1718 年)在他的日志中哀叹道:"……陛下在唱一种名叫投节(nagebushi)的歌。这是放荡的曲调。天照大神的后代这样做

519

江户时代的一座封建城池

/ 第二十二章　元禄时代 /

狩野正信绘制的《三圣人》

是非常不合礼的……连一个正直的商贩都不会这么做。"在那些热爱高雅得体的过去的人看来,这是非常堕落、非常令人难过的;然而,事实上,在历经多个世纪的压迫之后,平民这时终于可以享受自由和繁荣带来的乐趣了。这种经历进入他们的头脑中,然后被他们不加节制地呈现出来。然而,他们的统治者却误以为这种高亢的情绪是颓废。这在日本历史上是一个罕见的现象,是让他们难以相信的现象,所以他们开始摧毁元禄时代显露出来的所有快乐的、本能的东西,如对快乐的感知、对"时髦"或优雅的感知以及其他与封建规范不相容的温和的个性。专制主义与这些以及其他颠覆性的产物之间的冲突形塑了随后江户时代的政治史。

第二十三章　封建制度的瓦解

第一节　思想潮流

一个奇怪的事实是，各个时代所有国家的统治阶层虽然都很关注其臣民的道德健康并费心劳力地培育诸如勤奋、节制、顺从等美德，但它们只是在出于经济需要的时候才会间歇性地活跃一下。17世纪的日本就出现了这种现象，管理者努力通过道德路径来解决经济问题。他们认为富裕的町人阶层的出现不仅攫取了武士阶层的财富，而且像他们所理解的那样，腐化了封建风尚，进而削弱了国家的基础。他们通过我们所谓的"儒学方式"来解决这个问题。他们禁止或者尝试禁止所有在他们看来有害无益的新习惯。他们颁布了各种禁奢的条令，像乌云一般笼罩在各种奢靡的行为上，并且拒绝相信一个时代的奢华于下一个时代而言是必要的。所谓的"德川宪法"——《武家诸法度》及与之类似的法令，是于1615年颁布的，并得到了每位新任将军的确认——事实上是一部全面的禁奢令。第八代将军德川吉宗（1716~1745年在位）推行的多项节俭举措巩固了这部宪法。第十一代将军德川家齐时期（1786~1837年在位），他的老中松平定信（Matsudaira Sadanobu）——一位尽职尽责的、看起来也仁慈的政客，颁布了一系列令人震惊的限制性诏令，几乎禁止了每一类人的每一种形式的花销。比如，他下令，收入少于1万石的人不能购买任何新的东西，并且责令女人自己打理头发，专业的理发师则去当洗衣工。遵照这些法令的精神，他还奖励贞洁、孝顺及类似的德行。

的确，这样的诏令通常只在一些危急的情况下才颁布。定信颁布这些诏令是为了弥补1783~1786年令整个国家一片荒芜的洪灾、饥荒、火灾等带来的影响，也许我们可以把它们当作与税收相同的紧急措施。不管怎样，它们揭示了官员的头脑中充斥的通过规范来实施管理的理念；这种对人的理性的信任虽然令人叹息，但是又有一些值得称道的地方。封建统治者已经放弃了宗教这个政客会用的工具。因此，他们不得不依靠某种世俗道德规范。而且，正是出于这个原因，我们才会看到一种刻意的道德宣传政策，尤其是在18世纪初期。它最显著的结果体现在名为武士道的信仰的形成之中。它是一个很难的话题，往往会走向徒然的争论，它因与中国各个彼此矛盾的哲学学派的联系而变得复杂。不过如果不对这一现象加以论述，那对江户时代文化的叙述就是不完整的，所以我们必须试着描述它的主要特征。

关于武士道，首先要注意的就是它的名字是相对较新的。"武士道"这个词在18世纪就已得到使用，不过直到近代它才流行开来并有了具体的含义；而它所指代的信条或信仰每个时代都有所变化，所以不能把它当作一个静态的思想集合来讨论。武士道可以追溯到很早以前，可以追溯到藤原时期让一些重要的武士家族的成员备受鼓舞的、与一名武士的职责相关的理念，甚至也可以追溯到身为古代皇室近卫的大伴氏的传统。自那些时代以来，武士阶层的理念就开始形成。作为一组大致连贯的道德教义，它不断吸收新的元素，摒弃那些随时代发展而被视为没有必要或者不恰当的元素。它的发展得益于多个因素：在充满流血背叛的时代，确保忠诚的需要；受中国的道德理念影响的本土等级观念；某种美学感知；禅宗的自律；一个依赖有组织的家庭和社会关系的社会为了稳定而产生的需要。在中世纪，这种信仰是作为一套引导武士阶层行为的信念而非一种有确切表述的

/ 第二十三章 封建制度的瓦解 /

准则存在的。尽管它为日本文化贡献了其最值得称道的特征，但正如某些狂热的作家所说的那样，这无助于它像《登山宝训》中的教义在欧洲得到彻底遵循那样在全日本得到广泛实施。即便因为根植于阶层意识而有些失衡，但它依旧是高尚的，从足利时期的记载来看，当时不止一次地围绕它进行大规模宣誓；到17世纪，这种信仰系统化并得到宣讲、讨论和剖析，开始失去活力，变得越来越刻意，日渐退化，只剩形式。

也许我们应该把《武家诸法度》看作第一部经过深思熟虑制定的关于武士行为规范的成文法，不过大体说来，自德川幕府成立到现在，武士道都是一种被编成法典的政策工具，而《武家诸法度》则是它的标准权威。从17世纪开始，武士道的特性就发生了变化，它不再像镰仓时代那样——当时它是一种情感而不是一种信条，而且是一种产生于领主和家臣之间密切关系的情感，其基础是战争中个人直接的效忠。武士道现在有了一个确定的哲学基础，依赖的是抽象的忠诚理念。我们甚至可以认为较为古老的自然的武家道德的败坏，加速了武士道的体系化。秀吉和家康能够把敌人的很多追随者争取过来，表明了忠诚意识的崩溃；征战朝鲜中多次出现的休战表明死亡不再是除战胜之外的唯一选择。此外，德川幕府建立几十年以后，侍的行为让当权者非常忧虑。他们桀骜不驯，不适合生活在和平时期，甚至那些表现出从前那种罔顾生死的人也变成了一个麻烦，他们怀有宿怨，寻衅滋事，为了虚无的荣誉进行决斗，他们还会残忍地伤害手无寸铁的平民。他们大多是浪人，是没有侍主的无业之侍；他们不是传奇的侠客，往往是一群令人不快的无业游民，在一种过时的信条的掩护下作恶。

18世纪江户的一处街景。侍在剧院外打架斗殴

第二十三章 封建制度的瓦解

到 1650 年前后，他们变得极度让人烦恼，甚至还发起了一两次针对幕府的暴动。这些暴动被镇压下去，不过当权者认识到在和平年代鼓励武士精神是不明智的，除非它可以因对政府行为的尊重而变得平和。当时确实有一些重要的学者和伦理学家〔荻生徂徕、佐藤直方（Satō Naokata）〕对古老的封建道德发起进攻，声称它与好的行政管理相矛盾，应该予以废止并用纯粹的儒学道德取而代之。将军幕府像从前一样依赖武装力量，所以无法这样做；不过从 17 世纪中叶开始，幕府的政策逐渐偏离尚武主义（吉宗在位期间，约 1720 年，甚至还出现了某种复兴趋势）并且逐渐变成官僚主义，不过幕府依旧保留了封建机制。我们可以从有名的"四十七浪人"复仇故事中极为清楚地看到这一变化。现在看来这个故事并不新奇，我们可以忽略其按时间顺序翔实记录的戏剧性部分。不过它有着非常耐人寻味的政治和社会意义。约在 1700 年，一位级别中等的大名浅野（Asano）在将军位于江户的府邸彩排国礼仪式的时候，被他的指挥者吉良（Kira）羞辱。吉良是幕府的一位高阶官员，据说是浅野的总管送给他的礼物不够，所以他才会羞辱浅野。浅野拔剑伤了吉良。哪怕他没有攻击将军的官员，仅在将军府邸出示武器就是严重的罪行。浅野被处以自裁的刑罚，他的封地也被没收。这是一个典型的案例，足以证明德川氏对其领主的严苛。浅野遵命，而他的心腹随从则变成了浪人，他们发誓要为主人报仇。因为知道吉良会保持警惕，所以他们四散开来，为的是不被发现。在历经两年的磨难和忍耐之后，吉良放松了警惕，他们寻得了良机。1703 年 2 月一个大雪纷飞的早上，他们闯进吉良的府邸，取了他的性命。他们接着自首，做好了赴死的准备，因为他们为达成目的而在将军的直属领地犯下了死罪。幕府并没有明确禁止这种长期以来都被允许的复仇行为；不过他们逐渐把私下复仇尤其是在他们眼皮子底下发生的复仇当作对自己司法权的冒犯，因此他们难以对这次罪行视而不见，更何况它会被看作浪人对幕府在浅野一案中法律执行的抗议。但与此同时，他们又不得不认可浪人的行为，因为这一行为与他们所拥护的儒学原则是完全一致的。一位随从与谋杀其领主的人"誓不两立"，而吉良侮辱性的言行导致了浅野的死亡，所以他实际上就是杀害浅野的人。据说，当时人们围绕如何处置这些复仇者进行了旷日持久的讨论。一些高阶的当权者包括将军本人认为应当饶恕他们，民众也很同情他们，一些恪守原则的大儒也持同样的观点。但其他一些学者却强烈认为应当处死他们，具有代表性的就是荻生徂徕和佐藤直方。我们刚刚已经提到过他们是传统武士道的反对者。他们坚信应当忠诚，但是也坚守一个清晰合理的界限，即必须从法律的角度看待儒学原则，不能由个人随意阐释。浅野和他的随从都违反了幕府的法令，因此应该被处死。在推迟了一年之后，这些浪人接到了自裁的命令。他们奉命而行，并且变成了当时以及后来如神祇一般受人尊敬的存在。直到今天，近松门的名作《忠臣藏》依旧吸引着大批观众前往剧院，而且在剧情发展到牺牲这一主题的时候，它依旧令观众热泪盈眶、心潮澎湃。作为一部宏大的戏剧，它肯定对江户时代的百姓产生了强烈的影响。

然而，在现实世界中武士道的行为规范并没有获得一致的认同。理论和情感之间存在冲突，不仅如此，理论家还分为多个派别。大石良雄（Ōishi Yoshino）——四十七浪人中为首的浪人，曾师从山鹿素行（Yamaga Sokō，1622~1685）和伊藤仁斋（Itō Jinsai，1627~1705）。后二人都是古学派（Kogaku-ha）杰出的哲人，虽然名为"古学派"，但他们奉行的却是新信条。事实

/ 第二十三章　封建制度的瓦解 /

上，18世纪的武士道已经不再是从前那种迫于战争的压力在武士中产生的习惯性法则，而是一个实用性的伦理体系，这个体系形成于哲人的争论，而且在形成过程中适应了和平社会的需要。把它称作武士道会让人对它的范围产生误解。武士道是为所有人树立了崇高理想的规范，之所以听起来尚武，是因为它源自统治阶层，而这个阶层大多是武士出身，所以自然会把它看作自我阶层的一个印记，尽管这个规范并不是他们独有的。不过在仔细调研之后，我们往往会相信让日本产生最优思想和最好行为的既不是一些言过其实的教条，也不是武士血腥的行径，而是其思想崇高、性情火爆的哲人的教导。因此，要了解18世纪及18世纪以后的发展，我们必须对当时主要的哲学思潮有所了解。

德川宪法第一条规定家臣及其下属既要学习知识又要进行军事训练。这看起来是一个合理的政策，因为统治者的目标即是维持现有的秩序，而这个秩序取决于持有武器的阶层的支配地位，也是为了确保和平，而这靠的是鼓励平民的兴趣爱好。于是幕府开启了一个有趣但危险的试验，因为他们要想成功，就必须恰当地平衡尚武的狂热和尚文的热情。或许从根本上说文和武并非对立的，但是在实践中幕府特别害怕培养出一种太过崇尚武力的精神，因为也许有一天这种尚武精神会于自身不利，所以它逐渐支持温和的尚文的精神。从德川家康时期开始，统治者就鼓励学问的发展，尽管他们不接受新的理念并且试图将人们的学习限定在他们认可的领域，但是他们不知不觉地培养了一种探索的精神，而这种精神最终导致了幕府的灭亡。

统治者支持并推广的学问几乎全是中国的学问。他们把儒学学者作为自己的顾问，后者帮他们起草法律并拟定奠定了其统治基础的道德准则。日本得享200多年的太平在很大程度上是因为学者的努力和幕府对他们的支持。以封建制度瓦解告终的政治发展也得益于学者的研究和他们之间的争论。因此，我们可以顺便简单提一下德川时期的主要哲人，以完成对这一时期思想运动的描述。

德川时期早期日本的官方哲学是朱熹理学[①]，朱熹是宋朝中国出现的哲学复兴运动的领袖人物。这一流派的经典是朱熹对古代圣人著作的注解，日语称为《四书新注》。我们要记得，早在室町时期五山流派的一些博学多识的僧侣就已研习朱熹的思想，但是直到16世纪末，在一位名叫藤原惺窝（Fujiwara Seigwa，1561~1619）的学者的努力下，这种哲学思想才变得更加为人所知。有趣的是，惺窝是一位佛教僧人。在德川幕府统治下，朱熹理学事实上是被当作正统的哲学流派引进的，它的主要倡导者林罗山被任命为幕府的顾问。据说，从他开始，儒学学者开始留长发。这一奇特的历史记录是非常重要的。在德川时期，学问一直是和佛寺联系在一起的，学者会像僧人一样剃发，不过这时儒学研究已不再是博学多识的僧侣的兴趣爱好。儒学思想有了正式的地位，我们几乎可以把它当作一种已经确立地位的宗教。儒学在某种形式上取代了佛教，受到受教育阶层的尊崇，而佛教似乎没怎么挣扎就屈服了。大体来看，人们并没有背弃对佛教的信仰[②]，但是最虔诚的儒学信徒强烈反对佛教，就像反对基督教一样，他们严格恪守儒家仪式，其中包括对中国圣人的祭仪以及到供奉圣

[①] 日语中通常称为"Tei-shu"体系，以中国圣人的日文名命名，"Tei"指的是"程"，"Shu"指的是"朱"。

[②] 第三代将军（德川家光，1622~1651年在任）的家臣被迫宣布信奉其中一个佛宗，人们也不得不注册成为某一佛寺辖区的信众。但是，这种措施不是为了推动佛教的发展，而是反基督教政策的一部分。

人的庙宇鞠躬行礼。这样的庙宇是由官方出资筹建的，甚至连将军本人也会正式到庙里参拜。幕府还煞费苦心地通过其他方式促进儒学研习。它于1633年建立了一所学院，后于1690年更名为昌平黉（Shōhei-kō，孔子的诞生地在日语中读作Shōhei，这里便是以此命名的），是江户的一所大学。这所大学的校长始终是由林氏家族的成员担任，因此我们可以说林氏变成了将军幕府世袭的哲人，也是幕府在伦理学和教育领域的官方顾问。他们都是朱熹理学体系的忠实拥护者。我们也会看一下在日本得到研习的其他思想体系，不过接受范围最广泛且独享官方支持的只有朱熹理学。它是正统的学派，尽管遭遇了极强的逆流，但它依旧是18世纪乃至19世纪最有影响力的思想潮流。我们有充分的理由认为，在日本没有一种教条能够像它那样对受教育阶层的思想和行为产生如此大的影响。当然，佛教在长达近千年的时间里一直是一个重要的文化载体，而且已经对民众的观念产生了深刻的影响。不过当我们考虑到它有着怎样令人尊敬的传统，其信仰是怎样普及的时候，我们不免会觉得奇怪：为什么江户时代的文化中却很少看到佛教直接影响的痕迹？至于基督教，尽管曾经一时繁荣，但已经从舞台上消失，统治阶层也只记得它是一种有害无益的信仰。①

可能会有人问为什么像朱熹理学这样一个从邻国引入的哲学体系会对日本人的思想有如此大的影响力。答案显而易见。长期以来日本人更感兴趣的是实用性的道德规范而不是抽象的思考。任何一个要研究日本思想史的人都会对这一点有清楚的认识，而

---

① 最晚到1868年的时候，日本仍有反基督教的诏令，规定对那些不愿意公开放弃信仰的人处以死刑。不过从1873年开始，日本人开始有了完全的信仰自由。

且他们自己的哲人通常也承认这一点，[用一位杰出的近代学者井上博士（Dr.T.Inouye）的话来说就是]这些哲人认为"西方伦理学中的首要原则是思想探究而不是对美德的培养"。朱熹理学也有一个饶有趣味的宇宙观。事实上，我们可以概括地说，宋朝的思想家通过将圣人不成体系的理念放入他们自己创造的形而上学的框架当中，改变了古老的儒家道德观的形式；此外，他们在构建自己的本体论的时候大胆地采用了佛教和道教的理念，尽管他们要是知道我们这样说肯定会大为恼火。不过日本人关注的是朱熹的道德理念，所以我们无须详细探讨他的哲思。我们有足够的证据说他强调了自修的重要性。他认为行善是人的天性，就像自然界的万物因善念而生机勃勃。① 不过为理解道德，他认为有必要研究宇宙的规律。通过对这些规律进行归纳总结，他发现自然现象之间的关系都是与个体之间的关系对应的，个体之间最重要的关系莫过于君主与臣民、父母与孩子、丈夫和妻子之间的关系。实际上，我们会发现朱熹所做的不过是推介了日本人一直都在践行的美德，不过一直以来日本人对古老的儒家道德的践行通常都是教条的。现在儒家道德得到了理性阐释并被赋予了一种超自然的约束力，这是孔子想都没有想过的。因此，朱熹的道德体系看起来非常适合日本统治者的需要。它的中心点是忠诚，尽管它强调学习新知的重要性，但是它也很重视正统观念。从本质上讲，它是温和的、实际的、保守的；它对恶的定义是"无序"或"混乱"，恶被适宜地理解成对旧有秩序的扰乱。

因此，德川幕府尽可能地鼓励朱熹的追随者，支持像林罗山

---

① 严格来说，朱熹不是一个一元论者，不过他的二元论非常奇怪，所以日本大多数追随他的人都舍弃了他的二元论。

这样的教导者，他们极其猛烈地抨击其他所有的信条，不只佛教和基督教，还有其官方评注者[①]阐明的正统儒学的其他变体。换句话说，幕府虽然表现出值得称道的促进学问发展的愿望，但同时还努力抑制自由探索的精神。起初他们获得了一定程度的成功，在17世纪和18世纪的大部分时间里，朱熹学派在日本风光无两，催生了多位博学多识的道德学家。尽管它很快遭遇了反对并且衰颓了一段时间，但是它并没有丧失活力，直到它像其他古老的哲学思想一样，在18世纪50年代与西方思想接触之后遭到了冲击。我们看一下它的主要拥护者的仕途发展就可以更好地了解它的影响力。林罗山之后是木下顺庵（Kinoshita Junan，1621~1698），他有三位有名的学生，分别是雨森芳洲（Amenomori Hōshū，1668~1755）[②]、室鸠巢（Murō Kyūsō，1658~1734）和新井白石（1656~1726）。雨森之所以引人注目，主要是因为他支持一种日本历史上常见的融合原则，按照这一原则，佛教、儒学、道教被视为同一真理的不同表达，是支撑同一个哲学三脚桌的三个桌腿。从这个角度上来说他是异端，因为没有一个恪守儒家文化的人会是这样的折中主义者，不过他的观点或许是促使传统学派分化的一个缘由。

新井白石是在日本历史上更加耀眼的人物。他既是一位哲人又是一位政治家，我们可以把他视为东方历史上引人注目的奇特现象的代表。在任的短短几年内他深得将军的信任，竭力用儒学的原则来解决行政问题。他持有的理念是古典理念，即通过礼

[①] 即朱熹。——译者注

[②] 此处原文是 Amamori Hōshū（1611~1708），与史料相差较大，应为 Amenomori Hōshū，1668~1755。——译者注

和乐来进行管理。大胆地讲，它看起来像个不切实际的理念。不过白石虽然固执己见，或许还有些保守，但是他是一个严肃认真且现实的人。他知道艺术有令人变得优雅的作用，而且他也认识到礼仪要比道德更好培养。中国人很早之前就发现了规矩和礼仪的社会和政治价值，而他认为正是因为忽略了它们的用处，元禄时代才会呈现出如此令人震惊的特征：轻浮、奢华、对艳俗乐事的偏爱以及对古老标准的蔑视。这也是他敦促将军用古乐取代能乐，专门到京都游历、研究宫廷礼仪的原因。他非常关注将军府邸所有与仪式相关的事务，并且起草了规则，以规定在官方场合和私人场合要穿的衣饰。他并不只关注这些，因为他还就财政和贸易问题给将军提建议，参与货币改革，严厉打击贪污和浪费公款的行为。不过他在纯粹的文治上将自己的行政理念推行得太过深远，以致在第八代将军吉宗即位的时候，日本出现了武治对文治的某种抵制。吉宗主导了一场"回到家康时期"的运动，努力复兴对社会的严格的封建控制；他鼓励军事训练，这令很多这时已经养成安逸习惯的侍大为惊慌。不过矛盾的是，他又放松了对西方学问的封锁。吉宗的政策有点难以理解，因为它似乎是由相互冲突的元素组成的。不过看起来他是一个相当有才且有一定创造性的人。他的一些措施表明，他在认可一些旧风尚的同时，也绝不会保守，按照当时的标准，他是一个开明的、支持变革的人。他尊重儒家文化的正统地位，不过也没有拒绝其他智慧源泉。因此，他鼓励研习每一种性质的学问，结果是他始料未及的。他不偏不倚地支持每一个儒学派别，因此引领了多股哲学思潮，随着时间的推移，这些思潮最终吞没了幕府；他对西方学识的态度也让因为闭关锁国政策而衰退的学习热情得以重燃，对西方的学习最后也成为幕府覆灭的

/ 第二十三章 封建制度的瓦解 /

主要因素。

新一代将军在行政事务以及哲学思想上的主要顾问是有名的室鸠巢，他的前任是新井白石。官方大学校长一职依旧是由林氏家族成员担任，朱熹理学依旧是正统。不过一些倾向于削弱其权威的有影响力的因素正在酝酿之中。室鸠巢虽然也属于朱熹学派，却为这一学派的学说添加了非常个性化的特色。在他的手中，这些学说逐渐有别于那些道德观严苛的前辈的冰冷教条，并且获得了一种温度，一种现时的意义，这让它们在一般的思想者中大受欢迎。从意图来看，他是非常正统的，并且强烈反对学派的分裂，不过他一面坚持作为军事信条基础的职责和忠诚，一面宣扬武士道中少见的怜悯和仁慈，这让他不同于大多数朱熹理学的拥护者。从这个意义上讲，他或许已经偏离了正统，不过他是不会承认这一点的。此外，一些年龄较大的同时代人已经放弃了极其严苛的中国信条。我们已经提到有志于从事教育并用简单的语言阐释哲学思想的学者贝原益轩，他写了很多关于"乐"的东西，认为快乐与美德是一致的，而且他绝不是坚定不移的中国哲学的拥护者。山崎闇斋（Yamazaki Ansai，1618~1682）尽管也是朱熹理学的追随者，但是他在反对中国的体系上走得更远。晚年，他受到了研究本土宗教和将天皇一脉追溯到诸神的编年史的学生的影响。他在朱熹学说和民族主义之间做了一个奇特的折中，把同时代恪守原则的儒学者吓得目瞪口呆，其中一位名叫服部（Hattori）的说道："这是一种怪异的朱熹理学。"不过闇斋促发了一场虽然对后来日本的哲学观没有产生多大影响，但对其政治观有深远影响的运动。他和他的后继者通过恢复古老的日本文学、钻研日本古代编年史，给了反对中国学的学派以推动力，并赋予了以皇族为首的神道教信仰以新的生命力。他们据此证明将军即便不是篡位者也只是皇位的代理人，并为幕府的敌人提供了政治武器，最终幕府因它而亡。

我们有必要对这种对纯粹儒学的反对进行相当详细的描述，因为我们要注意到这种反对在德川政权确立之后不久就已开始。佛教的声望一旦消失，神道教就开始抬头；一旦人们开始质疑将军幕府的官方哲人对美德的阐释，那么他们就会质疑对领主的忠心是否应当超过对天皇的忠诚。有趣的是，我们会看到一位儒学学者的民族主义会带他走向怎样的极端。据说闇斋甚至曾大声地说如果孔子和孟子来干涉日本，那他将和自己的追随者一起穿上盔甲、操起刀剑去消灭敌人。

当时朱熹学派还有其他劲敌，其中最重要的是中国思想家王阳明的追随者。我们可以简单地称他为唯心主义者，他的学说与朱熹的截然相反，他认为自我认知是最高层次的学习，而自修则是一个人最大的责任。朱熹学派的学者坚持知识是好行为的必要条件。王阳明学派虽然不反对学识，但是相信良知的支配作用并且极其重视内省。起初，他们并未取得太大进展，当权者也不认同，不过后来他们吸引了很多追随者，其中包括当时最杰出、最优秀的人物。我们可以对其成功的原因进行思考，这是很有趣的。如果我们回头看，把它与日本的禅宗类比，这些原因就比较显而易见了。和禅宗一样，王阳明学说排斥成文典籍的权威，提倡一种实用的、主观的道德体系，坚持通过自修和自制实现对真理的直觉感知。这样的学说因为不墨守成规、不迂腐，所以一直很受较高阶层中极其有活力且有思想深度的日本人的欢迎。或许隐约意识到了这一点，幕府才会反对王阳明学派，因为他们没有把握鼓励思想独立这一品质。日本最出名的王阳明学派的追随者都是坚定且有改革精神的人，值得注意的是，这些人当中既有大学者，又有像大盐（Ōshio）和吉田松阴（Yoshida Shōin）①这样的革命运动领导者，前者于1837年领导饥饿的农民进攻大阪，后者于1859年违反了幕府的闭关法令。我们不能停下来研习这些人的著作，不过必须提一个人——中江藤树（Nakae Tōju，1608~1648）。他是日本王阳明学派的创始人，因此埋下了反对正统儒学权威的种子。他的学说在流传的过程中经历了变动和增补。与山崎闇斋的观点一样，他的学说也融合了神道教，也涉及行政原则，通常是于德川幕府不利的原则。实际上，整个江户时代，在日本学者的手中，儒学与神道教和君主政体复辟运动密切相关。或许这是意料之中的，毕竟在其整个历史上，日本人更在意的一直都是政治而不是哲学；但是它依旧值得关注。第一位重要的儒学拥护者藤原惺窝说："神道教和儒学是同一个真理的不同名称。"林罗山说："神道教是王道（Ōdō，即忠君之道），而王道就是儒学。"②当全日本的学者继续研究本国的历史和文学的时候，德川幕府的将军因为篡夺皇权而犯了与所有法则相悖的罪行这一事实就变得显而易见。因此，我们可以得出一个合理的结论：试图以儒家道德模范为基础确立自己统治的幕府促成了自身的灭亡。甚至连声称要复活古代的学说并回归孔孟之道的古学派

---

① 现有一部R.L.史蒂文森撰写的记述他生平的著作。
② 严格来说，王道指的并不仅仅是对君主的忠诚。王道是儒家的一种统治理想，是一种早期的哲学上的无政府主义。按照这种理想，统治者恰到好处的智慧和仁爱催生臣民恰到好处的行为和忠诚，所以就不需要法律和处罚。因此，专制统治的拥护者很容易从这样一个诱人的假设着手，即从统治者完全具备智慧和仁爱这两种品质着手，进而要求臣民的绝对信任。从这个意义上讲，我们可以说像林罗山这样的哲人把王道看作对君王的忠诚，他们已经假定君王是有这些美德的。近代，他们的继承者为了替最极端的极权主义辩护而扭曲了王道的经典信条，他们认为统治者永无过失，而臣民只有顺从这一个职责。

也对那些圣人的言说有了全新的阐释。古学派早期的所有领袖反对正统的朱熹学派。山鹿素行是学习兵法之人，并被视为武士道的开创者之一。他因顽固不化而被迫退隐山林，生活在浅野的封地，并且正如我们所了解的，启发了四十七浪人。伊藤仁斋是京都古代日本文学复兴运动的领导者，是第一个系统地反对朱熹的人。荻生徂徕是一位原创型的、有影响力的思想家，他相信专制政体并忠于幕府，不过作为哲学家，他是一个异端，在他的影响之下，官方学派的实力被削弱。

尽管这些哲人之间存在强烈的分歧，而且习惯在言语上肆无忌惮地攻击对方，但整体上他们是一致认可现有的社会机制的。他们在政治理论上有分歧，但除了一些极端的王阳明学派的学者之外，其他学者似乎并不反对现有的阶层划分和盛行的社会责任观。不过这里可能是因为他们找到了一个值得倾注改革热情的出口。那些时期的道德规范最显著的一个特征是它是一种阶层道德，或者更准确地说，它是一种群体道德。当权者喜欢应对群体，因此不鼓励个体责任感。各个等级都会复制更高一层的行政机构中特有的体系，即由理事会、政务委员会和重复设置的机构组成的体系，甚至连最小的组（kumi）也是如此，它是由五位农民构成的乡村组织单元。虽然培养了群体内部的共同责任感，但是这种设置即便不会造成不同群体之间的敌意，至少也会让个体忽视对另一个个体甚至社会的责任感。我们会看到，这样一种有限的道德观肯定是在损失更广泛的德行的基础上推动了自律：虽然我们不会在这一点上多做叙述，但是它可能会帮助读者理解封建制度下日本文化中一些令人匪夷所思的方面，如果读者记住了这一点的话。或许我们可以从商人阶层中找到最能代表当时道德实践的案例。雇主和用人之间以及大师和学徒之间的某种关于

/ 第二十三章 封建制度的瓦解 /

义务的规定似乎都得到了严格遵守，而行业协会内部的团结也因成员对彼此的绝对忠诚得到保障。不过他们对群体外部人员权利无情的漠视抵消了这种较高的群体道德标准，他们的这种漠视有时候相当于非常恶劣的反社会行为。或许正是由于诸如此类的原因，当日本再次被迫开放对外贸易并在新的贸易基础上运转的时候，成为金融业和工业中新兴事业领头人的已经不再是旧商人阶层的成员。他们的视野太过狭隘，过去在保护之下才得以繁荣发展，现在除了少数例外，大多数人变回了沿街叫卖的商贩，而野心勃勃的低阶和中阶的侍则变成了银行家、商人和制造商。他们的标准也是一个阶层标准，不过他们的视野更为开阔。

　　个人主义并不是智慧的全部，而且没有人能够否认武士道中所体现的那种信条对处于艰难的过渡时期的日本而言是最有价值的，尽管它也有不足。它催生的道德生活与封建时期的社会结构相适应，不过随着封建体制迫于经济压力瓦解，那些支撑它的信条也受到质疑。其中一个挑战来自内部，因为新的哲学观念和政治观点获得认可。另一个挑战来自外部，吉宗在还是将军的时候打开了向西方学习的大门。自闭关锁国的诏令颁布以来，日本与西方交流的唯一渠道是聚居在长崎一小块地方的荷兰人，而且日本人只能通过商人和船长了解外部世界，在极少数情况下，还可以通过像坎普法这样有学问、跟着荷兰使团于 1690 年来江户的人或者通过荷兰东印度公司的外科医生了解外部世界。既然将军允许引进外来图书（那些与基督教有关的图书除外），那日本人自然会首先关注那些看起来即刻就能用上的西方科学分支，比如医学和天文学。关于手术，早在一个多世纪以前，他们就已经从葡萄牙人和荷兰人那里获得了一些经验性的知识，不过要获得进一步的认知，他们必须能够读懂荷兰语书籍。他们起初遇到了最令人感到挫败的困难，因为连位于出岛（Deshima）的工厂的官方译者都只知道几个常见的句子，他们还得把这些句子用假名① 记下来并默默记住，而江户的学者直到多年以后才费力地从荷兰人那里掌握了字母表和少量词语，比如太阳、月亮、地球、人、老虎、龙、竹子。对未得到官方授权的学者来说，连这样微小的成就都会招致幕府的不悦。现在还流传着一个故事——《红发故事集》(Tales of the Red-Hairs, 1765)，故事中的作者受到谴责，因为他为了介绍外国的风俗，复制了字母表。久而久之，凭借惊人的耐力，日本人编纂了词典并逐渐翻译了解剖学、地理学以及其他学科的著作。1745年，官方儒学者青木文藏（Aoki Bunzô）为幕府编成了一部手写的荷和词典。1774年，在经年累月的努力之后，名叫杉田玄白（Sugia Gempaku）的医师译成了一本绘有解剖图并配有解释文本的著作。到19世纪初，日本已经获得了较多的对西方科学的了解，以及——这里需要补充的是——对西方政治学的了解。

　　对新知的热情大大高涨的原因不止一个。从某些方面来看，18世纪中期是日本一个繁荣的时期。吉宗的政策至少令某些阶层获得了益处，紧接着出现了一个挥霍奢靡的时期，当时人们四处寻找新的消遣活动和新的挥霍方式。这对西方奇珍异宝的引进起了推动作用，当时日本对玻璃制品、幻灯机、莱顿瓶、温度计、气压计等有很大的需求。所有这些（这些器物流行的时候正是我们开始欣赏中国茶杯及东方神秘莫测的智慧的时候）激起了有创见之人的兴趣，并激发了更多的探索。后来，在1783~1787年大饥荒之后，时局恶化，很多人变得焦躁不安，而且一些人

---

① 几乎是世界上最不适合标注这种语音的文字了。

隐隐约约地意识到自己国家的体制并不是完美无缺的。这一阶层厌倦了自己的文明，急于向西方学习，其中的典范是平贺源内（Hiraga Gennai，1732~1779），他为了购得一部荷兰语的自然历史著作变卖了所有家产，深入研究了药用植物学，成立了一个贸易公司，制造电气设备，用石棉纤维织成了一块防火布料，在研究的间隙他放弃了极受欢迎的净琉璃的创作，并把画素描画当作自己的营生手段。1790年以后，俄国和美国的船只不止一次尝试与日本建立联系，早在1787年就有一些爱国者担忧日本毫无防御的状态，而其他人则宣称有太多需要学习的，最好结束闭关锁国的状态。包括翻译解剖学的杉田玄白在内的一些学者倾向于引进外国知识然后再关闭国门，以便能在和平的环境中消化这些知识；不过杉田鄙夷地说近代的侍太过阴柔，不能把抵御外侮的重任交给他们。也许最睿智的是像本多利明（Honda Rimei 或 Honda Toshiaki）这样的人，他看到了日本经济形势不利的一面，并（约于1798年）写到它的文化处于停滞状态。他说，让日本摆脱困境的唯一解决办法是让船只出海，从对外贸易中获得财富。甚至还有人建议说，鉴于日本在1790年的饥荒以后连续迎来好收成，所以出口大米会让侍获利。

　　日本能够从与西方的交流中获得的绝不只是实用性的好处，因为有一小部分人认为中国并不是唯一的智慧之乡。不过我们并不能说日本接着转向欧洲，去寻求更高的知识。居于最高地位的依旧是某种儒学思想，不幸的是，当日本人最终有时间去思考西方智者的卓越成就之时，似乎只有赫伯特·斯宾塞（Herbert Spencer）枯燥乏味的推论或者像本杰明·富兰克林（Benjamin Franklin）和塞缪尔·斯迈尔斯（Samuel Smiles）那样擅长说教的人才能止住他们的精神痛苦。在艺术上，他们既有很多要教的又有很多要学的，不久之后，他们的彩绘、漆器和瓷器就让我们体会到了那种令人有些喜出望外的趣味，而他们的美学奥秘以及古代绘画和雕塑的美妙直到几代人后才得到赏识。与此同时，日本画家也在学习西方的技法。他们自己的流派已经足够繁荣，因为江户时代后期出现了很多重要的人物——伊藤若冲（Itō Jakuchū，1713~1780）、谷文晁（Tani Bunchō，1765~1842）、圆山应举（Maruyama Ōkyo，1733~1795）和其他杰出的浮世绘大师以及诙谐、古怪的文人画派（Bunjingwa，Literary Men's Pictures）。① 因此，日本人感兴趣的是技法问题而不是美学理论，并且他们仔细研习了西方的透视法和明暗对比法。这些对他们而言并不是完全陌生的技法，因为留存至今的有多幅描绘骑在马上的欧洲国王的日本画，这些画看起来像是复制的挂毯上的图案，可追溯到 17 世纪。一位参与了 1637 年岛原之乱的画家——山田宇右卫门（Yamada Uemon）就因其外国画风的绘画而闻名于世。不过反基督教诏令让人不敢表现出对外国艺术的兴趣，因为其中宗教动机很是常见，直到司马江汉（Shiba Kōkan，1737~1818）的时候才重新恢复对西方艺术的学习。他

---

① 因为篇幅有限，所以这里我只列举了几位主要画家的名字，不过艺术史的学生能从这个时期找到有趣的素材，因为历史清楚地表明，与其他文化发展同时进行的还有对古老艺术标准的反叛以及绘画艺术的复兴，后者催生了新的、原创性的画派，这些画派大多秉持自然主义的观点。我之所以提到谷文晁，是因为他虽然不是一流的画家，却是当时折中派的典型。他能够创作多种风格的绘画，也能够使用西方技巧。

文人画是日本美学中一个有趣的现象，西方学生并未充分理解。它为艺术和文学提供了一个连接，为有文化、有品位的人提供了一种表达的媒介，而这些人未必是技艺精湛的画家。它有一点业余艺术爱好的意味，但绝不只是创作水彩画的一位业余画家的消遣，不过这里我不愿讲明这其中的区别。我只能说截至目前远东艺术史的学生对文人画的研究还不够，它值得更加细致的研究。

/ 第二十三章 封建制度的瓦解 /

创作了很多得到广泛传播的、相当不恰当的画，其中既有油彩画又有水彩画，这些画让他在当时声名大噪。不过更让他实至名归的荣誉应该是源自他对西方事物全面的、学而不厌的乐趣，其中有天文学、历史、建筑、雕刻以及所有他能从中学习的自然科学，尤其是那些有着特别引人入胜的元素的、需要用到地球仪或其他工具的科学。从他们无休止的好奇心来看，他和他的朋友平贺源内在众多渴求新事物的人当中只是略微有些另类而已，这些人并不知道自己具体想要什么，但肯定不是东方文化所能提供的东西。

我们尝试描述的这些思想力量——正统儒学的衰落，民族历史、文学和宗教的复兴，保皇派的发展以及西方思想的逐步渗透——与强劲的经济发展态势联合起来，会打破闭关锁国的状态，并会在1868年恢复皇室自古以来的至高无上的地位。①

---

① 在描述与经济潮流一起为1868年王政复古铺平了道路的思想力量时，应该关注的是复兴日本学的和学者（Wagakusha），即关注致力于研究本土学问而非经典中国学和佛学的学者。联合起来促成日本在19世纪后半叶发生惊人变革的运动早在18世纪就露出了端倪。其中一种运动就是对纯粹的、与中国思想体系截然不同的神道教的偏爱。日本佛教的衰落有利于这一运动的发展。面对正统儒学敌意的日本佛教从未从信长、秀吉的攻击和家康的限制性举措中恢复过来。神道教运动注定会在德川氏的败落中扮演一个重要的角色，它起源于光圀（1628~1700）的文学活动。光圀是德川氏水户支系的家主，他在一众学者的帮助下编撰了《大日本史》。《大日本史》记载的是日本1413年以前的通史，它清晰地揭示了导致皇权衰弱、本土信条衰败的各种力量的本质。接下来一个世纪，出现了真渊（1697~1769）、本居（1730~1801）、平田（Hirata,1778~1843）等重要的和学家，他们是神道教和本土语言及文学的著名拥护者。虽然他们的著作中呈现的这一运动似乎是文学的、哲学的，甚至有时是纯粹的文献学运动，但是它有着极为重要的政治影响。它反中国学、反佛教，是非常日式的。但是在推举一切纯日本的事物的时候，它必须回归《古事记》《日本书纪》及其他讲述皇室历史的古老文献，这时它会发现它的所有研究都与江户认可的信（转下页注）

第二节 经济发展

德川幕府试图在哲人的帮助下解决面临的诸多困难,并且主要把它们当作道德问题来处理,它的大多数努力是为了保持现有的阶层划分不变。但是实际上它面临的经济问题是无法通过这些途径来解决的。从根本来看,它面临的问题是经济问题,是常见的食物供应问题;而只要它拒绝改变以自己为首的社会体制,它就无法解决这个问题。1600~1725 年,日本的人口增加,农业整体上看是繁荣的,工业取得了一定的发展,分配方式也得到改善,所以国家是有能力承受生活水平的提高的。但是多个因素阻碍了日本的进一步发展。我们已经在追溯农业经济转向商业经济带来的主要后果时历数了最重要的阻碍因素。用货币取代大米这个交换媒介,在导致侍影响力削弱、令幕府烦扰的同时,还带来了一个更严重的后果,即削弱了农民的生产力。财富从一个不生产的阶层转移到另一个阶层,从武士阶层转移到商人阶层,仅这一点就会导致令人不快的社会秩序的错乱。不过这或许可以轻易地得到调整,尤其是当很多町人通过运输货物、投入资金、生产必需品来为社群提供服务的时候。然而,农民的痛苦、农民的贫穷、农民的土地租赁问题,也就是农业问题,打击的却是国家的基础。

在德川幕府政体下,日本农业问题虽然在细节上很复杂,但

(接上页注①)条相冲突,因为这些研究往往都是赞美天皇并且含蓄地谴责身为篡位者的将军们的。尽管和学者的努力毫无疑问地促进了封建政体的倒台以及随之而来的国家开放,但是我们可以这样认为:夸大了的近代日本民族主义,连同对"大和魂"的强调、对独有的民族美德的要求,是日本人反对日本文化中的所有外来元素的直接后果。

/ 第二十三章 封建制度的瓦解 /

是以下表述也是不失准确的。在最繁荣的时候耕农的生活就已经挺痛苦了，大米价格的波动以及除了自己所在阶层以外的其他阶层生活水平的提高让他们的日子不堪忍受。因为税赋征收者并没给耕农留下多余的粮食，所以收成好的时候他们得到的微乎其微，收成差的时候则处于挨饿的边缘。这些天灾人祸以各种各样的方式影响着农民阶层，但是几乎所有灾祸都会让他们处于越来越不利的地位。少数较为富裕的耕农或放高利贷的町人成了一些耕农的债主①；对耕农来说，欠了债就相当于踏上了极速走向毁灭的道路。一些耕农搬到了其他地区，希望能够重新开始。另一些逃走了，变成了游民。还有一些去了市町，做家仆或短工。那些还留在原地的人发现自家田里耕农缺乏，无法供养自己的家庭。与此同时，大名及其随从迫于商人和放贷者的催逼，转而压迫已然饱受煎熬的农民，所以（引用一部写于1750年的著作）官员和征税者对待农民"像残忍的马夫或牛夫对待马或牛一样，他将重担放在畜牲身上，毫不留情地鞭笞它，在它跌跌撞撞往前行的时候他更加气恼，于是一边大声咒骂一边更暴戾地鞭打它"。农民常常还会被比作像芝麻一样的种子，之所以被压榨是为了让它出油，"压榨得越厉害，挤出来的油越多"。德川文学中满是像这样形容农民苦痛的表述；农业的形势是如此危急，自然连最冷漠的旁观者都无法忽视。我们不能说日本的统治者对这些滥用行为视而不见。他们试图补救，试图在自己有限的认知范围内去理解它们。实际上，当时思想活动最突出的一个特

---

① 从现在开始耕农在很多地方都得用钱，以前他们都是用大米进行物物交换。粮食需求的增加催生了集约耕种，这让农民不得不购买肥料。此外，他们还得花钱购买农业用具、马匹、布头等，而这些物品的银价稳步上涨。此外，封建地主收租时往往也是收钱不收米，并且他们肯定也是按照于自己有利的比率征收的。

征是它的主要学者对经济问题感兴趣，而它的学术文献大体上也是由与农业、货币及类似话题相关的论述组成的。最伟大的儒学学者极为密切地关注这些问题。新井白石撰写了关于货币改革的著述；大宰春台（Dazai Shundai）①写了一篇关于政治经济学的论义；18 世纪其他有名的思想家也围绕类似主题撰写了重要的文章或陈情表，我们这里只须提及荻生徂徕、室鸠巢和熊泽蕃山（Kumazawa Banzan）。②值得注意的是，至少到 19 世纪初期连他们当中最具洞察力的学者都没能认识到真相，即从总额和分配来看，日本的财富无法满足其社会的需要。一些人只是隐约意识到了这一点，而大多数人则只是建议用纯粹的道德方案来解决供需严重失衡的问题。农民必须努力耕作，尊重位居其上的阶层；商人必须诚实守信并且满足于微薄的利润；侍则不得奢靡浪费。

与此同时，被认为是从 1725 年开始的耕种人口减少也对农民的处境产生了进一步的影响，加重了他们已经恶化的贫困处境，并且加速了那种倾向于削减粮食供应或导致价格出现灾难性波动的发展变化。这里我们无法对它们进行充分的描述，不过读者可以从接下来对更加令人惊叹的农业困境特征的单独描述中了解这些发展变化的性质。需要提前说明的一点是，并不是所有农民都是贫困潦倒的。当时有少数富裕的农民，他们通常是强占了他人的土地并且把他人当奴隶使唤，所以约 1800 年的时候一个以社会问题为主题的作家才会这样说："有一人发达，肯定就

---

① 此处原文是 Dazai Shun，从时间和研究领域来看，应该是 Dazai Shundai，他是江户时代的儒者，精于经济学。——译者注
② 此外，日本有相当数量的类似题材的通俗作品。1916 年于东京发行的《通俗经济文库》（Library of Popular Economics）中有 12 卷复制的是这个时期的通俗著作，主题涉及货币、贸易、农业等，并且这里只是精选了经典之作。

/ 第二十三章 封建制度的瓦解 /

有 20 人或 30 人陷入贫困。"贫困导致耕农无法供养孩子，所以他们常会任意地堕胎或杀婴。早在德川时期之前日本就有这种行为，当时这种行为不定时发生而且通常伴随饥荒、瘟疫等自然灾害发生；到 18 世纪中期，这种行为在全日本上下都很盛行，其规模令人惊恐，以致幕府于 1767 年颁布正式诏令予以禁止。这种诏令自然没能成功地抑制这一行为。杀婴被视为非常恰当的方法，并被称为"间苗"（mabiki）①，这个词用来形容连根拔起一行植物中的几株。结果，为了确保有足够的孩子在田里干活而又无须费力把他们拉扯大，农民会从常见的"人贩子"那里购买从市町绑架来的年龄较大的孩子。

在杀婴和堕胎使农业人口缩减的同时，耕农涌向市町，导致农业劳动力持续流失。城市生活为耕农提供了一个避难所，让他们得以逃离无穷无尽的田间劳作，为年轻人提供了一个充满乐事和令人兴奋之事的喜人前景，让他的父母得以摆脱压迫，因为作为町人的他们无须缴税并且会获得可以自由支配的货币薪资。甚至早在 1712 年的时候乡村人口的下降就已经引起了注意，德川幕府下令所有农民必须回到所在的乡村。幕府间或重申这种诏令，直到 1843 年采取强制性措施把江户的迁入民赶回所属的令制国。然而，没有什么可以阻止耕农放弃田地，因为没什么惩罚会比他们要在乡村所过的生活更糟。我们无法确切地得知这一时期人口的流动，不过我们可以有把握地推测，即便这个时期农业人口没有下降，也几乎是稳定的。总体来说，得益于某些地区的再开垦，日本的耕地面积有所增加，并且耕作方式也有了改善，哪怕这种改善是为了满足地主的榨取。不过这些有利条件大都被

---

① 更委婉的说法是"kaeshi"和"modoshi"，意思是"送回去"。

职权滥用抵消。日本北部和东部有大片土地被耕农弃耕，原因是产出不够，达不到征税者的要求。另一个极端是，一些好的特别高产的农田被官方登记并给出了高得离谱的税收核定额，最终导致了一个奇怪的结果，即所有者将土地让渡给贫穷的耕农，并且在某些情况下，所有者还要付给耕农一大笔钱以便诱使他们接受让渡。这里我们无须探讨土地租赁问题，不过值得注意的是，在很多情况下，耕农迫于穷困只得将土地以出售或抵押的方式让渡给放债者，因此产生了两个新的群体，其中一个群体拥有土地但不耕种，而另一个群体耕种他人的土地。这就为耕农带来了新的困难，使佃农和地主（封建领主以外的地主）之间产生了利益冲突。接着出现了最反常的现象，比如一个地主斥责他的佃农大米产量过高的时候，佃农会反驳，前者斥责是因为税赋随着产出的增加而增加，后者反驳是因为如果产出不高就没有多余的、可维系自己生存的大米。18世纪和19世纪日本始终存在佃农问题，近些年一些地方又出现了这一问题。

　　大自然似乎觉得人性的贪婪和愚蠢对耕农的压迫还不够，也插了一脚，让他们的痛苦故事得以有一个圆满的结局。当时频频有瘟疫蔓延，而饥荒从1732年持续到1733年，又从1783年延续到1787年。很多人因饥饿而死，也有很多人因吃不饱、抵抗力下降而病死，因此1780~1786年日本人口减少了100多万。我们可以想象那些还有精力的耕农会采取任何可能的方式起来反抗。于是，我们会发现德川时期后半叶日本频频出现农民起义。有时候它们是一些不堪忍受放债者压迫的小佃农孤注一掷的武力示威，但很多时候它们是愤怒的耕农盲目发起的针对地方当权者的暴动，这种暴动通常会以头目的惨死告终。1700年以后就有了关于激烈的土地租赁纠纷的记录。在这些记录当中，尽管

/ 第二十三章　封建制度的瓦解 /

整体上地主处于强势地位，但是他们通常会妥协，因为佃农最后一招是威胁——偶尔也会真的——离弃他们的土地。更为严重的是农民起义，因为随着时间的推移，它们带有越来越多的政治色彩。早在镰仓时期就已经出现了农民起义[被称为"土一揆"（tsuchi-ikki）]，其中一些我们在讲述14世纪和15世纪的德政条令的时候已经提过。它们并不总是单纯的农民起义，因为它们偶尔会因宗教热情而复杂化，比如"一向一揆"（Fanatic Risings），它们偶尔还会因阶层仇恨而被激化，比如有时农民会联合起来，大喊"打倒侍"以反抗武士阶层的掠夺。德川时期，反抗的动机起初是纯经济性的，而且农民采取的措施多种多样，从普通的请愿到武力示威。最典型的例子是贫农佐仓惣五郎（Sakura Sōgorō）于1651年代表300名与他同被领主压迫的农民向将军本人呈递陈情表。幕府惩治了管理不善的大名，不过佐仓惣五郎在目睹孩子被斩首之后，自己和妻子也被处以磔刑。① 约从1750年开始，农民起义变得越来越频繁。② 它们有时候是和平的示威，有时候是由数以千计的愤怒的武装农民发起的起义。通常起义的领袖都会被处以死刑，因为这样的联合是违法的，不过他们的要求大多会得到满足；值得注意的是，到1800年的时候，起义者更加大胆，而侍则更不愿意抵抗。

关于农民起义的描述，我们还需要补充一点，那就是并非所有封建大名都是残暴的，也并不是所有征税者都是腐败的。尽管日本有我们描述的恐怖事件，但是在一些领地，尤其是那些外

---

① 被钉在磔柱上然后被刺死。——译者注
② 自1714年起，已出版的历史著作中至少提及了50次农民起义，手抄本中记载的有百余次之多。

样大名的领地，农民得到了较好的待遇，他们享有一定程度的自治，既不受高利贷的盘剥，又不会被驱逐。如此一来，一些开明的大名还会给农民一些补贴，让他们得以供养自己的孩子，并且会通过其他方式改善农村的环境。与此同时，某些封地还有一些富裕的自给自足的农民，他们的祖先是在停战期间耕田种地的中世纪武士。正是因为这种专制与自治的结合，日本的耕农（引用一位学识和判断力都无可争辩的权威人士①的话）"才得以走出封建时期，他们很少或并不积极关注，也不参与与较大事务有关的国家行为，但是他们却有着最值得称道的勤劳的美德，有着非凡的自制能力，拥有虽然微乎其微但有保障的土地所有权"。

如果现在从农村转向市町，我们会看到截然不同的情景。在描述元禄文化的时候我们已经尝试对城市生活的表面现象进行描绘，毋庸置疑，那个时期的享乐与奢华揭示了一个赚钱容易、花钱方便的繁荣社会。然而，商人的富裕是建立在其他阶层的痛苦之上的。大名从耕农那里榨取的财富流到了侍的口袋里，但很快又流向别处。到18世纪初期，武士阶层强烈地感受到贫困的压力以及町人的权力。导致他们衰落的直接原因是大米经济的崩溃。大名的收入及其随从的薪俸都是以大米计的。然而，他们之中的大多数人生活在市町里，至少一年当中大部分时间是这样。在市町，他们需要货币来满足日常需求；而且，得益于大名奢华的生活方式以及中产阶级奢靡的习惯，城市生活水平有所提高，这些需求也随之增加。他们可以按照商人所定的兑换率将大米兑换成货币，然而不知为何他们总是吃亏的一方。要么是米价太

---

① 朝河 (Asakawa)《封建日本对新日本的几个贡献》(Contributions of Feudal Japan to New Japan, 1912)。

低，要么是货币贬值，不论怎样他们都不屑于提出与货币有关的粗俗问题，因为任何涉及讨价还价的事情都会让他们颜面尽失。很多有权势的大名都处于放贷者的掌控之中。一位作家说："大阪富裕商人的怒火会让大名心生恐惧。"深陷债务之中的大名到处寻找挣钱或省钱的方法。一小撮大名鼓励在自己的封地发展实业，比如棉纺以及其他特殊丝织品的生产，很多武士阶层的成员慢慢明白，通过效仿商人，他们可以摆脱商人的控制。不过等级越高的人越不愿意屈尊降贵。他们通过缩减侍的薪俸，借用他们的钱。名义上他们将侍的薪俸（以大米计）扣下一部分（比例从年俸的 1/10 到 6/10 不等）到后期发放，具体日期不明，而实际上这是没有利息的、永久的强制性借款。难怪当时侍比从前更加贫困，难怪他们的忠诚会被耗尽。日益增长的压力逐渐吞噬了他们的理想与骄傲。我们得知早在 1700 年就有令人哀叹的背弃武士道德的行为。侍免除了战时为他们拿长矛或牵马的随从的世袭职务，并且雇佣町人作为家仆，他们往往会先强制性地向后者索要一笔费用。如此，他们便摧毁了主人与随从之间终身的古老的封建关系，这种关系一直是基于忠诚而非金钱。生活最为贫困的侍甚至会在发现家族过于庞大的时候采取杀婴的手段。而其他侍偶尔会收养一个富裕平民的儿子取代自己的继承人，如果他们可以诱使这位平民为这种特权支付足够可观的费用。这是即将到来的社会变革中极其重要的一个，因为它意味着武士阶层不再排斥其他感情，不再仅因血缘的纯粹性以及尊贵的家族姓氏而自豪。这种行为越来越频繁，到德川末期的时候，平民购买武士特权已经是很常见的行为。早在 1710 年就已有了关于这种交易的记载，当时幕府颁布多条诏令告诫武士阶层中爱财和忠诚度下降的现象。不过这些措施并不能改变侍的经济境遇，并且当代文学中也有多个篇章描述他们的正直、诚实是如何因财富的减少而丧失的，双重的崩溃（道德和经济的崩溃）虽缓慢却着实拉低了他们的声望，使他们与平民无异。他们再也不能因自以为的侵犯而斩杀平民。他们有时会抵押自己的剑、盔甲和礼袍，大多数情况下他们都不敢因放贷者的冒犯而心生怨恨。我们可以这样来描述他们的处境，希望读者能原谅这样表现力不足的语言表达：因为他们不得不削减（cut down）开支，所以他们无法再砍杀（cut down）商人。作为个体，他们的遭遇足够不幸；而作为一个阶层，其声望的下降更是给幕府带来了沉重的负担。幕府为了大名和侍的利益采取了多种补救措施。我们已经提到了政府失败的调整米价的举措以及极其失败的货币政策。当然，它还尝试了通过训诫来管理的古老政策，并且在17~19世纪每隔一段时间都会颁布提倡节俭的诏令，不过要求那些没钱花的人去节俭是没什么用的。它还尝试调整利率，但是也没产生实际效果，于是它采取了对社会秩序变动的某些迹象予以否认的极端举措。早在1716年幕府就宣布侍之前的债务无效。1730年，幕府禁止町人聚集在侍的宅邸周围要债。1789年，幕府颁布了一条有名的诏令，规定取消旗本和其他直接隶属于将军的随从在1785年以前欠下的所有债务，而且他们于当年以及1785年以后欠下的债务应分期偿还，每期偿还的金额如此之小，以致放贷者几乎损失了大半资金。

所有这些举措促进了阶层的融合，或者至少模糊了封建政体赖以建立的阶层划分。正如我们已经看到的，农民变成了町人；町人购买了田地；平民和一些农民通过过继或购买特权，跻身武士阶层；而且侍失去社会特权变成町人也是常见的事情，他们通常会获得经济利益。到1850年前后的时候，平民过继到武士家族的费用已经固定下来，很多祖先出身卑微的人就是这样获得武士地位的，其中包括（这里引用1816年一位作家的表述）"低级的平民的儿子、高利贷者的亲戚、盲人①的儿子、从本町逃到江户的罪犯、被大名或主人驱逐的人、被逐出佛门的僧人、打破誓言的僧人所生的孩子，甚至还有贱民阶层的成员"。这段表述让人以为新出现的侍都是声名狼藉之人，但并非完全如此。往往那些最有野心或者最配得上这一声望的平民才会出钱成为一名低阶的侍，作为自己仕途发展的第一步。到将军幕府末期，其中一些人甚至升迁至重要位置，变成了值得信赖的官员，更有甚者占据了处理经济问题或管理城市的职位。事实上，我们可以说1868年以及王政复古以后，日本的组织管理在很大程度上是低阶的侍努力的结果。其中最有名的是伊藤博文，他的父亲是一位受人尊敬的农民，从日本西部毛利氏的一位随从那里购得了侍的职位。

　　这种发展中的阶层融合加上财富和权力的再分配，自然无法让市町的每一个居民都获益，尽管它能让町人获得新的重要的社会地位。町人的商业组织几乎像封建等级体系一样僵硬且有细致的规定——尽管他们的章程和行会特权得到了严密的保护，以至于自由竞争对他们而言几乎是陌生的存在。这样一来，他们常常能够胁迫社群，要么是针对购买者提高产品价格，要么是针对工人保持较低的薪资水平。这种金融控制导致了货币价值的不稳定，长远来看对他们有利，却使几乎除他们以外的所有阶层陷入贫困。特别是放贷者、大米掮客以及一些大的批发商获利颇丰，

---

① 因为盲人会受到特殊保护，而且欠他们的债务必须得偿还，所以作为放贷者，他们变得富有。

尽管幕府试图通过征收御用金（goyokin）即"供政府用的钱"来减少他们的财富，但是这些钱通常会以另一种形式回到他们的口袋里。受苦的是平民百姓、小商贩和散工，而他们才是占大多数的町人。幕府为了维护侍的利益，一次又一次地尝试将米价稳定在高水平，这把大众逼向食不果腹的边缘。接着幕府开始担忧并禁止囤米，或试图将米价固定在较低水平。他们的干预让情况变得更加糟糕，一种名为"摧毁"（uchikowashi）的粮食暴动反复发生。暴动者抢劫商铺和富有者的宅邸，抢夺粮食并摧毁建筑。这些暴动从18世纪持续到19世纪，不过最严重的一次发生在1787年。这一年一场旷日持久的饥荒刚刚结束，米价从1785年的61匁涨到1786年的101匁，再涨到1787年的187匁。不仅江户发生了抢粮暴动，从西部的九州到东北部的陆奥，全国上下都发生了粮食暴动。令人叹息的是，1837年一位学者兼哲人大盐领导发起了一场暴动，当时为了救济饥饿的穷人，他把所有的书都卖掉了。暴动者进攻大阪并将这座城市付之一炬，不过他们被幕府的军队镇压，大盐自杀身亡。这是对德川政体下侍的地位的一个讽刺性的说明，即他们很少被召唤，大多数情况下被召唤都是为了镇压饥饿、贫困的暴民。的确，他们也是这种社会环境的受害者，但是没有什么颂词能够抹去封建记录中杀害惣五郎这样的污点，这是一个建立在暴力基础上的统治阶层残酷镇压弱者的典型案例。它的统治是时候结束了。

　　这就是德川幕府在19世纪起初几十年需要面对的经济形势。毫无疑问，它一定局促不安。将军幕府最强大的敌人是那些外样大名，比如萨摩藩、长州藩（毛利氏）、土佐藩、肥前藩的外样大名始终对德川幕府敬而远之。他们以自己的方式管理领地，避开了大多数削弱了幕府的财政困难，鼓励本领地工业和商业发

/ 第二十三章 封建制度的瓦解 /

展，同时又避免受高利贷者的掌控，或许最重要的是，他们自己的百姓保留了自律和节俭的古老的封建传统。幕府即便是在最开明的时期也是为了德川家族及其紧密追随者的利益而实行管理的。因此，德川幕府的政策或其政策执行几乎没什么可以赢得这些大名的忠心或那些心怀不满的侍——既有浪人又有将军的随从及其直属家臣——的忠心，他们的人数因财务困境而不断增加，他们的忠诚迫于执政不善而被削弱。这个国家到处都是焦躁不安的人，他们不满现状，渴望有所行动。有想要独立自主、开展对外贸易、开发领地资源的贵族；有想要能够施展自己才华的机遇的侍，不管是作为士兵还是做官；有想要打破商业行会垄断的商人；有想要从新的源泉汲取知识的学者；还有身在沉重税赋和暴政之下的卑微的农民和町人，他们只想有一点点自由的空间。除了保守派之外，其他所有力量都在试着从内部把紧闭的大门推开：所以当门外传来呼唤声的时候，大门猛地被推开，所有这些被困在其中的力量都得到了释放。

江户时代主要政治事件

1615 年　家康颁布《武家诸法度》。

1616 年　家康去世，第二代将军秀忠继任。

1617 年　重新开始迫害基督徒。

1622 年　第三代将军家光继任（逝于 1651 年）。

1624 年　驱逐西班牙人。

1637~1638 年　岛原之乱；日本人被禁止出国。

1639 年　再次驱逐西班牙人。

1640 年　驱逐其他欧洲人，从澳门来的葡萄牙使团成员被处决。

1641 年　荷兰人搬离平户并被限制在出岛。

1651 年　第四代将军家纲（Ietsuna）继任。

1657 年　江户发生大火。

1660 年　以德川光圀（Tokugawa Mitsukuni）为首的水户学派（Mito school）出现，他们推动了民族文学和宗教的研究，进而发动了一场后来倾向于削弱将军幕府并且恢复皇室正统地位的复兴运动。

1673 年　英国人试图重建与日本的贸易联系，但失败。

1680 年　第五代将军纲吉（Tsunayoshi）继任；吏治腐败，个人行为放纵。

1688~1703 年　元禄时代。

1709 年　第六代将军家宣（Ienobu）继任，其顾问是儒学学者新井白石；白石反对纲吉放纵的统治，试图进行金融改革。

1713 年　第七代将军家继（Ietsugu）继任。

1715 年　由光圀开始的《大日本史》（*Great History of Japan*）的编纂完成。

1716 年　第八代将军吉宗继任，试图加强行政管理，放宽针对西学的限制。

1745 年　第九代将军家重（Ieshige）继任。

1760 年　第十代将军家治（Ieharu）继任。

1786 年　第十一代将军家齐（Ienari）继任，出现严重的饥荒和瘟疫。

1783~1787 年　粮食暴动；老中松平定信尝试进行经济与社会改革；因为诸如贺茂真渊（Kamo Mabuchi,1697~1769）和本居（Motoori,1730~1801）等学者对古代历史、文学和

/　第二十三章　封建制度的瓦解　/

宗教的研究，反对幕府的情绪不断高涨；本居出版了附有详尽注解的《古事记》，进而引起了对皇室权利的关注；这期间发生了神道教复兴运动。

1791~1792 年　美国和俄国船只到访日本但被遣走；幕府再次颁布针对外国船只的法令。

1797 年　美国船只"伊莱扎号"（Eliza）停靠在长崎港，获得了与荷兰船只一样的待遇并获准贸易；相关诏令稍稍放宽了几年，然后又得到严格执行。

1837 年　停靠在江户湾的美国船只"莫里森号"（Morrison）被遣走。

1838 年　第十二代将军家庆（Ieyoshi）继任，发生饥荒，将军幕府面临财政困难。

1846 年　美国战舰停靠浦贺（Uraga），要求日本允许对外贸易，被拒绝。

1853 年　第十三代将军家定（Iesada）继任；美国海军分遣队指挥官佩里（Perry）重申要求并称次年他会来要一个答案。

1854 年　佩里再次到访，日本与美国达成条约，紧接着与其他大国达成条约。

1858 年　第十四代将军家茂（Iemochi）继任。

1866 年　第十五代将军庆喜（Yoshinobu，又称 Keiki）继任。

1867~1868 年　将军卸任；幕府与保皇党发生武装冲突；废除封建制，恢复君主制。

/ 日本文化简史：从起源到江户时代 /

/ 索引

557

（此部分页码为英文版页码，即本书页边码）

为了让那些不熟悉日语的读者更方便阅读，本书中出现的真实或神话人物的氏和名以小体大写字母的形式列在索引之中，佛寺名和具体的雕像名或其他艺术作品名以斜体字的形式列在索引之中。

A

Abdication, 94, 178, 180, 182, 260, 268, 403
ABE family, 94, 166, 218, 266
Abhidharma-kośa-sāstra, 122, 137
Abortion, 520
Absentee landowners, 521
Absentee officials, 166, 218
Abstract ethical ideas, 483
Abstract justice and practical peace preservation, 430
ACALA (FUDŌ), 249, 252
Accession Ceremony, 51, 53
Accounting, 375
ACHIKI, 36, 65
Act of Grace. *See* Tokusei
ADAMS, WILL, 425
Administration, in early Japan, 36ff.; in seventh century, 96ff.; in Heian period, 161ff., 211ff.; in Kamakura period, 279ff.; in Sengoku period, 429ff; in Yedo period, 444ff., 458ff.
Adoption, 365, 397, 524
Adzuchi, fortress, 411, 434
Adzuma Kagami, 285
Aesop's Fables, 437
Aesthetics, 176, 252, 356, 381, 385, 392ff., 441, 479
Agata-nushi, estate masters, 40
Agrarian risings, tsuchi-ikki, 363, 521
Agriculture, 42, 43, 45, 103, 107, 278, 306, 467
Ainamé (Together-Tasting), 53
"Ainoid," 4
Ainu, 1, 43, 93, 198ff.
Ajanta frescoes, 156, 160
Akita, 199, 200 map, 204
Akitsukami, manifest God, 180
Aliens in Japan, 43, 63, 79, 222
Allotment land, ku-bun-den, early, 99ff.; Heian, 207; Kamakura, 278
Alphabet, 138, 160
AMAKO, 404, 406
AMAMORI BUSHŌ, 500
AMA-NO-HI-WASHI (Heavenly-Sun-Eagle), 39

AMA-NO-HOHI (Heavenly-Burning-Sun), 23
AMA SHŌGUN (Nun General). *See* Masa-ko
AMA-TERASU-Ō-MI-KAMI (Heavenly-Shining-Great Deity), The Sun Goddess, 22ff., 47, 74, 133, 193, 229, 230n
Ama-tsu-hi-tsugi (heavenly-sun-succession), 48
AMIDA (AMITĀBHA), Worship of, 245ff., 330ff., 378, 391
"AMIS," the three, 393
Anaho-be, 80
Analects of Confucius, 234
Ancestor Worship, 54, 62, 114, 455
Animism, 46, 191
Ankokuji, 372
Annam, 414
Anthologies, Nara, 160; Heian, 234f.; Kamakura, 348; *see also* Manyōshū, Kokinshū, Shinkokinshū, Hyakunin-Isshu
Anthropomorphism, 47
ANTOKU, Emperor, 267
AOKI BUNZŌ, 514
Aragoto, "rough business," 489
ARAI HAKUSEKI, 479, 508f., 519
Architecture, in Nara period, 147ff.; in Heian period, 248f.; in Kamakura period, 342; in Muromachi period, 398ff.; in Sengoku period, 439; in Yedo period, 478
Archivists. *See* Kuraudo
Armies, size of, 265, 299, 412
Armour, 12, 27, 272, 282, 290
Arquebus, 416, 422, 422n.
Art, Japanese, Greek and Persian influence, 84; Formative Elements, 143ff.; promoted by Buddhism, 248; secular trends, 381; *see also* Table of Contents for chapters dealing with Art and Letters in each Part
ASAKAWA, historian, 352

/ 索引 /

ASANO, lord of the Forty-Seven Rōnin, 502
Ashigaru, light foot-soldiers, 369, 407, 422
Ashikaga College, 347, 376
ASHIKAGA family, 263, 328
Ashikaga period (Muromachi), 351ff.; principal events in, 403
ASHIKAGA Shōguns, 351ff., 403; *see also* TAKAUJI, YOSHIAKIRA, YOSHIMASA, YOSHIMITSU, YOSHIMOCHI, YOSHITERU
Astrology, 190, 233
Astronomy, 113, 233, 437
Asukadera (Hōkōji), 70
Ataka, barrier of, 299
Audit officers, Kageyushi, 208, 215
Authority, delegation of, 300, 369
AVALOKITEŚVARA (KWANNON), 225
Avatar, 134
Awaji, island of, 184
AWATA NO MABITO, 88
Ayabe, brocade-makers' guild, 41

B

Bailiffs, 279
Bakufu, lit. "Tent Government." Originally meaning the headquarters of an army in the field, it came to be used as a description of the Government Headquarters of a military dictator, and Bakufu is the word usually applied to the government of successive dynasties of shōguns, whether Kamakura, Ashikaga or Tokugawa. *See also* Shōgunate
Bakufu, organization of, at Kamakura, 274, 284ff.; in Ashikaga period, 351; in 16th century, 432; under Tokugawa shōguns, 444ff.
Banishment, 185, 273, 336, 431, 465
Baptism (kwanchō), 228, 231
BARAMON SŌJŌ, 134
Barter, 30
Base people (semmin), 41, 43
BASHŌ, poet, 368, 494
Bath-girls, 484
Be. Hereditary guilds or corporations of workers, craftsmen, artists, etc., attached to the clans, 23, 25, 37, 41ff., 59, 79
Benefice, 207
BENKEI, 297, 298

Benkei-in-the-Boat, drama, 292
BIN, 90, 104
BISHAMON, 388
Biwa, Lake, 434
BLAKE, WILLIAM, 396
Board of Censors, 213
BODHIDHARMA, 338
BODHISENA (BARAMON SŌJŌ), 134
BŌJŌ, 362
Bonten (statue), 158
Book of Rites, 90
Brahmanism, 224
Brewers, 363
British Isles, comparison with, 9
Bronze culture, 11
Buddhism, among feudal warriors, 273, 292, 293, and Christianity, 417ff., 437n.; and Shintō, 131ff., 186, 229f.
Buddhism in Japan, introduction of, 64f.; in Nata period, 117ff.; in early Heian period, 189f., 224; in late Heian period, 243ff.; in Kamakura period. 329ff.; in Muromachi period, 371ff.; in Sengoku period, 408ff.; in Yedo period, 480, 505, 507
Buddhist sects in Japan. *See* Amidist, Hokke, Hossō, Ikkō, Jōdo, Jōdo Shinshū, Jōjitsu, Kegon, Kusha, Lotus, Monto, Nichiren, Pure Land, Rinzai, Ritsu, Shingon, Sōtō, Yuishiki, Zen
Bugyō, Commissioner, 459
Buke-dzukuri, 342
Buke-Hatto, 461, 498, 500
Bunjingwa, 516
Bushidō, 292, 351, 490, 499ff.
Butoku-den, 196
Byōdōin, 253, 398

C

Calendars, 65, 233, 381
Calligraphy, 255, 393
Cambodia, 414
Cannon, 422
Capital, at Nara, 107; at Nagaoka, 188; at Heianjō (Kyōto), 194
Cartography, 437
Castles, feudal, 411, 422
Cavern of Disporting Fairies, 239
Celestial Worship, 232
Census, first in Japan, 468
Centralization, under Tokugawa, 445

Ceramics, 345, 402f., 440f.
Chamberlains, 460
Chancellor-Priest, 129
Ch'ang-an, 84, 107, 145
Chao-Hsien, 17
Chên-yen = Shingon, 228
CHIH K'AI, 226
CHIKAMATSU MONZAEMON, 483, 487, 491
China, early relations with, 14ff., 42ff.; influence of, on Japan, 47, 49, 112f., 143ff., 233ff.; institutions borrowed from, 105, 181, 197, 274, 376, 382ff.; power of, 143; trade with, 356; expedition against, 414f.; diplomatic intercourse with, 210, 403
Chinese language and learning, adoption of, by Japan, 36, 63, 90; study of, in Japan, 108ff., 356, 504ff.
Ching-tu. *See* Jōdo sect
CHITZU, 16
Chō, land measure, = 10 tan = about 2½ acres
Chōnin (Townspeople), 470ff., 474ff., 483
Chou, dynasty, 11; Duke of, 94
CHŌYU, maker of Rakuyaki ware, 442
Christianity in Japan, introduction, 417; reception, 419; edits against, 426f., 450; secret practice, 452; effect, 421, 506; disappearance, 506; conflict with Confucianism, 505
Christians, persecution of, 426, 449ff.
Chronicles, earliest Chinese, credibility of, 21
Chronological Tables, Nara period, 178f.; Heian period, 260, 267; Kamakura period, 349; Muromachi period, 403; Sengoku period, 443; Yedo period, 528f.
CHŪAI, Emperor, 32
Chu Hsi Philosophy, 383, 421, 505ff.
Chūron, 121
Chushin-gura (drama), 487, 503
CHWANG-TZU, 239
Civil Service, hereditary, 168, 275
Clan and Household, 165, 366
Clan Chieftain, uji no kami, 37
Clan-god, ujigami, 37, 54
Clans, uji, 37f., 73
Class. *See* "Free" people, "Base" people, slaves, samurai, chōnin, peasants, hyakushō, kabane
Class consciousness, 500

Class distinctions, 30, 219, 364, 369, 433, 461, 465, 525f.
Clocks, 421
Cloister government, 268
Codes, ceremonial, 197; legal, 161f.; *see also Jōei Shikimoku*
Coinage, debasement of, 472
Coins, in neolithic graves, 11; Nara period, 177, 178; Tokugawa period, 470f.
Colour prints, 491ff.
Communications, 97; obstruction by Bakufu, 448, 470
Confiscated domains, 79, 286, 302
Confucianism, 108, 113, 189, 224, 233, 239, 383, 483, 491
Constables, shugo, 281, 284, 285, 287, 351, 353, 376, 370
"Constitution" of A.D. 604, 71; of Tokugawa, 449
Copper, 178, 357f., 424
Corvée, 102, 175, 262
Cosmology, 22ff., 473
Costume and art, 491ff.
Cotton industry, 524
Council of State, Dajō-kwan, 104, 162, 208, 309
"Country deities," 39
Courtesans, 362, 477, 485
Credit purchases, 471
Cremation, 118
Currency, 98, 101, 177, 271, 281, 358, 424, 470ff., 519, 523f.

D

DAIGO II, Emperor, 320, 349, 373
Daigoku-den, 196
Daijōe ceremony (Great Food Offering), 53, 326
DAINICHI (VAIROÇANA), 225, 228f., 249
Daimyō (great feudal nobles), 263, 405, 467, 471
Dai-Nihonshi, History of Japan, 509; note to Chap. xxiii, 530
Daishi, ecclesiastical title, 227
DAITŌ KOKUSHI, 372
Dajō Kwan, Council of State, 212
Damnation, 344, 418
Dannoura, sea-fight of, 270
Darani, spells, magic formulae, 232
DATÉ family, 412, 447, 466
DAZAI SHUN, 519
Debt, 327, 471, 518, 521, 524

559

Democratic sentiment, 377
"Demon-entrance," 227
Dengaku, rustic music, 388
DENGYŌ DAISHI (SAICHŌ), 226ff.
Departments of State, formation of, 104, 163; suspended by extra-legal growths, 208ff.
Deva Raja (Heavenly Kings), 70, 225
Dewa, province of N.W. Japan, 199, 200
Dharma, 68, 123
Dharmakaya, 395n., and note to Chap. xii, 257
Dhyāna (Zen), 338
Diamond Cutter Sutra, 117, 191
Dictatorship. *See* Bakufu, Kwampaku, Shōgun
Districts (gun), 162, 168; governors of (gunshi), 168ff.
Divination and diviners, 65, 189, 191, 233
Divine Tasting (Kanname), 53
Dō, circuits, 162
DŌGEN, Zen patriarch, 402
DŌKYO, monk, 184
Dominicans, 426, 451
Donchō, artist monk, 150
DŌSHŌ, monk, 121
Dual (Ryōbu), Shintō, 229
Dual system of government, 209
Dust Heap (Date), 429
Dutch, early relations with Japan, 425; East India Company, 514; language studied in Japan, 514; traders in Nagasaki, 454

E

Economic theory, 472, 519
E-makimono, 256
Embezzlement, 99, 106
Eminent domain, compensation in, 189
Etiquette, 30, 31, 197, 385, 508
Examinations, 105, and note 107
Ex illa die, note to Chap. xix 428

F

Family system, 114f., 209, 365ff.
Famines, 311, 403, 498, 521
Farmers, 170, 278, 363, 433, 517f.
Farm-land, abandonment of, 520

Feudalism, early development, 269; growth, 280ff.; maturity, 422ff., 445; collapse, 498ff.
Filial piety, 113ff., 234, 273, 464, 490
Firearms, 416, 422, 435
Fires, 478
"Five Monasteries," Gozan, 374, 376, 381, 393
Food Goddess, 49, 74
Foreign trade, beginnings of, 79
Forgery of pedigrees, 40f.
Fortune-keeper, 30, 49
Forty-seven Rōnin, The, 502
Franciscans, 423ff.
Free Church, 331
Free cities, 360
"Free" people, ryōmin, 41, 175, 218, 369
Frescoes, 156
FU, "the noble-minded," 136
Fubito, scribe, 40
FUBITO, FUJIWARA, 178, 182
Fuda, admonitory placards, 464
FUDŌ (ACALA), 249, 252
Fudai, hereditary vassals of the TOKUGAWA Shōguns, 447
Fūdoki, topographical records, 81, 140, 178
FUJIWARA family, 42, 178, 182, 209, 262, 267; *see also* FUBITO, MICHINAGA, MOTOTSUNE, NAKAMARO, OSHIKATSU, SEIGWA, SUMITOMO, TADAHIRA, TOKIHIRA, YORIMICHI
FUKUI, Professor R., 392n.
FUKUIN, 88
Funai, port, 418
Funerals, in third century, 30

G

Gandhara, 144
Gangōji, 119, 122
GANJIN (KANSHIN), 124, 226
Gardens, 251, 398
GEIAMI, painter, 393
GEMMYŌ, Empress, 178, 182
Gempei Seisuiki, 348, 371
GENJI (MINAMOTO clan), 263
Genji Monogatari, 242, 384, 386
Genkō-shakusho, 383n.
GENKŪ. *See* HŌNEN
Genroku period, 474ff.
GENSHIN (ESHIN), 245ff., 252, 329
GENSHŌ, Empress, 178, 182
Geography, and ethnic fusion, 9

Geomancy, 67, 112, 193
GIDAYŪ, jouri singer, 487
GIDŌ (Zen scholar), 382
Gigaku, 154
Gilyaks, 4
Ginkaku (Silver Pavilion), 399
Gion shrine, 194
Giri, moral duty, 490
Giri Monogatari, by SAIKAKU, 495
GO-DAIGO, Emperor, *see* DAIGO II
Go-kenin, household retainers, 459, 467
"God", translation into Japanese, 428
Gold, worked by Tungusic tribes, 27; discovered in N.E. Japan, 128; imports and exports, 424; used in Momoyama, 440
Gold-silver ratio, fluctuation of, 424
Golden Hall of *Hōryūji*, 147
Golden Pavilion, *kinkaku*, 398f.
Gongen-dzukuri, 478
GO-SANJŌ, Emperor, 267
GO-SHIRAKAWA, Emperor, 330
GO-TOBA, Emperor, 267, 301ff., 331, 346
GO-TSUCHIMIKADO, Emperor, 369
Goyō-kin (tax), 526
Great Learning, Chinese classic, 113
Great Muraji, title and office, 77
Great Omi, title and office, 77
Guards, 172, 213
Guilds, be, 37ff.; za, 360, 470
Gun (administrative divisions), 96, 170
GYŌGI, Hossō patriarch, 122, 133
GYONEN, monk, 383n.

H

Haboku, style of painting, 397
HACHIMAN, God of War, 103, 109, 229n., 247, 272, 321; -dzukuri, 249
Haikai, 494
Hakata, 314 map, 316, 322, 360
Hakata Bay, battle of, 322
Hakozaki, 316
Hakuhō art period, 152
HALL, J. C., 465
HAN dynasty, coins found in Eastern Japan, 11; Chinese colony in North Korea, 16; Chinese relations with Japan, 18; Chinese notices of Japan, 18, 29, 44
HANABUSA ITCHŌ, 479, 494
Haniwa, 12

Hansa and Za, parallel growth, 362
Harai, exorcism, 57
Harvest prayer, 61
Hatamoto, Banner Knights, 459, 467
HAYASHI, family, 509
HAYASHI RAZAN, 505, 512
Heaven, 224
Heaven, Son of, 115
Heaven worship, 114
"Heavenly deities," 39
Heavenly Kings, Shi-tennō, 70, 225
"Heavenly offences," 52
HEGURI NO MATORI NO OMI, 75
Heian-kyō, Capital of Peace and Tranquillity, 193, 205
Heiji Monogatari, 344
Heike Monogatari, 348, 390
Hell, 345
Hemp, used for weaving garments, 45
HIDETADA, TOKUGAWA SHŌGUN, 427, 445, 450f., 528
HIDEYOSHI, TOYOTOMI, 407, 411ff., 431ff., 441ff.
Hieizan (Mount Hiei), 194, 226, 265, 374f., 377, 408f.
Hierarchical sentiment, 307
Hierarchy, administrative, 91
Hierarchy, celestial, 48
Higashiyama, 381, 384, 499ff.
"Higashiyama pieces," 401
Higurashi gate, 440
Hiko, sun shild, 48
Hime, sun daughter, 48
Himeko, archaic title, 29
Hinayana Buddhism, 123, 224
Hirado, port. 418
HIRAGA GENNAI, 515, 517
Hiragana, 237f.
HIRATA, v. note to Chap. xxiii, 531
HIROMUSHI, nun, 185
HIROSHIGE, ukiyo artist, 470
HISHIGAWA MORONOBU, artist, 491
Historical romances, 271, 294, 348
Historical studies, 383
Hitachi, province, 262
Hiyeizan (Mount Hiyei). *See* Hieizan
Hiyoshi, 320, 379
Hiyoshi-dzukuri, 249
Hōgaku-den, 196
Hōgen Monogatari, 348
HŌJŌ family, 263
HŌJŌ Regents, 300ff., 349; *see also* TOKIYORI, YOSHITOKI, YOSHIMASA, TOKIMUNE, TAKATOKI

561

Hōjōki, 348
Hokke (Nichiren or Lotus) sect. *See* Nichiren
Hokkedō, Lotus Hall, 158
Hokku, 494
Hōkōji (Asukadera), 70
HOKUSAI, ukiyo artist, 470
Home Provinces, 39, 162, 359 map
HONDA RIMEI (TOSHIAKI), 515
HONDA TADAKATSU, 415
HŌNEN SHŌNIN, 248, 330ff., 344
Hongwanji, *Temple of the Original Vow*, 333n., 377, 410f.
Hongwanji sect, 448
Honji suijaku (in Dual Shintō), 230
HONJŌ, Professor E., 472n.
HORIKAWA, Emperor, 267
Hōryūji, 123n., 147, 148, 149, 156f.
Hōryūji bronzes, 157
Hōryūji frescoes, 156
Hōshō, school of Nō, 479n.
HOSOKAWA, 375, 378
Hossō (Yuishiki) sect, 122
Hostages, 447
HOTEI, God of Luck, 241
Household registers, 166, 170
House Laws, 289, 429, 460
House-men, 277, 291
HSÜAN-TSANG, Chinese monk, 122
Humming-bulb (arrow), 12
Hungry Ghosts, World of, 344
Hyakunin Isshu, 348
Hyakushō, 41
HYE-KWAN (EI-KWAN), 119
Hyōgō, port, 356, 358, 359 map
Hyōrō-mai (military tax), 283
Hyūga, 27f.

I

ICHIJŌ KANERA, 380
ICHIKAWA DANJURŌ, 488, 489
Iconography, 249
Idzumo, 26, 28 map, 32; shrines, 56, 379
IEHARU, TOKUGAWA Shōgun, 529
IEMITSU, TOKUGAWA Shōgun, 458, 528
IEMOCHI, TOKUGAWA Shōgun, 529
IENARI, TOKUGAWA Shōgun, 498, 529
IENOBU, TOKUGAWA Shōgun, 528
IESADA, TOKUGAWA Shōgun, 529
IESHIGE, TOKUGAWA Shōgun, 529
IETSUGU, TOKUGAWA Shōgun, 529
IETSUNA, Shōgun, 528
IEYASU, TOKUGAWA Shōgun, 407, 416, 425, 426, 444ff., 449, 458, 468, 528

IEYOSHI, TOKUGAWA Shōgun, 529
Iji, 203, 200 map
Ikkō, Single-minded, 378
Ikkō Ikki, Fanatic Risings, 378, 433, 452, 522
Ikkō sects, 378, 409ff.
Ikudama Shinjū, 487, 490
IMAGAWA family, 404
Ima meku, "have a modern air." 356
IMAI, 295
Immanence, 341
Imari ware, 443
Imi, abstention, 57, 59; Imibe, Guild of Abstainers, 38, 49, 51
Immigrants, 43; *see also* Aliens
Imna, also called Mimana or Kaya, 33, 34 map, 65
Imperial Ancestors, 180
Imperial Clan, 38
Imperial Guard, 283
Imperial Regalia, 25, 48
Indo-China, 436
Infanticide, mabiki, 520
Infantry, 422
Inflation, in Nara period, 177
In-gwa, Chain of causation, 490
Inheritance, 79, 165, 365ff.
Inheritance of Occupations, 397
Ink-painting, 396f.
INKYŌ, Emperor, 42
INOUYE, Dr. T., 507
Insei, Cloister Government, 268
Investment of church funds, 375
Iron, 26, 271
Iron culture, 12, 27
IRUKA, SOGA NO, 93
Ise, shrines of, 54, 57, 74, 133, 379
Ishiyama Hongwanji, Monastery of the Original Vow, 410
Itō Jinsai, philosopher, 512
Itō, Prince, 526
Iwai, provincial chieftain, 76
Iwashimidzu, 320
IWASHIMIDZU HACHIMAN, 362
IZANAGI and IZANAMI, 22f.
Izayoi Nikki, 320

J

Jesuits, 411, 417, 422ff., 451
Jewel-makers, 25
Jewelry, 45
JICHIN, abbot, 383
JIMMU, Emperor, 28
JINGŌ, Empress, 33

Jiriki, 246
Jisha-bugyō, 459
JITŌ, Empress, 152, 178, 180
Jōchō, sculptor, 252, 343
Jōdo, Pure Land Sect, 245, 329ff., 377
Jōei Shikimoku, 305, 349, 430
Joint Responsibility, 430
Jōjitsu, sect., 121
JŌMEI, Emperor, 178
Jōmon, 1
JŌNIN, Emperor, 178
Jōruri, metrical romances, 486, 488n., 515
JOSETSU, painter, 392
Jōyuishiki-ron, 121
Junks, voyages of, 426
Jūrakudai, Mansion of Pleasures, 439f.
Jurists, 289; see also Law
Justice, 430

K

Kabane, 39
Kabocha, pumpkin, 436
Kabuki, popular drama, 390, 486ff. 489, 501
KAEMPFER, 514
Kaeshi, 520n.
Kageyushi, Audit Officers, 208, 215
Kagoshima, 417
KAIBARA EKKEN, 483, 510
Kaidan (sima), ordination platform, 124, 227
KAKUYŪ (TOBA SŌJŌ), 253
Kamakura, 274, 328, 349
Kamakura Daibutsu, 343
Kamakura period, art, 341ff., feudalism, 274ff.; literature, 347ff.; politics, 300ff.; religion, 329ff.
KAMATARI, NAKATOMI, 94, 179, 182
KAMEGIKU, 302
Kami, 25
Kamidana, god shelf, 450
Kamitsumiya, *See* SHŌTOKU TAISHI
KAMO CHŌMEI, 348
KAMO MABUCHI, 529
Kamo shrine, 193
Kana syllabary, 140, 159, 231, 237, 238
Kanazawa Library, 347
KANEZANE, regent, 330, 333
Kanjō-bugyō, finance officers, 459
KANŌ EITOKU, 435
KANŌ MOTONOBU, 377, 397
Kanō, school of painters, 440
KANSHIN, *See* GANJIN
KAŌ, Buddhist painter, 392

Kara-yō, style of architecture, 342
Karma, relation, 348
Kashgaria, 144, 145 map
Kashmir, 144
Kasuga shrine, 379, 389
Katoku, "house leadership," 367n.
KAWANARI of Kudara, 250
Kaya, kingdom of. *See* Inna
Kebiishi, Police Commissioners, 208, 212, 268
Kega, defilement, 51
Kegon, Avatamsaka sutra, 125
Kegon sect, 125
KEI SHOKI, "secretary" KEI, 393
Keian, 383
KEIKŌ, Emperor, 32
Kenchōji, 374
Ke-nin, "house-men," 277, 291
KENKŌ, 384f.
Keren, trickery, 391
Khotan, 144, 146, 156
KHUBILAI KHAN, 313ff.
KI NO KOSAMI, 201
KI NO TSURAYUKI, 242
KIBI NO MABI, 90
KIBUMI NO MURAJI, 166
KIKUCHI family, 263, 368, 383
Kingly Way. *See* Odō
Kinkaku. *See* Golden Pavilion
Kinoshita Jūnan, 508
KIRA, 502
Kirisute gomen, 465
KISO NO YOSHINAKA, 295f.
KITABATAKE CHIKAFUSA, 379, 384
Kitano, 379; Tea Party, 441
Kiyomidzu, 194, 373
KIYOWARA family, 266
Knife money, 11
Kō, religious associations, 380
KŌBŌ DAISHI, 228ff., 249, 336
Kōfukuji, 151, 157, 320, 364
Koga jar, 402
Kogaku-ha, ancient school of philosophy, 503, 512
Kōguryŏ. *See* Kōkuli
KŌGYOKU, Empress, 178
Kojiki, 20, 23, 26, 186
KŌKEN, Empress, 178, 184
Kokinshū, 241, 399
Kokonchōmonshū, 383n.
Koku, grain measure of 4.96 bushels
Koku-bun ji, 106, 070, 387
Kōkuli, Kōguryŏ or Koma, 18, 33ff.
Kokusenya Kassen, 487

563

Kokushi, National Teacher, 372
Koma. *See* Kōkuli
KŌ MORONAO, 354
Komparu, school of Nō, 379n.
Komponchūdō, 194
KOMYŌ, Emperor, 351
Kongō, school of Nō, 479n.
KŌNIN, Emperor, 179, 187
KONOE family, 277n., 362
Kōrai, early name for Korea
Korea, early relations with, 26, 29, 46; "tribute" or foreign trade, 79; influence on Japanese art, 152; thirteenth century raids on, 312; assistance to Mongols, 313, 315; sixteenth century Japanese raids, 414; Hideyoshi expedition against, 414ff.; pottery from, 442
Kōryō, early name for Korea
Kōryūji, 194
KŌSA, abbot, 410
KŌSAI, 88
KOSE KANAOKA, 250
KŌTOKU, Emperor, 178
Kōyasan, 231, 249, 409
Ku-bun-den. *See* Allotment land
Kucha, 145
Kudara (Paikche), 33
Kudara Kwannon, 150
Kudara Miroku, 150
KUGA, 362
KUJŌ-DEN, note to Chap. x, 205
KUKAI. *See* Kōbō Daishi
KUMAGAI NO JIRŌ NAOZANE, 331
Kumano shrine, 248, 379
Kumaso, 43, 93
KUMAZAWA BANZAN, 519
KUME, Prof., 31n.
Kumebe, Guild of Soldiers, 41
Kumi (go-nin-gumi), groups of five peasants, 513
Kunaishō, 164
Kuni no miyatsuko, nobles, 38, 49
KURATSUKURI, 87
KURATSUKURIBE NO TORI, 148
Kuraudo, Archivists, 208
Kuraudo-dokoro, 212
KUROMARO, 88
Kusha (Kośa) sect, 122
KUSHI-AKARU-TAMA, 39
KŪYA, 244, 246
Kwaifūsō, 160
KWAMMU, Emperor, 49, 179, 187
Kwampaku, title of an office equivalent to that of Regent, first assumed by members of the Fujiwara family. It was a dictatorship. *See* 208f., 370
Kwanchō. *See* Baptism
KWAN-KAN, 90
KWANNON (AVALOKITEŚVARA), 225
Kwannon of the Chūgūji, 158
Kyaku, administrative regulations, 161
Kwanze, school of Nō, 479n.
Kyōgen, "mad words," farcical interludes of Nō, 486
Kyōto, 190, 193ff, 476

L

Lacquer, 155
Lakliang, 13 map, 17, 33, 43
Land allotments. *See* Allotment land
Land tax, 99, 206ff., 277, 284
Land tenure, 42; in Taikwa period, 96ff., 206ff.; in Heian period, 263; in Kamakura period, 276, 302
Landscape gardens, 251, 393, 398
Landscape painting, 250, 344, 395
Language, adoption of Chinese by Japan, 44, 63, 109; use of Chinese script to represent Japanese, 138; study of Chinese by Japanese scholars, 235; development of phonetic script, 237; Japanese as a literary instrument, 238ff.; Japanese affinities of, 109
LAO-TZŬ, 239, 376
Law, in Nara period, 161; in Heian period 213, 222; under Kamakura feudalism, 288, 305, 327; in Muromachi period, 354, 360, 357; in Sengoku period, 429ff.; in Tokugawa period, 448f., 458ff.; Laws of Feudal Families (House Laws), 288, 367, 429, 447, 498, 500
Legal codes, secrecy of, 462
Legislative uniformity, 460
LI PO, 236
LIU TSUNG-YÜAN, 236
Literacy, 288
Literature. *See* Table of Contents for relevant chapters in each part
Local Government, 162, 166ff.
LOÇANA (ROSHANA), Buddha, 126
Lo-Lang. *See* Lakliang
Lotus sect. *See* Nichiren
Lotus Sutra, 83, 117, 225, 334

Loyalty, 270, 291, 296, 351, 431, 463, 490, 500, 510, 524
Lo-yang, 87, 107, 134, 145
Lü, discipline, 124
Lung-men cave temples, 148
Lyric Drama. *See* Nō

M

Mabiki, infanticide, 520
MABUCHI, 529, and note to Chap. xxiii, 530
Machi-bugyō, 459
MAEDA family, 447, 461, 466
Magatama, 14
Magic, 225, 233
MAHA-VAIROÇANA (DAINICHI NYORAI), 228
Mahayana Buddhism, 123
MAITREYA (Miroku), 225, 231
Malay elements in Japanese race, 9, 27, 32
Mandara, 250
Man-dokoro, 287
Manifest God, Akitsukami, 180
Manor, feudal, *See* Shōen
Mantra (shingon), 229
Manyōgana, Manyō kana, 140
Manyōshū, 139, 143, 390
Mappō, 243, 259
Maps, 421
Marionette theatres, 486
Marriage, 30, 51, 367, 462
MARUYAMA ŌKYO, 516
MASAKADO, TAIRA, 260, 264
MASA-KO, 304
MASANOBU, KANŌ, 397
Mathematics, 421, 425
Matriarchy, 29
MATSUDAIRA SADANOBU, 498
MATSUNAGA DANJŌ, 442
Matsurigoto, 50
MATSUYO GENZABURŌ, 402
Mazdaism, 224
Mercantile economy, 468ff.
Merchant Marine, 425; *see also* Ships
Merchant Shipping Law, 432
Mercury, 128
Metallurgy, 271, 437
Metsuke, censors, 459
MICHELBORNE, SIR EDWARD, 436, 455
Michinoku, gold found in, 128, 131
MICHIZANE, SUGAWARA NO, 219
MIFUNE, 234

Migration, 5
Mikawa, 409
Mikoshiro, succession groups, 80, 96
Militant Monasteries, 265
Military class. *See* Samurai and Bushidō
Military classics, 271, 459
Military service, 102, 171f., 283, 317f., 324, 433
Mimana, 33ff., 34 map
MINAMOTO family, origins of, 263; rivalry with TAIRA family, 268; *see also* MITSUNAKA, YORITOMO, YORIYOSHI, YOSHIIE, YOSHINAKA, YOSHITOMO, YOSHITSUNE
Minashiro, namesake groups, 80, 96
MINCHŌ (CHŌ DENSU), 392, 397
MING dynasty, 356, 382, 391, 413ff.
Mining, 271, 437f., 471
Minister of the Left, Sadaijin, 104, 129, 209
Minister of the Right, Udaijin, 104, 209
Minister-Priest, 184
Ministries of State, 38, 104, 162f., 208
MIROKU, The Messiah, 225, 231
Mirror, sacred, 25, 48, 54, 196
Mirrors, 14, 19, 23, 25
Misasagi, 12
Misogi, ritual cleansing, 59
Missionaries, Indian, 143; Japanese, 337; Jesuit, 417ff.
Mito School of Historians, 528
Mitsuda-e, 150
MITSUNAKA, MINAMOTO, 272
MIURA family, 263
MIURA NO ISHIDA-NO-JIRŌ, 296
Mixed kana script, kana majiri, 320
Miyatsuko (miyakko), 41, 49, 76
MIYOSHI family, 218
MIYOSHI, scholar, 240, 305
Modoshi, infanticide, 520
MOKKEI (MU-CH'I), painter, 392f.
MOKUAN, painter, 392
Momme, a measure of weight; as used for gold and silver = 58 gr. Troy
MOMMU, Emperor, 178, 180
Momoyama, 435, 439ff.
Monarchy, Japanese and Chinese theories of, 115, 181, 274, 512
Monchū-jo, 287
Money, 358, 471ff., 517; *see also* Currency
Money-lenders, 358

565

/ 索引 /

"Mongol fold" and "Mongol spot," 8
Mongol invasions of Japan, 313ff.
Mongolian elements in Japanese race, 8, 9, 27
Monks, Buddhist, 65, 68, 124, 132, 136, 147, 225, 244, 265, 320, 338, 371, 374, 408f.
Mono-mane, imitating things, 391
Mononobe, 39, 69
Monopoly, 362, 526
Monto. *See* Ikkō sects
Morality. *See* Ethical Principles
MŌRI family, 406, 410f., 416
Morioka, 200 map, 204
Mosquito nets, 436
MOTOORI, philologist, 529
MOTOTSUNE, FUJIWARA, 209
Mount Hiyei. *See* Hieizan
Mount T'ient'ai, 226
MU CHI. *See* MOKKEI
Muraji, title, 40
MURAJI ŌTOMO NO KANAMURA, 75
MURASAKI SHIKIBU, 242f.
MURŌ KYŪSŌ, 508f., 519
Muromachi period, art, 381; origin of name, 351; political history, 351ff., 403 table; religious movements, 371ff., theatre, 387
Music and Rites. Confucian method of conducting government, 508
Musical instruments, 421, 486
MUSŌ KOKUSHI, 372
Mutsu, province of N.E. Japan, 199, 200 map, 299
Myōhō-hakase, official scholars, 289
Myōshinji, 375
Mysticism, in religion, 229, 249, 338; in art, 249, 344
Myths, cosmogonic, 22; solar, 47; theogonic, 22ff.

N

Nabeshima ware, 443
Nachi waterfall, 344
Nagaoka, 188
NĀGĀRJUNA, 121
Nagasaki, 448, 469
Nagebushi, 495
Naishidokoro, 196
NAKAE TŌJŪ, philosopher, 511
NAKAMARO, FUJIWARA (OSHIKATSU), 177, 184
NAKAMURA, Professor K., 472n.

NAKA NO ŌYE, Prince, 94
NAKATOMI family, 38, 50, 67, 93f.
NAKATOMI NO KAMATARI, 94
Nakatsukasa, Central Administrative Office, 164, 212
Nakniang. *See* Lakliang
Nambokuchō period, 351
NAMBU family, 405
Name fields (myōden), 286, 351
Namesake Groups, Minashiro, 80, 96
Namu Amida Butsu, 246
Namu Myōhō-Renge-Kyō, 335, 378
Naniwa, the present Osaka, 89
Nanzenji, 374
Nara, 107, 108, 188
NARA NO WOSA, 88
Nara period, art, 143ff.; law and administration, 161ff.; literature, 138ff.; political history, 178ff.; religion, 108ff.
Nari-kaburaya, humming bulb, 12
National Purification, ceremony, 186
Nationality, idea of, 274, 319, 334
Natural Science, 421
Nature, feeling for, 46, 341, 344, 395
Nature Worship, 25, 46, 54, 55
NAWA, constable of Hōki, 371
Negi, a Shintō priest, 389
Neguro monastery, 411
Nembutsu, 246, 330ff.
Neolithic culture, 1ff.
NICHIBUN, 88
NICHIJI, 337n.
NICHIREN, 329, 334ff., 378
Nightless City, Yoshiwara, 484
Nihon Furisode-hajime, 487
Nihon-shoki or *Nihongi*, 20, 23, 26, 186
NIJŌ, Emperor, 267
Niju Fukō, Twenty Examples of Un-Filial behaviour, 495
Nikkō, 478
NINIGI-NO-MIKOTO, 24
Ninjō, human feelings, 490
Ninnō Hannya Sutra, 132
Nise-e, portraits, 345
NISSEI, 377
NISSHIN, 377
NITTA family, 263
Niwaka daimyō, parvenu lords, 354
Nō plays, 236, 387, 479, 508
NOAMI, painter, 393
NOBUNAGA, ODA, 406ff.
norito, Shintō liturgies, 81
Nuns, Buddhist, 68, 136

Nuptial huts, 51
Nuregoto, "moist business," 489
Nusa, wand for purification, 58

O

ODA NOBUNAGA. *See* NOBUNAGA, 406ff.
Odawara, siege of, 412f.
Odō, loyalty to the Sovereign, 512
Odoshiyori, Great, Elder, 458
ŌE HIROMOTO, 276, 281, 406
Offerings, 57
ŌGATA KWŌRIN, painter, 479
ŌGIMACHI, Emperor, 407
OGYŪ SORAI, 483, 502, 512, 519
ŌISHI YOSHIO, 503
ŌJIN, Emperor, 35
Ojō Yōshū (Essentials of Salvation), 245, 330
Okachi, fortress at, 204
Ō-KUNI-DAMA (Great Land Spirit), 48
OKUNI IMAKI NO AYABITO, 88
Omens, 191f.
Omi (clan chieftains), 74
Ōmi, province, 408
Ō-mi-takara, 169
Ōmura, port, 418
Ō-muraji, 38, 74
ŌNAMOCHI, 24, 27, 49, 67
One Vehicle, 227
Ōnin War, 368, 377, 381, 403, 404, 438n.
Ono no Imoko, 87
Onomichi, port, 360
On-yo-do, 233
On-yō-ryo, 233
Ō-ōmi, 38, 74
Oracles, of Ise, 133; of Hachiman, 185
Ordeal by Boiling Water, 40
Ordination, 124
Ordination platform. *See* Kaidan
"Original Vow" (Hongwan), 246
Ōryoshi, Police Commissioner, 286
O-Sadame-gaki Hyakkajō, 462
Osaka, site of early temples, 70; port in fourteenth century, 358, and 359 map; castle, 439; siege of, 416, 427, 443, 445, 464; loss of autonomy, 448; growth of, 438, 469; character of people, 476; 1837 riots, 511, 527
ŌSHIHATSU, 176, 184
ŌSHIO, revolutionist, 511, 527
ŌTA DŌKWAN, 444n.
ŌTOMO (clan or family), 39, 172, 317

ŌTOME NO SUKUNE, 166
ŌTOMO OTOMARO, 202
ŌTOMO YAKAMOCHI, 201
ŌUCHI family, 383, 404f., 429
"Ōuchi Wall-writing," 429
"Outside Lords." *See* Tozama
"Outside" provinces, 39
Ownership of land, 278
Oyako-kyōdai-fuda, 464
Ō-YŌMEI (WANG YANG-MING), 511f.

P

Pagoda of Yakushiji, 153, 154
Paikché, 33, 34 map, 43, 64
Pantheism, 395
Pantheon, the Japanese, 225
Paper mulberry bark, 45
Pariah class, 526
"Parturition Huts," 51
Passports, 448n.
Paternalism, 523
Pawnbrokers, 354, 363
Pear Chamber, 196
Peasants, 219, 433, 467ff., 521f.
Peking, 316
Penal Code, 162, 462
Phallic worship, 54
Philippine Islands, 425, 436
Philosophy, 113ff., 119, 421, 483, 498ff.
Phoenix Hall, 253
"Pillow Book" by SEI SHŌNAGON, 243
PIMIKU, Empress, 29
Piracy, 97, 172, 197, 313, 356, 413, 473
Pleasure Quarters, 485
Plum Chamber, 196
PO CHŪ-I, poet, 236
Poetry, 139, 241, 348, 382, 386, 480, 494
Polytheism, 25
Pope, embassy to, 429
Population movements, 106, 173, 174, 517, 519, 520
Population, of Japan, 469f.; of Heian and Kyōto, 195; of Yedo, 473, 478
Porcelain and faience, 442
Portrait painting, 345
Portuguese in Japan, 416, 423f., 437
Portuguese words in Japanese, 437
Potatoes, 421
Prayers, 192

567

Price fluctuations in Yedo period, 470ff.
Primogeniture, 165, 365
Printing, 437, 443
Prints, 491ff.
Propaganda, 448
Protector. *See* Shugo
Provinces, 162, 166, 217 map
Provincial administration, 162ff.
Provincial defence forces, 199
Public domains, 285
Pumpkin, 436,
Punishments, 71, 72, 215, 430, 465
Puppet shows, 486
"Pure Land" teachings, influence upon art, 255; spread of. *See* Jōdo sect
Purification Ritual, 52

R

Racial origins, 1ff.
Rakan (Lohan or Arhat), saints, 225
Rakurō. *See* Lakliang
Rakuyaki ware, 442n.
Reform Edict of A.D. 646, 96ff. *See also* Taikwa
Regalia, Imperial, 25, 49
Regency, of Kwampaku, 209; of HŌJŌ family, 302ff.
Registers, Land and Population, 96ff., 165, 170
REISAI, painter, 392
Religion, 8. *See* Table of Contents for relevant chapters in each part, and Buddhism, Christianity, Confucianism, Shintō, etc.
Religion, Department of (Jingikwan), 163
Renaissance, Japan and, 456
Renga (linked verse), 386, 480
RENNYO, 377
Repression under Tokugawa, 459
Repudiation of loans, 525f.
Rice, culture, 1, 45, 306; custodians, 76; forced loans of, 102, 174, 523; prices, 470ff., 527
Rice exchange economy, 466, 468, 470, 523
Rice God, 49, 54
Rice Riots, 527
Rice spirit (sake), 45
Rinzai sect, 339
Risshō Ankoku Ron, 334

Ritsu (monastic discipline), 124, 343
Ritsu (penal codes), 161
Ritsu sect, 124, 329, 336
Ritualists, corporation of, 25
Rival courts, Nambokuchō, 381
ROKUJŌ, Emperor, 267
Roman Catholic Church, 451, 473
Rōnin, literally "wave-man," a masterless warrior or knight errant, 204n., 360, 500, 502
ROSHANA (Buddha), 126, 128, 134
Russian ships, 454n., 515
Ryō (administrative codes), 161
Ryō no Gige and *Ryō no Shūge*, 161
Ryōbu Shintō (Dual Shintōism), 229
RYŌNIN, 247, 329
Ryōun-Shū, 236

S

Sacred tree, 55
Sacrifices, 232
SADAIE, FUJIWARA NO, 320
SAGA, Emperor, 236, 260
SAGA-GENJI family, 263
SAICHŌ, posthumously styled DENGYŌ DAISHI, 226ff.
SAIKAKU, 483, 495
Saishōkyō or *Saishō-ō-gyō* (*Suvarnaprabhasa sutra*), 130, 132
Sakai, port of Osaka, 358f., 359 map, 438, 448
SAKANOUYE NO TAMURA MARO, 203ff.
SAKATA TŌJURŌ, Kyōto actor, 489
Sake, rice spirit, 45
SAKURA SŌGORŌ, farmer, 522, 527
SĀKYA (SHAKA), 126, 224
Salt, for ritual purification, 59; production, 358
Samādhi (Sammai), 247
Samarkand, 145
Sambō-in, 441
Samisen, three-stringed musical instrument, 486
Sammai (Samādhi), 247
Samurai, 270, 465, 467, 491, 524
Samurai-dokoro, 287
Samurai status, purchase of, 526
Sangaku, 387f.
SANJŌ II, Emperor, 267
Sankin kōtai, "alternate attendance" of vassals at Shōgun's court, 447
SANRAKU, painter, 440, 479
Sanron sect, 119

Sarugaku, "monkey music," 388
SASAKI SADATSUNA, 291
SATAKE family, 263
SATŌ NAOKATA, 502
Satomi House Law, 429ff.
Satori, Zen enlightenment, 339
Satsuma, 412, 443
SAWARA, Prince, 190
Screens, 440f.
Scythian type of bronzes, 11
SEI SHŌNAGON, 243
SEIGWA, FUJIWARA, 505
Seii-Tai-Shōgun (Barbarian-Subduing-Generalissimo), 203, 275, 349
SEIMU, Emperor, 32
SEINEI, Emperor, 42
Seiryō-den, Pure Cool Hall, 196
Seitō-Shōgun, 201
SEIWA-GENJI family, 263
Sekigahara, battle of, 416
Sekkutsu-an, or Sok-kul-an, 155
SEN RIKYŪ, 442
Sendai, 199
Sengoku Jidai, 404
Sengoku period, 404ff.; main political events in, 443
Sepulchral mounds, 12, 44
SESSHŪ, painter, 392, 397
Seto-mono, 346
Shading, for relief, 160
SHAKA (SAKYA-MUNI), 125, 225
Shamanism, 8, 24n.
Shami (Sanskrit srāmanera), a novice, 183, 319, 333
Shanhaiching, 15
SHAN-TAO (Zendō), 245
Sharé, sense of fun, 496
Shell mounds, 12
SHIBA, feudal lord, 368
SHIBA KŌKAN, painter, 516
SHIBA TATTŌ, 68
Shibui, astringent, used to describe a severe aesthetic standard, 435
SHIDZUKA, 297
SHIGENO SADANUSHI, 294
Shiki (administrative regulations), 161
Shiki, office, used to describe certain rights in land, 278ff., 365, 367n.
Shi-kō roku-min, four to the prince, six to the people, 467
Shimabara rebellion, 452, 516
Shimadzu, 277n., 286, 317, 383, 402, 405, 412, 416, 447, 461, 466
Shin sect (Jōdo Shinshu), 329ff., 377

Shinden-dzukuri, 251, 343, 399
Shingaku, Heart Learning, 483
Shingon sect, 228ff., 244, 334, 379n.
Shin Kokinshū, 348
SHINRAN, 332, 377, 379
Shintō, the Way of the Gods, national religion, 25, 50ff., 69, 115, 132ff., 163, 183, 186, 187, 379ff., 510, 530
Ships, trading, 89, 357f., 425f., 432, 454
Shiraga-be, 80
Shiragi. *See* Silla
SHIRAKAWA, Emperor, 267
SHIRAKAWA family, 218
Shishi (mythical beasts), 440
Shishin-den, 196
Shi-Tennō (Deva Raja), 70, 225
Shitennōji, 70
Shiwa, 204
SHŌAN, 88
Shōheikō, Confucian college in Yedo, 506, 509
Shōen, tax-free manor, 206, 263, 267, 276, 286, 288f.
Shōgun. The word means "General" or "Commander," but it is generally used as an abbreviation of Seii-Tai-Shōgun (q.v.), a title conferred by the Court upon Military Dictators
Shoin-dzukuri, 401
Shōjiroku, seventh century peerage, 44
Shoku-nihongi, continuation of *Chronicles of Japan*, 88, 128, 232, 235
Shō-Kwannon of *Yakushiji*, 155
Shōmyō, 365
Shōsōin, 159
SHŌTOKU, Empress, 178, 184
SHŌTOKU TAISHI, 69ff., 83, 88, 119, 120, 156
Shrine. Used in the text for Shintō edifices, as contrasted with "temple" or "monastery" for Buddhist institutions. *See* p. 56 and under Gion, Idzumo, Ise, Kasuga, Kitano, Kumano
SHŪBUN, painter, 392f.
Shugo. *See* Constable
SHUKŪ, Zen monk, 401
Siam, 436
Silk, 45, 424, 474, 524
Silkworm culture, 43
Silla (Shiragi), 26, 32ff., 122, 155
Silver Pavilion, *Ginkaku*, 381, 393, 399, 401

569

Símā v. Kaidan
Sin, concept of, 53, 483
Sinecures, 215
SIVA, 249
Six Migration Stages of Existence (Roku-dō), 344
Slaves, 41, 79, 171, 220
SŌAMI, painter, 393
Social ethics, practical, 340
SOGA family, 66, 76, 95, 209
SOGA INAME, 66
SOGA IRUKA, 93
SOGA NO UMAKO, 67, 92
SOGA YEMISHI, 93
Sok-kul-an (Sekkutsu-an), 155
Soldiers, 102, 170, 199, 433, 465; *see also* Ashigaru, Bushidō, Samurai
Sophistication, 107, 475ff.
Sorcery, 191
Sōryō, 367n.
SOSEN, monk, 375
Sōtō, sub-sect of Zen, 341, 374
Sō-tsuibu-shi, 281
"Southern" court, 349
Spaniards, 425, 450
Speculation, 471
Spring and Autumn Chronicles, 234
"Spring pictures" pornographic prints), 495
'SRI, 159
Standard of living, 466, 475
Starvation, 521
Stewards (Ji-tō), 281ff., 302f.
Storm God (SUSA-NO-WO), 22ff., 46, 194
Subventions, for erection of nobles' houses, 189
SU-FU, legendary sage, 16
SUGAWARA MICHIZANE, 210, 311
SUGITA GEMPAKU, 514
Sui, elegance, 496
Suiboku, water-ink drawings, 397f.
Suicide, 296, 331, 431, 490
SUJAKU, 260
SUIKO, Empress, 69, 83, 147, 178
SUININ, Emperor, 32
Sulphur, 357
SUMITOMO, FUJIWARA, 264
Sumptuary edicts, 310, 434, 474ff., 498
Sun Goddess. *See* Ama-terasu
SUNG, China, 393; influence on Japan, 382, 392
SUNTZŬ, 272
Superstition, 185, 190

Surgery, 515
SUSA-NO-WO, 23ff., 194
Sustenance Fiefs, 97, 106, 167
SUTOKU, Emperor, 267
Sutra, *Diamond Cutter*, 117, 191; *Lotus*, 83, 117, 225, 334, *Net of Brahma*, 125; *Ninnō Hanya*, 132, 137; Saishōgyō, 127, 132, 137; *Kegon*, (*Avatamsaka*), 125f.
Swords, 271, 357f., 433
Syllabaries, Japanese. *See* Kana; Korean, 160

T

Taboos, 51
Tachibana Shrine, note at p. 160
TADAHIRA, FUJIWARA, 262
TADAHISA, SHIMADZU, 286
TADAYOSHI, ASHIKAGA, 372
Taga, 199f.
Taifu, title, 77
Taiheiki, 353, 388
Taihō Code, 104, 161
Taikō's Sword Hunt, 433
Taikwa, Political Reform of, 96ff., 161
Taipang, 43
TAIRA family, 263ff.
Tai-shoku-kwan, 487
TAJIHI NO MABITO, 166
TAKAKURA, Emperor, 267
TAKAMUKU NO AYABITO, 88, 104
TAKATOKI, HŌJŌ, 328
TAKAUJI, ASHIKAGA, 328, 352, 403
TAKEDA family, 404, 408, 410
TAKEMOTO GIDAYŪ, 487
TAKIGAWA KADZUMASA, 442
TAKIZAWA, historian, 471
Takuma school of painting, 397
Tales of Glory and Splendour (*Eigwa Monogatari*), 265
Tales of the Red Hairs, 514
Tamamushi Shrine, 150
TAMARO, Shintō priest, 183
TAMEIE, 320
TAMEUJI, 320
TAMEYOSHI, 291
Tan, Land Measure. An area of .245 acres. Previously 360 *tsubo*, it was reduced by Hideyoshi to 300 *tsubo* so as to increase yield of land-tax assessed per tan
Tanegashima, 416
TANETSUGU, FUJIWARA, 189

T'ANG codes, 161
T'ANG court 83
T'ANG dynasty, 84
T'ANG influence on Japan, 97, 152, 156
TANI BUNCHŌ, 516
Taoism, 118, 127, 136, 137, 224, 507
Tariki, another's strength, 246
Tartars, 144
Tasting of First Fruits, Nii-namé, 53
Tattooing, 30
"TAWARAYA" SOTATSU, 479
Tax evasion, 103, 170
Tax exemption, 101, 106, 135, 172, 195, 206, 277n.
Taxation, 30, 72, 96ff., 106, 170, 189, 206, 264, 283
Tea, 231
Tea-ceremony, 345, 400f., 441, 480
Teikin-Orai, 376
Tei-Shu system of philosophy, 383, 421, 505ff.
TEMMU, Emperor, 178, 180
Temples, used in the text to signify Buddhist edifices, as contrasted with Shinto "shrines." *See* entries under the name of each temple or monastery, e.g., *Hōryūji*, *Tōdaiji*, etc.
Tempyō, era and art period (A.D. 725-794), 156, 177
Tenancy disputes, 518, 522
TENCHI, Emperor, code of, 161; chronology, 178f.
Tendai sect, 227, 244, 247n., 258, 320, 373; *see also* Hieizan
Tendoku, skip-reading, 127
Tenryūji, 357, 370
Tenryūji-bune, 357
Tensha, markers, 386
Terakoya (church schools), 376
Textile industry, 524
Theatre, 387ff., 485ff.
Three Books of Rites, 234
Three forms of Buddha, 225 and note, 257
Three Precious Things, 68, 70, 129
Three Sacred Treasures, The Imperial Regalia, 25, 48
Three Vehicles, 227
Tibet, 145
T'ien, Heaven, 114
T'ien-t'ai sect. *See* Tendai sect
TOBA, Emperor, 167
TOBA II, Emperor, 267, 301ff., 331, 346
TOBA SŌJŌ (KAKUYU), painter, 253

Tobacco, 421, 436n.
Tōdaiji, 125, 127, 158, 183, 294, 330, 383
TOGASHI, 378
Together-Tasting, Ainamé, 53
Tōgūdō, 401
Tōkaidō, 162, 470
TOKIHIRA, FUJIWARA, 212, 262
TOKIMUNE, HŌJŌ, Regent, 321, 342
TOKIYORI, HŌJŌ, Regent, 309
Tokonoma, alcove, 401
Tokugawa administration, 458ff.
Tokugawa "Constitution," 498, 504
TOKUGAWA family, 263, 416
TOKUGAWA IEYASU. *See* IEYASU
TOKUGAWA MITSUKUNI, 528, note to Chap. xxiii, 530
TOKUGAWA Shōgunate, 444ff.
TOKUGAWA Shōguns, listed, 528f.
Tokusei, 327n., 363, 522
Tolerance, religious, 259, 338
Tolls, 362
Tomo (corporations), 37, 80
TOMOE, 295
TORI, KURATSUKURIBE NO, sculptor, also known as TORI BUSSHI, 148
TOSA MITSUOKI, painter, 479
TOSA MITSUNOBU, painter, 397
Tosa Nikki, 242
Tosa school of painting, 252, 397
TŌSHIRO, 346
Toshiyori, elders, 459
Tōshōdaiji, 125
TOYOTOMI HIDEYOSHI. *See* HIDEYOSHI
Towns, 358, 438, 470
Townships. *See* Gun
Townspeople. *See* Chōnin
Tozama, Outside Lords. Vassals of the TOKUGAWA who submitted to them after the battle of Sekigahara, as distinguished from their hereditary vassals, the Fudai daimyō, q.v., 447, 460, 527
Trade, 79, 311, 356, 414, 416, 423, 436, 438, 450, 454ff., 470ff., 515, 528f.; and religion, 357
Transport, 358; high cost of, 363
Treasury of Friendly Neighbours, 375
Trikâya, 257
Tsubo, land measure, 4 sq. yds.
Tsumi, guilt, offence, or sin. The word is probably cognate with the word for "to cover" or "to hide," 51
TSUNAYOSHI, TOKUGAWA Shōgun, 528

571

"Tribute" (or foreign trade), 79, 357
Tsuchi-ikki (Agrarian Risings), 363, 522
Tsure-dzure-gusa, Grasses of Idleness, 385
TSURUMATSU, 412
Tsūzoku Keizai Bunkō, 519n.
Tumuli, 12
Tungusic peoples, 13 map, 14, 27
Turfan, 145, 146
Types, metal, 443
Types, movable, 437

U

Uchikowashi (food riots), 527
UDA-GENJI family, 263
Udzumasa temple (*Kōryūji*), 194
Uji, clan, 37, 55, 73
Uji-Gami, clan-god, 37, 55
Uji no Kami, clan chieftain, 37
Ukiyo, Floating World, 477, 479
Ukiyo-e, 477, 479, 491ff.
Ukiyo sōshi, 477
UMAYADO, Prince. See SHŌTOKU TAISHI
United States, treaty with Japan, 529
University, 189, 194, 506
UNKEI, sculptor, 343
Urabe, diviners, 50, 380
Ural-Altaic, stock and culture, 14
Usa HACHIMAN, 229n.
Usa shrine, 183
Usury, 360, 518, 523, 526n., 527
UTSUNOMIYA family, 263
UESUGI family, 376, 405, 408, 416
UESUGI KENSHIN, 408

V

Vagrants, 518
VAIROÇANA (DAINICHI), 225, 228f., 249
VASUBANDHU, 122
Vengeful spirits, 190
Vermilion seal of HIDEYOSHI, 432
VILELA, Jesuit, 419
Villages, 168
Virtue as an attribute of the Sovereign, 181

W

Wa, 15, 30
Wagakusha, v. note to Chap. xxiii, 530
Waka-doshiyori, Junior Elders, 458

WAKE family, 218
WANG YANG-MING (Ō-YŌMEI), 511f.
WANI, 36, 65
Wasan (Buddhist hymns), 390
WATAMARO, 205
Water-melon, 436
Water-transport, 432, 470
Wei dynasty, 29ff., 66; cave temples, 148
West, first contacts with, 416ff.
Western politics and sciences, knowledge of, 515
WHISTLER, 494
Winding Water Banquet, 236
Wistaria Chamber, 196
Women, position of, 239, 292, 365ff.; inheritance by, 285, 365
Woodblock printing, 437
Writing, introduction into Japan, 36, 64, 78, 138; phonetic script, 138, 237; see also Calligraphy

X

XAVIER, ST. FRANCIS, 405, 417ff.

Y

Yakko, slaves, 41, 129, 220
YAKUSHI, "King of Medicine," 71, 155
Yakushiji, pagoda, 152f.; statues, 148, 155
YAMADA UEMON, painter, 516
YAMAGA SOKŌ, 483, 503, 512
YAMAGUCHI, scholar, 234
Yamaguchi, town, 360, 405, 418
YAMANA family, 353, 375
Yamashina, 378
Yamato, chronicles of, 26
Yamato-e, 256, 259, 494
YAMAZAKI ANZAI, 510
Yang and Yin, 114, 233, 462; see also On-yō-dō
Yasaka (*Gion*), shrine, 194
YASUTOKI, HŌJŌ, Regent, 305
Yatsushiro ware, 443
Yayoi pottery, 1, 27
Yedo, City of, 444, 469, 478
Yedo period, chronology, 528f.
Yedo University, 506
Yedokko, native of Yedo, 476
Yengi period. See Engi
YODO-GIMI, 413
YODOYA, 475

YŌMEI, Emperor, 69
Yomi, Land of Darkness, 22f.
YORIMICHI, FUJIWARA, 264
YORITOMO, MINAMOTO, 274, 345, 349
YORIYOSHI, MINAMOTO, 266
Yōrō code, 162
YOSHIAKI, ASHIKAGA, 407
YOSHIAKIRA, ASHIKAGA, 352, 403
YOSHIDA SHŌIN, revolutionist, 511
YOSHIMASA, ASHIKAGA, 364, 381, 399f.
YOSHIMITSU, ASHIKAGA, 355ff., 368, 381ff., 399, 402, 403
YOSHIMOCHI, ASHIKAGA, 403
YOSHIMUNE, TOKUGAWA, Shōgun, 491, 498, 509, 514, 529
YOSHINOBU, TOKUGAWA, Shōgun, 529
YOSHITERU, ASHIKAGA 407
YOSHITOKI, HŌJŌ Regent, 304
YOSHITOMO, MINAMOTO, 272
YOSHITSUNE, MINAMOTO, 296ff., 371
Yoshiwara, 484, 493
Yoshizaki, 377
Yüan dynasty, 391
YŪBAI, Zen scholar, 382
Yūdzū Nembutsu, "circulating" nembutsu, 247

Yūgen, mysterious beauty, 399
Yuiitsu Shintō, 380
Yuishiki, only consciousness, 122; see also Hossō sect
Yuishikiron, 137
Yun-kang cave-temples (Wei dynasty), 148

Z

Za, guild, 360ff.
ZEAMI, 389
ZEKKAI, Zen scholar, 382, 392
Zen aesthetics, 391ff.
Zen architecture, 342f., 374, 398f.
Zen Buddhism, and Bushidō, 499; and Confucianism, 340, 511
Zen doctrine, 338ff., 349
Zen monasteries, 342, 374ff.
Zen monks in trade and politics, 357
Zen scholars, 381ff.
Zen sect, 293, 329ff., 357, 371ff., 381f.
ZENDŌ (SHAN-TAO), 245
Zenkōji, 478
Zuihitsu, random reflections, 348

573

图书在版编目(CIP)数据

日本文化简史：从起源到江户时代/（英）乔治·贝利·桑瑟姆（G. B. Sansom）著；郭玉红译. -- 北京：社会科学文献出版社，2021.1

书名原文：Japan: A Short Cultural History
ISBN 978-7-5201-6690-4

Ⅰ.①日… Ⅱ.①乔… ②郭… Ⅲ.①文化史-研究-日本 Ⅳ.①K313.03

中国版本图书馆 CIP 数据核字（2020）第 088440 号

日本文化简史：从起源到江户时代

著　　者	/ 〔英〕乔治·贝利·桑瑟姆（G. B. Sansom）
译　　者	/ 郭玉红
出 版 人	/ 王利民
组稿编辑	/ 段其刚
责任编辑	/ 周方茹
文稿编辑	/ 肖世伟
出　　版	/ 社会科学文献出版社·联合出版中心（010）59367151 地址：北京市北三环中路甲29号院华龙大厦　邮编：100029 网址：www.ssap.com.cn
发　　行	/ 市场营销中心（010）59367081　59367083
印　　装	/ 北京盛通印刷股份有限公司
规　　格	/ 开　本：787mm×1092mm　1/16 印　张：36.75　字　数：436千字
版　　次	/ 2021年1月第1版　2021年1月第1次印刷
书　　号	/ ISBN 978-7-5201-6690-4
著作权合同登 记 号	/ 图字01-2018-7140号
定　　价	/ 128.00元

本书如有印装质量问题，请与读者服务中心（010-59367028）联系

▲ 版权所有 翻印必究